国际贸易理论与案例

主　编　陈　虹　苗长青
副主编　尹　舸　李崧岳　张金华

清华大学出版社
北京交通大学出版社
·北京·

内容简介

本书是一本以国际贸易的运行机制为对象,对国际贸易的理论、政策及第二次世界大战后国际经贸新发展进行较为全面介绍的教材。本书共分四篇十五章。第一篇为国际贸易概述(第一~四章),主要介绍国际贸易的基本概念与特点及国际贸易与中国经济的发展;第二篇为国际贸易理论(第五~七章),主要内容包括传统国际贸易理论和新国际贸易理论;第三篇为国际贸易政策与措施(第八~十章),具体讲述各种国际贸易政策与措施;第四篇为国际经贸新发展(第十一~十五章),包括国际服务贸易、跨国公司与国际贸易、区域经济一体化及国际资本流动等主要内容。

本书可供高等院校经济管理类相关专业作为教材使用,也可供从事国际贸易相关工作的人员作为参考资料使用。

本书封面贴有清华大学出版社防伪标签,无标签者不得销售。
版权所有,侵权必究。侵权举报电话: 010-62782989 13501256678 13801310933

图书在版编目(CIP)数据

国际贸易理论与案例/陈虹,苗长青主编. —北京: 北京交通大学出版社: 清华大学出版社,2020.8
ISBN 978-7-5121-4242-8

Ⅰ. ①国… Ⅱ. ①陈… ②苗… Ⅲ. ①国际贸易理论 ②国际贸易-案例 Ⅳ. ①F74

中国版本图书馆 CIP 数据核字(2020)第 109668 号

国际贸易理论与案例
GUOJI MAOYI LILUN YU ANLI

策划编辑:	郗珍妹
责任编辑:	韩素华
出版发行:	清 华 大 学 出 版 社　邮编: 100084　电话: 010-62776969
	北京交通大学出版社　邮编: 100044　电话: 010-51686414
印 刷 者:	北京时代华都印刷有限公司
经　　销:	全国新华书店
开　　本:	185 mm×260 mm　印张: 19　字数: 499 千字
版 印 次:	2020 年 8 月第 1 版　2020 年 8 月第 1 次印刷
印　　数:	1~3 000 册　定价: 49.00 元

本书如有质量问题,请向北京交通大学出版社质监组反映。对您的意见和批评,我们表示欢迎和感谢。
投诉电话: 010-51686043,51686008; 传真: 010-62225406; E-mail: press@bjtu.edu.cn。

前　　言

　　改革开放40多年来，中国外贸取得了令人瞩目的成就，我们面临的形势和时代特征也都发生了巨大变化。从全球范围来看，世界经济与全球治理结构正处于变革期，各国的外贸政策处于深度调整期；从国内来看，中国已经进入经济新常态，经济增长正在由"量"的增长向"质"的提升转变，同时也是我国比较优势转换和开放型经济新体制的构建期。在此背景下，中国高等教育正面临转型发展，社会对人才需求结构和人才培养机制提出了更高的要求。近年来，国务院常务会议明确提出要"引导一批地方本科院校向应用技术型高校转型"，这意味着部分地方本科院校向应用技术型高校转型发展已经成为国家教育发展的决策。"国际贸易"作为财经类专业的主要课程，如何适应新形势和新要求，如何重新评估课程地位、科学合理地设计课程内容、加强职业和技能导向，是摆在我们教师面前的重要且迫切的使命。

　　本书贯彻了地方院校高等教育工作会议关于"智育工作要转变教育观念，改革人才培养模式，积极实行启发式和讨论式教学，激发学生独立思考和创新意识"的精神，结合地方高等院校培养"创新性、应用型人才"的目标等，在教学方法、教学内容、教学组织形式等方面，进行了大胆改革和有益尝试。本书具有以下突出特点。

　　（1）在结构安排上，突出国际贸易案例的运用和技能的训练。本书在结构上除了安排必要的基础理论之外，更注重将学生导入技能训练之中。在基本理论之后，每篇均安排专门章节，对本篇重点、难点问题进行练习和模拟训练，以强化学生对国际贸易基本理论和政策的理解与运用。

　　（2）在内容安排上，具有较强的针对性和实用性。本书吸收了近年来国际贸易发展的新内容和教学中的新成果，充分考虑和突出了培养应用型人才的特点，具有较强的针对性和实用性。

　　（3）在编写方法上，注意点拨启发。本书在专题技能训练章节，注意运用提示，启发学生立体思维，引导学生运用所学知识进行思考、归纳和分类，提高其灵活分析问题和解决问题的能力。

　　（4）在教学方法上，本书以案例教学和启发式教学为支撑，增强学生主动参与的意识，并辅以个人展示、小组讨论、分组演练、专题讲座等多种课题组织形式，大大激发了学生的学习兴趣，较传统的教学方法有全新的突破。

本书可供高等院校经济管理类相关专业作为教材使用，也可供从事国际贸易相关工作的人员作为参考资料使用。

本书的编著得到了北华大学、渤海大学、哈尔滨工程大学等相关兄弟院校和同行的大力支持和协助，在编写过程中参考了大量的国内外有关学者的著作和研究成果，对他们表示深深的感谢；同时，由于本书编写历时较长，数据一直在不断更新之中，对于一些可能遗漏的学者、编者一并感谢。

由于编者的水平有限，书中难免有疏漏之处，恳请广大读者提出宝贵的意见和建议，以使本书得到不断完善。

编　者
2020 年 7 月于吉林市

目 录

第一篇 国际贸易概述

第一章 国际贸易研究的基本问题与方法 (3)
  第一节 国际贸易研究的基本问题 (3)
  第二节 学习国际贸易的意义与方法 (11)

第二章 国际贸易的基本概念、分类与特点 (13)
  第一节 国际贸易的基本概念 (13)
  第二节 国际贸易的基本分类 (17)
  第三节 国际贸易的发展特点 (19)

第三章 国际贸易与中国经济发展 (28)
  第一节 国际贸易与国际经济传递 (28)
  第二节 当代中国的对外贸易 (30)

第四章 基本概念专题技能训练 (37)
  "贸易失衡"对一国经济的影响 (37)

第二篇 国际贸易理论

第五章 传统国际贸易理论 (47)
  第一节 古典国际贸易理论 (47)
  第二节 相互需求理论 (55)
  第三节 新古典贸易理论 (60)
  第四节 里昂惕夫悖论 (64)

I

第六章 新国际贸易理论 (71)
第一节 规模报酬递增理论 (72)
第二节 产业内贸易理论 (74)
第三节 产品生命周期理论 (79)
第四节 国家竞争优势理论 (83)
第五节 中心-外围论 (87)

第七章 国际贸易理论专题技能训练 (94)
第一节 比较优势理论在中国的适用性分析 (94)
第二节 中国是否是"世界工厂" (99)

第三篇 国际贸易政策与措施

第八章 国际贸易政策 (109)
第一节 国际贸易政策的目标 (109)
第二节 重商主义 (111)
第三节 自由贸易政策 (113)
第四节 保护贸易政策 (117)
第五节 战略性贸易政策理论 (124)

第九章 国际贸易措施 (132)
第一节 关税措施 (132)
第二节 关税的经济效应 (140)
第三节 非关税壁垒 (146)
第四节 技术性贸易壁垒 (150)
第五节 绿色壁垒 (154)
第六节 非关税壁垒对国际贸易的影响 (161)
第七节 鼓励出口措施 (163)

第十章 国际贸易政策与措施专题技能训练 (174)
第一节 中国对外贸易政策的演变与调整方向 (174)
第二节 中欧光伏产业贸易摩擦 (181)
第三节 新形势下的中美贸易摩擦 (192)

第四篇 国际经贸新发展

第十一章 国际服务贸易 (205)
第一节 国际服务贸易概述 (205)
第二节 国际服务贸易的发展 (210)
第三节 服务贸易总协定 (215)

第四节 服务外包 ………………………………………………………………… (218)

第十二章 跨国公司与国际贸易 ………………………………………………… (225)
  第一节 跨国公司概述 …………………………………………………………… (225)
  第二节 跨国公司的内部贸易 …………………………………………………… (230)
  第三节 跨国公司对国际贸易的影响 …………………………………………… (232)
  第四节 跨国公司理论 …………………………………………………………… (235)

第十三章 区域经济一体化 ……………………………………………………… (242)
  第一节 区域经济一体化概述 …………………………………………………… (242)
  第二节 区域经济一体化理论 …………………………………………………… (247)
  第三节 亚洲经济一体化 ………………………………………………………… (251)

第十四章 国际资本流动 ………………………………………………………… (260)
  第一节 国际资本流动概述 ……………………………………………………… (260)
  第二节 国际资本流动对中国经济的影响 ……………………………………… (265)

第十五章 国际经贸新发展专题技能训练 ……………………………………… (267)
  第一节 区域经济一体化中的贸易创造与贸易转移专题 ……………………… (267)
  第二节 "一带一路"倡议下:中泰贸易的发展现状与前景 ………………… (270)
  第三节 人民币缘何对外升值与对内贬值并存——国际贸易的视角 ………… (279)
  第四节 亚投行+"一带一路" ………………………………………………… (284)
  第五节 中国经济新常态 ………………………………………………………… (289)

参考文献 …………………………………………………………………………… (292)

第一篇
国际贸易概述

本篇是全书的基础，开篇介绍了有关国际贸易的主要概念和基本分类，如对国际贸易、总贸易体系、贸易条件、贸易依存度等概念做了通俗规范的解释；简明论述了国际贸易与国际经济传递的关系及中国的对外贸易与经济发展概况，详细分析了中国出口贸易的发展和出口商品结构变化的过程、特点。最后一章设置了基本概念专题技能训练，通过技能训练使学生能更好地领会本篇的理论内涵，并通过案例分析把所学过的理论知识融会贯通，应用到实际工作中去。

第一章

国际贸易研究的基本问题与方法

第一节 国际贸易研究的基本问题

国际贸易主要包括贸易理论和贸易政策。其中，贸易理论回答的基本问题是贸易模式和贸易利益，具体回答贸易产生的动因、贸易的结构、贸易的结果即利益的来源与分配；贸易政策相应回答的基本问题是贸易政策的原因与效果。

国际贸易基本理论回答的是贸易产生的原因与结果。各国之间为什么会发生贸易、为什么有些国家出口而有些国家只能进口、什么因素决定了一国或一区域的贸易结构、国际贸易中的国家利益如何分配、是否遵循"等价交换"等"问题"的解释构成了国际贸易研究的基本问题。同时，对这些问题的不同解释也构成了不同的国际贸易理论模型。

一、基于供给角度的贸易模型理论

最早对国际贸易的利益和流向原理进行诠释的是英国著名古典经济学家亚当·斯密（Adam Smith，1723—1790）。他在1776年出版的《国民财富的性质和原因的研究》（简称《国富论》）一书中批判了重商主义，创立了"自由放任"的自由经济思想，提出的"绝对成本理论"雄辩地证明了自由贸易的可能性与必然性。他从分工可以极大地提高劳动生产效率的学说出发，认为每个国家都有其适宜于生产某些特定产品的绝对有利的生产条件，如果每个国家都按照其绝对有利的生产条件（生产成本绝对低）去进行专业化生产，然后彼此交换，则对所有交换国都是有利的。斯密认为国际分工和贸易的原因或基础是各国存在的生产成本或劳动生产率的绝对差异，即生产力（技术）水平相差较大的国家之间的对外贸易结构是由各国（或地区）的产业结构水平决定的。

斯密绝对优势说的存在有一个必要的假设，即一国要想参与国际贸易，就必须有至少一种以上产品在生产上与交易伙伴国相比处于劳动效率绝对高或生产所消耗的劳动绝对低的地位上，否则该国就不可能参与国际贸易，或者即便进行贸易也没有任何利益。显然，这一论断在理论上过于绝对,而且也不符合现实情况。在当今的世界舞台上,有些国家生产力水平比较高,有可能在各种产品的生产上都具有绝对优势,同时另一些国家可能在任何产品的生产上都具有绝对劣势,但是贸易行为在这样的两个国家之间还是发生了,这是斯密绝对优势说无法解释的。因此,斯密的绝对优势说只能解释世界贸易中的一小部分贸易。

英国工业资产阶级的思想家和经济学家大卫·李嘉图(David Ricardo,1772—1823)在1817年出版的《政治经济学与赋税原理》一书中提出了以自由贸易为前提的"比较成本论"。他指出,在国与国之间的贸易中,绝对优势并非必要的条件。即使一国生产各种产品,其资源的投入都比另一个国家多,不具有绝对优势。但是,只要该国不同生产部门之间的生产效率不同,即存在相对而言比较强的部门,则该国仍然存在比较优势;而另一个国家各个部门的生产都具有绝对优势,但相比较而言优势更大的部门是该国的比较优势产业。按照"两优之中取最优,两劣之中取次劣"的原则,国际分工和贸易在两国间仍可以发生。每个国家专门从事比较优势产业的生产并且出口,进口比较劣势产业生产的产品,其最终结果不仅世界贸易量增加,而且贸易双方均有得益。显然,李嘉图认为国际分工和贸易的原因或基础是各国间劳动生产率(或比较成本)的相对差异。贸易结构与产业结构的关系是建立在相对成本差异基础上的产业结构的不同,从而形成了贸易双方贸易结构的不同。

李嘉图的基本假设与斯密基本相同,只有一个例外,那就是两国之间劳动生产率存在相对差异,而不是绝对差异。"比较优势论"的核心观点是贸易的原因或基础是劳动生产率的相对差别及由此产生的相对成本不同。应该说,比较优势论比绝对优势论更具有普遍意义。李嘉图的理论主张对加速英国社会经济发展起了重要的推动作用,为英国奠定其经济霸主地位推波助澜,对整个世界经济发展及带动世界各国产业生产水平提高都产生了深远影响。李嘉图的比较优势理论是国际贸易理论的基石,正如美国经济学家萨缪尔森(Paul A. Samuelson)所言,它是经济学中最深刻的真理之一,可以说,现代西方经济学家的国际贸易理论都是在李嘉图比较优势理论的基础上发展起来的[①]。

但是李嘉图的"比较优势论"也存在一定的局限性。首先,他认为一国在产品的生产上不需要有绝对优势,只要具有比较优势,就可以在要素投入不发生改变的条件下通过参与国际分工从贸易中获取利益,但贸易利益实现的前提必须是完全的自由贸易,这显然不符合现实。其次,李嘉图假设机会成本不变,从而贸易双方都可以实行完全的专业化生产,但在现实世界中,机会成本是会发生变化的,其结果往往不可能实行完全的专业化生产。再次,李嘉图的比较优势理论认为比较成本(或技术)相差越大则发生贸易的可能性也越大,但是第二次世界大战后技术水平相差不明显的发达国家之间的水平贸易已经远远超过与比较成本相差明显的发展中国家之间的垂直贸易。另外,比较成本理论只是提出了国际贸易产生的一个依据,并未揭示出贸易形成和发展的根本原因。最后,比较优势理论假定国际经济是静止的,不存在资本、劳动者等要素的流动,而现实情况是各国经济经常处于不规律变化中。尤其是随着经济一体化的深度和广度日益加深,以跨国公司为主导的外商直接投资(FDI)的作用已日益凸显。这些显然是李嘉图的比较优势理论无法解释的。但瑕不掩瑜,李嘉图的比较优势理论直到今天对指导发展中国经济的发展仍然具有重要意义,其思想的光芒仍然熠熠闪光。

著名的瑞典经济学家赫克歇尔(Heckscher)在1919年发表了题为《对外贸易对收入分

---

① 李左东. 国际贸易理论、政策与实务[M]. 北京:高等教育出版社,2003:18.

配的影响》的论文，文中提出了要素禀赋理论的主要观点。他的论点被其学生俄林（Ohlin，1899—1979）所接受和继承，并于1933年出版《区际和国际贸易》一书，从更深层次探讨了国际贸易产生的原因，从而完善了要素禀赋理论（简称"H-O 理论"）。要素禀赋理论从生产要素禀赋比率的不同出发，提出一些国家尽管在技术上没有多大差异，但彼此之间仍有发生国际贸易的可能。

该理论认为同种商品在不同国家的相对价格差异是国际贸易产生的直接原因，而商品的价格差异则是由各国生产要素禀赋不同所导致的要素相对价格不同决定的，所以要素禀赋的不同是国际贸易产生的根本原因。例如，劳动相对丰裕的国家生产的劳动密集型产品成本相对较低并具有比较优势，而资本相对丰裕的国家生产资本密集型产品的生产成本相对较低并具有比较优势。劳动密集型国家和资本密集型国家各自出口自己有比较优势的产品、进口自己有比较劣势的产品，其结果不仅世界贸易总量增加，而且贸易双方均可得益。可见，要素禀赋理论认为各国的要素禀赋的差异是国际贸易中各国（或地区）具有自己比较优势的基本原因，也是国际贸易结构的决定因素。

按照要素禀赋理论，从静态的角度看，各国的国际分工地位是由其要素禀赋比率决定下的比较成本不同决定的，从而也决定了其贸易结构。也就是说，在相似商品的生产技术接近的前提下，各国（或地区）的比较成本差异及其结构取决于各自的要素禀赋状况。所以，一国（或地区）要素禀赋比率最终决定了该国（或地区）在特定时期所处的国际分工地位及该国（或地区）的国际贸易结构及其特征。

应该说，赫克歇尔和俄林的要素禀赋理论在李嘉图的比较优势理论的基础上前进了一大步，即认为要素禀赋比率的差异是决定比较成本和产生国际贸易的根本原因。古典贸易理论者（包括斯密和李嘉图等）都假设两国交换是物物交换，国际贸易起因于劳动生产率的差异；而赫克歇尔、俄林是用等量产品不同货币价格（成本）比较两国不同的商品价格比率，两国的交换是货币交换，各国的要素生产率（技术）是相同的。用生产要素禀赋的差异寻求解释国际贸易产生的原因和国际贸易商品的结构，认识到了生产要素及其组合在各国进出口贸易中的重要地位。但 H-O 理论仅是从一国要素禀赋出发分析一国的贸易结构，只强调了要素禀赋的静态结果，忽略了技术进步、政策因素对于要素的影响。现实是当已有的要素通过技术进步和政府政策得到改善与调整之后，一国仍然可以重新选择它的贸易模式。另外，就技术而言，现实是技术不断进步，而技术进步能使老产品的成本降低，也能产生新产品，因而会改变一国的比较利益格局，使一国的比较优势产品升级换代，并且发生动态改变，如20世纪日本的对外贸易结构的演变等。另外，H-O 理论作为新古典贸易理论的核心同古典贸易理论一样均假设市场是完全自由竞争，同时对于影响贸易结构的其他因素，如需求等，缺乏充分的重视。这些均影响了该理论对实际情况的分析。当然，H-O 理论的局限性也为后来的经济学家进一步的分析和研究作了重要铺垫。

二、基于需求偏好的贸易模型理论

第二次世界大战以后，随着科技的进步和生产力的不断发展及国际政治经济形势的相对稳定，国际贸易的规模越来越大，国际贸易的商品结构和地区分布与战前相比发生了很大变化。对这些新情况，传统的国际贸易理论难以做出有力的解释。新经济学者们则从不同的角度,包括人力资本说、偏好相似说、技术差距说、产品生命周期说、规模报酬递增说、产业内贸易说及国家竞争优势说等,揭示了国际贸易产生的一种或数种原因。这些理论从供给到需求,从静态到动态,从两要素到多要素,从部门间到部门内,揭示了国际贸易产生的一种或数种原因。应该说国际贸易新理论在兼容了传统国际贸易理论正确性的基础上均有新的发展,而且都贯穿着比较优势思想的精髓[①]。

较早认为一国的对外贸易结构除考虑生产要素的供给能力外还应考虑需求要素的学者,可以追溯到19世纪中叶英国著名的经济学者约翰·斯图尔特·穆勒(John Stuart Mill,一般称其为约翰·穆勒)。他在代表作《政治经济学原理》(1848)一书中提出了相互需求理论(reciprocal demond theory),即用两国商品交换比例的上下限解释互惠贸易的范围,用贸易条件说明贸易利得的分配,用相互需求的程度解释贸易条件的变动。阿尔弗雷德·马歇尔(Alfred Marshall)在1890年出版的《经济学原理》一书中以几何分析法对穆勒的相互需求原理作了进一步分析和阐述。

相互需求理论是对比较优势理论的有益补充。穆勒补充了国际贸易为双方带来利益的范围及双方在利益中分配各占多少的问题,同时从贸易结构决定的角度考虑需求因素在贸易结构中的作用,可以说是较早从需求偏好差异的角度解释国际贸易产生的原因。但穆勒关于相互需求强度决定贸易条件的论点是不切实际的,因为穆勒的相互需求法则的假设前提是物物交换下供给等于需求。马歇尔用几何分析法说明贸易条件的决定与变动,为西方传统国际贸易理论增添了新的表达方法和手段。但马歇尔与穆勒一样,在说明国际间商品交换是否公平合理等涉及福利效应的规范问题上,仍存在很大缺陷。

第二次世界大战后,国际贸易呈现发达国家间贸易的主流趋势,这是传统贸易理论所不能解释的。1961年,瑞典经济学家林德(S. B. Linder)推出《贸易与变化》一书,从需求方面探讨其原因,提出了需求偏好相似理论(theory of preference similiarity)。该理论认为,国内需求是出口贸易的基础;一国的贸易流量、流向及贸易结构取决于两国需求偏好相似的程度,两国间对制造业产品的需求偏好越接近,其进行贸易的潜在机会就越多;一国的需求偏好又取决于该国的平均收入水平,两国的平均收入水平越接近,其需求结构就越相似。这是因为国家间商品贸易的发生,大多是先由国内市场达到一定规模并具有了国际竞争力后,才开始开拓国外市场。经济发展水平接近的国家,其需求偏好越相似,贸易的可能性也就越大。因此,商品贸易在具有相同或相似经济发展水平的国家(或地区)间更易于展开,这是"需求相似论"的核心思想。

需求偏好相似理论从需求的角度论证了各国经济发展水平越接近,其贸易规模越有扩大的可能性。这是对传统比较优势理论的补充,更贴近现实。但由于需求偏好在实践中很难得到证实,因此该理论很难在国际经济学家间被普遍认可。

三、基于人力资本差异的贸易模型理论

人力资本说是美国经济学家舒尔茨(T. W. Schultz)创立的。该学说用人力资本的差异

---

① 陈宪,韦金鸾,应诚敏,等. 国际贸易理论与实务[M]. 2版. 北京:高等教育出版社,2004:91-92.

和由此产生的产品比较成本的差异来解释国际贸易产生的原因和一国对外贸易的结构。该理论认为，在国际贸易商品生产中使用的资本包括物质资本和人力资本①。人力资本在比较优势的决定中所起的作用，会由于不同产品生产所需要的人力智能的高低、多寡不同。初级产品的生产需要较低、较少的人力智能，而信息、生物、新材料及新能源等新兴产业的产品需要较高的人力智能。因此，人力资本丰富的国家在知识、技术密集型产品的生产和出口上具有比较优势，而人力资本相对缺乏的发展中国家虽然在知识、技术密集型产品的生产和出口上具有比较劣势，但在自然资源和劳动力资源丰富的商品生产与出口上具有比较优势。两国均出口自己有比较优势的产品，其结果对双方均有益。

舒尔茨的人力资本说是从人力资本的角度解释国际贸易产生的原因，并且认识到人力技能也是一种特殊的资本，但对国际贸易产生的原因和对一国对外贸易结构的解释仍不免停留于静态分析。近几年来，学者 Grossman 和 Maggi 从人力资本配置等角度拓展比较优势理论，分析了人力资本的分配对比较优势和贸易结构的影响，并认为人力资本水平相同的国家（或地区）间的出口产品具有互补的特性；而人力资本水平差异较大的国家（或地区）间的出口产品具有替代特性。

四、基于要素禀赋变化的贸易模型理论

产品生命周期理论（product life cycles theory）是由美国哈佛大学商学院教授刘易斯·韦尔斯（Louis Wells）和雷蒙德·弗农（Raymond Vernon）提出来并将其引入国际贸易理论之中，分析产品在其生命周期的不同阶段在不同国家生产和出口，以致国际贸易商品结构发生转移变化的理论。该理论使比较优势理论从静态发展为动态。

产品生命周期理论认为产品跟人的生命一样是有生命周期的。其将产品的生命周期划分为三个阶段，即新产品阶段、成熟阶段和标准化阶段。产品的生命阶段主要是随产品技术发展阶段而发生变化的。由于产品技术的不同，其对产品生产要素的需求也不同，从而产品的属性也会发生变化。这样，即使一国拥有的生产要素禀赋不变，但其生产和出口的商品的比较优势也会由于产品生产要素密集程度的变化而发生转移。

在产品生命周期的各个阶段，要求投入的要素比例在不断地发生变化，其产品的比较优势也会发生明显的变化：在新产品阶段，要求投入的技术要素比较高，要求熟练劳动者的技术水平也比较高，这一时期的产品属于技术密集型；在产品成熟阶段，其技术已经稳定，而市场迅速扩张，生产规模急剧扩大，从而要求资本投入比较多，这一时期的产品属于资本密集型；在产品标准化阶段，成熟阶段的技术开始扩散，并日益陈旧，产品的技术和生产设备变得比较便宜和易于操作，产品也已为广大消费者所接受，生产需要使用大量的非熟练劳动者，这一时期的产品属于劳动密集型。因此，随着产品生命周期的变化，产品的性质也发生变化，从而一国的比较优势也就随之发生变化。这种变化决定了该产品在国际贸易中的流动方向及贸易结构的变化。

---

① 物质资本指厂房、机械设备、原材料等有形资本，它是对生产资料投资的结果。人力资本指寓于人体中的智能，表现为人的文化水平、生产技巧、熟练程度、管理才能及健康状况，人的智能的差别是后天对人力投资的结果。

产品生命周期理论把比较优势原理从国际贸易领域延伸到对外直接投资领域,而且创造性地将时间因素引入到比较分析中,从而把比较优势研究从静态发展为动态,较好地解释了某一产品的境外生产最终是如何代替该产品的出口的。产品生命周期理论对贸易、对外直接投资及企业增长之间紧密关系的描述,使得将国际贸易理论和国际直接投资理论纳入到一个分析框架成为可能。同时,产品生命周期理论也是较早将FDI(foreign direct investment,对外直接投资)引入到对外贸易结构影响因素分析框架中的理论。

五、基于规模经济、产品差异和不完全竞争的贸易模型理论

一些经济学家认为,第二次世界大战后大量的贸易发生在具有相同生产要素的发达国家间,用要素禀赋理论已难以说明其原因:有些国家要素禀赋极其贫乏,如第二次世界大战后的日本,然而它们在国际贸易中十分活跃。这些国家之间的贸易之所以能够获利,重要的原因显然并不在于一国的要素禀赋。近30年来,许多经济学家开始利用规模经济、产品差异和不完全竞争等概念大力发展比较优势理论。其主要代表作有以保罗·克鲁格曼(Paul R. Krugman)和兰卡斯特(Lancaster)为代表的垄断竞争模型及以赫尔普曼(Helpman)为代表的以外部规模经济为基础的贸易理论等。这些学者在传统的比较优势理论的基础上,从规模经济、产品差异等角度来分析比较优势。他们认为第二次世界大战前产生的产业间贸易更多的是建立在比较优势和要素禀赋基础上的,而第二次世界大战后迅速发展起来的产业内贸易则是建立在规模经济和产品差异基础上的,二者可以共生并存。

规模经济理论将规模经济划分为内部规模经济(internal economies of scale)和外部规模经济(external economies of scale)。内部规模经济包括工厂规模经济(plant-size economies of scale)和企业规模经济(firm economies of scale)。随着企业规模的扩大,产量的增加大于投入的增加,单位产品的成本下降,从而发挥了内部规模经济的效益。外部规模经济是产业规模经济(industry economies of scale)。随着产业规模的扩大,该产业产品的成本随之下降,经济效益提高,它与企业的规模大小无关。无论哪一类的规模经济,都要受到限制,并非规模越大效益就越好。美国经济学家保罗·克鲁格曼提出国内市场规模会影响一国在国际市场的比较优势:当产品规模扩大到一定程度时,其产量的增加会低于其投入的增加,单位产品的成本开始上升,收益下降,从而变成规模不经济。在国际贸易条件下,国家之间进行专业化分工,每一国家集中生产某些产品,然后进行贸易,于是每一种产品的市场规模扩大了,为生产规模的扩大提供条件,贸易双方均能提高经济效益。第二次世界大战后国际贸易有相当大的部分发生在资本-劳动率具有很大相似性的发达国家间即是很好的佐证。例如,欧洲一些国家生产要素比例及技术水平均十分相近,彼此之间的贸易却十分发达,并在不断地扩大。其主要原因在于国家之间进行了专业化的分工且发挥了规模经济效益,如瑞士比较集中地生产手表和医药,卢森堡比较集中地生产钢铁,丹麦比较集中地生产家具,荷兰(今尼德兰)比较集中地生产蔬菜和花卉,瑞典比较集中地生产电子通信设备等。

差异化产品理论(differentiated product theory)又称产业内贸易理论(intra-industry trade theory),是博采了第二次世界大战后众多国际贸易新理论的研究成果,即关注一国同时进口和出口同一产业的产品及国家间进行同产业的产品异样化竞争的新理论。产业内贸易理论经历了20世纪70年代中期以前的经验性研究和其后的理论性研究两个阶段。其中,代表作

是20世纪70年代中期西方学者格鲁贝尔（Herbert G. Gruble）和劳尔德（P. J. Loyld）合著的《产业内贸易》一书。该书认为，技术差距、研究与开发、产品的异质性和产品生命周期相结合及人力资本密集度的差异与偏好的差异相结合均可能导致贸易。继格鲁贝尔和劳尔德之后，格雷（Gray）、兰卡斯特（Lancaster）、戴维斯（Devies）和克鲁格曼等许多经济学者对产业内贸易进行了大量的理论性研究，使产业内贸易理论日趋丰富与成熟。格雷和兰卡斯特主要从产品异质性的角度分析了产业内贸易的形成；戴维斯以进入市场的障碍解释产业内贸易，并从规模经济的角度揭示产业内贸易的成因；克鲁格曼也强调规模经济是产业内贸易的基本原因，并认为各国的生产要素越相似，其国内的产业结构差异越小，从而这些国家间的贸易越具有产业内贸易的特征。

产业内贸易理论用国际产品的异质性、需求偏好的相似性和规模经济三个原理来解释产业内贸易现象，因此一国（或地区）的贸易结构表现为不确定。

格罗斯曼（Grossman）和赫尔普曼认为李嘉图的比较优势源自一国资源的先天禀赋，因此属于先天获得的比较优势，而把源自产品的异质性、规模经济等优势称为一国（或地区）后天所获得的比较优势。国内学者李辉文、董红霞也认为从逻辑结构上看，新贸易理论解释的是产业内贸易现象，其实质是放松了现代比较优势理论中完全竞争和规模报酬不变的假设，是以现代比较优势理论（H-O理论）为基准，对传统贸易理论的补充。张伟、张梅蓉也认为新贸易理论实质上是比较优势理论的动态化。

综上可以得出：建立在要素禀赋基础上的比较优势可以很好地解释产业间贸易结构，而建立在规模经济和产品差异等基础上的比较优势则能很好地解释第二次世界大战后迅速发展起来的产业内贸易。国内学者张亚斌也认为，古典国际贸易理论揭示的是产业间贸易，而建立在产品差异和部门经济基础上的新国际贸易理论在产业内贸易上能够予以很好的解释，二者是互为补充的关系。

六、基于竞争优势的贸易模型理论

1990年，美国哈佛商学院教授迈克尔·E. 波特出版了《国家竞争优势》一书，书中首次提出竞争优势概念。他将竞争优势定义为企业在向顾客提供有价值的商品或劳务时所创造的独特的并能持久的属性。这种独特的属性可能源自产品或劳务本身，也可能来自其生产方法等。波特将竞争优势由企业扩大到国家层面，即产生了所谓的国家竞争力。应该说，他给出了一个全新的用来分析一国竞争优势的框架体系。

波特的竞争优势具体包括以下6个因素。

（1）生产要素。波特将生产要素划分为基本要素和高级要素两种。其中，将一个国家（或地区）先天拥有的自然资源或地理位置等界定为基本要素，而将后天投资创造和发展起来的要素定义为高级要素。波特认为，高级要素包括高科技、熟练劳动力等。与基本要素相比，高级要素对一国的经济发展起主导作用。

（2）国内需求。国内需求包括本国的需求结构、规模、成长率及需求的国际化等。波特认为，扩大国内需求有利于形成规模经济，从而有利于该国在国际市场中取得竞争优势。

（3）相关支撑产业。相关支撑产业有利于主导产业降低成本，提高质量和效率，是促进一国（或区域）主导产业取得国际竞争优势的有力保证。相关支撑产业泛指为主导产业提供投入的国内产业（包括下游销售产业和上游供给产业及其他相关产业等）。

(4) 企业的战略结构与竞争。企业的战略结构与竞争一方面包括企业的形成与组织方式，另一方面也包括企业的竞争程度、创新与企业家才能等。波特认为，由于企业的竞争能力与外部环境息息相关，所以政府为社会创造一种相对公平的竞争环境尤为重要。

(5) 政府的作用。波特指出，一国（尤其是发展中国家）政府的作用不容忽视。一国政府可以通过有关的法令条例及金融、税收、投资及经济管理制度等来影响该国的国际竞争优势。

(6) 机遇。波特认为，机遇对一国（或地区）的发展有时也起关键作用。这里的机遇既包括重要发明和技术突破，同时也包含生产要素、供求状况的重大变动和其他突发事件等。如何去捕捉稍纵即逝的机遇是问题的关键。

以上6个因素相互作用、彼此影响，构成了一个动态的激励创新环境，这就是著名的波特"钻石模型"。在国内，竞争优势理论曾一度引起理论界的高度关注，绝大部分的论文都对竞争优势理论的研究给予很高的评价。有学者认为："国家竞争优势是一个革命性的概念，是一个超越比较优势的概念，拥有丰富内涵的崭新范畴。几乎所有的西方国际贸易学说都可以统一在竞争优势理论的框架之中。"[1] 也有学者认为，在我国对外经贸理论界，"研究的视野开始从一度作为指导我国对外经贸主流理论的比较优势理论的研究转向对竞争优势理论的探讨和研究"[2]。但也有学者（如林毅夫等人）指出，竞争优势理论尽管给一国竞争优势的来源勾勒出了一个全新的分析框架，但其研究对象侧重的是发达国家，对低收入国家或发展中国家的经济发展指导作用有限。尤其是，该理论没有回答发展中国家究竟是应该越过低层次竞争优势阶段直接创造高层次竞争优势（实行某种形式的经济赶超以便寻找实现经济跳跃性发展的路径），还是应该采取循序渐进的发展战略，首先从自己具有比较优势（波特所谓的低层次的低成本竞争优势）的产业开始，通过逐渐积累和投资来形成自身高层次的竞争优势。

七、基于制度创新的贸易模型理论

张小蒂认为，在国际竞争中，获得的宏观层次的制度优势是微观层次竞争的前提，中国政府在比较优势向竞争优势转化过程中应从制度创新的视角来确定自己的角色定位。朱宇华认为，新贸易理论是在假设各国的市场制度基本健全的前提下考察国际贸易结构问题，而制度创新理论在解释力上是对新贸易理论的有益补充。

也有学者（胡永泰、杨小凯）提出：一般情况下，落后国家由于往往倾向于模仿发达国家的管理和技术，忽略对发达国家制度的重视。因此，这些国家往往很难逃出制度的羁绊。如此，落后国家的经济虽然在短期内获得较快发展，但长期来看，却给经济增长留下许多隐患，如强化国家机会主义等。而林毅夫则认为，后发国家为避免后发劣势并非一定要实

---

[1] 盛晓白. 竞争优势学说：西方国际贸易理论体系的新框架 [J]. 审计与经济研究, 1998 (6): 47-49.

[2] 江小涓, 杨圣明, 冯雷. 中国对外经贸理论前沿：Ⅱ [M]. 北京：社会科学文献出版社, 2001: 14.

现英美式的宪政体制改革才可以，关键在于是否遵循了比较优势战略，即是否充分利用禀赋结构所决定的比较优势来选择产业。发展中国家只有遵循了比较优势战略，其要素禀赋结构才能够得到快速的提升，产业结构就会以"小步快跑"的方式稳步向发达国家靠近。反之，欲速则不达。林毅夫同时指出，后发国家的政府与微观主体相比，力量悬殊，其政府只有确立了比较优势经济发展战略，并推行相应的政策，微观主体的经济力量才能得到快速的提升。

第二节　学习国际贸易的意义与方法

一、学习国际贸易的意义

学习国际贸易是自身对未来生存条件、实现个人价值、服务社会的一种投资和建设。作为一个劳动者，在世界广阔的舞台上追求自身收益最大化，大概是每一位学子的心愿。进入世界市场的方式可以采取商品贸易，可以采取知识服务，也可以采取要素流动。无论哪种方式，需要我们了解国际贸易的基本理论和政策，因为它可以帮助我们回答这些方式发生的条件和利益所在。对于一名商业人士，当置身于经济全球化的浪潮之中，了解各国对外贸易所依据的理论和政策背景，懂得各国的企业经营战略或贸易战略，有助于制定正确的企业战略，有助于打好国际合作的基础。对于一名政府官员，了解国际经济的发展趋势，掌握贸易政策制定的理论依据和科学方法，有助于制定当地或国家的经济发展战略，有助于管理好自己所在的地方或部门。对于非专业人士，学习国际贸易学有助于拓展眼界、完善知识体系，更有助于提高分析问题、解决问题的能力。

二、学习国际贸易的方法

国内外许多著名学者都曾说过，国际贸易的专业性很强，不是一门容易学好的课程，需要我们具有多方面的知识准备并掌握科学的方法。

（一）经济学知识储备

国际贸易理论是国际经济学中非常重要的一个部分，其基础是微观经济学。因此，有人将国际贸易学称为开放条件下的微观经济学或国际微观经济学。由于国际贸易至少涉及两个国家或地区的两种商品的交流问题，因此贸易问题的讨论比微观经济学要复杂得多。同时，贸易政策理论分析中还涉及福利经济学的知识和政治经济分析方法，需要打好这些知识基础。

（二）工具的掌握

为了能够让读者直观地了解国际贸易的主要结论，经济学家主要在笛卡尔坐标系上讨论两个国家两种商品的国际贸易问题。如果超过两个国家和两种产品，则需要借助代数方法，这就要求我们学会理顺各变量之间的因果关系，然后描述这些关系。在国际贸易分析中，我们常常采用局部均衡和一般均衡分析方法，其主要分析工具分别为供给曲线和需求曲线、生产可能性曲线和社会无差异曲线。例如，为了说明本国能够出口什么商品和需要进口什么商品，必须首先研究本国的生产能力，故生产可能性曲线就成为有力的工具。类似地，经济学中的其他工具常常被经济学家引入国际贸易研究中，需要我们很好地掌握。

（三）从事国际贸易活动需要的素质

国际贸易活动是在空间非常广阔的世界市场上进行的，进出口过程中时刻存在远远高于国内贸易的自然、政治、价格、信用、汇兑、运输诸方面的风险，同时，由于贸易结算不确定因素多、各国海关制度纷杂、运输手续繁多、商业习惯多样性等，因此国际贸易远比国内贸易复杂。

因此，开展国际贸易需要具备的条件是非常多的。从外销员个人素质的角度看，要具备外贸的专业知识，包括外语及法律、营销、金融、保险、财务、商品、运输等知识。从企业经营的角度来讲，建立良好的商业信誉、掌握准确的商业情报、拥有雄厚的资金来源、具备完善的组织机构、尊重各国的风俗习惯、提高抵御风险和应变能力等都是从事国际贸易不可或缺的素质和条件。

第二章 国际贸易的基本概念、分类与特点

【学习目的与要求】

让学生掌握主要的国际贸易概念，理解贸易条件、对外贸易依存度、外贸结构等概念的经济含义及在实践中的运用，了解国际贸易的历史发展特点。

【学习重点与难点】

重点、难点是掌握贸易条件、外贸依存度等概念在经济实践中的深层含义。

第一节 国际贸易的基本概念

一、出口、进口和贸易差额

1. 出口与进口

一国或地区的对外贸易包括出口与进口两个组成部分。

出口（export）是指一国或地区生产或加工过的商品和服务向他国或地区出售。出售商品的国家叫出口国；出口商品收入的货币总额叫出口额。出口是一国或地区外汇的主要来源。

进口（import）是指一个国家或地区由他国或地区购进商品和服务，用于本国生产和生活消费。购买商品的国家叫进口国，进口商品所支付的货币总额叫进口额。

2. 净出口和净进口

出口大于进口，即为净出口（net export）。一个国家或地区在一定时期内（一般为一年），将某种商品的出口数量或金额与进口数量或金额相比较，若出口大于进口，即为净出口。

若进口大于出口，则为净进口（net import）。一国常常是既有进口又有出口，在一定时期内，如果进口数大于出口数为净进口，净进口用进口数与出口数的差额来表示，反映了一国某种商品在对外贸易中的作用和地位及其变化趋势。

3. 对外贸易差额

对外贸易差额是指一国或地区在一定时期内出口额与进口额之间的差额。对外贸易差额是衡量一国对外贸易的重要指标。

若出口额大于进口额称为对外贸易顺差（favorable balance of trade），也叫对外贸易盈余或出超；若出口额小于进口额称为对外贸易逆差（unfavorable balance of trade），也叫对外贸易赤字或入超。

贸易顺差表明一国外汇有净收入，外汇储备增加，说明该国商品国际竞争力较强，商品在国际市场上处于有利地位。贸易逆差表明一国有外汇净支出，外汇储备减少，黄金外流或形成负债，说明该国商品的国际竞争力较差，商品在国际市场上处于不利地位。因此，一般来说，一个国家或地区都希望出口大于进口，收入大于支出，以增强对外支付能力。但对经常保持顺差的国家来说，由于长期大量顺差，造成外汇大量积压、未能及时用于国内的生产建设，且与对应的逆差国之间易产生贸易矛盾，因此，一时的逆差也并非绝对的坏事，长期保持顺差也不一定有利。

二、对外贸易额与贸易量

对外贸易额（value of foreign trade）是指用货币来表示的一定时期内一国或地区的对外贸易总值，是指进口额与出口额相加之和，它是反映一国或地区对外贸易规模和状况的重要指标之一。

出口额（value of export）指的是一国或地区在一定时期内向国外出口的金额，它是反映一国或地区对外贸易规模的重要指标之一。进口额（value of import）是指一国或地区在一定时期从国外进口的金额。

对外贸易额一般都用本国货币表示，也有用国际上通用货币表示的。例如，联合国编制和发表的世界各国对外贸易额的相关数据就是以美元表示的。

国际贸易额（value of international trade）是指世界各国出口额之和，而不是指世界各国出口额和进口额的总和，也不是世界各国对外贸易的总和。与国家的进出口额不同，世界进出口总额没有任何独立的经济意义，因为一国的出口，就是另一国的进口，如果把各国进、出口额相加，计算就重复了。

世界各国一般都是按离岸价格（FOB—free on board，即装运港船上交货价，其中不包括保险费和运费）计算出口额，按到岸价格（CIF—cost，insurance and freight，即成本加保险费、运费）计算进口额，所以，世界进口额总是大于出口额。为了更准确地表示国际贸易额的计算单位，一般要把各国的货币折合成同一种货币来表示（一般都用美元来表示国际贸易额）。因此，把世界上一定时期所有国家和地区的出口总额按同一种货币单位换算后加在一起，即得到国际贸易额。

对外贸易量（quantum of foreign trade）是指以不变价格计算的对外贸易额，是反映贸易规模的指标。由于国际市场上的物价经常变动，各国货币的币值也经常波动，因此，用价值表示的对外贸易额或国际贸易额并不能确切地反映一国或地区对外贸易或国际贸易的实际规模。为了准确反映对外贸易的实际规模，各国往往用一定年份为基期计算的进口价格或出口价格指数去除当时的进口总额或出口总额，得到相当于按不变价格计算的进口额或出口额。

由此得出的贸易额由于消除了价格变动的影响，单纯反映的是量的变化，所以称为对外贸易量。按一定时期的不变价格为标准计算出来的单纯反映一国或地区对外贸易的数量，就叫对外贸易量。对外贸易量指标不仅可以比较确切地反映出一国或地区对外贸易的规模，便于把不同时期的对外贸易额进行比较，还可以由此计算各个时期定期的或环比的物量指数。

三、总贸易和专门贸易

总贸易和专门贸易是各国对外贸易的不同统计方法。

总贸易（general trade）是以货物通过国境作为标准划分和统计的对外贸易额。据此，凡进入国境的商品一律列为进口，凡离开国境的商品一律列为出口，前者叫作总进口，后者叫作总出口。在总出口中又包括国内出口和复出口，国内出口是指本国货物的出口，复出口是指未经加工的进口商品的出口。总进口额加总出口额就是一国的总贸易额。中国、日本、英国、加拿大、澳大利亚等90多个国家和地区采用这种划分标准，它的大小说明该国在世界贸易中所处的地位。

专门贸易（special trade）是以货物通过关境作为标准划分和统计的对外贸易额。当外国商品进入国境后，暂时存在保税仓库，不进入关境，一律不列为进口，只有从外国进入关境的商品及从保税仓库提出而进入关境的商品才列为进口，称为专门进口。专门进口额加上专门出口额称为专门贸易额。美国、德国、意大利等80多个国家和地区采用这种划分标准。

联合国所公布的各国贸易额一般都注明了是总贸易额还是专门贸易额，它说明了一个国家的进出口状况。

四、国际贸易商品结构与对外贸易商品结构

国际贸易商品结构（international trade by commodities）是指一定时期内各类别的商品在整个国际贸易额中所占的比重，通常以它们在世界出口总额中的比重来表示。

对某一个国家来说，对外贸易商品结构（foreign trade by commodities）是指定时期内进出口贸易中各类商品的构成情况，通常以各类商品在进口总额或出口总额中所占的比重来表示。为便于比较分析，世界各国一般以《联合国国际贸易标准分类》（SITC）公布对外贸易与国际贸易商品结构。

商品结构一般分为初级产品和工业制成品两大类。前者是指未经加工或只是简单加工过的农矿产品；后者则是指经过完全加工的产品，如机械设备、家用电器等。分析对外贸易或国际贸易商品结构，可以看出一个国家或世界的经济发展水平和国际分工状况。因为科学技术状况、资源条件、生产力水平和人民生活需要等条件是对外贸易商品构成的重要条件。

对外贸易或国际贸易商品结构可以反映出一国或世界的经济发展水平、产业结构状况和自然资源的禀赋状况等。一般来讲，在发达国家的出口中，资本、技术密集型产品所占比重较大，而在发展中国家的出口中，则以资源和劳动密集型产品为主。

五、对外贸易依存度

对外贸易依存度（degree of dependence on foreign trade）简称外贸依存度，又称外贸系数，它是指一国对外贸易额在其国内生产总值（或国民生产总值）中所占的比重。

外贸依存度还可分为出口依存度和进口依存度。前者是指一国出口额在其国内生产总值（或国民生产总值）中所占的比重；后者是指一国进口额在其国内生产总值（或国民生产总值）中所占的比重。值得注意的是，许多欧美学者将出口依存度定义为外贸依存度，不仅如此，用出口额占国内生产总值的比重来计算外贸依存度的方法，在很大程度上已成为某种国际惯例。

外贸依存度反映了一个国家或地区对外投资的开放程度，外部的经贸联系越多，经济开放度也越高。外贸依存度用来表示一国国民经济对进出口贸易的依赖程度。贸易依存度也衡量一国对世界经济变动的敏感性，贸易依存度大，说明该国经济易受世界经济危机和其他突发性因素的冲击。外贸依存度也反映对外贸易对经济增长的贡献度。一国外贸依存度越高，则对外贸易在国民经济中的作用越大。外贸依存度还反映出一个国家或地区参与国际分工和国际经济技术合作的程度。因此，外贸依存度主要用于反映一国对外贸易在国民经济中的地位，同其他国家经贸联系的密切程度及该国参与国际分工、世界市场的广度和深度。

六、对外贸易条件

在传统的国际贸易理论框架中，贸易条件被定义为一个国家在一定时期内（通常为一年）出口商品价格与进口商品价格之间的对比关系，反映了该国当年的对外贸易状况和商品的国际竞争力状况，一般以贸易条件系数表示。其经济学含义是：随着出口商品价格相对于进口商品价格的变化，出口每单位商品所能换回的进口商品的数量随之变化。如果该系数大于1，则说明该国当年的贸易条件得到了改善；如果该系数小于1，则说明该国当年的贸易条件恶化了。

应当指出的是，商品贸易条件指数的有效性通常只局限于不发生进出口商品结构变动的一定时期内，它用来表示在过去一段时期内单位商品的贸易利益是增加了还是减少了，即表示贸易利益的变动，并不能表示一国获得的贸易利益总量（这是无法计算的）。而在现实经济生活中，一国的进出口商品结构有时会发生较大的变动，如以前进口的商品现在转为出口，就可能对商品贸易条件产生很大的影响。依据包含有这种变化的长期的商品贸易条件指数作出某种判断，是不可靠的。还需要注意的一点是，商品贸易条件指数的下降并不一定意味着一国贸易利益的减少，因而不能判断是否存在不平等交换，这还要结合其他因素（如贸易双方的劳动生产率的变化情况等）进行具体分析。

（一）商品贸易条件或净贸易条件

商品贸易条件（N）指出口商品价格指数（P_e）与进口商品价格指数（P_i）之比，为以百分比反映，通常乘以100。其公式为：

$$N = (P_e/P_i) \times 100$$

例如，如果我们把 1950 年作为基年（$N=100$），2000 年时出口商品价格指数 P_e 降低了 5%（为 95），而进口商品价格指数上升 10%（为 110），则该国的商品贸易条件为：

$$N = (95/110) \times 100 = 86.36$$

这表明从 1950 年到 2000 年该国商品贸易条件恶化了 13.64。

（二）收入贸易条件

以出口量指数（Q_e）与商品贸易条件相乘来表示总贸易量变化的指数称为收入贸易条件（I）。其计算公式为：

$$I = (P_e/P_i) \times Q_e$$

还以上例来说明。在进、出口商品价格指数相同的条件下，如果 Q_e 从 1950 年的 100 上升到 2000 年的 120，则该国收入贸易条件上升为：

$$I = (95/110) \times 120 = 103.64$$

它说明尽管该国的商品贸易条件恶化了，但由于出口量的上升，以出口收入为基础的进口量上升了 3.64%，也就是说收入贸易条件好转了。

七、国际贸易地理方向与对外贸易地理方向

国际贸易地理方向（direction of international trade）又称国际贸易地区分布，是指各大洲、各国（地区）或各经济集团对外商品贸易在整个国际贸易中所占的比重，通常以它们在世界进出口额中所占的比重来表示。一般按洲、国别、地区划分计算，如欧洲、美国、亚太地区等；也可按工业发展水平计算，如发达国家和发展中国家，发展中国家又可细分为石油输出国和非石油输出国等。

对外贸易地理方向（direction of foreign trade）又称对外贸易地区分布或国别构成，是指一定时期内世界上一些国家或地区的商品在某一国家的贸易中所占的比重。对一个国家来说是指该国对外贸易总额、出口额、进口额的地理、国别分布，通常以它们在该国进、出口总额或进、出口总额中的比重来表示。

对外贸易地理方向指明一国进出口货物和服务的来源和趋向，从而反映一国与其他国家或国家集团之间经济贸易联系的程度。

各国对外贸易在国际贸易中的比重，既可以通过各国的进出口额在世界进出口总额中的比重计算，也可以通过各国的进出口总额在国际贸易总额中的比重计算。

第二节 国际贸易的基本分类

一、有形贸易与无形贸易

国际贸易按商品的形态分为有形贸易与无形贸易。有形贸易的交易标的是看得见、摸得

着的；无形贸易是指无形的商品输出与输入。无形贸易包括 12 个领域：商业、通信、建筑、销售、教育、环境、金融、卫生、旅游、娱乐、运输与其他。

有形贸易与无形贸易的区别：有形商品的进出口必须经过海关手续，表现在海关的贸易统计上，是国际收支的重要构成部分；无形贸易不经过海关手续，不显示在海关的统计上，但也是国际收支的一部分，显示在国际收支平衡表中。

二、直接贸易、间接贸易和转口贸易

按是否有第三国参与划分，国际贸易可以分为直接贸易、间接贸易和转口贸易 3 种。商品生产国和商品消费国不经过第三国进行的商品交换，称为直接贸易（direct trade）；商品生产国和商品消费国经过第三国进行的商品交换，称为间接贸易（indirect trade）；商品生产国和商品消费国经过第三国进行的商品贸易，对第三国来讲，就是转口贸易（entrepot trade）。转口贸易有两种：一种是商品从生产国运到第三国后，由该国的转口商销往消费国；另一种是商品由生产国直接运往消费国，但两国并未发生直接交易关系，而是由第三国的中间商分别同生产国与消费国发生交易关系。

三、总贸易体系与专门贸易体系

总贸易体系（general trade system）与专门贸易体系是贸易国家记录和编制进出口货物统计的一种方法。总贸易体系亦称一般贸易体系，是指以国境为边界统计进出口商品。凡进入国境的商品一律列为进口，一定时期内的进口总额称为总进口；凡离开国境的商品一律列为出口，一定时期内的出口总额称为总出口。总进口与总出口之和为一国的总贸易。目前采用总贸易体系的国家有：美国、日本、英国、加拿大、澳大利亚、俄罗斯等。中国也采用总贸易体系统计。

专门贸易体系亦称特殊贸易体系，是以关境为界，以商品经过海关办理结关手续作为统计进出口的标准。一定时期内，凡运入关境的商品列为进口，亦称专门进口；凡运出关境的商品列为出口，亦称专门出口。专门进口加上专门出口称为专门贸易。目前，法国、德国、意大利、瑞士等国家采用专门贸易体系。

四、易货贸易与现货贸易

国际贸易按支付结算方式可分为现货贸易和易货贸易。现货贸易是指买方用卖方同意的外汇，通常是可兑换（convertible）货币来支付结算的贸易。这是国际贸易的主要结算方式，也称自由结汇方式贸易。国际通用的可兑换货币包括：美元（USD）、英镑（GBP）、欧元（EUR）、日元（JPY）、加拿大元（CAD）、港元（HKD）、澳大利亚元（AUD）等。

易货贸易（barter）指支付结算方式是以货换货，即货物经过计价后进行交换，以补充现汇不足的贸易。政府间的易货贸易也称协定贸易，需要签订贸易协定与支付协定。民间的易货贸易包括补偿贸易，也可以部分现汇，通常采取进出结合，双方易货的总额尽可能对等平衡。

五、电子商务与无纸贸易

进入20世纪90年代以来,随着计算机网络、通信技术的迅速发展,特别是互联网的普及应用,电子商务(electronic commerce)作为一种新的商务运作模式,对人们传统的行为方式和观念产生巨大的冲击和影响。

许多专家和学者都尝试从不同角度来界定电子商务的内涵和外延。1997年11月,国际商会对此作了界定:电子商务是指实现整个贸易活动的电子化。电子商务有广义和狭义之分。狭义的电子商务也称电子贸易,主要指借助计算机网络进行的网上交易活动;广义的电子商务则包括电子交易在内的、通过 Internet 进行的各种商务活动;这些商务活动不仅仅局限于企业之间,也包括在企业内部、个人和企业之间发生的一切商务活动。比尔·盖茨认为:"电子商务是21世纪的生存方式,它不仅是企业竞争的利器,也直接关系国家生产能力与贸易竞争能力。"1997年,GE、Cisco、Intel 及 Dell 四家公司在网络上交易的总金额就多达30亿美元,2002年更是突破了1万亿美元。电子商务是信息时代的必然趋势,它不仅对商业企业的运作和个人工作、生活产生深远的影响,同时也涵盖了国家政府、工业企业、金融机构、教育部门等,涉及面非常广泛。"如果不积极面对电子商务,就会有落伍的危险。"

电子数据交换(electronic data interchange,EDI)通过电子计算机的联机式网络将贸易过程中的各种信息或单证上的各个数据,在国际间进行交换和自动处理,从而避免各种单证的制作和传递,加速了贸易进程和资金的周转,并大大简化单证流转的手续。

EDI 是20世纪80年代发展起来的一种电子化贸易工具,是计算机通信和现代化管理相结合的产物。EDI 的应用领域很广泛,涵盖工业、商业、金融、医疗保险、运输、政府机关等。这些领域的应用一般是互为联系的,理想的状况是各行各业均通过互通的 EDI 网络联系在一起。目前,EDI 在欧美等发达国家已得到了普遍应用。据统计,在全球前1 000家大型企业中,有95%的企业应用 EDI 与客户和供应商联系业务。

第三节 国际贸易的发展特点

一、资本主义前的国际贸易

(一)奴隶社会的国际贸易

奴隶社会是以奴隶主占有生产资料和奴隶为基础的社会。在这种社会中,自然经济占统治地位,生产的目的主要是消费,商品生产在整个生产中微不足道,进入流通中的商品数量很少。同时,由于生产技术落后,交通工具简陋,使对外贸易的范围受到很大的限制。

在奴隶社会,对外贸易中的主要商品,一是奴隶,二是奴隶主阶级所追求的奢侈品,如宝石、装饰品、各种织物、香料等。当时欧洲希腊的雅典是奴隶贩卖的中心之一。在奴隶社会，对外贸易促进了手工业的发展，促进了商品经济的扩大。

（二）封建社会的国际贸易

在封建社会，贸易范围不断扩大。封建社会时期，随着城市手工业的发展，商品经济与对外贸易都有了较大发展，资本的主要因素已孕育发展。该时期，国际贸易的主要商品仍然以奢侈品为主，西方国家以呢绒、酒等换取东方国家的丝绸、香料和宝石等，国际贸易的范围主要集中在地中海、北海、波罗的海和里海沿岸。

中国于春秋战国时期向封建社会过渡。秦统一后，形成了中央集权的封建统一国家。此后约两千多年中，每遇到国内生产发展较快，对外贸易便有较快发展。西汉时期"丝绸之路"的开辟，唐代经济繁荣时期陆路贸易的盛行，宋朝海上贸易的活跃，以及明初郑和七次下西洋的空前规模等，都是当时生产力水平的具体表现。

通过国际贸易，中国的瓷器、丝绸、茶叶等大量输往邻国和西方诸国，同时欧亚各国的呢绒、酒不断销往东方国家。但由于生产力发展水平低，交通工具不发达，国际贸易商品的种类和贸易范围仍有很大的局限性。

封建社会的含义

在中国，"封建"的概念可以意指三个不同的对象：第一是指中国古代的封建，如西周的"封建亲戚，以藩屏周"；第二是指中国从古代延续到近代的"封建社会"，久讼不已的中国何时进入封建社会与中国封建社会为何长期延续等问题即由此而来；第三是指欧洲中世纪的一种社会制度，它常被看作是各种封建社会的参照原型。马克思用作研究对象的西欧封建制度，是指王权集中以前的领主各自为政的状态。显然，这种状态不利于资本主义经济的产生和发展。当王权集中后，在经济上则有利于资本主义萌芽。

中国固有的封建含义皆类似，即分封建国。秦朝以后基本就不是主流了，尽管汉初、明初有过反复。西欧的王权集中后对资本主义的起源发展起了促进作用，而中国皇权集中的结果却是扼杀资本主义因素。可见，西欧封建制度是阻碍经济发展的因素之一（因为关税等原因），而在中国，封建制度的确阻碍了经济，但皇权制却是有意扼杀经济的发展。原因在于，西方的王权在资本主义经济产生之后才逐渐加强，使得王权成了社会的公敌；而东方中国的君权在奴隶制度经济还在瓦解中就已经迈出了加强的步伐，这样就抑制了先进经济方式的萌生。近代以后，资产阶级政治在产生之初，迫切需要一个强有力的政权来巩固统治，因而集中皇权成了历史趋向；至于中国，就完全不存在这种问题了。

二、资本主义时期的国际贸易

（一）自由竞争时期的国际贸易

资本主义自由竞争时期是指从18世纪60年代英国工业早期到1873年世界性经济危机爆发这一时期。这一时期以蒸汽机为代表的科学技术获得了较大发展，以英国为首的西欧各国相继完成了工业革命，资本主义生产从工场手工业过渡到机器大工业，各种运输工业相继产生，如运载量大、速度快、运费低的火车、轮船，电报机、电缆为国际贸易的开展创造了有利条件，国际贸易得到空前发展。

这一时期的商品结构较之前有了很大变化，大宗商品如香料、茶叶、丝绸、咖啡等贸易比例开始下降，纺织品贸易迅速增长，且占优势地位。这与英国纺织工业的迅速发展直接相关。在资本主义自由竞争时期，一个值得注意的现象是殖民主义国家进一步进行殖民地的掠夺与扩张。尤其是英国，从19世纪60年代开始，便成了横跨五大洲的所谓"日不落"殖民大帝国，并依仗其工业革命先驱的雄厚技术基础，取得了"世界工厂"的地位。

（二）垄断时期的国际贸易（1870—1938年）

19世纪70年代以后，资本主义自由竞争逐渐向垄断阶段过渡。到20世纪初，垄断最终代替了自由竞争，资本主义国家纷纷进入帝国主义阶段。这一时期的国际贸易大体划分为两个阶段。

1. 第一个阶段是向资本主义过渡阶段至第一次世界大战前（1870—1913年）

在此期间，欧洲和美国发生了第二次工业革命——"钢电革命"。"钢电革命"为工业提供了新材料，补充了新能源。这一时期国际贸易的特点如下。

（1）国际贸易虽在扩大，但与自由竞争相比，速度放慢。世界市场（国际贸易）的扩大速度已赶不上世界生产扩大的速度，生产与市场的矛盾日趋尖锐，主要资本主义国家争夺国际市场的斗争加剧。

（2）国际贸易的地域格局发生了突出变化，老牌资本主义国家英国的垄断地位开始动摇并发生下降趋势，美国和德国已超过英国。

（3）商品结构比率发生了较大变化。在初级产品领域，矿产品的比率上升，而食品和农业原料的比率有所下降；在制成品领域，纺织品的比率有所下降，而金属产品的生产和出口均有较大增长。这些变化反映了发达资本主义国家工业化发展和国际分工的扩大。

2. 第二阶段是第二次世界大战期间（1914—1938年）

由于世界大战的影响，期间的国际贸易几乎处于停滞状态，许多国家对外贸易的依赖性减小。在这一时期，国际贸易的地理格局发生变化，欧洲在国际贸易中的比率下降，而美国的比率却有较大增长，亚洲、非洲和拉丁美洲等经济不发达国家在贸易中的比率有所上升并开始登上历史舞台。这一时期贸易的特点如下。

（1）国际贸易的增长速度空前。在1720—1800年的80年间，国际贸易量只增长了一倍，然而进入19世纪，国际贸易的增长速度明显加快。19世纪的前70年中，世界贸易量增长了10倍。

（2）国际贸易商品结构有了很大变化。18世纪末以前的大宗商品，如香料、丝绸、茶叶等，在国际贸易商品构成中所占的比例开始下降，纺织品的贸易迅速增长，煤炭、钢铁和机器的贸易增长较快。另外，粮食也成了大宗的国际贸易商品，国际贸易额迅速增加。

（3）国际贸易方式发生了变化。国际定期集市的作用在下降，现场看货交易逐渐发展为样品展览会和商品交易所。1848年美国芝加哥出现了第一个谷物交易所。1862年伦敦成立了有色金属交易所。

（4）国际贸易组织形式发生了变化。19世纪以前，为争夺殖民地贸易的独占权，英、法等国纷纷建立了由政府特许的海外贸易垄断公司。随着贸易规模的扩大，拥有特权的海外贸易垄断公司逐渐让位给在法律上承担有限责任的股份公司。另外，这一时期经营对外贸易的组织日趋专业化，出现了专业的对外贸易公司和保险公司等。

（5）国与国之间开始注重贸易协调。为了调整各国彼此间的贸易、移民和享受待遇问题，这一时期各国之间缔结了一系列国际贸易条约与约定，并且把签订贸易条约与协定作为获取竞争优势及特权的工具。

三、第二次世界大战后国际贸易的发展

第二次世界大战以后，特别是20世纪80年代以来，世界经济发生了巨大的变化，科技进步的速度不断加快。国际分工、世界市场和国际贸易也都发生了巨大的变化。概括起来，当代国际贸易发展有以下一些新特征。

（一）国际贸易规模空前扩大

国际贸易发展迅速，国际贸易的增长速度大大超过世界产值的增长速度，服务贸易的增长速度又大大超过商品贸易的增长速度。世界货物贸易额从1950年的607亿美元增加到2018年的总值突破39.4万亿美元。国际贸易在现代经济中的地位越来越重要。究其主要原因，一是世界经济高速增长，为国际贸易的增长奠定了雄厚的物质基础；二是第二次世界大战后发生的以原子能、信息技术、新材料技术为标志的第三次科技革命，导致世界各国产业结构和产业组织形式的调整，促进了进出口贸易的快速增长，也带动了国际技术贸易的迅速发展。

1. 工业制成品的比重超过初级产品比重

在世界货物出口贸易中，工业制成品的比重超过初级产品比重，而且不断攀升。1953年工业制成品出口占世界全部商品出口价值的比重为50.3%，开始超过初级产品。到2018年，国际贸易中制成品贸易占到近85%，初级产品比重降到15%以下。

2. 资本、技术密集型产品比重将越来越大

在工业制成品贸易中，劳动密集型轻纺产品的比重下降，而资本、技术密集型商品所占比重上升，高技术产品的增长加快，化工产品、机器和运输设备等的贸易比重增长也较快。知识经济时代的到来，将导致世界范围内产业结构的智能化、高级化。智能的物化产品将成为世界商品市场的主体。在未来的国际商品贸易中，技术密集型产品尤其是高附加值的成套设备和高科技产品将成为出口增长最快、贸易规模最大和发展后劲最足的支柱商品，高技术密集型产品所占比重将越来越大。在初级产品贸易中，石油贸易增长迅速，而原料和食品贸易发展缓慢。

3. 国际服务贸易急剧发展

国际服务贸易在整个世界贸易中的比重不断加大。1979年，国际服务贸易额的增长速度首次超过了商品贸易。20世纪80年代以后，国际服务贸易的增长速度一直高于商品贸易的增长速度。其中，旅游、通信、计算机、信息、保险和金融服务业所占比重呈上升趋势，而运输业则呈下降趋势。

据统计资料显示，1967—1980年，国际服务贸易额由700亿美元猛增到6 500亿美元。《2018年世界贸易报告》显示，2017年，全球服务贸易出口增长8%，进口增长

6%。排名前三的商业服务出口国分别为美国、英国和德国，出口总额约为1 400亿美元。但一些发展中经济体服务贸易规模增长迅速。新加坡年增长率为36%，中国年增长率为28%位居第二。

（二）国际贸易地理分布和各国贸易地位发生了变化

第二次世界大战后国际贸易的地理分布表现为越来越多的国家参与国际贸易，各种类型国家的对外贸易都有了不同程度的增长，而增长最快的仍是发达国家相互间的贸易，发达国家与发展中国家贸易关系则相对缩减了。

在国际贸易中，发达国家继续处于支配地位。在发达国家中，日本和欧洲的贸易地位上升较快。发展中国家在国际贸易中的作用在加强。在发展中国家中，新兴国家处于领先地位。中国在国际贸易中的地位近几年迅速提高，已逐渐成为一个重要的贸易大国。

（三）跨国公司的迅速发展推动了国际贸易的快速增长

第二次世界大战以后，跨国公司的迅速发展推动了国际贸易的快速增长，是全球经济活动的主角之一。据统计，目前，全球跨国公司的总数已达6.3万个，跨国公司产值占全球总产值25%。凭借其人才、技术、管理、资产等的巨大优势，通过全球资源最优化配置，跨国公司不仅成为本国经济发展的支撑和推动力量，而且成为各综合国力和国际竞争力的集中体现。国家的经济和技术实力在很大程度上掌握在跨国公司手里。特别需要指出的是，跨国公司在知识特别是技术领域始终占据世界领先地位，例如，在世界专利和许可费用的跨国流动中，发达国家跨国公司占总收入的98%。美国《财富》杂志公布的全球最大的500家公司中，无一不是跨国经营的公司。

从跨国公司的实力上看，它们通过跨国兼并与收购活动或通过协定（股份和非股份）方式，结成新型的"战略联盟"，以提高竞争力。随着生产与投资的国际化，跨国公司迅速发展。跨国公司全球性的投资活动、技术转让和国际性的生产专业化过程，一方面引发了公司内货物贸易的扩大，另一方面也促进了专家、技术人员和劳动力的国际流动，带动了金融、法律、技术服务、保险、运输、计算机服务、工程咨询等服务业务的发展。

（四）区域集团化贸易日益活跃

第二次世界大战以后，国际竞争日益激烈，世界主要贸易国为保持其在全球市场上的竞争力，不断寻求与其他国家联合，通过优惠贸易安排、自由贸易区、关税同盟、共同市场等不同方式，组建区域贸易集团，实现在区域内贸易自由化。以1957年成立的欧洲经济共同体（以下简称"欧共体"）为导线，贸易集团在全球迅速蔓延。进入20世纪90年代，区域经济合作不断地向深度和广度推进，区域贸易集团化步伐进一步加快，贸易集团激增，区域内贸易日益活跃和扩大。区域内贸易的发展极大地推动了世界贸易的发展。因区域内贸易的开放性高于排他性，预计今后区域内贸易的发展速度仍将高于其对外贸易的增长速度，在世界贸易中的比重会进一步加大。

但是，区域贸易集团的排他性和程度不同的贸易转移效应对世界贸易也产生了一些消极影响，在一定程度上困扰着世界贸易组织体制的正常运行和进一步发展。

（五）国际贸易协调机制的促进作用明显加强

第二次世界大战后，国际贸易政策和体制也发生了很大变化。从20世纪50年代到60年代贸易政策和体制总的特征是自由贸易，但20世纪70年代以来，贸易政策有逐渐向贸易保护主义转化的倾向，国际贸易体制从自由贸易逐步走向管理贸易。这其中，关税与贸易总协定（以下简称"关贸总协定"）的缔结和世界贸易组织（以下简称"世贸组织"）的建立，对战后国际贸易政策和体制的调整，对贸易自由化的推动和多边贸易体制的确立，均起了十分重要的促进作用。

进入20世纪90年代以来，经济全球化趋势使生产要素在全球范围内更加自由地流动和有效配置，限制性的各种壁垒不断减少甚至逐步消除，自由贸易已是不可逆转的基本潮流。但是也必须注意，世贸组织诸协议在为自由贸易运作提供制度保证的同时，它所允许的如反倾销、反补贴、技术标准、环境标准等规则，也为发达国家对发展中国家实施歧视性的贸易政策助威增势，诱发了新一轮的贸易保护主义。不仅如此，发达国家还力图通过将贸易与环境保护、贸易与劳工标准、贸易与竞争政策等新贸易问题提上世贸组织的议事日程，以抵制环境倾销、绿色补贴、不公平竞争等为由对发展中国家实施贸易制裁，这将成为国际贸易"自由化"发展中的障碍。

（六）国际贸易方式多样化发展

第二次世界大战后，除了传统的国际贸易方式如包销、代理、寄售、招标、拍卖、展卖等方式外，又出现了一些新的贸易方式，如补偿贸易、加工装配贸易、对等贸易和租赁贸易等。这些新型国际贸易方式的发展，不仅扩大了国际贸易的范围，而且增加了国际贸易的深度，使经济发达国家和经济落后的发展中国家，都能借助不同的贸易方式加入到国际分工体系和国际贸易合作的阵营中来。

总之，从以上国际贸易的历史发展中可以看到，尽管世界政治与经济的发展道路并不平坦，但总的趋势仍是不断前进的，特别是和平与发展已成为当今时代的两个主题，在科学技术革命的推动下，经济全球化、生产国际化的趋势越来越突出，这是国际贸易不断发展的强大动力。各个国家在积极参与国际竞争的同时，都有必要也有可能更多地参与国际分工和国际贸易，以促进本国经济的发展。

（七）多边贸易体制加强，贸易自由化成为贸易政策的主流

第二次世界大战后，为了促进世界经济的恢复与重建，1947年成立的关贸总协定成为多边贸易体制的组织和法律基础。通过关贸总协定主持下的多边贸易谈判，关税不断下调，非关税壁垒受到约束，推动了关贸总协定缔约方的贸易自由化。经济全球化的发展，要求多边贸易体制得到加强，1995年建立的世贸组织取代了关贸总协定，其管理的贸易协定与协议，从货物延伸到投资、服务贸易和知识产权，使多边贸易体制更加巩固和完善，使贸易自由化向纵深发展。

（八）出现了国际物流"革命"

所谓国际物流（international logistics，IL）是指不同国家之间的商品流动，它是国内物

流的延伸和进一步扩展，是国际贸易的重要环节。为了提高竞争力，各大物流企业加大对物流信息网络和营运系统的投资建设，出现了国际物流"革命"。

国际物流"革命"表现在以下几个方面。

（1）配送方式"革命"。特点是从物资运输向物流配送演变，服务内容要求准确（科学调运）、准时（零库存）、准量（小批量、多品种），形成一体化服务。

（2）网络运营"革命"。特点是建立物流中心，形成软硬件结合的物流网络，对客户提供现代化的网络服务，做到物流、商流、资金流、信息流的有机统一。

（3）电子技术"革命"。特点是依赖于信息化的技术支撑，建立起一体化和网络化的服务。

（4）综合服务"革命"。特点是物流范围向订单处理、配送、存货控制、仓库管理、装卸、包装、局部加工、运输等全方位领域扩展。

（5）流通业态"革命"。特点是以跨国公司的生产系统和营销网络为中心，形成全球性的、有机结合的全球物流基地和营运中心。

小　　结

国际贸易是人类发展到一定历史阶段的产物，它属于一个历史的范畴。国际贸易产生于原始社会末期，在奴隶社会和封建社会进一步发展。但一直到资本主义生产方式确立以后，出于生产过程的内在需要，国际贸易才成为现代化大生产政策实行的必需条件而真正得以迅速发展。在当代，随着科技的迅速发展，国际分工日益深化，各国经济联系日益加强，使国际贸易出现了许多不同以往的新特征。

在学习国际贸易的理论与政策之前，应掌握国际贸易的基本概念和分类，对一些容易混淆的概念加以区分，理解一些经济统计指标的经济含义。

丝绸之路——东西方文明交往的通道

今天，如果我们乘飞机西行，无论是去西亚、印度，还是去欧洲，最多不过二十多个小时。然而，在遥远的古代，我们的先民们在西行时，不论是走陆路，还是走海路，都要花费不知多少倍的时间，也不知要克服多少艰难险阻。与外界交流的需要促使我们的祖先早在距今两千多年前的西汉时期，就开通了连接东西方文明的陆上通道，这就是著名的"丝绸之路"。

早年，人们对这条东西往来的通路没有给予一个统一的固定名称。1877年，德国地理学家李希霍芬（F. von Richthofen）在他所写的《中国》一书中，首次把汉代中国和中亚南部、西部及印度之间的以丝绸贸易为主的交通路线称作"丝绸之路"（the Silk Road）。其后，德国历史学家赫尔曼（A. Herrmann）在1910年出版的《中国和叙利亚之间的古代丝绸之路》一书中，根据新发现的文物考古资料，进一步把丝绸之路延伸到地中海西岸和小亚细亚，确定了丝绸之路的基本内涵，即它是中国古代经由中亚通往南亚、西亚及欧洲、北非的陆上贸易交往的通道，并因大量的中国丝和丝织品经由此路西传，故此称作"丝绸之路"，简称"丝路"。

　　丝绸之路是个形象且贴切的名字。在古代世界，中国是最早开始种桑、养蚕、生产丝织品的国家。近年中国各地的考古发现表明，自商、周至战国时期，丝绸的生产技术已经发展到相当高的水平。中国的丝织品迄今仍是中国奉献给世界人民的最重要的产品之一，它流传广远，涵盖了中国人民对世界文明的种种贡献。因此，多少年来，有不少研究者想给这条道路起另外一个名字，如"玉之路""宝石之路""佛教之路""陶瓷之路"等，但是，这些名字都只能反映丝绸之路的某个局部，而终究不能取代"丝绸之路"这个名字。

　　丝绸之路的基本走向形成于公元前后的两汉时期。它东面的起点是西汉的首都长安（今西安）或东汉的首都洛阳，经陇西或固原西行至金城（今兰州），然后通过河西走廊的武威、张掖、酒泉、敦煌四郡，出玉门关或阳关，穿过白龙堆到罗布泊地区的楼兰。汉代西域分南道和北道，南北两道的分岔点就在楼兰。北道西行，经渠犁（今库尔勒）、龟兹（今库车）、姑墨（今阿克苏）至疏勒（今喀什）。南道自鄯善（今若羌），经且末、精绝（今民丰尼雅遗址）、于阗（今和田）、皮山、莎车至疏勒。一条道路是，从疏勒西行，越葱岭（今帕米尔）至大宛（今费尔干纳）。由此西行可至大夏（在今阿富汗）、粟特（在今乌兹别克斯坦）、安息（今伊朗），最远到达大秦（罗马帝国东部）的犁靬（又作黎轩，在埃及的亚历山大城）。另外一条道路是，从皮山西南行，越悬渡（今巴基斯坦达丽尔），经罽宾（今阿富汗喀布尔）、乌弋山离（今锡斯坦），西南行至条支（在今波斯湾头）。如果从罽宾向南行，至印度河口（今巴基斯坦的卡拉奇），转海路也可以到达波斯和罗马等地。这是自汉武帝时张骞两次出使西域以后形成的丝绸之路的基本干道。换句话说，狭义的丝绸之路指的就是上述这条道路。

　　历史上的丝绸之路也不是一成不变的，随着地理环境的变化和政治、宗教形势的演变，不断有一些新的道路被开通，也有一些道路的走向有所变化，甚至废弃。比如敦煌、罗布泊之间的白龙堆，是一片经常使行旅者迷失方向的雅丹地形。当东汉初年打败蒙古高原的北匈奴，迫使其西迁，而中原王朝牢固地占领了伊吾（今哈密）以后，开通了由敦煌北上伊吾的"北新道"。从伊吾经高昌（今吐鲁番）、焉耆到龟兹，就和原来的丝路北道会合了。南北朝时期，中国南北方处于对立的状态，而北方的东部与西部也时分时合。在这样的形势下，南朝宋、齐、梁、陈四朝与西域的交往，大都是沿长江向上到益州（今成都），再北上龙涸（今松潘），经青海湖畔的吐谷浑都城，西经柴达木盆地到敦煌，与丝路干道汇合；或者更向西越过阿尔金山口，进入西域鄯善地区，与丝路南道汇合。这条道被称作"吐谷浑道"或"河南道"，今天人们也叫它作"青海道"。还有从中原北方或河西走廊向北到蒙古高原，再西行天山北麓，越伊犁河至碎叶（今托克马克附近），进入中亚地区。这条道路后来也被称作"北新道"，它在蒙古汗国和元朝时期最为兴盛。

　　除了陆上丝绸之路外，从汉代开始，中国人就开通了从广东到印度去的航道。宋代以后，随着中国南方的进一步开发和经济重心的南移，从广州、泉州、杭州等地出发的海上航路日益发达，越走越远，从南洋到阿拉伯海，甚至远达非洲东海岸。人们把这些海上贸易往来的各条航线通称为"海上丝绸之路"。

案例思考

1. 丝绸之路在中国对外贸易发展历史上有何重要意义?
2. 21 世纪的新丝绸之路与历史上的丝绸之路有何异同?

名词解释

对外贸易额　对外贸易量　贸易条件　对外贸易依存度　对外贸易商品结构　对外贸易地理方向　总贸易　专门贸易

思 考 题

1. 什么是贸易条件?其经济学含义是什么?
2. 思考"贸易顺差"与"贸易逆差"哪个对一国经济发展更为有利。
3. 简述当代国际贸易发展的新特征。

第三章 国际贸易与中国经济发展

【学习目的与要求】

引导学生从日常生活中认识国际贸易问题，关心中国的对外开放与经济发展，要求学生掌握当代中国的对外贸易发展概况。

【学习重点与难点】

重点、难点是掌握一国经济的变动如何通过对外贸易渠道对另一国经济产生影响。

第一节 国际贸易与国际经济传递

贸易与经济发展的关系，归根结底是交换与生产的关系。在商品经济的环境下，社会生产是商品生产过程和流通过程的统一，商品的流通不过是生产过程的延长。在这个过程中，起决定性作用的是生产。但是作为再生产过程的一个阶段的交换，在一定条件下，也能对生产发生反作用，有时会对生产的发展产生重大的推动作用或阻碍作用。因此，两者之间存在相互影响的辩证关系。

一、国际经济中对外贸易"传递"的含义

在国际经济领域中，"传递"（transmission）是指一个国家经济的盛衰如何对另一国产生影响。世界各国在经济上是互相联系、互相依靠的，一国经济的繁荣或衰退会通过各种渠道影响其余国家，而对外贸易则是各国经济活动相互传递的重要渠道。国际经济中对外贸易"传递"是指在国际经济领域中，一国经济盛衰通过对外贸易渠道直接或间接地对另一国经济产生影响。

二、各国经济变动通过对外贸易"传递"的过程

当今，在国际经济领域中，国际间的经济关系已从单纯的商品买进和卖出发展成为多面

化的经济关系，其中主要包括商品、资本、信贷、劳务和技术等经济关系。尽管如此，对外贸易在国际经济关系中仍居重要地位，对外经济关系以对外贸易为核心，资本的使用、科学技术的交流和劳务的交换，都以对外贸易为活动中枢，所以，世界各国之间经济活动的相互"传递"，通常是通过对外贸易这个重要渠道进行的。

一般来说，各国经济发展中的对外贸易"传递"是通过产品价格变动对产量、就业和整个经济变动的影响进行的，其"传递"的过程如下。

（1）世界市场价格变动—国内开放部门（经营对外贸易部门）价格变动—国内非开放部门价格变动。

（2）国内价格变动—产量与就业变动。

（3）产量与就业变动—整个价格的变动（上升或下降）。

从上述"传递"的过程看，世界市场价格有较大幅度的变动时，首先受到直接影响的是本国与世界市场有直接联系的那些开放部门，该部门会有相应的反应，如提高或降低产品价格。但"传递"过程不会到此结束，该部门又会通过自己与世界市场没有直接联系的国内非开放部门的联系，间接地影响后者的价格、产量和就业的变动，这样一来，整个国内经济就会受到国外的影响。

在历史上，英国经济的迅猛发展通过对外贸易渠道的"传递"带动了美国、加拿大等国的经济发展。第二次世界大战后初期，美国经济的迅速发展，通过对外贸易渠道的"传递"，带动了西欧和日本经济的恢复及发展。随着国际分工和国际贸易的发展，这种"传递"作用在日益加强。

三、影响对外贸易的"传递"作用的主要因素

（1）一国的开放程度。一国的开放程度越大，一国同其他国家经济上的联系越密切，则对外贸易的"传递"作用越大，也即该国经济的盛衰越容易影响其他国家或受到其他国家的影响。

（2）一国进出口在世界总出口值与进口值中的比重越大及一国对某些世界性商品的供求在该种商品的世界总供应量和总需求量中的比重越大，则越容易受到别国经济变化的影响。

（3）双边贸易关系。一国同另一国的贸易关系越密切，则"传递"作用越大。例如，美、日之间经济关系极为密切，美国经济发生变化，日本经济也随之波动。

（4）各国的经济政策。一国的经济政策包括的内容很多，一般来说，开放性的经济政策可使对外贸易的"传递"作用发挥得较大，反之，闭关自守、自给自足式的经济政策的"传递"作用则较小。

第二节 当代中国的对外贸易

一、对外贸易规模不断扩大

改革开放 40 多年来，中国的对外贸易规模不断扩大，更加注重贸易质量，不断由"贸易大国"向"贸易强国"迈进，实现从量变到质变的目标。图 3-1 显示，2019 年我国对外贸易总额高达 31.55 万亿元。虽然受全球经济环境的影响，2014—2016 年，我国对外贸易总额发生了明显的波动。但 2016 年之后对外贸易规模整体稳定增长。2018 年我国对外贸易总额占世界外贸总额的 11.75%，首次成为全球第一大货物贸易大国（见图 3-2）。

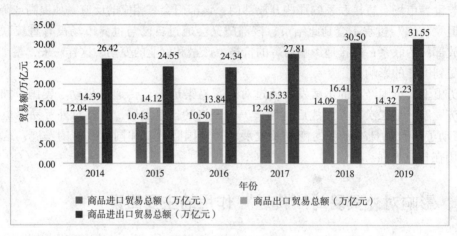

图 3-1　我国 2014—2019 年对外贸易总额（万亿元）

数据来源：根据中国统计年鉴相关数据整理所得。

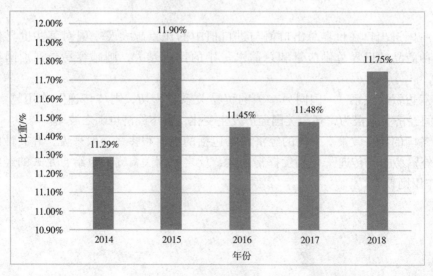

图 3-2　中国 2014—2019 年对外贸易总额占全球比重

数据来源：根据中国统计年鉴相关数据整理所得。

二、进出口结构不断优化

一国的产业结构状况、科技及经济发展水平等都影响该国的进出口结构。一般来说,出口工业制成品在国际贸易中占比越高,该国的进出口贸易结构越趋于优化。

2013 年至今,我国工业制成品的出口量都远远大于进口量,2018 年进出口差额高达 9 176.99 亿美元;而初级产品的出口量则远远小于进口量,进出口差额为 -5 667.51 亿美元(见表 3-1)。

表 3-1 中国 2013—2018 年进出口贸易结构

单位:亿美元

年份	工业制成品			初级产品		
	出口贸易额	进口贸易额	进出口差额	出口贸易额	进口贸易额	进出口差额
2013	21 017.36	12 919.09	8 098.27	1 072.68	6 580.81	-5 508.13
2014	22 296.01	13 122.95	9 173.06	1 126.92	6 469.40	-5 342.48
2015	21 695.41	12 075.07	9 620.34	1 039.27	4 720.57	-3 681.30
2016	19 924.44	11 468.71	8 455.73	1 051.87	4 410.55	-3 358.68
2017	21 456.38	12 641.55	8 814.83	1 177.33	5 796.38	-4 619.05
2018	23 516.89	14 339.90	9 176.99	1 349.93	7 017.44	-5 667.51

数据来源:根据中国统计年鉴相关数据整理所得。

2018 年,中国机电产品出口 9.6 万亿元,增长 7.9%,快于总体增速 0.8 个百分点,占出口总额的 58.8%,比上年提高 0.4 个百分点(见图 3-3)。高新技术产品出口 4.9 万亿元,增长 9.3%,快于总体增速 2.2 个百分点,占出口总额的 30.1%,比上年提高 0.7 个百

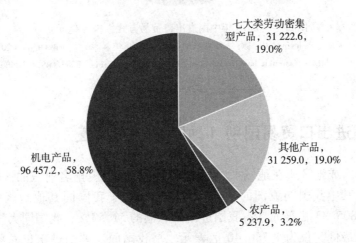

图 3-3 2018 年中国主要出口商品金额及占比(亿元)

数据来源:天使之翼 loving. 中国对外贸易形势报告(2019 年春季)[EB/OL](2019-12-04)[2020-06-19]. https://wenku.baidu.com/view/4fb1d76a1cb91a37f111f18583d049649b660eab.html? fr = search.

分点。其中，金属加工机床、手机、汽车出口分别增长19.2%、9.8%和8.3%。高新技术产品出口实现较快增长，反映出口商品结构进一步改善，出口企业自主创新能力不断增强。同期，纺织品、服装、鞋类、箱包、玩具、家具、塑料制品等7大类劳动密集型产品合计出口3.12万亿元，微增1.3%，占中国出口总额的19.0%，比上年下降1.1个百分点。

贸易方式结构不断优化，中国在全球价值链中的地位不断上升。一般贸易和加工贸易两种贸易方式占中国贸易总额的约85%。一般来说，加工贸易可以理解为"替人代工"，而一般贸易则可以理解为自主产品买卖。图3-4显示，2018年，中国一般贸易额17.6万亿元，占比57.8%，比上年提升1.4个百分点。其中，出口9.2万亿元，增长10.9%，占出口总额的56.3%，比上年提升2.0个百分点；进口8.4万亿元，增长14.3%，占进口总额的59.5%，比上年提升0.7个百分点。加工贸易自身的转型升级步伐加快，自主品牌生产（OBM）、委托设计生产（ODM）比重明显提高。2019年前9个月中国加工贸易下降明显。说明中国产业结构中"替人代工"在减少，自主产品在增加，贸易方式结构整体不断优化。

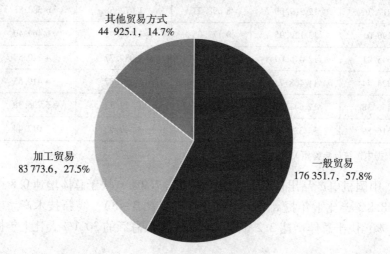

图3-4　2018年中国进出口贸易方式结构（亿元）

数据来源：天使之翼 loving. 中国对外贸易形势报告（2019年春季）［EB/OL］（2019-12-04）［2020-06-19］. https：//wenku. baidu. com/view/4fb1d76a1cb91a37f111f18583d049649b660eab. html? fr = search.

三、中国进出口贸易国别（地区）分布广泛

按照不同国家或地区所在地域来看，我国对外贸易规模排名前三的区域分别为亚洲、欧洲、北美洲，其中我国同亚洲的进出口总额远远高于我国同其他地区的进出口总额，2018年高达2 3805.83亿美元，占我国进出口总额的51.53%；我国同大洋洲及太平洋群岛的进出口总额最低，仅为1 786.40亿美元，是我国同亚洲的进出口总额的7.5%（见表3-2）。

表3-2 2013—2018年中国区域进出口情况

单位：亿美元

年份	中国同亚洲进出口总额	中国同非洲进出口总额	中国同欧洲进出口总额	中国同拉丁美洲进出口总额	中国同北美洲进出口总额	中国同大洋洲及太平洋群岛进出口总额
2013	22 240.08	2 102.54	7 299.16	2 613.90	5 754.67	1 533.09
2014	22 734.78	2 216.66	7 749.56	2 632.78	6 105.64	1 560.39
2015	20 944.09	1 787.99	6 963.03	2 358.93	6 131.15	1 333.54
2016	19 469.10	1 489.62	6 777.63	2 170.07	5 657.24	1 281.62
2017	21 265.24	1 706.45	7 561.07	2 585.90	6 357.43	1 591.59
2018	23 805.83	2 041.59	8 540.30	3 071.72	6 974.38	1 786.40

数据来源：根据中国统计年鉴相关数据整理所得。

从地区上来看，2018年，中国主要贸易伙伴为美国、日本、韩国、中国香港、中国台湾、德国、澳大利亚、俄罗斯等，这些国家或地区同我国的进出口总额都超过了1 000亿美元（见表3-3）。美国在我国对外贸易中占据着十分重要的地位，是我国进出口总额最大的国家，2018年我国与美国的进出口总额占我国进出口总额的13.71%，是同我国进出口份额第二多的国家日本的1.93倍，远远高于我国同其他国家或地区的进出口总额，这也使得我国面临过度依靠美国进出口市场的风险。

值得一提的是，2013—2018年越南与马来西亚已经成为中国对外贸易的重要伙伴国。

表3-3 2013—2018年中国进出口总额前十的国家（地区）

单位：亿美元

年份	中美	中日	中韩	中国与中国香港	中国与中国台湾	中德	中国与澳大利亚	中越	中国与马来西亚	中国与俄罗斯
2013	5 207	3 124	2 742	4 007	1 970	1 615	1 365	655	1 061	893
2014	5 551	3 123	2 904	3 757	1 983	1 777	1 368	836	1 020	953
2015	5 570	2 785	2 758	3 432	1 881	1 568	1 138	958	973	680
2016	5 197	2 751	2 527	3 040	1 791	1 514	1 082	983	869	696
2017	5 837	3 031	2 803	2 865	1 999	1 681	1 364	1 220	961	842
2018	6 335	3 227	3 134	3 105	2 262	1 838	1 531	1 478	1 086	1 071

数据来源：根据中国统计年鉴相关数据整理所得。

四、跨境电商异军突起

2010—2019年，十年间我国跨境电商的交易总额占进出口总额比例呈上升趋势（见图3-5）。2014—2016年我国货物出口贸易额呈负增长，但跨境电商交易规模仍不断上升，年均增长幅度高达25%左右。2013—2019年我国跨境电商与一般贸易出口总额对比如图3-6所示。

图3-5　2010—2019年我国跨境电商交易规模数据（单位：万亿元，%）

数据来源：根据中国统计年鉴相关数据整理所得。

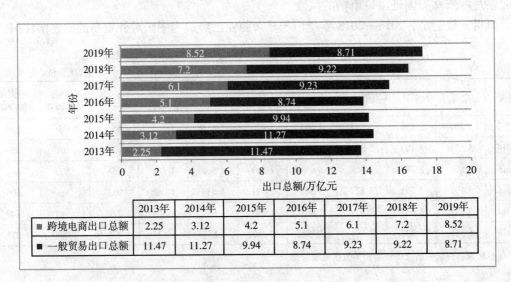

图3-6　2013—2019年我国跨境电商与一般贸易出口总额对比（单位：万亿元）

数据来源：根据中国统计年鉴相关数据整理所得。

我国从2015年起出台相关政策批复跨境电商综合试验区建设。四年间取得显著进展，截至2020年4月末，全国已有105个跨境电商综合试验区获批（见图3-7）。

图 3-7 2015—2020 年我国跨境电商综合试验区的数量
数据来源：根据中国统计年鉴相关数据整理所得。

五、服务贸易出口增速高于进口增速，高质量发展成效明显

2018 年，中国服务进出口总额 52 402 亿元，增长 11.5%，规模创历史新高，连续第 5 年位居全球第二。其中，出口 17 658 亿元，增长 14.6%，是 2011 年以来最高增速；进口 34 744 亿元，增长 10%。随着服务业特别是生产性服务业发展水平的提高，中国专业服务领域国际竞争力不断增强，服务出口增速连续两年高于进口。服务贸易结构持续优化，高质量发展取得积极进展。知识密集型服务进出口 16 952.1 亿元，增长 20.7%，高于整体增速 9.2 个百分点，占进出口总额的比重达 32.4%，比上年提升 2.5 个百分点。知识产权使用费进口增长较快，进口 2 355.2 亿元，增长 22%；出口 368 亿元，增长 14.4%。高端生产性服务需求和出口竞争力同步提升，技术服务出口 1 153.5 亿元，增长 14.4%，进口 839.2 亿元，增长 7.9%。旅行、运输和建筑等三大传统服务进出口 33 224.6 亿元，增长 7.8%，占进出口总额的比重为 63.4%，比上年下降 2.2 个百分点。

综上，在全球中高端产业中，"中国制造"的身影越来越多，中国市场开放的大门也越开越大。自 2013 年"一带一路"倡议提出以来，我国与"一带一路"相关国家和地区合作行动计划稳步推进，经贸合作领域不断拓宽，贸易投资方式不断创新，贸易畅通取得积极进展，为各参与方的经济发展注入了新活力。2013—2018 年，我国与"一带一路"沿线国家货物进出口已经超 6 万亿美元，年均增长 4.0%，高于同期货物贸易整体增速，占总额的比重为 27.4%。

如今，"一带一路"正在成为我国参与全球开放合作、改善全球经济治理体系、促进全球共同发展繁荣、推动构建人类命运共同体的中国方案。在"一带一路"倡议深入推进的引领下，一个遍布全球的多元化贸易格局正在逐步形成。

思考题

1. 一国经济的变动如何通过对外贸易渠道对另一国经济产生影响？
2. 如何正确看待中国对外贸易超常规增长？

第四章

基本概念专题技能训练

"贸易失衡"对一国经济的影响

【训练的目的与要求】

目的:使学生在正确理解贸易"顺差"与贸易"逆差"定义的基础上,熟练掌握贸易"顺差"与贸易"逆差"对一国经济的影响,并能够理论联系实际,对中国对外贸易的现状有所了解,培养学生分析问题、解决问题的综合能力。

要求:

1. 理解贸易"顺差"与贸易"逆差"的定义;
2. 正确掌握贸易"顺差"与贸易"逆差"对一国经济的影响;
3. 了解中国对外贸易的现状,并对中国贸易战略的转变有所思考。

【学习重点与难点】

重点与难点:理解贸易"顺差"与贸易"逆差"对一国经济的影响。

一、中美贸易失衡的表现

(一) 中美贸易总量和贸易结构的失衡

1. 中美贸易总量的失衡

中美自1979年建交以来,双边经贸往来发展迅猛。据中国海关统计数据显示,2017年,中美双边货物贸易额达5 837亿美元,是建交时的233倍,是2001年中国加入世界贸易组织时的7倍多。2019年,美国已经成为中国第一大货物出口市场和第六大进口来源地;中国是美国增长最快的出口市场和第一大进口来源地。

从图4-1中美双方近几年来的贸易情况看,中美贸易总体为顺差,但主要体现在货物贸易。据美方海关统计,2017年美国对华贸易逆差为3 372亿美元,占美国逆差总额的

59.3%。其中,美国对华货物贸易逆差 3 757 亿美元,占美国货物贸易逆差的 46.3%,超过后九个经济体之和(42.3%);对华服务贸易顺差 385 亿美元,增长 1.2%,占美国服务贸易顺差的 15.9%,排名第一位。

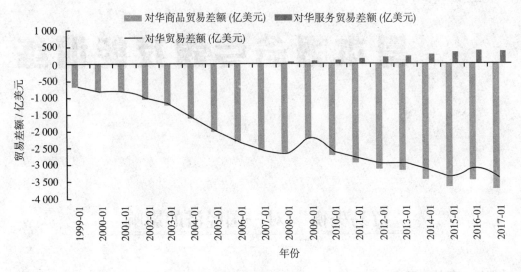

图 4-1　中美贸易 1999—2017 年贸易情况

资料来源:泽平宏观. 中美贸易失衡的根源:给特朗普上一堂贸易常识课 [EB/OL]. (2018-04-04) [2020-06-19]. http://finance.sina.com.cn/review/jcgc/2018-04-01/doc-ifysuwcp4633641.shtml.

2. 中美贸易结构的失衡

全球产业转移规律决定产业根据层次不同,依次在不同发展水平的国家生产,这是由市场的规律决定的。美国具有更加先进的生产力和生产要素,其组织的生产可以满足更高层次的需求;而中国由于生产力、生产要素和市场需求的因素决定了主要从事较低层次的生产。这样就出现了不同层次的产品在不同国家生产,形成了中美贸易结构的不平衡。

自 2001 年 12 月中国加入 WTO(World Trade Organization,世界贸易组织)以来,随着中国关税的逐步削减,中国进出口额连年递增,但从三位数总共 166 种商品总体来看,进出口的商品种类及变化幅度都不大。机电、通信类中高技术产品已稳据进出口额首位,纺织类产品作为中国传统优势产品仍占出口的重要份额。

从 2018 年美国对中国出口的主要产品金额占该产品出口总额的比重来看,美国对中国出口的纤维素浆(纸浆)、纸张占美国对全球出口该产品金额比重的 13.07%,排名第一(见图 4-2)。主要是两方面原因:一方面,美国的供给优势,根据联合国和中国纸业的数据可知,2018 年美国纸浆产量 4 541 万吨,全球排名第一;另一方面,中国造纸的需求市场广阔,但是国内供给不足,2018 年机制纸及纸板产量为 11 661 万吨,纸制品产量为 5 578 万吨,进口纸浆约为 6 700 万吨。

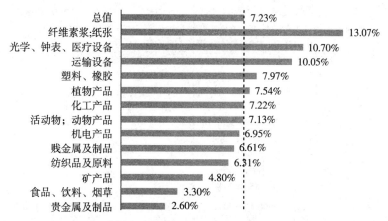

图4-2 2018年自美国进口产品及所占比重

资料来源：ycn. 中国对美国进口商品的前十大品种以及美国从中国进口商品的前十大品种数据［EB/OL］（2019-07-22）［2020-06-19］. https://www.qianzhan.com/wenda/detail/190722-ee7507e9.html.

表4-1为2018年美国对中国出口主要商品类别、金额及比重。

表4-1 2018年美国对中国出口主要商品类别、金额及比重

商品类别	金额/百万美元	比重/%
1. 电机、电气、音像设备及其零件	6 850.5	16.4
2. 核反应堆、锅炉、机械器具及其零件	6 357.2	15.2
3. 航空器、航天器及其零件	4 381.5	10.5
4. 光学、照相、医疗等设备及零附件	2 396.7	5.7
5. 编结用植物材料；其他植物产品	2 289.3	5.5
6. 塑料及其制品	2 258.9	5.4
7. 钢铁	1 554.9	3.7
8. 有机化学品	1 474.9	3.5
9. 棉花	1 411.3	3.4
10. 木浆等纤维状纤维素浆；废纸及纸板	922.3	2.4
合　计	29 967.5	71.7

资料来源：中国统计来自历年中国海关统计。

从2018年美国从中国进口的主要产品金额占该产品进口总额的比重来看，中国的家具、玩具和鞋靴、伞等轻工产品占美国进口市场的60.88%和56.23%（见图4-3），具有较大竞争优势，中国产品的竞争者主要来自墨西哥、越南和意大利等国家。中国同时也是美国机电产品、纺织品及原料、贱金属及制品、塑料、橡胶和陶瓷玻璃的首位进口来源国。

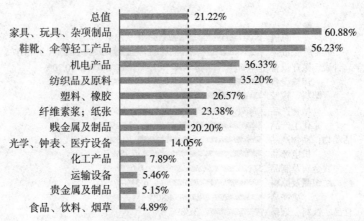

图 4-3　2018 年对美国出口产品及其所占出口比重

资料来源：ycn. 中国对美国进口商品的前十大品种以及美国从中国进口商品的前十大品种数据［EB/OL］（2019-07-22）［2020-06-19］. https：//www.qianzhan.com/wenda/detail/190722-ee7507e9.html.

表 4-2 为 2018 年中国对美国出口主要商品类别、金额及比重。

表 4-2　2018 年中国对美国出口主要商品类别、金额及比重

商品类别	金额/百万美元	比重/%
1. 玩具、游戏及运动用品及其零附件	53 099.7	21.8
2. 家具和床具	52 732.7	21.7
3. 鞋靴、护腿和类似品及其零件	19 140.7	7.9
4. 非针织或钩编的服装及衣着附件	17 054.7	7.0
5. 塑料及其制品	12 721.3	5.2
6. 针织或钩编的服装及衣着附件	10 231.0	4.2
7. 皮革制品；旅行包；动物肠线制品	6 639.5	2.7
8. 钢铁制品	6 577.0	2.7
9. 电机、电气、音像设备及其零件	6 258.8	2.6
10. 锅炉、机械器具及其零件	6 196.7	2.6
合计	190 652.1	78.4

资料来源：中国统计来自历年中国海关统计。

3. 贸易条件的失衡

前已述及，贸易条件是反映一国或某一行业在国际市场中的竞争实力或竞争地位的指标，被定义为出口价格与进口价格之比。

国内有不少学者对中国贸易条件的相关问题进行了深入研究。这些研究主要涉及贸易条件的测算及贸易条件变化的影响因素，并在此基础上探究了贸易条件恶化的可能原因。通过对贸易条件的测算，基本研究结论就是贸易条件呈现出总体恶化的趋势。实证研究结果也表明，现阶段我国的价格贸易条件具有明显恶化的趋势。详见表 4-3。

表 4-3 2010—2019 年中国对外贸易条件变动

年份	出口价格指数	进口价格指数	贸易条件
2010	100	100	100
2011	89.77	95.24	94.35
2012	86.84	97.41	89.15
2013	90.32	112.61	80.21
2014	93.26	120.28	77.54
2015	89.11	116.62	76.41
2016	96.71	129.36	74.76
2017	110.29	163.33	67.52
2018	113.26	198.56	57.04
2019	116.37	228.13	51.01

资料来源：根据历年中国海关统计整理。

4. 贸易福利分配的失衡

众所周知，中美贸易是典型的互补型贸易，但是两国的贸易相互依赖程度是否十分接近呢？此时需要一个用来衡量两国在贸易方面相互依存度的重要指标——贸易结合度（intensity of trade）。贸易结合度是指一国对某一贸易伙伴国的出口占该国出口总额的比重，与该贸易伙伴国进口总额占世界进口总额的比重之比。其数值越大，表明两国在贸易方面的联系越紧密。

根据联合国贸易数据库和 WTO 公布的数据，计算 2013—2019 年的中美相互贸易结合度，结果表明：美国对中国的各年贸易结合度都小于 1；中国各年对美国的贸易结合度都大于 2（见表 4-4）。由此可见，两国在贸易利益分配中所处的地位很不平等。

表 4-4 中美两国相互间贸易结合度（2013—2019 年）

年 份	2013	2014	2015	2016	2017	2018	2019
中国对美国的贸易结合度	2.50	2.46	2.39	2.34	2.21	2.12	2.33
美国对中国的贸易结合度	0.64	0.69	0.73	0.76	0.71	0.77	0.78

资料来源：根据历年中国海关统计整理。

二、贸易"顺差"对中国经济的影响

（一）正面影响

1. 有助于推动中国经济较快发展

作为拉动经济的三驾马车之一的对外贸易，当外贸对经济增长的贡献率达到 20% 时，就成为经济增长的重要"引擎"。可以用对外贸易依存度衡量。

2. 有助于增强中国引进外资的能力

外商直接投资指外国企业和经济组织或个人（包括华侨、港澳台胞及我国在境外注册的企业）按照我国有关政策、法规，用现汇、实物、技术等在我国境内开办外商独资企业、与我国境内的企业或经济组织共同举办中外合资经营企业、合作经营企业或合作开发资源的投资（包括外商投资收益的再投资），以及经政府有关部门批准的项目投资总额内企业从境外借入的资金。

中国于2001年12月加入WTO以来，已经全面对外开放，外商直接投资稳步增长。2002—2018年累计外商直接投资12 442亿美元，年均增长10%。即使在全球金融危机和欧债危机的背景下，外商直接投资仍然保持稳定和增长。截至2018年底，我国外商直接投资（foreign direct investment，FDI）企业累计达95万家，实际利用外资累计超过2.1万亿美元，外商直接投资已经成为我国经济社会发展的一支重要力量。

3. 有助于加强中国抗击全球化风险的能力

贸易顺差使得一国外汇储备增加，外汇储备的作用之一就是抵御外界经济风险。外汇储备规模被认为是我国的外汇"家底"，这一数据的波动一直备受社会关注。截至2020年4月末，我国外汇储备规模为30 915亿美元。

从2019年以来，我国外汇储备规模基本稳定在3.1万亿美元上下。近年来，我国外汇储备也围绕这一水平小幅波动，如2016年11月末，我国外汇储备规模为30 516亿美元；2017年11月末，外汇储备规模为31 193亿美元；2018年11月末，外汇储备规模为30 617亿美元。可以说，基本稳定是我国近年来外汇储备的主基调，这有助于加强我国抗击全球化风险的能力。

4. 有助于推动中国就业

2019年9月29日，在梅地亚中心举办的"庆祝中华人民共和国成立70周年活动"新闻发布会上，商务部部长钟山介绍，中国1950年进出口总额只有11.3亿美元，规模非常小，到2018年达到了4.6万亿美元，成了全球第一贸易大国。同时，中国的贸易结构也不断优化，机电产品、高新技术产品成为出口主体，民营企业成为对外贸易的主力军。进出口更加协调，货物贸易和服务贸易也更加协调，中国每年进口超过2万亿美元。

钟山指出，外贸在促进增长、扩大就业、提高人民生活水平等方面发挥了重要作用，直接或间接带动就业1.8亿人以上。

（二）负面影响

1. 增加人民币升值的压力

当一国对外贸易出现顺差时，本国货币就会升值；顺差越大，本币升值的压力也越大，从而起到抑制出口的作用。

人民币汇率在1994年以前一直由国家外汇管理局制定并公布，自1994年1月1日人民币汇率并轨以后，实施以市场供求为基础的、单一的、有管理的浮动汇率制，中国人民银行根据前一日银行间外汇市场形成的价格，公布人民币对美元等主要货币的汇率，各银行以此为依据，在中国人民银行规定的浮动幅度内自行挂牌。

长期以来的贸易顺差，使得人民币面临很大的升值压力。据中国证券网报道，2020年5月21日，在岸人民币对美元汇率开盘上涨67个基点，报7.100 0，与此同时，离岸人民币对美元短线下行，跌破7.11关口。这无疑增大了我国出口压力。

2. 加剧中国对外贸易摩擦

国务院发展研究中心主任李伟2018年曾表示，受单边化、内顾化、民粹主义倾向的影响，一些主要经济体采取了变相的贸易保护主义行动，通过价格、税收等途径限制外国产品进口，中国已经成为贸易救济措施的首要目标国。

商务部最新数据显示，2017年中国共遭遇21个国家（或地区）发起贸易救济调查75起，涉案金额110亿美元。中国已连续23年成为全球遭遇反倾销调查最多的国家，连续12年成为全球遭遇反补贴调查最多的国家。这影响了中国钢铁、铝、光伏、轮胎、家电、化肥等诸多出口的产品。

2018年12月25日，商务部发布了《国外技术性贸易措施对我国重点产品出口影响研究报告（2017）》。该报告表明，目前中国企业面临大量来自欧盟等发达国家或地区的出口壁垒，而且这些壁垒给中国贸易造成的影响在短期内无法消退。另外，在接受该调查的行业中，可以看出国外技术性贸易措施的影响已从劳动密集型产品向高新技术产品延伸。而目前中国出口企业还同样面临着来自欧盟等发达国家或地区的反倾销调查等出口壁垒。

三、贸易"逆差"对美国经济的影响

（一）正面影响

1. 有利于美国国内消费者实际购买力上升

由于中国对美国出口的主要是物美价廉的劳动密集型产品和制成品，这大大提高了美国消费者的福利水平。正如世界银行2019年在一份报告中所言，倘若"新经济时期"美国消费者从中国以外的其他市场进口所需的产品，那么他们每年都必须再额外支付150亿美元。摩根斯坦利同期的研究也得出了类似结论，认为中国廉价的商品，在过去的十年间给美国人民节约了6 000亿美元。

2. 有利于美国国内产业结构的升级和优化

根据《美国总统经济报告：2001年》数据显示，1995—2000年美国劳动生产率增长3.01%，其中2.97%来自结构性劳动生产率增长。1990—1999年是美国经济结构变化的典型时期，技术进步、结构变化与贸易逆差同步。毫无疑问，如果没有大量廉价进口商品替代美国国内生产，美国国内劳动要素就不能转移到高效率产业，结构增长就难以实现。美中贸易全国委员会研究显示，2018年，中美贸易平均每年为每个美国家庭节省850美元的成本，相当于美国家庭收入的1.5%。

美国同时获得了跨境投资及进入中国市场等商业机会，对美国经济增长、消费者福利、经济结构升级都发挥了重要作用。

（二）负面影响

1. 导致美元面临不断贬值的危险

2007年以来，美元对西方主要货币汇率全线下跌。美元对由26种货币组成的一揽子货币的汇价下跌23%，对欧元、瑞士法郎和英镑连创历史新低。华盛顿国际经济研究中心主任伯格斯坦指出：美元大幅贬值一方面与美国住房市场滑坡，进而引发次级信贷危机等现实有关；另一方面与美国长期面临巨额财政赤字、贸易逆差等历史原因有重要关系。

2. 不利于美国抗击全球化风险的能力

2008年爆发于美国的次贷危机进而引发为全球化经济危机，跟美国长期巨额贸易逆差有很大关系。

3. 阻碍美国经济的健康发展

著名经济学家斯蒂芬·罗奇指出，作为世界上最大的"超前消费国"，美国拥有最多的外资支撑，也负担最多的债务，美国财政赤字巨大。除背负沉重的财政赤字外，美国还承担巨额的贸易赤字。巨额双赤字加重了美国经济发展的负担，成为阻碍美国经济健康发展的最大阻力。

小　结

贸易"顺差"和贸易"逆差"对一国经济的发展就像一把"双刃剑"。从长期来看，过大的贸易"顺差"和贸易"逆差"对经济都具有破坏作用，每一国家都应该遵循二者的平衡。

思　考　题

1. "贸易顺差"与"贸易逆差"哪个对一国更为有利，为什么？
2. 从中美贸易失衡中，我们可以得到什么启示？对中国对外贸易战略的转变有何指导意义？

第二篇
国际贸易理论

本篇是国际贸易理论部分，国际贸易理论试图解释国际贸易产生的原因、贸易流向及作为一个国家（或地区）参与国际分工的贸易得益问题。

国际贸易理论的发展大致经历了古典贸易理论、新古典贸易理论、新国际贸易理论三大阶段。古典和新古典国际贸易理论以完全竞争市场等假设为前提，强调贸易的互利性，主要解释了产业间贸易。第二次世界大战后，以全球贸易的新态势为契机，新贸易理论应运而生，从不完全竞争、规模经济、技术进步、产品生命周期等角度解释了新的分工和贸易现象。

第五章

传统国际贸易理论

【学习目的与要求】

本章重点掌握亚当·斯密的绝对优势理论和大卫·李嘉图的比较优势理论；掌握相互需求理论的基本概念。理解新古典国际贸易理论的代表理论——要素禀赋理论（H-O理论）的主要内容及里昂惕夫之谜的含义、解释等。

【学习重点与难点】

两国开展国际贸易的贸易条件及双方可接受的贸易区间的计算是本章的重点与难点。重点、难点是掌握要素禀赋理论的内容；里昂惕夫之谜及对其的解释。

第一节 古典国际贸易理论

一、绝对优势理论

亚当·斯密：经济学之父

亚当·斯密（1723—1790），英国古典政治经济学的主要代表人物之一，被后人称为"经济学之父"。他先后进入格拉斯哥大学和牛津大学学习。1748年受聘于爱丁堡大学，讲授修辞学和文学。1751年受聘于格拉斯哥大学，先后讲授逻辑学和道德哲学，其讲义的伦理学部分后被改写成《道德情操论》。其法学和政治学讲义由英国经济学家坎南于1896年整理出版，书名为《亚当·斯密关于法律、警察、岁入及军备的演讲》。1776年其代表作《国民财富的性质和原因的研究》发表。1778年他被任命为苏格兰海关税务司司长。最后3年被任命为格拉斯哥大学的校长。

《国民财富的性质和原因的研究》又名《国富论》。在中国，该著作最早的中文版本是由严复于1902年翻译的，书名为《原富》。在《国民财富的性质和原因的研究》中，斯密把英国古典政治经济学建成一个规模宏大的完整体系。该书的主题是阐述财富的性质和发展变化的原因。其政策主张则是代表了英国新兴资产阶级的利益和要求，主张国内和国际间经济自由。全书共5篇。第1篇论劳动生产力增进的原因和产品分配给各阶级人民的顺序，依次论述了分工、货币、价值、利润、地租等问题。第 2 篇论资本的性质、积累和用途。第 1、2 篇相当于政治经济学形成一门独立的学科的基本内容。第 3 篇论不同国家财富的发展，研究各国发展产业的经济政策，相当于欧洲各国的经济发展史。第 4 篇论政治经济学体系，评论了重商主义和重农主义，相当于经济学说史。第 5 篇论君主或国家的收入，研究了国家财政的问题。

亚当·斯密所处的时代，在英国已是资产阶级占统治地位的时代。这时，英国从事国内外贸易的一切生产者、商人和工人的活动，不是受到中世纪遗留下来的行会制度的限制，就是遭受重商主义经济政策的桎梏。当时的国内贸易虽然已经摆脱了一切障碍，可是对外贸易仍然荆棘丛生。对于国外特产如法国的酒也遭受同样的厄运，有些为本国企业所必需的商品也在禁止进口的行列。英国把殖民地当作原料的供应地和工业品的销售市场。斯密对这一切措施肆意攻击，并提出了以自由贸易为核心的国际贸易学说。他认为，在国际贸易问题上，应主张自由地发展对外贸易，反对垄断和政府限制政策。

资料来源：斯密. 道德情操论. 蒋自强，钦北愚，朱钟棣，等译. 北京：商务印书馆，1997.

亚当·斯密是英国著名的古典政治经济学的主要奠基人之一。他在 1776 年出版的《国民财富的性质和原因的研究》一书中批判了重商主义，创立了"自由放任"的自由经济思想，提出的"绝对成本理论"雄辩地证明了自由贸易的可能性与必然性。

（一）假设条件

（1）2-2-1 模型。即世界上只有两个国家，只生产两种产品且劳动作为唯一生产要素投入。
（2）劳动在国内具有完全流动性，但在两国之间不可流动。
（3）两国在两种产品生产上的生产技术不同，即两国的生产效率不同。
（4）每种产品的国内生产成本不变，不存在技术变化。
（5）物物交换，且没有运输成本和各种贸易壁垒。
（6）完全竞争的市场。各国的产品价格等于其平均成本，生产成本优势就等同于价格优势。

（二）"绝对优势理论"的主要论点

1. 分工可以提高劳动生产率

分工可以大大提高劳动生产率是亚当·斯密绝对成本理论的理论基础。他认为，分工可以提高劳动生产率的原因有三：第一，分工可以使劳动者熟练程度得以改进；第二，分工使每个人专门从事某项作业，可以节省与生产没有直接关系的时间；第三，分工可以使专门从事某项作业的劳动者容易改良工具和发明机械。他以制针为例，针的制造共有 18 道工序，在没有分工的情况下，一个粗工每天至多能制造 20 枚针，有的甚至连一枚针也制造不出来。而在分工后，平均每人每天可制造 4 800 枚针，每个工人的劳动生产率提高了几百倍。

斯密认为，分工是由交换引起的。他说："由于我们所需要的相互帮助，大部分是通过契约、交换和买卖取得的，所以当初产生分工的也正是人类要求相互交换这个倾向。"至于交换的原因，他认为是人类特有的一种倾向。在斯密看来，交换是人类出于利己心并为达到利己的目的而进行的活动。人们为了追求私利，便乐于进行这种交换。为了交换，就要生产能交换的东西，这就产生了分工。

2. 分工的原则是绝对优势或绝对利益

斯密认为，分工既然可以极大地提高劳动生产率，那么每个人都专门从事他最有优势的产品的生产，然后进行彼此交换，则对每个人都有利。在斯密看来，适用于一国内部不同个人或家庭之间的分工原则，也适用于各国之间。他认为，每个国家都有其适宜于生产某些特定产品的绝对有利的生产条件，如果每个国家都按照其绝对有利的生产条件（生产成本绝对低）去进行专业化生产，然后彼此进行交换，则对所有交换国家都是有利的。国际分工之所以也应按照绝对优势的原则进行，斯密认为是因为"在某些特定商品生产上，某一国占有那么大的自然优势，以致全世界都认为，跟这种优势作斗争是枉然的。"他举例说，在气候寒冷的苏格兰，人们可以利用温室生产出极好的葡萄，并酿造出与国外进口一样好的葡萄酒，但要付出 30 倍高的代价。他认为，如果真要这么做，那就是明显愚蠢的行为。

3. 国际分工的基础是有利的自然禀赋或后天的有利条件

斯密认为，自然禀赋（natural endowment）和后天的有利条件（acquired endowment）因国家而不同，这就为国际分工提供了基础。因为有利的自然禀赋和后天的有利条件可以使一个国家生产某种产品的成本绝对低于别国而在该产品的生产和交换上处于绝对有利地位。各国按照各自的有利条件进行分工和交换，将会使各国的资源、劳动力和资本得到最有效的利用，将会大大地提高劳动生产率和增加物质财富，并使各国从贸易中获益。这便是绝对优势论的基本精神。

（三）绝对优势理论模型

现以英国和葡萄牙生产酒与布为例对"绝对成本理论"进行证明，假定世界上只有两个国家——英国和葡萄牙，只生产了两种产品——酒和布，且只有一种生产要素（劳动），即 2-2-1 模型，两国生产两种产品分工前见 5-1 表，分工后见表 5-2。

表 5-1 英国和葡萄牙的绝对优势

		生产布（1 单位）用时	生产酒（1 单位）用时
分工前	英国	1 h	2 h
	葡萄牙	2 h	1 h
	世界贸易总量	2 单位布	2 单位酒

表 5-2 英国和葡萄牙专业化分工

		布	酒
分工后	英国	3/1 = 3	
	葡萄牙		3/1 = 3

两国按照 1:1 的比率，即 1 单位布可交换 1 单位酒进行交换，见表 5-3。

表 5-3　交换后两国贸易结果

	国别	布	酒	贸易得益（与分工前相比）
交换后	英国	2 单位	1 单位	多得 1 单位布或节约 1 h 劳动时间
	葡萄牙	1 单位	2 单位	多得 1 单位酒或节约 1 h 劳动时间
	世界贸易总量	3 单位	3 单位	多得 1 单位布和 1 单位酒

通过这一例子说明两个问题。

第一，在没有贸易的条件下，葡萄牙和英国需要生产两种产品满足国内的需要，各生产 1 单位布和 1 单位酒。然而在贸易的条件下，可以进行国际分工，两国将本国的资源转移至本国具有绝对优势的部门。葡萄牙将生产布的 2 h 转移至生产酒的部门，英国将生产酒的 2 h 转移至生产布的部门，从而提高了劳动生产率，增加了财富。葡萄牙生产出 2 个单位的酒，英国生产出 2 个单位的布，在分工以前，葡萄牙在 3 h 内共生产了 1 个单位的布和 1 个单位的酒，英国在 3 h 之内也是生产了 1 个单位的布与 1 个单位的酒，假设世界上只有这两个国家，生产这两种产品的情况下，社会财富的总量是 4 个单位；然而在进行国际分工以后，葡萄牙在 3 h 可以生产 3 个单位的酒，英国在 3 h 生产 3 个单位的布，假设不计运输成本及关税的情况下，社会财富的总量变成了 6 个单位，世界的财富总量增加了。

第二，贸易的双方可以用本国效率高、成本低的产品去换取本国效率低、成本高的产品，而贸易双方都能从贸易中获利。两个国家在分工的基础上，进行专业化的生产和贸易以后，由于生产规模的扩大，两个国家可以获得一个规模效益。一种情况是葡萄牙和英国都可以获得 3 个单位的酒和 3 个单位的布，另一种情况是，葡萄牙获得多于 3 个单位的酒，英国获得多于 3 单位的布。

（四）绝对优势分工理论评价

1. 从国际贸易实际出发的评价

亚当·斯密绝对优势说的存在有一个必要的假设，即一国要想参与国际贸易，就必然要有至少一种以上产品在生产上与交易伙伴相比处于劳动生产率绝对高或生产所消耗的劳动处于绝对低的地位上，否则该国就不具备参与国际分工的条件，或者在国际贸易中就没有任何利益而只有伤害，这一点在理论上过于绝对，在实践中不符合实际情况。因此，亚当·斯密的绝对优势说只能解释现在世界贸易中的一小部分贸易，很多情况是绝对优势说解释不了的，如发达国家与发展中国家之间的一些贸易。在所有产品的生产上，发展中国家的劳动生产率很可能都低于发达国家，但它们之间仍在进行贸易。即使是发达国家之间也是如此，它们的劳动生产率可能非常相近，但它们之间也仍在发生大量的贸易，对此绝对优势说也是无法解释的。

2. 亚当·斯密强调劳动价值论

亚当·斯密强调劳动价值论，但是没有说明产品交换的内在等价要求是什么。同时，他认为分工引起交换，而不承认交换是生产力发展的结果。他认为自然条件是决定因素，不承认生产力是决定因素，自然条件是第二位的。分工对所有参加者都有利，强调自由贸易政策。

二、比较优势理论

(一) 比较优势理论产生的背景

19世纪初期,英国工业获得高速发展,英国资产阶级的地位得到不断巩固,与英国地主阶级的利益冲突不断发生,1815年英国政府为维护土地贵族的利益而修订实行了《谷物法》。《谷物法》颁布后,英国地主阶级异常高兴,而由于粮价飞涨,地租猛增,严重损害了资产阶级的利益。主要表现在以下三方面:①使得工人货币工资被迫提高,成本增加,利润减少,削弱了工业品的竞争能力;②扩大了英国各阶层的吃粮开支而减少了对工业品的消费;③使得外国的粮食不能进入英国,其他各国采取反报复措施,对英国的工业品征收高关税,使得英国的产品出口受阻。总之,英国资产阶级迫切要求废除《谷物法》,从而与地主阶级展开了激烈的斗争。

为了废除《谷物法》,工业资产阶级在全国各地组织"反《谷物法》同盟",广泛宣传《谷物法》的危害,鼓吹谷物自由贸易的重要性,而地主阶级则从自己的利益出发,认为英国能够生产谷物,就无须从外国进口,反对在粮食上采取自由贸易。

由于英国是当时世界上的第一大经济强国,英国在工业品生产和谷物生产两项产品上相对于其他国家都具有绝对优势,但在两项优势产品上,由于英国的产业革命带来工业劳动生产率水平迅速提高,而且速度比农产品发展要快得多,也就是说,工业品比农产品有更大的比较优势,工业资产阶级希望通过自由贸易把自己生产的工业品不但要国内人民能够消费得起,而且更多地输往世界各地,因此他们高举自由贸易大旗,迫切需要寻找到支持自由贸易的理论依据。此时大卫·李嘉图适时出现了。他认为英国不仅要从国外进口粮食,而且要大量进口,因为英国在纺织品等工业品生产上所占的优势比在粮食生产上的优势还大。故英国应专门发展纺织品生产,以其出口换取粮食,取得比较利益。在这场论战中,李嘉图提出了著名的比较成本理论。根据李嘉图的"两优之中取最大,两劣之中取次劣"的原理,在粮食与纺织品中,英国应该大力发展纺织品,以其出口获得的利益进口粮食,他的理论为英国新资产阶级摇旗呐喊,成为英国资产阶级的代言。

大卫·李嘉图

大卫·李嘉图(1772—1823)出生于伦敦一个有钱的交易所经纪人的家庭里。他早年受的教育极不完备,从14岁起就跟随他的父亲从事交易所的活动。当他由于交易所的投机活动而致富,25岁左右便成为拥资百万英镑的大资产者后,才开始致力于学习和科学研究。他最初热衷于自然科学。1799年,他阅读了《国富论》,从此对政治经济学问题产生兴趣。起初,在英国工业资产阶级与地主阶级之间激烈的阶级斗争中,李嘉图始终坚决地站在工业资产阶级立场。他在1809年写了第一篇经济学论文《黄金的价格》,并在文中抨击英格兰银行滥发纸币的政策。其关于通货膨胀问题的一系列著作明显反映了工业资产阶级的利益。他尖锐批评英格兰银行的政策,要求恢复银行券兑现,制止通货膨胀。

除了货币信用问题外,李嘉图也极其关心当时工业资产阶级与地主阶级激烈争执的另一个问题,即《谷物法》的存废问题或农业保护问题。他在1815年出版了《论谷物低价格对资本利润的影响:证明限制进口的不合时宜——兼评马尔萨斯最近的两本著作〈地租的性质和发展的研究〉和〈对限制外国谷物进口政策的看法的依据〉》。

在这本著作中,李嘉图对地主阶级思想家马尔萨斯维护《谷物法》的论据进行了猛烈抨击,指出有利于地主阶级的谷物价格高昂引起利润降低,使群众状况恶化,并阻碍生产力的发展和技术进步。在他1822年出版的《论对农业的保护》一书中,李嘉图的论点进一步体现。在这部著作中,他竭力反对旨在禁止外国廉价谷物进口的关税政策。李嘉图关于农业的著作,反映了当时工业资产阶级最迫切的要求,即降低商品的生产费用、争取廉价谷物和其他农产品的自由进口。

1817年,李嘉图的主要著作《政治经济学及赋税原理》(以下简称《原理》)出版了,而他以前的著作只能算是为这部著作的准备。《原理》出版不久,就为李嘉图博得了一流经济学家的名声。当时的工业资产阶级在李嘉图的《原理》这部著作中,找到反对地主阶级的尖锐的理论武器。在《原理》发表后两年,即1819年,李嘉图被选为英国议会下院议员。他在议会中不仅辩论经济问题,也辩论政治问题。他竭力主张议会改革,坚持自由贸易,反对《谷物法》,建议降低粮价和减低租税,并倡导若干民主要求。李嘉图参与了《谷物法》的争论,他的许多观点正是在这场辩论中形成的。

资料来源:许斌. 国际贸易 [M]. 北京:北京大学出版社,2009:27.

(二) 比较优势理论的主要假定前提

(1) 2-2-1模型。即世界上只有两个国家,只生产两种产品且劳动作为唯一生产要素投入。
(2) 劳动在国内具有完全流动性,但在两国之间不可流动。
(3) 两国在两种产品生产上的生产技术不同,即两国的生产效率不同。
(4) 每种产品的国内生产成本不变,不存在技术变化。
(5) 物物交换,且没有运输成本和各种贸易壁垒。
(6) 完全竞争的市场。各国的产品价格等于其平均成本,生产成本优势就等同于价格优势。

(三) 比较优势分工理论的基本内容

一个国家在某种产品生产上具有比别的国家更高的劳动生产率,则该国就具有生产这种产品的比较优势,即判断一国具有比较优势的标准,解释了两国开展国际贸易的原因——存在相对优势产生;各国应集中生产自己具有"比较优势"的产品并出口,进口其不具有"比较优势"的产品,其结果是贸易双方均有得益。

1. 衡量比较优势的标准

产品的比较优势可用相对劳动生产率、相对生产成本或机会成本来确定。

(1) 相对劳动生产率。相对劳动生产率是指不同产品劳动生产率的比率(或两种不同产品的人均产量比)。

$$\text{产品A相对于B的劳动生产率} = \frac{\text{产品A的劳动生产率}\ (Q_A/L_A\ \text{即A的人均产量})}{\text{产品B的劳动生产率}\ (Q_B/L_B\ \text{即B的人均产量})}$$

式中：Q_A——A 产品的产出数量；

L_A——A 产品的劳动投入量；

Q_A/L_A——A 产品的劳动生产率；

Q_B——B 产品的产出数量；

L_B——B 产品的劳动投入量；

Q_B/L_B——B 产品的劳动生产率。

如果一国产品的相对劳动生产率高于其他国家同样产品的相对劳动生产率，则该国拥有生产该产品的比较优势；反之，则具有比较劣势。

（2）相对生产成本。相对生产成本是指一个产品的单位元素投入与另一个产品的单位元素投入之比。

$$产品\ A\ 相对于产品\ B\ 的生产成本 = \frac{单位产品\ A\ 的元素（劳动）投入量（L_A/Q_A）}{单位产品\ B\ 的元素（劳动）投入量（L_B/Q_B）}$$

如果一国生产某种产品的相对成本低于别国同样产品的相对成本，则该国就具有生产该产品的比较优势；反之，则具有比较劣势。

（3）机会成本。机会成本是指在资源一定的条件下，多生产一单位某种产品就必须放弃一定数量的另一种产品的生产，所放弃的另一种产品的数量，就是该种产品的机会成本。

如：A 国生产布（cloth）和小麦（wheet），在资源一定时，多生产一单位布，需放弃 2 单位小麦的生产，那么该国 1 单位布的机会成本就是 2 单位小麦，即 1C＝2W；若 B 国多生产 1 单位布，需放弃 3 单位小麦的生产，那么 B 国 1 单位布的机会成本就是 3 单位小麦，即 1C＝3W；那么 A 国在生产布上具有比较优势，B 国在生产小麦上具有比较优势。

2. 衡量比较优势的方法

1）利用相对劳动生产率衡量比较优势

表 5－4 为英国与葡萄牙比较优势理论投入产出分析。

表 5－4　英国与葡萄牙比较优势理论投入产出分析

国家		酒产量/单位	所需劳动投入/（人/年）	毛呢产量/单位	所需劳动投入/（人/年）
分工前	英国	1	120	1	100
	葡萄牙	1	80	1	90
分工后	英国			2.2	220
	葡萄牙	2.125	170		
国际交换	英国	1		1.2	
	葡萄牙	1.125		1	

根据表 5－4 中的数字，可知英国的酒相对于毛呢的劳动生产率 =（1/120）/（1/100）= 100/120 = 0.83；葡萄牙的酒相对于毛呢的劳动生产率 =（1/80）/（1/90）= 90/80 = 1.125；1.125＞0.83，所以葡萄牙在酒的生产上拥有"比较优势"。

仍沿用表 5－4 的数字，可知：英国的毛呢相对于酒的劳动生产率 =（1/100）/（1/120）= 120/100 = 1.2；葡萄牙的毛呢相对于酒的劳动生产率 =（1/90）/（1/80）= 80/90 = 0.89；1.2＞0.89，所以英国在毛呢的生产上拥有"比较优势"。

2）利用相对成本衡量比较优势

采用此衡量方法，一国生产某种产品的相对成本低于另一国生产相同产品的相对成本，该国在该产品生产上就具有比较优势。如 1.125 > 0.83，所以葡萄牙在酒的生产上拥有"比较优势"。

根据表 5-4 中的数字，可知英国的酒相对于毛呢的相对生产成本 = 120/100 = 1.2；葡萄牙的酒相对于毛呢的相对生产成本 = 80/90 = 0.89。0.89 < 1.2，所以葡萄牙在酒的生产上拥有"比较优势"。

利用表 5-4 提供的数字计算毛呢相对于酒的相对成本。英国的毛呢相对于酒的相对成本 = 100/120 = 0.83；葡萄牙的毛呢相对于酒的相对成本 = 90/80 = 1.125。0.83 < 1.125，所以英国在毛呢的生产上拥有"比较优势"。

以上采用了两种衡量比较优势的方法，根据表 5-4 提供的数字对英国和葡萄牙的比较优势产品进行筛选，结果都是一样的，即英国的比较优势在毛呢的生产，葡萄牙的比较优势在酒的生产。

（四）比较优势理论的评价

1. 比较优势说是为英国服务的

比较优势说的目的是为英国资产阶级自由贸易服务的，是为了使不发达国家成为英国的原料基地，为英国服务。但是英国本身并没有按照比较优势说进行国际分工，如 18—19 世纪，英国生产棉织品的成本比印度和中国要高得多，按其观点，英国应该放弃棉织品的生产。但事实却相反，英国把机器用于棉织业，提高了生产率，降低了成本，结果打败了中国和印度的棉织业，成为世界霸主。其他一些发达国家，如美国、法国、德国、意大利等国，在其发展过程中也都是如此，都没有按照李嘉图的比较优势说来发展本国的对外贸易。

2. 比较优势说分析和揭示了国际贸易所具有的互利性

比较优势说证明各国通过出口相对成本比较低的产品，进口相对成本比较高的产品即可实现贸易互利。这是该学说在研究国际分工方面的主要贡献。

3. 比较优势说并没有从根本上揭示出国际贸易产生的原因

比较优势说力求说明，在国际贸易中比较有利益产生的原因在于国内、国际市场中有着不同的交换比率，在这一点上，该学说并不全错，但是，用这一点作为解释贸易发生的全部基础是不对的。国内和国际交换在社会再生产中的职能是一样的，都是为了实现商品的价值，在实践中都是为了使初始投资回归，获取一般利润，有可能的话去力争超额利润。在这种情况下，即使国内和国际销售所获收入相同，没有比较利益，厂商也会出口商品。

4. 比较优势说许多假设过于苛刻，不符合经济现实

关于完全自由竞争的假设，生产要素在国内自由流动和在国际间完全不能自由流动的假设，资源充分利用和充分就业的假设等都不符合经济现实。因此在这种严格条件下论证的理论很难作为世界各国对贸易的指导原则，这样比较优势说的普遍适用性就值得怀疑。

5. 比较优势说与现实的国际贸易实际不相符合

首先，按照这一学说，比较利益相差越大，则发生贸易的可能性越大，从这一点出发，目前国际贸易应该是在发达国家与发展中国家之间展开的，而现实中国际贸易主要是在发达国家之间进行的。

其次，按照这一学说，国际商品交换在自由贸易条件下，参加贸易的双方都可获利，从这一点出发，世界各国为了获得贸易的比较利益，都应自觉自愿地实行自由贸易。但是，在国际贸易现实中，无论是什么样的国家，从来都未实行过彻底的自由贸易，总是在不同程度上实行某种贸易保护政策。

再次，按照这一理论，国际贸易双方是互利的，不存在价值转移和剥削，甚至相对落后的国家通过分工和国际贸易可以节约更多的社会劳动，这与当前国际贸易中富国总是剥削穷国的事实是相悖的。

最后，按照这一理论，国内价值和国际价值是不同的，这一点违背了李嘉图自己坚持的劳动价值论，当他看到这一情况时，显得无能为力，只认为国内的商品交换规律不适应国际交换。

第二节 相互需求理论

一、相互需求理论的提出

李嘉图的比较优势理论虽然揭示了每个国家都可以通过国际分工和贸易来获取国际贸易利益的基本原理，但却没有进一步说明参加国际贸易的两个国家究竟按照什么比价来交换它们的产品，即国际贸易利益应按照什么比例在不同的国家之间进行分配。英国古典经济学家约翰·穆勒在比较优势的基础上，提出了相互需求理论，即用相互需求解释自由贸易条件下均衡国际贸易条件的决定问题。相互需求理论由约翰·穆勒首先提出，阿尔弗雷德·马歇尔用几何方法对约翰·穆勒的相互需求理论作了进一步的分析和阐述，并提出了国际供求理论。

约翰·穆勒

约翰·穆勒，英国经济学家。约翰·穆勒1806年生于伦敦，是历史学家、经济学家詹姆士·穆勒（James Mill）之子。从孩提时期约翰·穆勒的父亲即授以严格教育：3岁学希腊文，8岁习拉丁文；在少年时代已熟读社会科学和自然科学名著；13岁时已完成相当于大学的学业，并开始攻读政治经济学，常在一同散步时由其父讲解口授，经他记录整理。詹姆士·穆勒所著《政治经济学纲要》即是在笔录稿基础上改写而成的。詹姆士·穆勒与李嘉图交往甚密，小穆勒常到李嘉图家当面受教。约翰·穆勒1820年14岁时去法国，颇受萨伊、圣西门的影响。翌年回国，继续钻研。1823年起约翰·穆勒任职于英属东印度公司，长达30余年，1858年东印度公司解散后退休。

1844年，约翰·穆勒出版的《政治经济学中若干未解决的问题》收集了他在1830—1831年间所写5篇学术论文；1848年出版《政治经济学原理》；他还出版过《论自由》《逻辑体系》等书，在哲学领域也建树颇多。

资料来源：伊特韦尔，米尔盖特，纽曼. 新帕尔格雷夫经济学大辞典：第4卷. 北京：经济科学出版社，1992：642.

二、穆勒的相互需求理论

(一) 互惠贸易的范围

约翰·穆勒在比较优势理论的基础上，用两国商品交换比例的上下限阐述了贸易双方获利的范围问题。相互需求理论认为，交易双方在各自国内市场有各自的交换比例，在世界市场上，两国商品的交换形成一个国际交换比例（贸易条件），这一比例只有介于两国的国内交换比例之间，才对贸易双方均有利。因此，两国国内商品交换的比例决定了国际交换比例的变化范围，即双方获利的范围。下面用英、美两国生产和交换小麦、棉布的例子，来说明这个问题。具体如表 5–5 所示。

表 5–5 比较优势表

商 品	国 家	
	美国	英国
小麦/（kg/h）	6	1
棉布/（m/h）	4	2

在表 5–5 的假设下，分工前，在美国国内，1 kg 小麦可换取 (2/3) m 棉布，在英国国内，1 kg 小麦可换取 2 m 棉布。按比较优势原则，分工后，美国专门生产小麦，英国专门生产棉布，再相互交换产品。如果两国间的交换比例为 1 kg 小麦交换 (2/3) m 棉布，即按美国国内的交换比例进行交换，美国并不比分工前多获产品，即未获得贸易利益，因而会退出交易而使国际贸易不可能发生。显然，两国交换比例更不可能低于 1 kg 小麦交换 (2/3) m 棉布，因为那样美国非但不得利，反而比国内交换少的产品，所以双方贸易不能等于或低于 1 kg 小麦交换 (2/3) m 棉布这个美国国内的交换比例。同理，如果两国间的交换比例为 1 kg 小麦交换 2 m 棉布，即按英国国内的交换比例进行交换，则英国不能从两国贸易中获益而会退出交易，使国际贸易不会发生。显然，这个比例更不能高于 1 kg 小麦交换 2 m 棉布，因为那样英国将失利，所以双方交换比例不能等于或高于英国国内的交换比例——1 kg 小麦交换 2 m 棉布。综上所述，两国间小麦和棉布的交换比例必须介于 1 kg 小麦交换 (2/3) m 棉布与 1 kg 小麦交换 2 m 棉布之间（1:2/3 ~ 1:2），即介于美、英两国的国内交换比例之间，才会使两国都能从贸易中获益。可见，两国间商品的交换比例，应在两国国内商品交换比例的上下限之间。

(二) 贸易利益的分配

国际贸易利益的大小取决于两国交换比例（贸易条件）。两国交换比例越接近本国国内交换比例，获得的贸易利益越小，反之亦然。国际间商品交换比例越接近于本国国内的交换比例，说明本国从贸易中获得的利益越接近于分工和交换前自己单独生产时的产品量。相反，国际间商品交换比例越接近于对方国家的国内交换比例，对本国越有利，分得的贸易利益就越多，因为越接近于对方国家国内交换比例，意味着离本国国内的交换比例越远，本国从贸易中获得的利益超过分工和交换前自己生产时的产品量越多。例如，在上例中，美、英两国间小麦和棉布贸易的具体交换比例若为 1 kg 小麦交换 1 m 布，则美国比分工前的国内交换多获（1/3）m 布，英国比分工前国内交换节约 1 m 布；若为 1 kg 小麦交换（4/3）m 布，则美国多获（2/3）m 布，英国节约（2/3）m 布；若为 1 kg 小麦交换（5/3）m 布，则美国多获 1 m 布，英国节约（1/3）m 布。

（三）相互需求法则

约翰·穆勒利用贸易双方的相互需求状况来说明贸易条件的确定与变动，提出了相互需求方程式。基本含义是：两个国家产品的交换比例必须等于两国相互需求对方产品总量的比例。

两国贸易条件或两国间商品交换比例是由两国相互需求对方产品的强度决定的，如果两国的需求强度发生变化，则贸易条件或两国间的交换比例必然发生变动。一国对另一国出口商品的需求越强，而另一国对该国出口商品的需求越弱，则贸易条件对该国越不利；反之，则贸易条件对该国越有利，该国的贸易利得越大，这就是相互需求法则。

仍旧以美、英两国之间的贸易为例来说明相互需求法则。假设两国间均衡的交换比例为 1 kg 小麦交换 1.7 m 棉布，所谓均衡的交换比例，就是指达到这个比例时，恰好能使两国的进出口额相等。如果美国需要从英国进口 17 000 m 棉布，而英国需要从美国进口 10 000 kg 小麦，那么两国之间的贸易就能达到平衡。一旦两国间的相互需求的强度发生了变化，则交换比例也会发生相应的变动。若英国对美国的小麦需求增强，美国对英国的棉布需求也会减弱，交换比例将会变得对美国有利，使美国从贸易中获得更多的利益；反之，则交换比例会变得对英国有利，英国将从贸易中获利更多。例如，在 1 kg 小麦交换 1.7 m 棉布的比例上，美国对英国棉布的需求量由 17 000 m 减少为 13 600 m，英国对美国小麦的需求仍为 10 000 kg 不变，那么英国就只能换到 8 000 kg 小麦，为了弥补小麦需求的不足，英国就必须提高小麦交换棉布的比例，比如，提高到 1∶1.8，在这个比例上，美国对棉布的需求量增加到 16 200 m，而英国对小麦的需求量减少到 9 000 kg，两国间的贸易又重新达到平衡。

（四）约翰·穆勒相互需求理论的评价

约翰·穆勒的相互需求理论补充和发展了比较优势理论，它解决了国际贸易为参加方带来利益的范围、双方如何分配利益、贸易条件的变动等问题。他认为，国际贸易利益的范围是两国国内商品交换比例的上下限；国际贸易利益的大小取决于国际交换比例（贸易条件），两国交换比例越接近本国国内交换比例，贸易利益也越小，反之亦然。相互需求强度决定贸易条件。

相互需求决定论对一国进出口策略选择具有指导意义，相互需求决定论关于国际交换比例由贸易双方的相互需求决定，并随着需求的变化而变化的观点，在实践上说明，一国在对外贸易中，必须根据市场的需求状况科学地确定进出口数量结构，过度出口和不合理地限制进口对比较利益的实现都是不利的。

三、马歇尔的相互需求理论

阿尔弗雷德·马歇尔，是 19 世纪末 20 世纪初著名的英国经济学家，剑桥学派和新古典学派的创始人。他研究了约翰·穆勒的国际贸易理论，并在 1878 年发表的代表作《对外贸易纯理论》中首先以几何曲线阐释约翰·穆勒的相互需求理论。西方学术界以此作为马歇尔在国际贸易理论方面的主要贡献,并称他提出的几何曲线为马歇尔提供曲线。

阿尔弗雷德·马歇尔

阿尔弗雷德·马歇尔,英国经济学家。新古典学派(或称剑桥学派)的创始人,生于英格兰一个银行职员的家庭,自幼喜爱数学,1865年剑桥大学数学系毕业后对经济学发生兴趣。1868年,马歇尔任剑桥大学圣约翰学院道德学讲师,1877年任布里斯托尔大学校长,兼任该校政治经济学讲师。1883年任牛津大学巴里奥学院研究员和经济学讲师,1885—1908年任剑桥大学政治经济学教授,曾任皇家劳工委员会委员。马歇尔的理论为现代西方微观经济学奠定了基础,并在20世纪30年代以前一直居于经济学领域中的支配和主导地位,著有《经济学原理》《工业与贸易》《货币、信用和商业》等。

(一) 互利贸易条件的范围

按照穆勒的相互需求理论,两国产品的国际交换会形成一个国际交换比例,即国际贸易条件,互利的贸易条件就在两国国内产品交换比率所规定的上下限之间。穆勒的相互需求理论虽然解释了均衡的国际交换比例,但只是一般陈述,不够精确,马歇尔用几何图形表示了这一上下限。

在图5-1中,纵轴Y表示小麦,横轴X表示棉布,P_1为美国国内的交换比例,P_2为英国国内的交换比例。两国国内的交换比例用从原点引出的射线的斜率来表示,OP_1的斜率为1:2/3,表示美国国内的交换比例,为小麦交换棉布的上限;OP_2的斜率为1:2,表示英国国内的交换比例,为小麦交换棉布的下限。OY与OP_1之间为美国不参加交换的区域,OX与OP_2之间为英国不参加交换的区域,OP_1与OP_2之间为互惠贸易区,位于该区域的任何从原点引出的射线的斜率,都是互利贸易条件。

由此,互利贸易条件可以解释为:从原点引出的、通过OP_1与OP_2之间互惠贸易区任意点的射线的斜率。实际贸易条件越接近OP_1,对美国越不利,而对英国就越有利;反之,越接近OP_2,对美国就越有利,对英国就越不利。

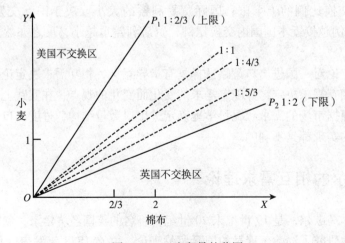

图5-1 互惠贸易的范围

（二）相互需求均衡决定贸易条件

相互需求均衡就是指相互供求相等。约翰·穆勒用相互需求方程式说明贸易条件或国际交换比例的决定，而马歇尔则是用提供曲线解释贸易条件或国际交换比例。提供曲线是表示一国贸易条件（交换比例）的曲线，它表示在各种贸易条件下，一个国家为了进口某一数量的产品而愿意出口的产品数量。因此，它既是一个国家的出口供给曲线，也是进口需求曲线。下面仍以上例加以说明，如图 5-2 所示。

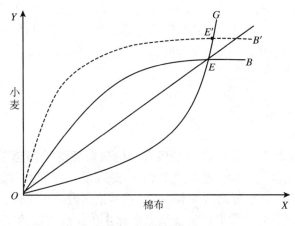

图 5-2 提供曲线

在图 5-2 中，对英国来说，OX 轴表示出口棉布的数量，OY 轴表示从美国进口小麦的数量；相反，对美国来讲，OX 轴表示从英国进口棉布的数量，OY 轴表示出口小麦的数量。OG 表示英国的提供曲线，OB 表示美国的提供曲线。提供曲线上每一点的斜率都表示一个贸易条件，它等于曲线上任意点到 X 轴的距离和到 Y 轴距离之比，即小麦和棉布的交换比例。两条曲线的方向不同，对英国来说，提供曲线越往上弯曲，表示英国用一定量的棉布可以换取更多量的小麦，对英国有利；相反，提供曲线越往下弯曲，则表明美国用一定量的小麦可以换取更多的棉布，对美国有利。

从图 5-2 中可以看出，只有两条提供曲线相交于 E 点，才能使两国的进口量达到平衡。这时，E 点就是均衡贸易条件，OE 为均衡贸易曲线。如果两国的相互需求发生变动（如美国的提供曲线由 OB 移至 OB'），均衡贸易条件就会发生变化，即由 E 点移至 E' 点。

（三）马歇尔相互需求理论的评价

同穆勒一样，马歇尔认为，均衡贸易条件决定于进行贸易的国家各自对对方商品的相互需求强度。马歇尔的相互需求理论补充和完善了穆勒的相互需求理论。马歇尔引入几何分析的方法来说明贸易条件的决定与变动，比穆勒的文字描述更为精确，丰富了传统的国际贸易理论的表达手段和研究方法。但是与穆勒一样，他并没有对国际生产关系的价值领域进行研究，没有说明国际间的商品交换是否公平合理，是否是等价交换等问题。

第三节 新古典贸易理论

李嘉图的比较优势理论在描述生产成本时暗含着这样一个前提：国与国之间的生产特定产品方面存在着差异，一些国家擅长生产某些产品，而另外一些国家却擅长生产另外一些产品。可问题是一国为什么在生产某些产品上有优势，而在另外一些产品上却没有优势？李嘉图的比较优势理论和穆勒、马歇尔的相互需求论都没有做出相应的解释，即没有解释为何一国在某种商品生产上较他国效率高。这个问题的提出与探索，引出了一个重要的贸易理论，这便是要素禀赋理论。

一、观点的提出

要素禀赋理论的基本观点最早是由当代著名的瑞典经济学家赫克歇尔首先提出来的。1919年，赫克歇尔在纪念经济学家戴维的文集中发表了题为《对外贸易对收入分配的影响》的著名论文，提出了要素禀赋理论的基本论点。这些论点当时并没有引起人们的注意，直到10年以后，他的学生，另外一位瑞典经济学家俄林才在这篇文章的基础上作了进一步的研究。俄林于1933年在哈佛大学出版的名为《区际贸易与国际贸易》的博士论文中，深入而广泛地讨论了国际贸易产生的深层原因，使要素禀赋理论得以成型。鉴于其在国际贸易方面的贡献，俄林于1977年荣获诺贝尔经济学奖。

（一）基本概念

（1）要素禀赋理论（factor endowment）是指一国所拥有的可用于生产商品和劳务的生产要素的总量。既包括"自然"存在的资源也包括"获得性"资源（如技术与资本），这是一个绝对量的概念。

（2）所谓要素禀赋不同是指世界各国在拥有劳动力、土地、资本等生产要素方面非常的不一致。有的国家劳动力十分丰裕，如中国、印度、巴基斯坦等，中国与印度的人口都超过10亿，劳动力的绝对数量是非常丰裕的。有的国家资本非常丰裕，如美国、日本、欧洲一些发达国家等。中国香港只有600多万人口，但却有1 000亿美元的外汇储备，人均拥有外汇丰裕。有的国家土地非常丰裕，如澳大利亚、加拿大等。所谓丰裕是相对而言，例如，一个国家每个工人所使用的资本相对于另一个国家较多，可以称为资本相对丰裕的国家；另一国家相对其他国家每一单位资本所要求的工人较多，则称为劳动力较丰裕的国家。

要素禀赋理论产生的背景

古典经济学家告诉我们，劳动是创造价值和造成成本差异的唯一要素；古典贸易理论将国际贸易产生的主要原因归结于各国劳动生产率的绝对或相对差异。然而，随着资本生产关系的确立及工业革命的开展并最终完成，资本逐渐成为一种重要的生产要素。另外，1929

年资本主义世界爆发了历史上最严重的一次经济危机,并持续5年之久,直到1933年才结束,资本主义国家工业生产下降了37.2%,其中美国下降了46%,德国缩减了76%,国际贸易量也缩减了1/4。这次危机促使帝国主义国家争夺国外市场的斗争大大加剧,导致了激烈的关税战和贸易战,各国都力图加强对外倾销本国的商品,同时则一再提高进口税率,建立新的关税壁垒,用以限制或禁止外国商品的进口,有的国家还通过签订协议,采用使进口开支限于出口收入的对外贸易清算制度,以维护本国垄断资本的利益。瑞典是个经济发达的小国,国内市场狭小,一向对外市场依赖很大,因而人们对新的保护主义抬头深感不安。正是在这种历史背景下,俄林在老师赫克歇尔的启发下,潜心研究,于1933年出版了《区际贸易与国际贸易》一书,以生产要素自然禀赋说为理论基础,深入探讨了国际贸易产生的更深层次原因,阐述了国际分工的好处和自由贸易的必要性。这一理论又简称为"赫克歇尔-俄林模型"(H-O model)。由于这些学说既迎合了瑞典民族的需要,又适应了国际资产阶级的口味,结果一问世就受到各界人士的热烈欢迎,并誉其为现代国际贸易理论的新开端。

1941年,美国著名经济学家萨缪尔森和斯托尔柏在美国《经济统计周报》8月号上发表了一篇重要文章《实际工资和保护主义》,用数学方法论证了俄林提出的自由贸易引起的生产要素价格均等化理论。为此,国际贸易界有时又将俄林的生产要素自然禀赋说称为"赫克歇尔-俄林-萨缪尔森模型"(H-O-S model)。

资料来源:伊特韦尔,米尔盖特,纽曼. 新帕尔格雷夫经济学大辞典:第4卷. 北京:经济科学出版社,1992:747.

(3)要素密集和要素比例。不同的产品所投入的要素比例不同,有的产品所投入的资本要素比例较大,有的产品投入的劳动要素的比例较大。要素投入的比例不同决定产品的特征不同,是不同的要素密集型的产品。这就是说,有的产品要求投入的劳动较多,称之为劳动密集型产品(labor intensive);有的产品要求投入的资本较多,称之为资本密集型产品(capital intensive);有的产品则要求投入的高技术较多,称之为技术密集型产品(technology intensive)。

然而,要素密集和比较优势一样是一个相对的概念。布相对于钢铁而言是劳动密集型的产品,因为在布的生产上,每一单位的生产所要求使用的劳动比生产钢铁多,每一单位的资本所需求的劳动要多,即劳动与资本的比率(labor-capital ratio)较高;而钢铁是资本密集型的产品也是相对布而言的,生产钢铁每一个劳动者所使用的资本比生产布时每一个劳动者所使用的资本要多,即资本与劳动的比率(capital-labor ratio)较高。然而,许多产品既可以用资本密集的方法生产,也可以用劳动密集的方法生产。例如,农产品在一些发达国家投入大量的资金购买机器设备,投入的资本比例较高。可见,同一产品在A国可能用劳动密集的方法生产,在B国可能用资本密集的方法生产。

埃利·赫克歇尔与贝蒂尔·俄林

埃利·赫克歇尔(1979—1952),瑞典著名经济学家、经济史学家,乌普萨拉大学哲学博士,曾任斯德哥尔摩商学院经济统计学教授和斯德哥尔摩经济史教授。作为瑞典著名经济学家,赫克歇尔以其杰出的生产要素禀赋论闻名于世。在赫克歇尔的学术生涯中,他将大部分精力投入经济史研究。"要素禀赋论"是他在长期潜心研究各国及瑞典经济史过程中逐渐形成的。赫克歇尔的博士论文《瑞典经济发展中铁路的重要性》就是研究经济史问题的。1929年,赫克歇尔创建斯德哥尔摩经济史研究所,并任第一任所长,成为瑞典经济史研究的创始人。赫克歇尔对经济史有独特理解,强调经济理论的重要性,对经济史的研究兼有经济学家和统计学家的特点。其对经济史的研究主要涉及两个方面:一是对欧洲各国政府干预经济的历史研究;二是对瑞典经济史的研究。他的代表作主要有《重商主义》《大陆体系》《世界大战经济》《1914—1925年的瑞典货币政策》《瑞典经济史》等。赫克歇尔于1931年出版的《重商主义》一书曾被认为是他最重要的经济史著作。他通过选择典型国家经济政策加以分析,从而使该书成为"作为欧洲共同体问题的重商主义经济政策史论"。

贝蒂尔·俄林(1899—1979),瑞典著名经济学家和政治学家,以《贸易理论》一文获得经济学博士学位,是当代瑞典学派的奠基人和主要代表人物。1977年,俄林获诺贝尔经济学奖。1917—1919年,俄林进入斯德哥尔摩商学院学习,师从赫克歇尔。俄林曾任丹麦哥本哈根大学经济学教授。在斯德哥尔摩大学期间,他的主要论著有《国际贸易理论》(1924)、《对外贸易与贸易政策》(1925)、《区际贸易与国际贸易》(1933)、《资金市场与利率政策》(1941)、《经济活动的国际布局(论文集)》(1977)等。此外,俄林还以专家身份为联合国、国际联盟等国际组织撰写研究报告,主要有1931年的《世界经济萧条的进程与阶段》、1955年的《欧洲经济合作社会观》。1969—1975年,俄林担任诺贝尔经济学奖委员会主席。俄林在经济学上的主要贡献在于他提出的生产要素禀赋理论,这一学说奠定了现代国际贸易理论的基础,并获得了诺贝尔经济学奖。瑞典皇家科学院认为,俄林的古典研究《区际贸易与国际贸易》使他被认为是现代国际贸易理论的创始人。其理论显示,生产要素将决定国际贸易与国际分工的格局,并且说明了国际贸易对资源配置、相对价格与收入分配的影响。俄林指出地区间贸易与国际贸易的相似与差异之处,且说明了国际贸易与产业区位之间的关系。俄林在现代西方经济学史上的第二大贡献是其在经济稳定政策方面的成就。从20世纪30年代起,俄林长期致力于建立宏观经济理论,注重研究总有效需求水平同总供给的关系。此外,他在区域经济学、通货膨胀和超充分就业问题的研究中也作出了贡献。

资料来源:唐海燕,毕玉江. 国际贸易学[M]. 上海:立信会计出版社,2011:61-62.

(二)要素禀赋理论的假设条件

(1)机会成本递增,只能实现不完全专业化生产。

(2)2-2-2模型,即两个国家:一个国家是生产资本密集型产品,另一个国家是生产劳动密集型产品;两种产品:一种是资本密集型产品,另一种是劳动密集型产品;两种要素投入:一种是资本,另一种是劳动力。

(3)两国在生产中都采用相同的技术,因而具有相同的生产函数。

(4)两国两种产品生产的规模报酬不变。

(5)两国的消费偏好相同,都面临相同的社会无差别曲线。

(6)两国的商品和要素市场处于完全竞争的状态。

(7)两国的要素密集度不同。生产要素在国内可以自由流动,但在国际之间不流动。

(8)没有阻碍自由贸易的运输成本、关税和非关税壁垒等限制。

(9) 两国生产要素被充分利用。
(10) 两国间的需求偏好相同。

二、要素禀赋理论的主要内容

俄林的生产要素供给比例理论是从商品的价格差异入手，然后层层深入，最终得出生产要素禀赋即生产要素供给的差异是国际贸易生产的基础。

1. 商品价格的国际绝对差异是国际贸易产生的直接原因

商品价格的国际绝对差异是指不同国家的同种商品用同种倾向表示的价格存在价格差异。俄林认为，当两国间同种商品的价格差异大于商品的各项运输费用时，商品从价格低的国家流向价格高的国家，对两国都有利。对进出口国来说，用本国的低价产品（本国的优势产品）换取他国的低价产品（本国的劣势产品），均可扬长避短，达到优势互补。因此，国际间商品价格的绝对差异是产生国际贸易的直接原因。

2. 商品价格的差异是由商品生产成本差异决定的，商品生产成本比例的不同是国际贸易产生的必要条件

俄林认为，商品的价格差异是由商品的生产成本差异决定的，但并不是说，只要存在生产成本的差异，国际贸易就必然发生，还须具备一个必要的条件，即两国国内生产成本比例不同，也就是说两国国内生产成本比例必须符合李嘉图比较成本理论提出的比较优势的原则。

3. 商品生产成本比例的不同是由生产要素价格比例不同决定的

在论证生产要素比例理论时，俄林假设各国生产物质条件或生产函数是相同的。由于商品价格等于生产要素价格乘以生产函数，由此可以推出，在生产函数相同的情况下，如果两国商品价格比例不同，那么生产要素的价格比例也就不同。因此，俄林得出这样的结论：两国生产商品成本比例的不同是由两国生产要素价格比例不同决定的。

4. 生产要素价格比例不同是由生产要素供给（生产要素禀赋比例）不同决定

俄林认为，在生产要素的供求决定生产要素价格的关系中，生产要素供给是主要的。在生产要素供给一定的情况下，供给丰裕的生产要素价格便宜，例如，劳动力丰裕的国家，工资（劳动力价格）就低一些，资本丰裕的国家，利息率（资本的价格）就低一些；相反，供给稀缺的生产要素价格就昂贵。每一个国家生产要素的丰裕程度不可能一样，有的相对丰裕，有的相对短缺，其生产要素的价格也会有的低些，有的高些。所以说，生产要素价格比例不同是由生产要素禀赋比例（生产要素供给比例）不同决定的。

综上所述，俄林论证生产要素比例理论的逻辑思路是：商品价格差异是产生国际贸易的直接原因，而商品价格的差异是由于商品的生产成本不同，生产成本比例的不同是产生国际贸易的必要条件；商品生产成本比例的不同，是因为各种生产要素禀赋比例的不同。因此，生产要素禀赋的不同，是产生国际贸易的最重要的基础，也是决定国际分工中进出口商品结构的主要因素。

在论证了生产要素禀赋不同是国际贸易的最重要的基础后，俄林提出了按生产要素丰缺程度形成的比较优势进行国际分工的原则。他认为每个国家或地区利用其相对丰裕的生产要素从事商品生产，则会处于比较有利的地位。因此，每个国家在国际分工中，应该专业化生产并且出口本国相对丰裕的要素生产的产品，进口本国相对稀缺的要素生产的产品。如资本

相对丰裕的国家就应该生产并出口资本密集型产品，劳动力相对丰裕的国家就应该生产并出口劳动密集型产品。

三、要素禀赋理论的评价

要素禀赋理论在国际分工理论研究中有重要位置。第一，它比李嘉图的比较优势理论更深入和全面地研究了国际贸易的发生与发展；第二，它正确指出了生产要素在国际贸易中的地位，客观地反映了经济的实际情况；第三，在研究方法上，它从各国资源禀赋即生产要素供应情况的不同，具体分析了国际分工的原因、贸易格局和商品结构。因此，H-O 理论是国际贸易现代理论的开端，使国际贸易理论研究走向一个新阶段。然而 H-O 理论也存在明显的不足，这些不足已经被今天的国际贸易实践所验证。

实际上，H-O 理论与当代发达国家间贸易迅速发展的实际情况不符。按照 H-O 理论，国际贸易应该主要发生在要素密集程度不同的国家之间。因为要素丰缺程度差别越大，各种产品的机会成本的差别也越大，双方在贸易中获利越多。第二次世界大战以前，确实国际贸易的相当大部分发生在宗主国和殖民地之间，宗主国出口工业制成品，进口各种初级产品；殖民地则出口各种初级产品，进口工业制成品。这一贸易格局与赫克歇尔-俄林模式相一致。然而，第二次世界大战后，国际贸易相当大的比重在 70% 以上均发生在发达国家之间，发达国家和发展中国家之间的贸易在国际贸易中所占比重，在 20 世纪 50 年代为 21%，90 年代下降至 19%。一些发达国家的最大的贸易伙伴国，基本上都是发达国家。例如，1995 年，美国最大的两个贸易伙伴是加拿大和日本，日本最大的贸易伙伴是德国和意大利，英国最大的两个贸易伙伴是美国和意大利。出现这种现象用赫克歇尔-俄林的理论是难以解释的，第一，因为发达国家之间的要素比例越来越趋于相同，资本相对都比较丰裕，技术水平都比较高，它们生产的产品类型也基本相同。战后的几十年里，发达国家和发展中国家之间在资本的拥有上的差距更加扩大，发展中国家的劳动力增长十分迅速，劳动更加丰裕并且十分便宜。按照要素比例理论，国际贸易较多地应该发生在发达国家和发展中国家之间，但是实际情况却相反。第二，H-O 理论与当今跨国公司的产业贸易大发展现实不相符。一般来说，同一部门的产品所投入的要素比例基本相同，根据要素比例理论，它们的机会成本相近，因此相互之间很少发生贸易。但是，第二次世界大战以后，出现了大量的产业内贸易，即一个国家出口汽车的同时又进口汽车，出口照相机又进口照相机，而且随着经济的发展这种产业内贸易越来越发达。这一现象也是难以用赫克歇尔-俄林的要素比例理论说明的。第三，H-O 理论的假设条件把动态的经济视为静态经济，排除了生产力和科学技术的进步。

第四节　里昂惕夫悖论

自从 20 世纪初要素禀赋理论提出以来，在很长一段时间里，该理论成为西方经济学界普遍接受的用以解释国际贸易产生原因的主要理论。许多西方学者对此深信不疑。试图通过经验数据对该模型进行检验，企图进一步从实证的角度证明 H-O 理论的正确性。但是，实证检验的结果使得这一理论在第二次世界大战以后受到了极大的挑战。

一、里昂惕夫之谜

里昂惕夫出生于俄国，是美国著名经济学家，哈佛大学行政管理学院经济学教授，投入产出经济学的创始人，其代表作是《投入产出经济学》。他因提出"投入产出"分析法，荣获第四届（1973年）诺贝尔经济学奖。

里昂惕夫之谜全称为"里昂惕夫稀少生产要素之谜"，简称"里昂惕夫悖论"。里昂惕夫本人对H-O理论是深信不疑的，想通过美国数据来检验要素禀赋理论的正确性。他运用"投入产出法"对1947年美国大约200个行业的出口货物和进口替代品所需的劳动量与资本量进行了比较，其计算数据见表5-6。

表5-6　美国进出口商品生产要素投入量的比较

单位：美元

项　　目	1947年		1951年	
	出口商品	进口替代品	出口商品	进口替代品
资本（按1947年美元的价格）	2 550 780	3 091 339	2 256 800	2 303 400
劳动力/（人/年）	182	170	173.91	167.81
人平均年资本量/（资本/劳动）	14 015	18 184	12 977	13 726

由表5-6可知，1947年美国出口每一百万美元的商品用资本2 550 780美元和182个劳动力，每人每年耗资14 015美元。与此同时，生产每一百万美元的进口替代品用资本3 091 339美元和170个劳动力，每人每年耗资18 184美元，这样，在1947年用每人每年耗资表示的进口替代品的资本/劳动（18 184）和出口商品的资本/劳动（14 015）之比是1.30。这说明，美国出口的是资本密集型商品，而进口的是劳动密集型商品。这个验证结果出乎里昂惕夫本人的预料，也与H-O理论的结论大相径庭。

1956年里昂惕夫利用"投入产出"分析法和有关美国1951年的统计资料，对美国的贸易结构进行了第二次验证。数据见表5-6，验证结果以《生产要素比例和美国贸易结构：进一步地验证和经验分析》为题于同年公布发表。在该文中，里昂惕夫分析和验证了1951年美国贸易统计资料，得出进口替代品的资本/劳动（13 726）和出口商品的资本/劳动（12 977）之比1.06，这与前一次的结论基本相同，从而，近一步证实其结论的正确性。

里昂惕夫首次用"投入产出"分析法对贸易结构进行演算分析，开创了统计数据全面验证贸易理论的先例。正是由于里昂惕夫之谜的提出，才使国际贸易理论有了一个新的转折和发展，为了解释里昂惕夫之谜而引发了一系列相关国际贸易理论的产生。

二、对里昂惕夫悖论的不同解释

（一）劳动者技能水平的差异

该观点最早是由里昂惕夫本人提出的，后由美国经济学家基辛（D. B. Kessing）加以发展，是用劳动效率的差异解释里昂惕夫之谜的学说。

里昂惕夫认为，里昂惕夫之谜产生的根本原因是美国的劳动熟练程度或劳动效率比其他国家高造成的。他认为各国的劳动生产率是不同的，1947年美国工人的生产率大约是其他国家的3倍，因此在计算美国工人的人数时应将美国实际工人人数乘以3倍。这样，按生产效率计算的美国工人数与美国拥有的资本量之比，较之于其他国家，美国就成了劳动力丰富而资本相对短缺的国家，所以它出口劳动密集型产品，进口资本密集型产品，从而与要素禀赋论揭示的内容是一致的。

但这种解释很快就遭到许多人的反对。一些人认为，如果说美国的生产效率高于其他国家的3倍，那么美国的工人人数和资本量都应该同时乘以3倍，这样美国的资本相对充裕程度并未受到影响，而一些实际的研究也否定了里昂惕夫的观点。例如，美国经济学家克雷宁（Krelnin）经过验证，认为美国工人的劳动效率和欧洲工人的劳动效率相比，最多高出1.2~1.5倍，因此里昂惕夫的上述解释是站不住脚的，里昂惕夫本人后来也否定了这种解释。

（二）人力资本学说

人力资本说是美国经济学者凯南（P. B. Kenen）等人提出的。他们以人力投资的差异来解释美国对外贸易商品结构，其结论又符合H-O生产要素禀赋的理论。他们认为，劳动是不同质的，这种不同质表现为劳动效率的差异，这种差异主要由劳动熟练程度所决定，而劳动熟练程度的高低，又取决于对劳动者进行培训、教育和其他有关的开支，即决定智力开支的投资。因此，高的熟练效率和熟练劳动，归根到底是一种投资的结果，是一种资本支出的产物。凯南认为，国际贸易商品生产所需的资本应包括有形资本和无形资本，即人力资本。人力资本主要是指一国用于职业教育、技术培训等方面投入的资本。人力资本投入，可提高劳动技能和专门知识水平，促进劳动生产率的提高。由于美国投入了较多的人力资本，而拥有更多的熟练技术劳动力，因此，美国出口产品含有较多的熟练技术劳动。如果把熟练技术劳动的收入高于简单劳动的部分算作资本并同有形资本相加，经过这样处理之后，美国仍然是出口资本密集型产品。这个结论是符合H-O生产要素禀赋理论的，从而把"里昂惕夫之谜"颠倒过来，这就是所谓人力资本说。

但是这种解释的困难在于，难以具体衡量人力资本的真正价值，因此，并不为经贸学术界普遍接受。但凯南将里昂惕夫和基辛的观点进行深化，对熟悉劳动说起到了一定的补充解释作用。

（三）要素密集度逆转点

H-O理论对要素密度的基本假定是，如果按照生产要素价格的某一比率，某商品的资本密集度高于另一商品，那么在所有的生产要素价格比率下，这一商品的资本密集度高于另一商品。举例来说，在A国（劳动要素相对比较丰裕）的生产要素价格比率下，成衣是一种劳动密集型商品，在B国（资本要素相对比较丰裕）的生产要素价格比率下，成衣也是一种劳动密集型商品。但事实可能并非如此，B国由于资本相对丰裕，可能在生产成衣中以资本取代劳动，也就是说，生产过程更多地使用资本而不是劳动，这样，在B国成衣就变成资本密集型商品，这就是典型的生产要素密度逆转的例子。在这种情况下，可能会出现B国进口的商品在别国是劳动密集型商品而在B国是资本密集型商品，B国出口的商品在别国是资本密集型商品而在B国为劳动密集型商品。这样一来，就有可能引发"里昂惕夫之迷"。因为在美国是资本密集的商品,如进口替代品,可能在真正对美国出口的国家却是劳动密集型商品;而美国本地生产的劳动密集型商品,对于接受美国产品的国家可能是资本密集型商品。最后的结果就是美国出口产品的资本密集度低于进口商品的资本密集度。

里昂惕夫在计算美国出口商品的资本劳动比率时,采用的是美国本土的数字,而进口商品资本劳动比率是用进口替代品资本劳动比率来代替的,所谓进口替代品资本劳动比率是指美国生产同类产品所需要的资本劳动比率,不是在原出口国生产该商品实际使用的资本劳动比率。因而,产生"里昂惕夫之迷"就不足为奇了。

但对这一解释的实证检验结果如何呢? B. S. Minhas 于 1962 年发表的研究结果表明,有大约 1/3 的研究样本中存在生产要素密度逆转的情况。Ball 1966 年的研究结果则表明,生产要素密度逆转在现实中少有发生。

(四) 贸易壁垒的存在

这种解释认为,里昂惕夫之谜产生的原因是美国贸易保护的结果。在赫克歇尔-俄林的要素禀赋理论中,贸易被假定是自由的,而包括美国在内的绝大多数国家都或多或少对进口产品实行限制措施,从而使国际间商品流通因受贸易壁垒的限制而使要素禀赋理论揭示的规律不能实现。在里昂惕夫的研究中,如实地引用了原始的统计资料,而没有剔除关税及其他贸易壁垒对美国贸易结构的影响。事实上,美国政府为了解决国内就业,制定对外贸易政策时有严重保护本国劳动密集型商品的倾向。如果实行自由贸易或美国政府不实行这种限制的话,美国进口品的劳动密集程度一定比实际高。鲍德温的研究表明,如果美国的进口商品不受限制的话,其进口品中资本和劳动之比率将比实际高 5%。

另外,别的国家也可能对其进口的资本密集型商品进行较高的保护,这样会使得美国资本密集型商品的出口受到一定的影响。因此,有人预测,如果美国及其贸易伙伴之间互相开展自由贸易,则美国会更多地进口劳动密集型商品,出口资本密集型商品。这样一来,里昂惕夫之谜就不存在了。这一研究对里昂惕夫之谜做出了部分解释。

三、里昂惕夫悖论的评价

里昂惕夫之谜是传统国际贸易理论发展史上的一个转折点,它引发了人们对第二次世界大战以后国际贸易新现象、新问题的探索,使当代国际贸易理论的研究更接近现实。上述有关里昂惕夫之谜的种种解释就弥补了要素禀赋理论的不足,增强了要素禀赋理论的现实性和对战后国际贸易实践的解释能力。

在里昂惕夫之谜提出来以后,除了对其出现寻求各种各样的解释之外,不少经济学家还分别对里昂惕夫的方法及 H-O 模型进行了更为广泛而全面的讨论,因此推动了战后国际贸易理论的新发展。里昂惕夫的投入-产出分析法对美国贸易结构的计算分析,开辟了用统计数据全面检验贸易理论的道路。

要素禀赋理论已不能对战后国际贸易的实际作出有力的解释,因为赫克歇尔-俄林的要素禀赋理论对国际贸易模式的解释仅仅依靠各国的要素禀赋或只有两种生产要素的观点是不够的,第二次世界大战后的科学技术、熟练劳动力在生产中的作用日益加强,已经构成国际贸易的一个非常重要的生产要素。在这种条件下，如果把生产要素仅仅归结为资本、土地、劳动，则很有可能得出不正确的结论。

国际经济学界关于"谜"与要素禀赋理论的旷日持久论战是以对要素禀赋理论前提的修正结束的。当今传统国际贸易理论中居主导地位的仍然是以比较优势为核心、经过修正的要素禀赋理论。赫克歇尔-俄林的要素禀赋理论仍然成立，仍被誉为传统国际贸易理论的基石，但对现实世界解释范围越来越小。

小　结

国际贸易理论的起源和发展可以追溯到出现分工交换思想的古罗马、古希腊时代。亚当·斯密之前的贸易思想主要包括重商主义和重农学派。重商主义者认为金银是唯一的财富，对外贸易是获得金银财富的源泉，其政策主张是"奖出限入"。重农学派的核心思想是主张自由经济，实行自由贸易。这些思想对后来的国际贸易理论和政策的发展有很大的影响。人们将劳动价值论为基础的自由贸易理论称为古典贸易理论。古典贸易理论以亚当·斯密提出绝对优势理论为开端，后经李嘉图发展，形成了比较优势理论。

亚当·斯密的绝对优势理论认为，国际贸易和国际分工的原因与基础是各国间存在的劳动生产率和生产成本的绝对差异。各国生产具有绝对优势的产品并进行交换，不仅会提高劳动生产率，增加社会财富，而且对于交易的双方都会有利。

大卫·李嘉图的比较优势理论认为，国际贸易和国际分工的原因与基础是各国间存在的劳动生产率和生产成本的相对差异。各国生产具有比较优势的产品并进行交换，同样不仅会增加社会财富，而且交易双方也都能获得利益。"两利相权取其重，两弊相权取其轻"是国际贸易中比较优势的基本原则。

约翰·穆勒认为，均衡贸易条件决定于进行贸易的两个国家各自对对方产品需求的相对强度。外国对本国商品的需求强度越是大于本国对外国商品的需求强度，贸易条件越是接近于外国国内的两种商品的交换比例，这个比例对本国越是有利。阿尔弗雷德·马歇尔用几何曲线阐释约翰·穆勒的相互需求理论。

中国农产品贸易的比较优势

中国的人均可耕地面积是全世界最少的国家之一。根据大卫·李嘉图的比较优势理论，中国的农产品出口应该是处于劣势的，农产品对外贸易方面应该主要是以进口为主。但是，事实却不是这样，中国的农产品出口每年都以两位数的速度增长。2004年，我国农产品进出口总额达514.2亿美元，比上年增长27.4%，其中，出口233.9亿美元，进口280.3亿美元，均实现连续五年快速增长，并创历史新高，在世界上的排名仅次于美国、欧盟和日本，中国成为全球第四大农产品贸易国。那么中国农产品出口的比较优势在哪里呢？

（一）一个国家对外贸易的比较优势不是从某一方面来考虑的，而应该把各种生产要素综合起来全面考虑

如中国的农产品出口，如果从人均可耕地面积的角度考虑，中国处于劣势，但是，如果从劳动力的角度来考虑，中国处于绝对优势。根据 H-O 模型，产品的价格是由要素的成本决定的，中国具有劳动力成本低的优势。所以，中国可以选择劳动密集型的农产品出口，而进口一些土地密集型或资源密集型的农产品。

中国当前的农产品大致可分为两大类：一是劳动密集型农产品，即以劳动力资源为基础的农产品，这类农产品主要有畜牧产品、水产品、园艺产品、加工食品等；二是土地密集型农产品，即以土地为基础的大宗农产品，主要是指粮食、棉花、油料、糖类等。中国人口众多的资源禀赋决定劳动密集型的农产品具有比较优势，而土地密集型农产品如粮、棉等由于成本的上升，比较优势已经消失。

（二）农产品出口比较优势依然存在

1. 资源禀赋优势

一个国家的资源禀赋状况直接影响其对外经贸活动的内容和地位。对土地、资本和劳动力三大生产要素供给状况进行比较，中国劳动力资源具有明显优势。据统计，中国劳动力资源分别是美国、欧洲和日本的 5 倍、4 倍和 13 倍；而劳动力人均土地拥有量美国和欧洲却分别是中国的 14 倍和 5 倍，劳动力人均资本拥有量美国、欧洲和日本分别是中国的 52 倍、65 倍和 128 倍。然而需要注意的一个情况是，发达国家的果树生产和畜牧生产已经广泛采用了资本密集型技术，这种资本替代劳动不仅在一定程度上消除了由于发达国家劳动力成本过高造成的竞争劣势，而且便于质量控制，能够向消费者提供卫生、安全的食物产品。相比之下，在不便于采用机械的蔬菜生产上，发达国家的产品则缺乏竞争力。此外，园艺产品和畜牧产品属于高价值农产品，需求的收入弹性高，这使得目前国际市场上的主要进口者是发达国家。由于发达国家消费者对产品的安全性非常关注，这些国家普遍实行严格的卫生检疫和技术标准，这一状况使得发展中国家的园艺产品和畜产品在进入发达国家市场时受到技术性贸易壁垒的限制。我国的劳动密集型农产品出口就面临这样的局面。

中国的耕地资源相对匮乏，并且随着经济持续增长和城市化的发展，耕地面积将会进一步下降。资源禀赋的这种变化将导致土地密集型农产品的比较优势呈现下降趋势，在开放贸易的条件下，这将表现为国际竞争力的降低。

2. 出口商品类别优势

为了便于比较，我们将农产品分为土地密集型产品和劳动密集型产品。其中，土地密集型产品主要是指大宗农产品（如粮食、谷物、油籽、棉花、烟草等），劳动密集型产品主要是指中间产品（如畜产品、水产品、蔬菜、水果等）和消费者导向产品（如肉类加工品、水产加工品、食糖、谷物加工品、蔬菜与水果加工品、饮料等）。按出口商品类别比较，我国最具优势的出口产品为劳动密集型的中间产品。2004 年，随着中国调整农产品出口结构步伐的加快，水海产品、畜禽、水果、蔬菜、花卉等优势农产品的国际竞争力迅速提高，占中国农产品出口的比重超过一半，成为拉动中国农产品出口持续增长的主力。

3. 出口商品品种优势

从出口商品品种来看，中国具有明显出口竞争优势的主要是劳动力资源密集型农产品，依次为畜产品、水产品、蔬菜、肉类和水产品加工制品等。目前，中国已成为世界上第一大

渔业生产国。但土地资源密集的大宗产品如食糖、饮料、棉花和谷物等,仅占较低的出口比重,主要依赖进口。

因此,中国的农业有着自己的特殊国情,在对待中国农产品出口的问题上,必须扬长避短,分清优势与劣势,而有所为,有所不为。

资料来源:张峰. 我国农产品国际贸易条件分析 [M]. 中国宏观经济信息,2006(8).

案例思考

中国农产品贸易的比较优势是什么?

名词解释

绝对优势　比较优势　机会成本　贸易利益　相互需求方程式　提供曲线　相互需求法则

思考题

1. 简述亚当·斯密的绝对优势理论。
2. 简述大卫·李嘉图的比较优势理论。
3. 用图表分析按绝对优势理论分工后的利益所得。
4. 用图表分析按比较优势理论分工后的利益所得。
5. 如何理解绝对优势理论是比较优势理论的特殊形式?
6. 简述相互需求理论。

第六章

新国际贸易理论

【学习目的与要求】

让学生掌握新国际贸易理论的主要代表——规模报酬递增理论、产业内贸易理论、产品生命周期理论及国家竞争优势理论的主要内容。理解新国际贸易理论在实际经济发展中的重要意义并能够正确客观的评价。

【学习重点与难点】

重点、难点是掌握产品生命周期理论在动态国际贸易发展中的运用及国家竞争优势对发展中国家的指导和借鉴意义。

第二次世界大战以后，特别是20世纪50年代之后，随着科学技术的进步和生产力不断发展及国际政治经济形势的相对稳定，国际贸易的规模越来越大，国际贸易的商品结构和地区分布与战前相比发生了很大的变化，同类产品之间的贸易量大大增加，发达国家之间的贸易比重不断扩大，产业内贸易发展迅速。典型的例子是美、日、欧之间的汽车与汽车的贸易，或者电器产品与电器产品的贸易。不仅如此，无论是国际市场还是国内市场，完全竞争的状况是极其稀少的，由于产品差异性的存在，大量的是不完全竞争的市场。

面对这些新情况，传统的国际贸易理论已难以作出有力的解释。不仅如此，不少经济学家利用不同的国家、不同时期的数据进行了研究，发现里昂惕夫之谜总是存在，因而，经济学家们试图从不同方面去解决这一难题。第五章关于"里昂惕夫之谜"的几种解释，实际上都是从不同侧面对要素禀赋理论一系列假设前提的修正，它们在特定的条件下，的确能够解开里昂惕夫之谜。但是，从总体上讲，适用于各种场合的种种说法，终不能解释里昂惕夫之谜所产生的对要素禀赋理论的一般疑问。为此，一些经济学家围绕战后国际贸易的新特点，在国际贸易研究中另辟蹊径，从修正要素禀赋理论的前提条件，提出了许多解释当今世界国际贸易的新学说，以试图从更宽的角度说明里昂惕夫之谜，并解释当代国际贸易格局发生的新变化，由此形成了与古典和新古典贸易理论不同的新国际贸易理论。新国际贸易理论主要包括规模经济理论、产业内贸易理论、产品生命周期理论、竞争优势理论及战略贸易理论等。它们都是从某些方面放松H-O理论的假设，从而得出自己的模型。

第一节 规模报酬递增理论

一、规模报酬递增的含义

所谓规模报酬递增（increasing returns to scale）是指产出水平的增长比例高于投入增长比例的生产状况。例如，所有投入都增加一倍，产出将增加一倍以上。

规模报酬递增理论（theory of increasing returns to scale）也称规模收益递增理论，是著名经济学家克鲁格曼（Paul Krugman）在与埃尔赫南·赫尔普曼（Elhanan Helpman）合著的《市场结构和对外贸易——报酬递增、不完全竞争和国际经济》（1985）一书中提出的。其论点为：规模报酬递增也是国际贸易的基础，当某一产品的生产发生规模报酬递增时，随着生产规模的扩大，单位产品成本递减而取得成本优势，因此导致专业化生产并出口这一产品。

传统的国际贸易理论都假设产品的规模报酬不变，即所有的投入增加一倍，产品也增加一倍。这种假设在以初级产品为中心的时代是接近现实的。但是，在现代经济社会中，尤其是在大工业生产中，许多产品的生产却具有规模报酬递增的特点。即随着生产规模的扩大，每单位生产要素的投入会有更多的产出。也就是大规模生产能够获取"规模经济"。

二、规模报酬的表现形式

规模报酬通常可以分为内部规模经济和外部规模经济。内部规模经济（internal econommies of scale）主要来源企业本身规模的扩大。由于生产规模的扩大和产量的增加，企业就能够充分发挥各种生产要素的效能，更好地组织企业内部的劳动分工和专业化，提高厂房及机器设备的利用率，从而使分摊到单位产品的固定成本越来越少，使得产品的平均成本降低。具有内部规模经济的一般为大企业，多集中在汽车、钢铁等资产密集的产业中。外部规模经济（external economies of scale）主要来源于行业内数量的增加所引起的产业规模的扩大。由于同行业的增加和相对集中，能使其更好地利用交通运输、通信设施、自然资源、水及能源等生产要素，从而促进企业在运输、信息收集、产品销售等方面成本的降低。如义乌的"小商品市场"、北京的"中关村电脑城"等。外部规模经济由于聚集效应产生行业内的企业数量越多竞争越激烈，整个行业的生产规模越大，单个企业的平均成本越低。

中关村电脑城

中关村电脑城（又称"北京新技术产业开发试验区"）初步建成于1988年。这个试验区是在20世纪80年代全世界兴建科学园区的热潮中始建的，目前已逐步成为一个有中国特色的电子产品的研究和销售中心。

试验区的范围包括北京市西北郊海淀区大约100 km^{2}的区域。在这个区域内，分布着北京大学、清华大学等70余所院校及中国科学院等230多家政府研究机构。试验区拥有的研究人员和技术人员超过 38 万人。放眼全世界，科研机构和人员如此密集的地方还绝无仅有。

1991 年底，试验区拥有的高科技企业是 200 家，到 1999 年 9 月，这类企业已跃升至 4 500 家。许多代表中国一流水平的高科技企业从试验区诞生，如中科院出资创建的顶尖级计算机公司联想，民营高科技企业的代表、经营中文打字机的四通，还有北京大学投资兴办、专营电子出版的北大方正等。外资企业约占 1 000 家，如 IBM、微软和 AT&T 等欧美企业也积极在此建立研究开发中心。

在海淀区中心部，有一条南北走向、长约 10 km 的电子街，两旁密布着据称多达两万家的商店。自从 1999 年江泽民主席提出"把中关村建成中国的硅谷"以后，中关村的道路被拓宽，两旁建起了大楼，环境整治一新。目前中关村有三家比较有名的电子市场，分别是"硅谷电脑城""海龙电子城""太平洋电脑市场"。这三家市场面积都很大，建筑都在 4 万~5 万 m^2，形成具有一定规模的企业群落。群落内的每个企业都能分享生产、销售、信息、辅助性服务等方面的外部规模经济效益，增强了中小企业的竞争优势与生存发展能力。

下面举例说明内部与外部规模经济。假设第一个在北京中关村开业的计算机销售公司只有一间铺面，每天出售一台计算机。设在北京郊区的计算机生产基地不得不专程开一辆车将这台计算机送到中关村，收取 100 元。也就是说，每台计算机的运输成本为 100 元。但如果该公司增加了铺面，扩大了规模，每天能够出售 10 台计算机，此时计算机生产基地仍然只需要一辆车将这 10 台计算机运送到中关村，那么，每台计算机的运输成本就只有 10 元，由此产生的平均成本下降就是内部规模经济。另外，如果现在只有 10 家计算机公司聚集在中关村，每家公司每天只出售 1 台计算机（也就是说企业的规模并没有变但行业的规模扩大了），这些公司可以共同雇用一辆车运送计算机，每个公司为此只需支付 10 元就够了。由此产生的成本的下降就是外部规模经济。

无论是外部的还是内部的，企业都有可能通过规模经济降低成本，从而在国际贸易中获得价格优势。外部规模经济由于存在"先发优势"，即某一国家率先进入某一具有外部规模经济的行业后，强烈的外部经济会巩固其作为大生产者的地位。尽管其他国家有更廉价生产这种产品的可能。

保罗·克鲁格曼（Paul Krugman, 1953—）于 1953 年出生于美国的中产阶级家庭，他的父亲是个保险公司的经理。他在纽约的郊区长大，童年时代喜欢看科幻小说，曾梦想成为一名心理学或历史学家。当他成为一名著名的经济学家后，他诙谐地说："有趣的思想与有趣的生活经历关系甚微。"

保罗·克鲁格曼

保罗·克鲁格曼于 1974 年毕业于耶鲁大学。他在大学期间主修经济，但他只上了经济学必修课，选修的更多的是历史课。克鲁格曼在经济学领域第一次向传统做出挑战是在 1973 年春天。当时著名经济学家威廉·诺德豪斯（William Nordhaus）举办了一个关于能源和自然资源的讲座，克鲁格曼就此写了一篇论文。克鲁格曼对经济问题的深刻理解引起了诺德豪斯的关注。

大学毕业后，在诺德豪斯的推荐下，克鲁格曼进入麻省理工学院（MIT）攻读博士学位。在 1977 年取得博士学位之后，便直接去耶鲁任教，从此开始了他作为专业经济学家的研究生涯。

克鲁格曼的成名是在1978年，他当时写了一篇关于国际贸易的论文（《规模报酬递增、垄断竞争和国际贸易》），并于当年7月在美国国民经济研究局（NBER）的研讨会上宣读。参加这个会议的都是当时国际上最有影响的经济学家。当他刚开始宣读论文时，人们并没有加以注意。然而，随着克鲁格曼一步一步地展开他的分析，大厅渐渐地安静下来，人们开始专心地倾听克鲁格曼的演讲。他的这篇论文奠定了国际贸易理论新的分析框架，从而也使克鲁格曼一夜成名。克鲁格曼回忆道："那是我生命中最美好的90分钟。"

克鲁格曼是一个不安于现状、不断向自己及社会挑战的经济学家。1982年8月，他成为总统经济学顾问委员会的主要成员，对一系列的传统毫不客气地提出挑战。由于他的这种坦率和自身与政界的不融合，一年后便重新回到学校做学者。此后，他与埃尔赫南·赫尔普曼（Elhanan Helpman）合写了《市场结构和对外贸易——报酬递增、不完全竞争和国际经济》，他所撰写的一系列颇具真知灼见的经济学著作（包括已经翻译成中文的《流行的国际主义》《汇率的不稳定性》《地理和贸易》等）在经济学界和政界产生了强烈反响。

克鲁格曼对于国际经济学的贡献主要包括：第一，突破了传统的国际贸易理论，对战后大量出现的工业国家之间和同行业之间的贸易做出了解释。通过引进微观经济学中的产品差异、垄断竞争、规模经济等原理，克鲁格曼不仅为国际贸易理论建立了一个新的分析框架，而且将经济学基本原理与国际贸易中的新思路有机地结合起来，从而为当代国际贸易理论的发展做出了开创性的贡献。第二，克鲁格曼分析了国际贸易中的寡头竞争行为，为战略性贸易政策的研究奠定了基础。与传统的贸易政策不同，战略性贸易政策有时不仅可以保护国内市场，也可以促进出口。政府对某些产业的优先保护有助于该产业获得规模经济，降低成本，提高竞争力。但是，作为负责的经济学家，克鲁格曼还对战略性贸易政策做了很多实证研究，结果表明这种政策所获得的总体收益是很有限的。因此，克鲁格曼在分析了战略性贸易政策可能带来的益处后又指出了由此产生的问题。他认为，相比之下，自由贸易仍是最好的政策选择。第三，克鲁格曼还在汇率和发展中国家债务等问题上独有建树，其中最主要的贡献是关于汇率的"目标区域"理论，主张汇率的有限浮动等。

由于克鲁格曼在国际经济学领域中的杰出贡献，他于1991年获得了两年一次颁发给40岁以下的美国杰出经济学者的约翰·贝茨·克拉克奖。目前许多人认为他将是未来诺贝尔经济学奖的有力竞争者。

资料来源：克鲁格曼，奥伯斯法尔德. 国际经济学. 海闻，蔡荣，郭海秋，等译. 5版. 北京：中国人民大学出版社，2002：141.

第二节　产业内贸易理论

第二次世界大战以后，制成品在具有相似的相对生产要素禀赋工业国之间的贸易迅速发展，而且这些国家之间的大部分贸易是以相同要素比例生产的产品而进行的交换，对此，传统的国际贸易理论无法进行解释，尤其是制造品的贸易。无论是宏观贸易总水平还是微观市场结构方面，都难以把实际的制成品贸易情况与以前所有贸易理论及其假设协调起来，于是许多经济学家提出了各种不同于传统理论的说法。林德的偏好相似理论可以说是研究差别产品产业内贸易的开始。美国经济学家格鲁贝尔（H. G. Grubel）等人在研究欧共体成员国之间贸易量的增长时，也发现发达国家之间的贸易并不是按 H-O 原理进行，即大部分的国际贸易不是反映各国资源禀赋的产业间贸易，如工业制成品和初级产品之间的贸易，而是产业内同类产品的相互交换。到 20 世纪 80 年代中期，产业内贸易理论已形成比较完善的模型，并能对贸易现象提供一种有效的分析框架和简洁的解释。

一、产业内贸易理论

产业内贸易理论产生于 20 世纪 70 年代，主要代表人物是美国经济学家格鲁贝尔（H. G. Grubel），它是对当代社会大量存在的各国间的产业内贸易现象进行分析和解释的一种理论。该理论认为，当代国际贸易中的分工格局，从产品结构上可分为产业间贸易和产业内贸易。产业间贸易指各国以不同的产业部门所生产的产品进行交换，如初级产品与工业制成品的交换；产业内贸易是指各国彼此交换同一产业部门所生产的产品，即一个国家在对外贸易中同时进口和出口同类产品，如美国和日本之间相互输出汽车。产业内理论认为，H-O 理论只是研究产业间贸易，即工业制成品和初级产品之间的贸易，并不能解释产业内贸易的原因。

所谓产业内贸易，是指一个国家同时出口和进口同种产品及同一产品的中间产品，如零部件和元件。例如，日本出口丰田汽车到德国，同时进口德国的奔驰汽车；日本出口精工手表到瑞士，而又从瑞士进口劳力士手表；美国出口汽车的零部件到日本，又从日本进口汽车的零部件；日本出口计算机中的各种零部件到韩国，同时又从韩国进口半导体芯片等计算机中的各种零部件等。产业内贸易有以下几个特点。

（1）它是产业内同类产品之间的相互交换，而不是产业间非同类产品的交换。

（2）产业内贸易的产品流向具有双向性，即同一产业内的产品，在两国之间相互进出口。

（3）产业内贸易的产品类型多样化，既有资本密集型产品，也有劳动密集型产品，既有高新技术产品，也有标准化产品。

（4）产业内贸易的商品必须具备两个条件：一是在消费上能够相互替代，二是在生产上需要相近或相似的生产要素投入。

（5）随着经济和贸易的发展，产业内贸易在贸易中的比重日益增加。

（6）通常发达的国家产业内贸易在国际贸易中所占比重比较高；经济上越是不发达的国家，产业内贸易越不发达。产业内贸易程度可通过产业内贸易指数（B）来测量：

$$B = 1.0 - |X - M|/(X + M)$$

上式中，X 与 M 分别代表属于同一产业的产品的出口值和进口值。B 的最大值为 1，最小值为 0。当某一产业产品的进口、出口相等，即 $X - M = 0$ 时，B 为最大值 1；但当某一产业只有进口没有出口或只有出口没有进口，即没有产业内贸易时，B 为最小值 0。

从现实的世界贸易来看，当某一产业的商品出口与进口相等时，其产业内贸易指数达到最高为 1；当某一产业的商品没有出口、全部进口，或者全部出口、没有进口，其产业内贸易指数为 0。1989 年美国发电设备产业内贸易的指数最高达到 0.99，而鞋类产品有大量的进口，没有出口，因此其指数为 0，见表 6–1。

表6-1　1989年美国产业内贸易指数

商品种类	贸易指数
发电设备	0.99
办公设备	0.98
电气设备	0.89
无机化学	0.88
有机化学	0.81
医疗和医疗产品	0.73
道路机械	0.53
钢铁	0.48
服装和衣饰	0.15
鞋	0.00

资料来源：中国海关统计年鉴。

据对10个发达国家的统计，产业内贸易平均指数，1959年为0.36、1967年为0.48、1985年为0.60，其中较高的为英国（0.81）、法国（0.80）。然而，一些发展中国家产业内贸易指数比较低，如斯里兰卡为0.04、尼日利亚和菲律宾均为0.02。

二、产业内贸易产生的原因和条件

产业内贸易（intra-industry trade）是相对于产业间贸易（inter-industry trade）不同产业之间完全不同产品的交换而言。当今世界，两种类型的国际贸易均有发生。

产业间贸易发生的基础和原因是各个国家要素禀赋的差异引起的比较成本差异。国家间的要素禀赋差异越大，产业间贸易量就越大。但国际贸易中的产业内贸易现象显然无法用传统的贸易理论来解释，因为传统贸易理论有两个假设：一是假定生产各种产品需要不同密度的要素，而各国所拥有的生产要素禀赋是不同的，因此，贸易结构、流向和比较优势是由各国不同的要素禀赋来决定的；二是假定市场竞争是完全的，在一个特定产业内的企业，生产同样的产品，拥有相似的生产条件。而这些假定与现实相差甚远。

产业内贸易形成的原因及主要制约因素涉及面较广，经济学家主要是从产品差异性、规模报酬递增理论及偏好相似的角度对产业内贸易进行了理论说明。

（一）同类产品的异质性

在每一个产业部门内部，由于产品的质量、性能、规格、牌号、设计、包装等的不同，每种产品在其中每一方面都有细微差别，从而形成无数种差别的产品系列。如混凝土就有几百个品种。受财力、物力、人力、市场等要素的制约，任何一个国家都不可能在具有比较优势的部门生产所有的差别化产品，而必须有所取舍，着眼于某些差别化产品的专业化生产，以获取规模经济利益。因此，每一产品内部的系列产品常产自不同的国家。而消费多样化造成的市场需求多样化，使各国对同种产品产生相互需求，从而产生贸易。例如，欧共体（现欧盟）建立以后，共同体内部贸易迅速扩大，各厂商得以专业化生产少数几种差异化产品，使单位成本大大下降，成员国之间的差异产品交换随之大量增加。

与产业内差异产品贸易有关的是产品零部件贸易的增长。为了降低产品成本，一种产品的不同部分往往通过国际经济合作形式在不同国家生产，追求多国籍化的比较优势。例如，波音777飞机的32个构成部分，波音公司承担了22%，美国制造商承担了15%，日本供给商承担了22%，其他国际供给商承担了41%。飞机的总体设计在美国进行，美国公司承担发动机等主要部分的生产设计和制造，其他外国承包商在本国进行生产设计和制造有关部件，然后运到美国组装。显然，波音777飞机是多国籍化的产物。类似的跨国公司间的国际联盟、协作生产和零部件贸易，正促进各国经济的相互依赖和产业内贸易的扩大与发展。

2005年美国高尔夫球杆进出口

美国每一年从世界其他国家和地区进口并出口大量的体育用品，其中高尔夫球杆就是其中一个例子。2005年美国从30个国家进口高尔夫球杆，并向83个国家出口该产品。表6–2列出了12个对美国出口和进口金额最多及其余国家的具体贸易数据。

表6–2 2005年美国高尔夫球杆进出口

排名	进口				出口			
	国家（地区）	金额/万美元	数量/万根	均价/（美元/根）	国家（地区）	金额/万美元	数量/万根	均价/（美元/根）
1	中国	27 820	1 552	18	英国	8 390	126.6	66
2	日本	1 100	10	109	日本	4 710	48.2	98
3	中国台湾	670	50.4	13	加拿大	4 420	59.8	74
4	中国香港	530	25.8	21	韩国	4 180	47.7	88
5	泰国	140	5.7	25	荷兰	2 170	26.5	82
6	韩国	100	12.1	9	澳大利亚	2 130	29.4	73
7	加拿大	100	2.8	37	新加坡	1 220	14.7	83
8	英属维尔京	40	7.2	5	南非	1 170	12.1	96
9	英国	30	0.7	36	中国香港	690	8.3	82
10	越南	20	0.8	25	新西兰	470	5.9	82
11	澳大利亚	10	0.3	30	中国台湾	310	3.2	99
12	毛里求斯	5	0.3	16	泰国	220	2.0	110
13以后	其他国家/地区	10	0.3	41				
合计	30	30 580	1 668.3	18	83	31 870	404.6	79

从美国高尔夫球的进出口规模来看，进口约3.06亿美元，出口约3.19亿美元，进出口基本相当。从进出口产品的价值特征，美国进口高尔夫球杆单位价格基本低于美国出口单位价格（除日本外）。从与贸易伙伴间的关系看，日本、中国台湾、中国香港、泰国、韩国、加拿大、英国、澳大利亚等国家或地区都与美国存在高尔夫球杆的双向贸易，这些国家和地区都同时既有对美国的出口也有来自美国的进口。对于这种同类产品的双向贸易，传统的贸易理论难以提供较好的合理化解释，对此，需要贸易理论作出新的突破，提供合理化的

解释，以指导国际贸易实践。

资料来源：格伯. 国际经济学. 汪小雯，黄春媛，聂巧平，译.4版. 北京：机械工业出版社，2009：121.

（二）规模经济或规模报酬递增与不完全竞争

产业内贸易的根本原因是利用规模经济。由于国际上企业之间的竞争非常激烈，为了降低成本，获得比较优势，工业化国家的企业往往会选择某些产业中的一种或几种产品，而不是全部产品。

对企业而言，规模经济有外部的和内部的。前者不一定带来市场不完全竞争（imperfect competition），后者则将导致不完全竞争，如垄断性竞争（monopolistic competition）和寡占（oligopoly）等。这是因为国际贸易开展后，厂商面对更广大的市场，生产规模可以扩大，规模经济使扩大生产规模的厂商的生产成本、产品价格下降，生产相同产品而规模不变的其他国内外厂商因此被淘汰。因此，在存在规模经济的某一产业部门内，各国将致力于该产业部门的某些差异产品的发展，再相互交换（开展产业内贸易）以满足彼此的多样化需求。

国家间的要素禀赋越相似，越可能生产更多相同类型的产品，因而它们之间的产业内贸易量将越大。例如，发达国家之间的要素禀赋和技术越来越相似，它们之间的产业内贸易相对于产业间贸易日益重要。

（三）经济发展水平

经济发展水平越高，产业内异质性产品的生产规模就越大，产业部门内部分工就越发达，从而形成异质性产品的供给市场。同时，经济发展水平越高，收入水平也就越高，而较高的收入水平使得人们的消费模式呈现多样化的特点，而需求的多样化又带来对异质性产品需求的扩大，从而形成异质性产品的需求市场。在对异质性产品的供给市场和需求市场的推动下，经济发展水平比较高的国家出现了较大规模的产业内贸易。

三、对产业内贸易理论的评价

1. 揭示了原来静态比较优势学说所掩盖和忽视的问题

比较优势学说强调的是贸易的互利性，根本没有提及不互利的现实。产业内贸易理论认为，一国规模经济借助垄断竞争的力量，占据较大的市场份额而获得贸易利益，这种利益不会随着国际贸易的发展而转移。对贸易双方来说，拥有规模经济的一方得到的好处不仅更大，而且将强化其垄断地位，贸易利益的差距不仅不会均等化，还会有继续扩大的趋势。

2. 产业内贸易理论将产业组织理论引入贸易理论

产业内贸易理论所提出的规模经济优势，不是指一国的产业规模，而是指从事国际贸易主体的企业规模。通过企业创造出口优势，这是分析国际贸易竞争条件的新角度。

3. 产业内贸易理论强调政府干预

规模经济固然可以由国内市场经济的自发作用而产生，但政府的干预对其起着重要的作用，特别是当大公司跨出国门后更是如此。各国政府为了保护本国垄断企业规模经济优势的形成和发展，往往通过各种政策给予支持。

当然,产业内贸易理论也存在一定的不足。首先,在论述产业内贸易时所提到的产品异质性,指的是最终产品在质量和性能上的差异,没有看到由于生产国际化的深化,产业内专业化分工的发展,越来越多的中间产品进入了国际商品流通领域,这也促进了产业内贸易的发展。其次,对规模经济优势的作用,应规定在什么样的范围,产业内贸易理论没有提及。在现实生活中,并不是所有产品的生产都是规模越大越好,在技术革命的浪潮中,企业经营出现了多品种、小批量的趋势。加上需求日益分散化,必然有规模经济不起作用的范围。

第三节 产品生命周期理论

一、产品生命周期理论的产生

产品生命周期理论(theory of product life cycle)是美国哈佛大学著名经济学教授雷蒙德·弗农(Raymond Vernon)于1966年在《经济学季刊》5月号上发表的《生命周期中的国际投资与国际贸易》一文中提出,后由克鲁伯(Gruber)、韦尔斯(Louis T. Wells)和马斯卡斯(Maskus)等对其进行了补充与验证。该理论最初被运用于市场销售战略制定中,后来被引入了国际贸易,成为战后解释制成品贸易的著名理论。

1956年,克拉维斯在研究H-O理论时,发现每个国家出口行业支付的工资率都是最高的。为了解释这种现象,他把这些生产所要求的劳动者知识和技术水平等因素也考虑在内。研究表明,如果一个国家事实上缺乏发明家或即使一个发明家领到了发明特许证,但这个国家缺乏生产这一产品所必须的技术革新家、企业家和熟练工人等,那么即使拥有生产比方说晶体管的廉价劳动,对这个国家来说也是无济于事的。

基辛在研究出口商品同"研究与发展"的巨额开支之间及出口商品与先进的劳动技能之间的联系过程中,发现美国的出口商品的技术成分较高;但当美国的技术领先地位下降或丧失时,这些出口商品中的许多品种就减少或不出口了。在西方经济学家的不断研究过程中,逐渐形成了国际贸易的"技术差距"理论。这一理论认为,新产品的贸易是以技术差距为基础的;很少有国家能够长期垄断制造任何产品所需要的知识;发明和革新可以在一段时间内给一个国家带来绝对利益,但在相当短的时期内就会被其他国家所仿制。雷蒙德·弗农正是在上述研究的基础上提出了产品生命周期理论。

二、产品生命周期理论的内容

弗农根据美国的情况提出了产品生命周期的四个阶段,即创新阶段、成长和成熟阶段、标准化阶段、衰退阶段。每一个阶段都有许多不同的特点,这些特点可以从产品的技术特性、生产的特性、要素特性、成本特性、价格特性和进口特性等方面来进行考察。

(一)产品生命周期理论各阶段的特点

(1)创新阶段特点。创新阶段也称创始阶段或新产品阶段。这一阶段的特点是:从产品的技术特性看，创新国企业发明并垄断制造新产品的技术，但是技术尚需改进，工艺流程尚未定型；从产品的生产地特性看，由于新产品的设计和设计的改进要求靠近市场和供求者，因此，新产品生产地确定在创新国；从产品的要素特性看，这一阶段产品设计尚需逐步改进，工艺流程尚未定型，需要科学家、工程师和其他高度技术熟练工人的大量劳动，因此，产品是技术密集型的；从产品的成本特性看，由于这时没有竞争者，所以成本对于企业来说不是最重要的问题；从产品的价格特性来看，这一阶段，生产厂商数目很少，产品没有相近的替代品，因此产品价格比较高；从产品的进出口特性看，创造新产品的企业垄断着世界市场，国外的富有者和在创新国的外国人开始购买这种产品。因此，该阶段创新国出口量从无到有渐渐开始，逐渐增加。

（2）成长和成熟阶段的特点。这个阶段的特点是：从产品的技术特性看，生产技术已定型，并且已达到优势极限，由于出口增大，技术诀窍扩散到国外，别国仿制开始，创新国技术垄断的优势开始丧失；从产品的生产地特性看，创新国从事新产品制造的公司，开始在东道国设立子公司生产这种产品，因为他们知道，若不在东道国生产这种产品，东道国的公司就会组织生产；从产品的要素特性看，由于产品大致已定型，转入正常生产，这时只需扩大生产规模，使用半熟练劳动力既可，因此生产的产品由技术密集型转变为资本密集型；从产品的成本特性看，随着出口增加及技术的扩散，其他发达国家也开始制造创新国企业制造的新产品，由于其他发达国家不需支付国际间运费和交纳关税，也不需要像创新国在创始阶段花费大量的科技研发费用，因而，成本要比从创新国进口的产品低；从产品的价格特性看，由于这一阶段是产品增长时期，产品有了广泛的市场，参加竞争的厂商数很多，消费需求的价格弹性加大，厂商只有降低价格才能扩大自己的销路；从产品的进出口特性看，东道国的厂商在本国生产新产品的成本虽然能和从创新国进口产品相竞争，但在第三国的市场上就不一定能和创新国企业的产品相竞争，因为这些厂商和创新国企业除一样要支付国际间运费和关税外，在开始生产中，还无法获得创新国企业所获得的规模经济效益。

因此，在成熟阶段，创新国虽然可能对东道国的出口有所下降，但对其他绝大多数市场的出口仍将继续，当然出口增长率要减慢。

（3）标准化阶段的特点。这个阶段的特点是：从产品的技术特性看，产品已完全标准化，不仅一般发达国家已掌握产品生产技术，就是一些发展中国家也开始掌握这种技术；从产品的生产特性来看，产品生产地已逐渐开始向一般发达国家，甚至向发展中国家转移，范围在不断扩大；从产品的要素特性来看，由于垄断熟练程度已经不是重要因素（这是由产品的标准化造成的），因而更具资本密集型的特点；从产品的成本特性来看，由于其他国家的厂商量不断增加，生产经验不断积累，加之工资水平也低，所以产品成本开始下降；从产品的价格特性看，创新国在价格上已不再具有优势，价格大战已全面展开；从产品的进口特性来看，创新国和发达国家生产的产品，原来处于出口高峰的国家也开始滑向进口的深谷。这些发达国家要想挽救销售，继续占领市场，以免丧失生产，必须研究提高和改进技术，使产品升级换代，才能在竞争中取胜，保住市场。但是，与其在国内研究改进技术，不如将一些标准化的产品转移到技术水平较低、价格低廉的发展中国家生产。这样，在衰退阶段，这些发展中国家就开始把产品出口到创新国家和一些其他发达国家，并且开始从进口的深谷走向出口的高峰。

韦尔斯以美国情况为例将产品的生命周期通过图示说明，如图6-1所示。

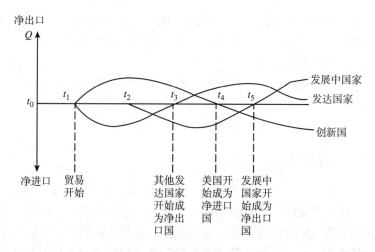

图 6-1　美国的产品生命周期与国际贸易

在第一阶段，即创新阶段，美国研制与开发新产品，于 t_0 开始生产，产量较少，产品主要在本国市场销售。在这个阶段美国处于垄断地位。随着经营规模的扩大和国外需求的发展，美国于 t_1 开始向国外出口该产品，在 t_2 处，国外生产者开始模仿新产品生产，与美国竞争，新产品进入第二个阶段，即成熟阶段。随着国外生产者增多及其生产能力增强，美国的出口量下降，其他一些国家于 t_3 变为净出口者，使该产品处于第三个阶段，这时，产品标准化，国外生产者利用规模经济大批量生产，降低生产成本，使美国开始失去竞争优势并于 t_4 变为净进口者，使产品进入第四个阶段，及至 t_5，由于发展中国家的廉价劳动力，即低工资率使它们具有该产品生产的比较优势，该产品由低收入的发展中国家出口到高收入的发达国家，使产品由发达国家完全让位给发展中国家，从而完成产品的生命周期。

从以上分析可见，产品生命周期处于不同阶段是由于技术的传播和扩散，导致不同国家在国际贸易中的地位不断变化。即新技术和新产品创新在美国，而后传递和扩散在其他发达国家，再到发展中国家。当美国发明新产品大量向其他发达国家出口时，正是其他发达国家大量进口时期；美国出口下降时，正是其他发达国家开始生产，进口下降时期；当美国由出口高峰大幅度下降时，正是其他发达国家大量出口时期；而其他发达国家出口下降时，则是发展中国家生产增加、进口减少时期；其他发达国家从出口高峰大幅度下降时期，正是发展中国家大量出口时期。新技术和新产品的转移和扩散像波浪一样向前传递与推进。目前美国正在生产和出口计算机、宇航、生物和新材料等新兴产品，其他发达国家接过汽车和彩电等产品，而纺织品和半导体则通过前两类国家在发展中国家落户。

三、产品生命周期理论评述

（一）产品生命周期理论的积极意义

第一，产品生命周期理论在研究方法上突破了传统贸易理论短期静态分析方法的束缚，是一种典型的动态化的国际贸易理论。

第二,产品生命周期理论并没有排斥传统的国际贸易理论,而是对传统贸易理论的全面继承和发展。它是集比较成本优势、比较技术规模优势、生产区位变化、市场需求格局的形成和演变等诸多因素综合作用的结果。

第三,产品生命周期理论揭示的贸易格局变化特征也被许多新型工业产品的贸易发展历史证实是基本符合实际的。特别是关于技术差别对贸易格局、比较优势、产业扩散的动态影响到分析,大大扩展和丰富了传统贸易理论。

(二)产品生命周期理论的不足之处

该理论对贸易格局的变化问题解释能力较强,但对于贸易收益的分配问题解释能力不足;该理论虽然与许多产业的历史经验相符合,但是,它并不适用于所有的工业行业或工业产品。现实中技术变革可能会延长、缩短或中止某产品的生命周期,如新技术发生飞跃性变化将导致产品更新换代。由此可见,新产业在国际上的转移扩散不是无条件的,它需要一系列的社会经济环境条件才能实现。

"产品生命周期理论"在日本的实践

日本曾是世界第二经济大国,工业十分发达。但是,在20世纪70年代之前,日本的产业结构主要是传统重工业,并形成了京滨、阪神、中京和北九州主要工业地带。随着科学技术的发展和环保意识的提高,日本的产业结构发生了重大的变化,已经逐步从传统重工业阶段步入了电子信息时代。

日本的工业产值占工农产值的90%以上。由于主要工业基本上都集中在太平洋沿岸的大城市圈周围,工业越发达,环境污染问题越突出。到了20世纪70年代,日本的环境问题尤其严重,产生了许多公害问题。随着经济的发展和科学技术的进步,从70年代开始,为配合工业污染的治理,日本提出了调整产业结构的设想,决定将产业结构从劳动、资本密集型向技术知识密集型调整。

进入20世纪80年代,日本加快了以电子技术、生物技术和新材料技术为重点的高技术产业的发展,特别是以个人用电子计算机为核心的电子信息产业发展迅速,轻工、纺织、钢铁、造船和普通机械等传统产业在经济中的地位逐步被电子和信息行业所取代。1986年,日本的电子工业产值首次超过汽车制造业,成为第一大产业。

20世纪90年代以后,为改变高成本的经济结构,提高产品的国际竞争力,日本进一步加大了产业结构调整的力度。不同的是,这次结构调整的主要方式是将传统产业,或者说是"夕阳产业",主要转移到劳动力价格相对便宜的亚洲其他国家和地区。据日本经济产业省发表的统计数据,日本制造业在海外生产的比例(制造业企业在海外销售额与国内销售额之比)1990年为6.4%,1995年上升到了9%,2000年达到了14.5%。

为了增强产业的国际竞争力,日本政府已经决定进一步调整产业结构,今后的重点主要在几个方面:首先是环保领域,包括燃料电池汽车、混合动力汽车等新一代汽车产业,太阳能、风力发电等能源产业,资源循环使用与废弃处理、环保机械设备的开发利用等环保产业;其次是信息和网络家电、宽带网、信息通信技术,包括与因特网相关的数字电视(等离子、液晶和有机发光显示电视机等)、各种高性能服务终端与半导体、新一代软件等电子信息产业;还有医疗健康和生物技术领域,包括人体部分器官组织的再生医疗、新型药品开发研究及健康美容食品的开发利用等。

日本政府希望通过发展上述战略性重点产业,构筑具有国际领先水平的尖端产业,提高产品的高附加值,进一步加强日本商品在国际上的竞争力。

资料来源:尹翔硕. 国际贸易教程. 3 版. 上海:复旦大学出版社,2005:149.

第四节 国家竞争优势理论

由于长期以来,没有一个统一的理论来解释国际贸易与国内贸易的关系,全球化趋势导致一个企业不用走出国门就面临国际竞争的挑战。在此背景下,一些新的贸易理论开始注意国内贸易对国际贸易的影响,特别是注意国内市场需求状况对企业国际竞争力的影响。从20世纪八九十年代,美国经济学家迈克尔·波特(Michael Porter)先后出版了《竞争战略》《竞争优势》《国家竞争优势》三部著作,分别从微观、中观、宏观角度论述"竞争力"的问题,对传统理论提出了挑战。波特指出:具有比较优势的国家未必具有竞争优势。在《国家竞争优势》一书中,波特更着眼全球范围,站在国家的立场上,从长远角度考虑如何将比较优势化为竞争优势,提出了国家竞争优势理论(the theory of competitive advantage of nations)。

一、国家竞争优势理论主要内容

波特提出的国家竞争优势理论指出:一国国内市场竞争的激烈程度同该国企业的国际竞争力成正比;如果本国市场上有关企业的产品需求大于国内市场,则拥有规模经济优势,有利于该国建设该产业的国家竞争优势;如果本国的消费者向其他国家的需求攀比,本国产业及时调整产业结构,而且改进产品的能力强,则有利于该国竞争力的提高。

波特国家竞争优势理论的核心是"创新是竞争力的能源"。波特认为,一国的竞争优势是企业、行业的竞争优势。国家的繁荣不是固有的,而是创造出来的。一国的竞争力高低取决于其产业发展和创新能力的高低。企业因为压力和挑战才能战胜世界强手而获得竞争优势,它们得益于拥有国内实力雄厚的对手、勇于进取的供应商和要求苛刻的顾客。

(一)关于国家竞争优势决定因素的"国家钻石模型"

波特认为决定国家竞争优势的宏观因素共有 6 个方面,它们分别是:生产要素状况(factor conditions),需求状况(demand conditions),相关及支持产业(related and supporting industries),企业战略、结构和竞争对手(firm strategy, structure and rivalry),机遇(chance)和政府(government)。其中,前四者为基本影响因素,它们构成著名的"国家钻石模型",如图 6-2 所示。

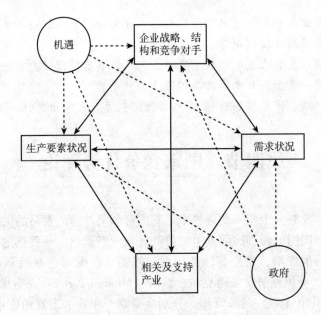

图6-2 波特的"国家钻石模型"

（1）生产要素。波特将生产要素划分为初级生产要素和高级生产要素，初级生产要素是指天然资源、气候、地理位置、非技术工人、资金等，高级生产要素则是指现代通信、信息、交通等基础设施及受过高等教育的人力、研究机构等。波特认为，初级生产要素重要性越来越低，因为对它的需求在减少，而跨国公司可以通过全球的市场网络来取得（当然初级生产因素对农业和以天然产品为主的产业还是非常重要的）。高级生产要素对获得竞争优势具有不容置疑的重要性。高级生产要素需要先在人力和资本上大量及持续地投资，而作为培养高级生产要素的研究所和教育机构，本身就需要高级的人才。高级生产要素很难从外部获得，必须自己来投资创造。

一个国家如果想通过生产要素建立起产业强大而又持久的优势，就必须发展高级生产要素和专业生产要素，这两类生产要素的可获得性与精致程度也决定了竞争优势的质量。如果国家把竞争优势建立在初级与一般生产要素的基础上，它通常是不稳定的。

波特同时指出：在实际竞争中，丰富的资源或廉价的成本因素往往造成没有效率的资源配置，另外，人工短缺、资源不足、地理气候条件恶劣等不利因素，反而会形成一股刺激产业创新的压力，促进企业竞争优势的持久升级。一个国家的竞争优势其实可以从不利的生产要素中形成。

（2）需求状况。国内需求市场是产业发展的动力。国内市场与国际市场的不同之处在于企业可以及时发现国内市场的客户需求，这是国外竞争对手所不及的，因此波特认为全球性的竞争并没有减少国内市场的重要性。

波特指出，本地客户的本质非常重要，特别是内行而挑剔的客户。假如本地客户对产品、服务的要求或挑剔程度在国际间数一数二，就会激发出该国企业的竞争优势，这个道理很简单，如果能满足最难缠的顾客，其他的客户要求就不在话下。如日本消费者在汽车消费上的挑剔是全球出名的，欧洲严格的环保要求也使许多欧洲公司的汽车环保性能、节能性能全球一流。美国人大大咧咧的消费作风惯坏了汽车工业，致使美国汽车工业在石油危机的打击面前久久缓不过神来。

另一个重要方面是预期性需求。如果本地的顾客需求领先于其他国家，这也可以成为本地企业的一种优势，因为先进的产品需要前卫的需求来支持。德国高速公路没有限速，当地汽车工业就非常卖力地满足驾驶人对高速度的狂热追求，而超过 200 km 乃至 300 km 的时速在其他国家毫无实际意义。有时国家政策会影响预期性需求，如汽车的环保和安全法规、节能法规、税费政策等。

（3）相关及支持性产业。对形成国家竞争优势而言，相关及支持性产业与优势产业是一种休戚与共的关系。波特的研究提醒人们注意"产业集群"这种现象，即一个优势产业不是单独存在的，它一定是同国内相关强势产业一同崛起的。以德国印刷机行业为例，德国印刷机雄霸全球，离不开德国造纸业、油墨业、制版业、机械制造业的强势。美国、德国、日本汽车工业的竞争优势也离不开钢铁、机械、化工、零部件等行业的支持。有的经济学家指出，发展中国家往往采用集中资源配置，优先发展某一产业的政策，结果却是牺牲了其他行业，钟爱的产业也无法一枝独秀。

本国供应商是产业创新和升级过程中不可缺少的一环，这也是它最大的优点所在，因为产业要形成竞争优势，就不能缺少世界一流的供应商，也不能缺少上下游产业的密切合作关系。另外，有竞争力的本国产业通常会带动相关产业的竞争力。波特指出，即使下游产业不在国际上竞争，但只要上游供应商具有国际竞争优势，对整个产业的影响仍然是正面的。

（4）企业战略、结构和竞争对手。波特指出，推进企业走向国际化竞争的动力很重要。这种动力可能来自国际需求的拉力，也可能来自本地竞争者的压力或市场的推力。创造与持续产业竞争优势的最大关联因素是国内市场强有力的竞争对手。波特认为，这一点与许多传统的观念相矛盾。例如，一般认为，国内竞争太激烈，资源会过度消耗，妨碍规模经济的建立；最佳的国内市场状态是有两到三家企业独大，用规模经济和外商抗衡，并促进内部运作的效率化；还有的观念认为，国际型产业并不需要国内市场的对手。波特指出，在其研究的 10 个国家中，强有力的国内竞争对手普遍存在于具有国际竞争力的产业中。在国际竞争中，成功的产业必然先经过国内市场的搏斗，迫使其进行改进和创新，海外市场则是竞争力的延伸。而在政府的保护和补贴下，放眼国内没有竞争对手的"超级明星企业"通常并不具有国际竞争能力。

（5）机遇。机遇是可遇而不可求的，机遇可以影响四大要素发生变化。波特指出，对企业发展而言，形成机遇的可能情况大致有几种：基础科技的发明创造；传统技术出现断层；外因导致生产成本突然提高（如石油危机）；金融市场或汇率的重大变化；市场需求的剧增；政府的重大决策；战争。机遇其实是双向的，它往往在新的竞争者获得优势的同时，使原有的竞争者优势丧失，只有能满足新需求的厂商才能有发展"机遇"。

（6）政府。波特指出，从事产业竞争的是企业，而非政府，竞争优势的创造最终必然要反映到企业上。即使拥有最优秀的公务员，也无从决定应该发展哪项产业，以及如何达到最适当的竞争优势。政府能做的只是提供企业所需要的资源，创造产业发展的环境。

政府只有扮演好自己的角色，才能成为扩大钻石体系的力量，政府可以创造新的机会和压力，政府直接投入的应该是企业无法行动的领域，也就是外部成本，如发展基础设施、开放资本渠道、培养信息整合能力等。

从政府对四大要素的影响看，政府对需求的影响主要是政府采购，但是政府采购必须有严格的标准，扮演挑剔型的顾客（在美国，汽车安全法规就是从政府采购开始的）；采购程序要有利于竞争和创新。在形成产业集群方面，政府并不能无中生有，但是可以强化它。政府在产业发展中最重要的角色莫过于保证国内市场处于活泼的竞争状态，制定竞争规范，避免托拉斯状态。

总之，上述六个因素作为一个完整的系统对竞争优势的产生和保持发挥作用；同时也应注意到上述因素也发生相互的影响。一个因素的作用效果如何常常依赖于其他因素的状况。

（二）国家竞争优势的发展阶段

波特认为一国国家竞争优势的发展过程大致可分为四个阶段。第一阶段是要素驱动阶段。在此阶段，基本要素即自然资源、地理位置、气候条件等的优势蜕化是优势的主要源泉。第二阶段是投资驱动阶段。在此阶段，竞争优势的获得主要来源于资本要素。持续的资本投入可以大量更新设备，提高技术水平，扩大生产规模，增加企业竞争能力。第三阶段是创新驱动阶段。在此阶段，竞争优势来源于创新。企业已具备研究开发能力，竞争和创新能力较强，人员培训效果显著，引进技术吸收消化能力强，依靠科技成果产业化的努力，有效增加竞争能力和市场适应能力，并赢得竞争优势的持续保持。第四阶段是财富驱动阶段。处于这一阶段的国家主要靠过去长期积累的物资财富而维持经济运行，产生了吃老本的机制，创新的意愿和能力均下降，面临丧失竞争优势的危险。

波特认为前三阶段是国家竞争优势的增长时期，而第四个阶段则是国家竞争优势下降时期。他认为日本经济在20世纪70—80年代正处于创新驱动阶段，经济地位上升，经济发展后劲增强；而美国80年代则处于财富驱动阶段，许多工业衰退，竞争处于垄断状况，经济缺乏推动力。

二、对国家竞争优势理论的评价

波特提出的国家竞争优势理论超越了传统理论对国家优势地位的认识，首先从多角度、多层次阐明了国家竞争优势的确切内涵，指出国家竞争优势形成的根本点在于竞争，在于优势产业的确定，而这些是由四个基本原则和两个辅助因素协同作用的结果。这一理论对于解释第二次世界大战以后，特别是20世纪80年代以后的国际贸易新格局、新现象具有很大说服力，对于一国提高国际竞争力，取得和保持竞争优势有重大的借鉴意义。随着全球经济一体化的开展，国际生产要素的流动日益频繁，每个国家都逐步纳入到以国际分工为基础的全球网络中，这使得国际竞争日益激烈。在这种竞争环境中，任何一个国家不再可能依靠基于要素禀赋上的比较优势来进行分工与贸易，而只有通过竞争优势的创造，才能提高自己的竞争能力，增进本国的福利水平。一国要提高经济实力和竞争力，必须创造公平竞争的环境，重视国内市场的需求，重视企业的创新机制和创新能力。这些观点对所有国家特别是落后的发展中国家具有重要的启发性意义。

但是，波特的理论也存在一些局限，它过于强调企业和市场的作用，而低估了政府的作用。在波特看来，一个国家要具备竞争优势，主要依赖企业的创新，政府的作用只是创造公平竞争的环境，是辅助性的。

第五节 中心-外围论

普雷维什（Raúl Prebisch）是当代著名的阿根廷经济学家，第一届"第三世界基金奖"（1981年）获得者，他的代表作是1950年出版的《拉丁美洲的经济发展及其主要问题》一书，即著名的"拉丁美洲经委会宣言"。普雷维什根据他的工作实践和对发展中国家问题的深入研究，站在发展中国家的立场上，提出了中心-外围论。

一、中心-外围论的基本观点

古典学派等研究国际贸易时将世界视为一个整体，普雷维什认为国际经济体系在结构上分两部分：一部分是由发达工业国家构成的中心；另一部分是由广大发展中国家组成的外围。中心和外围在经济上是不平等的：中心是技术的创新者和传播者，外围则是技术的模仿者和接受者；中心主要生产和出口制成品，外围则主要从事初级产品的生产和出口；中心在整个国际经济体系中居主导地位，外围则处于依附地位并受中心控制和剥削。在这种国际经济贸易关系下，中心国家主要享有国际贸易的利益，而外围国家则享受不到这种利益。这是造成中心国与外围国经济发展水平差距加大的根本原因。

普雷维什用英国1876—1983年的进出口价格统计资料，推算了初级产品和制成品的价格指数之比，以说明主要出口初级产品的外围国家和主要出口工业品的中心国家的贸易条件的变化情况，推算的结果如下：若以1876—1880年外围国家的贸易条件为100，到1936—1938年外围国家的贸易条件已降到64.1，说明20世纪30年代与19世纪70年代相比，外围国家的贸易条件恶化35.9，表明外围国家的贸易条件出现长期恶化的趋势，此即著名的"普雷维什命题"。

二、发展中国家贸易条件恶化的原因

发展中国家初级产品的贸易条件长期恶化原因可以从供给方面和需求方面来进行分析。从供给方面看，发展中国家的技术水平低，要素生产率也低。对贸易条件受技术进步状况的影响，可以用要素收入与生产率的关系以工业品与初级产品的价格比例来说明。一般来说，工业部门比农业部门更容易吸收新技术，因而工业部门的技术水平较高。工业部门的技术进步会提高工业要素生产率，从而使工业的要素收入增加。另外，发展中国家农业部门的技术普遍落后，生产率低，农业要素的边际收益较低。如果发展中国家和发达国家的这种技术进步状况及要素供给与要素收入状况长期持续下去的话，则初级产品与工业制成品之间的比价就会不利于初级产品。从需求方面来看，初级产品，特别是农产品的收入弹性较低，而工业品的收入弹性较大。随着收入的增加，无论是发展中国家还是发达国家，对农产品支出的需求会相对减少，即总收入中用于农产品支出的部分会下降，而用于工业制成品的部分会提

高。在技术进步条件下，一些天然原材料已经被许多人工合成材料所代替。因此，初级产品在总收入中的份额更趋下降。上述分析说明：第一，初级产品与工业化制成品之间的价格剪刀差是长期存在的。第二，工业制成品的需求收入弹性较高，而初级产品的需求收入弹性较低。第三，在国际经济周期性变化中，初级产品的世界市场价格具有更大的不稳定性，而制成品的价格波动具有相对的稳定性。第四，工业制成品的生产具有相对的垄断性，而农产品及初级产品生产具有相对的竞争性。第五，发达国家与发展中国家劳动力市场差别很大。所有这些导致了发展中国家贸易条件长期恶化。

为了摆脱贸易条件恶化的不利局面，普雷维什主张发展中国家应该加快自身工业化进程，其步骤和措施如下：首先，应立足于本国的资源和人力，积极发展传统的出口商品，以换取外汇，进行资本积累；同时建立本国的消费品工业，在限制进口的情况下，努力提高进口商品生产，用以替代从中心国家进口部分产品，即实行进口替代战略。其次，当进口替代工业发展到一定规模以后应进一步提高产品质量，扩大工业制成品出口，用制成品出口来替代初级产品出口，即实行出口替代的发展战略。当然，在贸易政策方面，发展中国家应实行保护贸易政策，旨在纠正国际贸易中的不正常现象，不会妨碍世界贸易的增长速度。这与中心国家的保护贸易政策的意义是不一样的。总之，工业化进程的目的是最终摆脱外围国家贸易条件恶化的处境。

三、发展中国家对外贸易经济发展战略理论

对外贸易经济发展战略理论是西方发展经济学家在研究发展中国家的经济发展时提出的国际贸易理论。虽然发展经济学对许多问题的研究没有取得一致的认识，但对发展中国家基本特征的认识，对发展中国家外贸战略类型有较为一致的认识。

例如，刘易斯（W. A. Lewis）、辛格（H. W. Singer）等许多发展经济学家都把社会经济结构的二元性看作是发展中国家最显著的特点之一，并研究了二元经济结构下经济发展的途径。所谓二元经济结构，是指发展中国家的经济是由弱小的现代部门与强大的传统部门构成。现代部门是技术比较先进、生产效率比较高及以资本利润为目的的工业部门。传统部门是技术落后、生产效率低下的农业部门。他们认为，这些发展中国家要摆脱贫困落后状态，推动经济发展，就得实现工业化。如何实现工业化，应当采取一种什么样的发展战略呢？对此，发展经济学家总结、归纳了三种战略，即初级产品出口战略、进口替代战略和出口导向战略。

（一）初级产品出口战略

初级产品出口战略在20世纪并不像在19世纪那样发挥巨大的作用，相反，在一定程度上阻碍发展中国家的经济发展。这主要由以下一些原因造成。

（1）发展中国家承受贸易条件恶化的后果。贸易条件可用初级产品的出口价格指数与进口制成品价格指数之比来表示。而在实施初级产品出口战略的过程中，初级产品的价格不断地下降，而进口制成品的价格却上升，结果导致出口等量初级产品能换到的工业制成品减少了。产生这一状况的原因一方面是初级产品价格降低；另一方面是制成品价格上升。

初级产品的价格是受供求关系影响而变化的，当供给不发生变化时，需求下降，初级产

品的价格一定下降。初级产品需求的下降主要表现在：一是对原料需求的下降，二是对农产品需求的下降。造成对原料需求下降的主要原因是：发达国家正从制成品中原料含量高的工业转向原料含量低的工业；随着发达国家劳务部门的巨大发展，因而对原料的需求落后于生产的增加；随着技术的不断发展，造成了发达国家对工业原料的节约使用，造成了合成原料和人造原料越来越多地代替天然原料。对农业产品需求的下降，是因为农产品需求收入弹性低。

导致工业制成品价格上升的原因主要是：工业制成品的市场结构具有垄断性；恩格尔定律的作用；技术进步的实现，有时也造成工业制成品的价格上升。例如，当生产率提高，成本下降时，如果企业家和生产要素的收入增加，而且增加的幅度比生产率提高的幅度还要大，则价格不但不会下降反而要上升。

（2）发展中国家承受着出口价格波动的干扰。由于初级产品的供给弹性和需求弹性都比较低，因而需求或供给稍有变化，都会引起价格的大幅度涨跌。初级产品出口价格的不稳定，给发展中国家经济带来一系列不利影响：价格波动导致出口国外汇收入的波动，在汇率相对固定的条件下，出口收汇过多会引起通货膨胀或刺激高档消费品进口，若出口收汇不景气，则由于进口的时滞而会给国际收支带来压力。

（3）发展中国家承受着利润流失的后果。矿藏的开采、原料的开发及土地的利用是初级产品来源之本，而这些都需要大量的资金，当发展中国家资金不能解决问题时，就要依靠大量国外资本和技术，其结果是大量利润被汇到了国外，政府的税收并没有很大增加。

（4）发展中国家承受着整个国民经济不能协调发展的后果。整个国民经济的协调发展，当然离不开初级产品的发展，但是仅仅发展初级产品，不可能对整个国民经济产生巨大的推动力。这是因为初级产品的开发，产生不了前向联系效应，也产生不了后向联系效应。

（二）进口替代战略

面对初级产品出口战略给发展中国家造成的种种后果，一些发展中国家试图摆脱传统的初级产品出口战略，与此同时，一些经济学家也开始探讨新的外贸发展战略。普雷维什认为，19世纪遗留下来的国际分工的格局是不合理的，这种"格局"加剧了中心与外围穷国经济差距逐步拉大。基于此种认识，普雷维什提出，发展中国家应该集中更多的资源来扩大它们现代化的工业，而把较少的资源用于扩大初级产品的生产和出口。具体的措施是，一方面实行进口替代政策限制工业品的进口，设法在本国建厂制造，来替代进口的产品；另一方面是面向出口。

进口替代战略就是通过保护性的贸易政策手段，限制某些工业制成品的大量进口，发展国内工业制造业，以国内生产的工业制成品替代进口的制成品，减少对发达国家的经济贸易方面的依赖程度，减少国际贸易和国际收支逆差，建立国内新兴的工业部门，加速国内的工业化进程。该战略从第一次世界大战开始，已作为一种自发的历史经济现象出现在少数几个殖民地、附属国。20世纪50年代，许多发展中国家已开始自觉地把进口替代作为促进经济发展的一种贸易战略来执行。在执行这一战略时，一般坚持以下几种做法：一是首先发展工艺过程比较简单的日用工业品，然后发展重工业；二是压缩政府不必要开支，增加生产性投资在国民收入中所占的比重；三是对建立替代工业所必须的机器设备、中间产品或原料的进口采取关税减免和政府补贴的优惠政策；四是通过关税、配额及高估本国币值的办法，限制进口一般工业品,保证机器设备以较低的价格进口。

进口替代战略以其特殊的形式和诱人的政策目标对发展中国家产生了广泛的影响。20世纪五六十年代,许多发展中国家都不同程度地实施过进口替代战略,有些国家实施的时间长一些,有些国家实施的时间短一些,但成效都是比较显著的。进口替代战略在实施过程中发挥的积极作用主要体现在以下几方面。

第一,国内市场已经存在,因而风险较小;第二,可以减少进口,节省外汇,改善国际收支;第三,可以实现最终产品(主要是消费品)不同程度的自给,摆脱对外国商品进口的依赖;第四,发展中国家通过贸易保护来发展本国生产,比要求发达国家减少关税以吸收更多的发展中国家出口要更主动和更有保证性;第五,可以促使发达国家由对发展中国家出口转向投资,若发展中国家与外资合营,则可引进外国的资本和技术,增加就业,培养技术和管理人才,为以后的积累资金和发展工业打下基础。

随着进口替代战略实行程度的深化和世界经济形势的变化,这一战略的弊病也日益显现出来。

第一,经济效率低下。进口替代战略所造成的经济效率低下主要表现在以下几方面:一是由于对进口替代工业实行保护政策,加之企业技术落后,因而造成产品成本高;二是躲在关税保护墙后的替代进口工业,由于在国内市场上无竞争对手,因此满足于既得利益而在竞争力方面不思进取,由此使得关税保护更加不能撤销,对国民经济现代化反而成为累赘;三是进口替代工业的产品连锁效应弱,很难对整个国民经济的发展起到带动作用。因为这种产品若作为其他部门的投入,因价格高而减少需求,前向联系减弱;因高估币值进口原料和半成品便宜而从国外进口,从而减少对国内原料的需求,后向联系也减弱。

第二,消费者的利益受到很大损失。消费者的利益损失表现在:一是为了使国内代替产业得以发展,就需要以高关税阻止外国同类产品的进入,这样随着进口替代范围的扩大,关税保护的范围相应扩大,国内消费者长期付出了高昂的代价;二是许多发展中国家的国内市场狭小,建立起来的进口替代工业受到国内容量的限制,不能进行大批量生产而取得规模经济利益,成本高而价格贵,影响消费者的利益。

第三,未能解决国际收支的危机。进口替代虽然在制成品方面节省了外汇,但建立进口替代工业,必须进口大批的机器设备,有的还要进口中间产品和原料,这需要大量的外汇,所以在实践上,进口的减少只是进口商品结构的改变。另外,出口收入并无多大增长时,又会产生新的社会问题,这就是当政府采取收缩进口许可证的发放,来对付国际收支危机时,这时临时紧缩政策往往对国内经济和本国的对外经济带来有害影响,而且还会助长发放进口许可证部门的行贿和黑市交易等腐败现象。

(三) 出口导向战略

进口替代战略的弊病又促使人们开始寻找更有效的外贸战略,这一战略就是出口导向战略。

出口导向战略是以非传统的出口商品,如加工的初级产品、半制成品和制成品代替传统初级产品带动整个国民经济的增长。20世纪60年代中期以来,亚洲发展中国家和地区如新加坡、香港;拉丁美洲的巴西、墨西哥等开始转向出口导向战略。70年代以来,印度、马来西亚、菲律宾等及一些拉丁美洲国家也相继实行了这一战略。出口导向战略包括初级品加工、劳动优势,主要体现在出口导向是一种外向型的发展战略,它以国际市场为目标,发展本国有比较优势的产品。因此,采取出口导向战略符合比较成本原理,它促进了资源的优化分配;出口导向战略在外汇收支上着眼于"开源",而进口替代战略着眼于"节流",因此在获得同样单位外汇时,出口导向战略所需国内经济付出的代价要少得多;此外,制造业在国民经济中的横向联系和纵向联系广泛,不仅可带动有关产业发展,而且可增加就业,及时把国际市场最新信息传导到国内,从而使国民经济走向高速增长的道路。

出口导向战略在实施过程中也暴露了一些弊病:一是出口导向战略意味着"贸易立国",在20世纪80年代以来世界经济结构调整背景下,贸易保护主义盛行,国际贸易摩擦逐渐增多,因此,以贸易带动本国经济发展碰到的困难越来越大;二是出口导向战略主要面向世界市场,这加深了这些经济部门对国外市场和外资的依赖性,容易受到世界市场波动的冲击,西方国家的经济萧条会立即传递到这些国家;三是容易造成经济发展的不平衡,即出口生产部门发展较快,而一些面向国内市场的中小型工业和农业部门却发展缓慢,处于落后状态;四是由于实行外资进出口自由化政策,其结果是一方面为这些国家带来资金和技术,但也使一些重要工业部门程度不同地为外商所控制,使大量资金外流,外债急剧增长;五是收入不均,两极分化。该战略只给少数的资产阶级带来利益,广大劳动者仍然很贫困,往往蕴藏着深刻的社会危机。

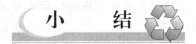

小　结

本章主要介绍了第二次世界大战后出现的新国际贸易理论主要代表,即规模经济理论、产品生命周期理论、产业内贸易理论及竞争优势理论等。还介绍了发展中国家的"初级产品出口—进口替代—出口导向战略"等。"初级产品出口—进口替代—出口导向战略"可以看成一国不同经济发展阶段上所采取的相应战略。从初级产品出口到进口替代再到出口导向有由低级到高级的阶段性和连续性。由于发展中国家的历史背景、自然条件、生产力水平、政治体制各不相同,它们在经济发展和采取的贸易战略上也会有所不同。因此各国应立足于本国的情况,走符合国情的对外贸易发展道路。

钢铁和半导体产业领先地位的国际转移

第二次世界大战后,不少国家的产业领先地位发生了巨大变化。以美国为例,除了纺织品产业和汽车产业外,美国在钢铁工业和半导体工业上也丧失了其霸主地位。美国曾经是世界钢铁生产和出口的主要国家,20世纪初,其钢铁产量占世界总产量的将近一半。但是从20世纪50年代初开始,美国逐渐失去了其在世界钢铁业的领先地位。半导体行业也有类似的经历,作为首先发明了半导体并主导了全球半导体产品市场达30年之久的国家,美国也完成了从世界市场霸主到净进口国的转变。

1. 钢铁工业

钢铁工业是世界上最早的工业之一。18世纪工业革命之后,蒸汽机的发明和新的棉纺机的使用需要更多的钢、铁和煤。这一需求的增加带动了采矿与冶金技术的一系列改进,从而推动了钢铁工业的发展。当时钢铁工业最发达的是英国。在1800年,英国生产的铁比世界其余地区合在一起生产的还要多。在1880年时,英国生产了全世界30%的钢铁。

19世纪后期,工业革命进入第二阶段。在钢铁工业中,许多新的工艺方法(如贝色麦炼钢法、西门子-马丁炼钢法、吉尔克里斯特-托马斯炼钢法)被发明,大大推动了钢铁工业的发展与传播。科学技术和大规模生产的方法使得美国和德国迅速在钢铁工业上赶上并超过了英国。

美国在1880年时生产了世界30.5%的钢铁,1910年的钢铁产量达到2 650多万吨,占世界总产量的将近一半。美国在世界钢铁工业的霸主地位一直保持到20世纪50年代初。与此同时,英国在世界钢铁市场份额进一步下降到10%左右。到了80年代,英国在世界钢铁市场的份额进一步缩小到2%左右。

与美国同期快速发展钢铁业的是德国。在1880年初,德国的钢铁产量已占全世界的15%,到了1910年的钢铁总产量达到1 370万吨,占世界总产量的比重超过20%,成为仅次于美国的第二大钢铁生产国。

但是,无论是美国还是德国,其钢铁工业在世界上的地位于第二次世界大战以后逐渐衰落。1953年以后,美国钢铁产量在世界钢铁市场的份额逐渐下降。到了1960年,美国的钢铁产量份额下降到不足3%,德国降为10%左右。到了20世纪80年代,美国只生产全世界10%左右的钢铁,德国也只有5%。取而代之的是苏联和日本。

苏联钢铁工业的发展与计划经济和战争有关。1953年,苏联超过德国,成为世界上第二大钢铁生产国,占世界总产量的20%以上。这一地位一直保持到20世纪90年代苏联解体。

日本的钢铁工业在第二次世界大战后得到了很大发展。20世纪50年代初,日本的钢铁产量在世界上的份额只有不到5%,到了70年代,日本生产了世界上将近20%的钢铁,成为世界上仅次于苏联的第二大钢铁生产国。但日本的钢铁生产大国地位也没有维持多久。到了20世纪50年代末,日本在世界钢铁市场上的份减少到10%左右。在这一时期迅速崛起的新兴钢铁生产强国是韩国。20世纪90年代以来,中国成为钢铁的生产与出口国,而当年的世界钢铁业霸主美国不得不用贸易壁垒来抵御来自中、韩、日及欧洲的竞争。

2. 半导体工业

半导体工业的发展始于第二次世界大战后初期。1947年,美国贝尔电话公司首先发明了晶体管。随后,以晶体管为主的半导体技术逐渐在美国形成。到了20世纪60年代,美国企业又发明了集成电路,取代晶体管成为半导体工业的主要产品。半导体除了作为计算机、通信设备、家用电器等电子产品的主要元件外,也越来越多地用于汽车、飞机、机械等产品中。1988年,全球半导体产业的市场销售额为350亿美元,到1998年,达到了1 220亿美元,到2001年已超过1 800亿美元。

美国首先发明半导体并主导全球半导体产品市场达30年之久。20世纪70年代中期,美国企业的全球半导体市场占有率将近70%。但到了90年代,美国的市场份额只剩下30%左右,美国开始成为半导体产品的净进口国。

日本的半导体工业始于 20 世纪 60 年代。半导体产品的主要生产者包括富士通、日立、东芝、三菱等公司。日本公司在全球半导体市场的份额从 70 年代末期的 24% 增加到 1990 年的 49%。在 80 年代到 90 年代初，日本取代美国成为半导体产品的最大生产国和出口国。

但是，从 20 世纪 90 年代中期开始，日本半导体工业的世界领先地位也逐渐动摇。到 1998 年末，日本在集成电路 DRAM 市场上的份额从最高峰时的 80% 下降到 30%，并进而跌到 2000 年的 20% 左右。迅速崛起并有可能取代日本半导体产品霸主地位的是韩国和中国台湾。

资料来源：海闻，林德特，王新奎. 国际贸易［M］. 上海：上海人民出版社，2003：164－166.

案例思考

中国在哪些产业领域进行了国际转移？

规模报酬递增　　进口替代战略　　出口导向战略

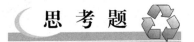

1. 简述规模经济理论的主要内容。
2. 简述产品生命周期理论。
3. 画图分析国际贸易在产品生命周期中的动态转移。

第七章

国际贸易理论专题技能训练

第一节 比较优势理论在中国的适用性分析

【训练的目的与要求】

使学生在正确理解比较优势理论内容的基础上,能够理论联系实际,结合中国的贸易现状,对中国贸易战略的实施与转变有所思考,从而培养学生分析问题、解决问题的综合能力。

【学习重点与难点】

重点:掌握比较优势陷阱的含义。

难点:比较优势理论在中国运用的局限性。

一、"比较优势陷阱"的含义

所谓"比较优势陷阱",是指一国(尤其是发展中国家)完全按照比较优势,生产并出口初级产品和劳动密集型产品,在与技术和资本密集型产品出口为主的经济发达国家的国际贸易中,虽然能获得利益,但贸易结构不稳定,总是处于不利地位,从而落入"比较利益陷阱"。比较优势陷阱可以分为两种类型。

第一种类型是初级产品比较优势陷阱。它是指执行比较优势战略时,发展中国家完全按照机会成本的大小来确定本国在国际分工中的位置,运用劳动力资源和自然资源优势参与国际分工,从而只能获得相对较低的附加值。并且比较优势战略的实施还会强化这种国际分工形式,使发展中国家长期陷入低附加值环节。由于初级产品的需求弹性小,加上初级产品的国际价格下滑,发展中国家的贸易条件恶化,甚至使贫困化增长现象的出现就不可避免了。

第二种类型是制成品比较优势陷阱。由于初级产品出口的形势恶化,发展中国家开始以制成品来替代初级产品的出口,利用技术进步来促进产业升级。但由于自身基础薄弱,主要通过大量引进、模仿先进技术或接受技术外溢和改进技术等手段来改善在国际分工中的地位,并有可能进入高附加值环节。但是这种改良型的比较优势战略由于过度地依赖技术引进,使自主创新能力长期得不到提高,无法发挥后发优势,只能依赖发达国家的技术进步。

二、中国的比较优势分析

中国作为发展中的大国,在开展对外贸易中也主要采取比较优势的贸易发展战略。在这一战略指导下,中国的对外贸易取得了巨大的成就。但随着对外贸易规模的扩大和国际、国内经济形势的变化,比较优势战略呈现出不适性。

(一) 传统比较优势正在减弱

经过了 40 多年的对外开放与中国对外贸易发展,中国的出口商品结构已经摆脱了低收入国家常有的特征,由以初级产品为主导产品的出口商品结构完成了向工业制成品为主的转变。进入 21 世纪以来,初级产品在出口商品中的比重逐年下降,而工业制成品的比重在逐年上升,贸易结构不断优化(见表 7-1)。

表 7-1 2010—2017 年中国出口商品构成表

年 份	出口总额/亿美元	初级产品出口额/亿美元	工业制成品出口额/亿美元
2010	15 777.53	816.85	14 960.68
2011	18 983.81	1 005.45	17 978.36
2012	20 487.14	1 005.58	19 481.56
2013	22 150.03	1 072.67	21 077.36
2014	23 422.92	1 126.92	22 296.00
2015	22 734.68	1 039.27	21 695.41
2016	20 976.31	1 051.87	19 924.44
2017	22 633.71	1 177.33	21 456.38

资料来源:中华人民共和国国家统计局. 中国统计年鉴:2018. 北京:中国统计出版社,2018.

尽管中国的出口商品结构已经得到了改善,但是作为中国比较优势产品的劳动密集型产品的增长速度和效益都在下降,传统的比较优势正在减弱。根据巴拉萨(Balassa)显示比较优势指数(RCA)可以看出:以纺织品为代表的劳动密集型产业优势在下降,而机电产品特别是高科技产品的比较优势在上升(见表 7-2)。

表 7-2 中国大宗出口商品 RCA 指数

年 份	原材料	纺织品	机电产品	高科技产品
1985—1990	1.51	5.35	0.23	0.06
1991—1995	1.10	2.60	0.57	0.10
1996—2000	0.92	1.86	0.53	0.25
2001—2005	0.71	0.97	1.43	0.78
2006—2010	0.65	0.89	2.45	1.23
2011—2015	0.54	0.76	3.78	1.78
2016—2018	0.43	0.64	5.24	2.45

资料来源:根据中国海关统计计算。

表 7-2 显示,1985—2000 年,原材料和纺织品等劳动密集型产品的显性比较指数不断下降。主要原因在于中国国内劳动生产率提高缓慢,工资增长较快致使单位产品工资成本上升;1998 年亚洲金融危机后,东南亚国家货币大幅贬值,人民币汇率保持坚挺,使我国劳动密集型产品价格优势消失;国际市场上初级产品和劳动密集型产品的价格呈现下滑趋势,再加上这类产品的价格弹性比较低,发展中国家多采用降低价格来扩大销售更加大了价格下滑幅度。另外,我国人口老龄化趋势明显,这将使低劳动成本依赖型的产业发展受阻。

进入 21 世纪以来,尤其是 2010 年以后,我国产业结构升级进入快车道,带动了对外贸易出口工业制成品尤其是机电产品巴拉萨显示比较优势指数不断上升。使得国内产业发展避免进入"比较优势陷阱"。

(二)大国经济效应限制了比较优势的发挥

海关总署数据显示,2020 年 4 月,我国外贸进出口总值达 2.5 万亿元,同比微降 0.7%。其中,出口额为 1.41 万亿元,增长 8.2%;进口额为 1.09 万亿元,下降 10.2%;贸易顺差为 3 181.5 亿元,增加 2.6 倍。中国对外贸易具有大国规模以后,出口扩张难度增加。由于对外贸易基数很大,如果保持现有速度将意味着每年新增一个中等贸易国的贸易额,显然这是不易达到的。贸易规模的扩大,与贸易伙伴国的贸易摩擦不断出现。我国出口产品屡遭反倾销调查就是典型事例。另外,中国进口能力也迅速扩大,由于进口量庞大,经常引起国际市场上大宗商品价格上扬,使得我国进口价格上涨。同时劳动密集型产品价格下降,使得我国贸易条件恶化。图 7-1 为 2010—2016 年中国贸易条件指数变化情况。

年份	出口价格指数	进口价格指数	贸易条件指数
2010	185.35	77.59	238.90
2011	130.40	87.93	148.30
2012	129.70	95.93	135.20
2013	100.00	100.00	100.00
2014	89.12	103.75	85.90
2015	99.57	106.50	93.70
2016	93.95	108.50	86.20

图 7-1 2010—2016 年中国贸易条件指数变化情况

(三)引进外资的方向与产业结构升级之间有偏差

由于实行比较优势战略,各地都比较重视劳动密集型产业的发展。表现在利用外资方面就是大量的外资投入了劳动密集型产业,外资企业大量出口劳动密集型产品占用我国配额,压缩了国内企业的出口。另外,外资企业还与我国国内企业争夺国内市场。这与我国想利用外资提升产业结构的本意有偏差。

从表 7-3 中可以看出,中国引进的外资多集中在第二产业,比例已近 60%,而在我国发展相对落后的农业和采掘业等第一产业比例却非常低,只有 1.76%。这与我国第一产业利润率较低、投资回收期长有关。

表7-3　2013—2018年中国按行业分外商投资企业数量

单位：户

指　　标	2018年	2017年	2016年	2015年	2014年	2013年
合　　计	593 276	539 345	505 151	481 179	460 699	445 962
农、林、牧、渔业	6 962	6 832	6 866	6 937	6 784	6 661
制造业	141 144	147 547	154 158	158 256	161 168	166 195
电力、燃气及水业	5 202	5 156	4 919	4 594	4 338	4 222
建筑业	6 987	5 791	5 243	5 181	5 033	4 839
金融业	19 059	16 638	14 174	11 708	9 924	8 639
房地产业	17 983	17 777	17 559	17 668	17 522	17 497
文化、体育和娱乐业	6 334	4 929	3 846	3 229	2 851	2 613
其　　他	457	379	307	262	1 058	880

目前，中国的第三产业在国民经济中的比重只有35%左右。不仅低于发达国家，而且还低于一些发展中国家，第三产业亟待发展，而外资进入的比例却不高。进入第二产业的外资也多是投入了劳动密集型行业，这从外资企业出口的大宗商品排序表中可看出，外资企业的主要出口商品种类与我国的大宗出口商品种类相吻合，并没有体现出技术和资本上的优势。之所以出现这种情况，主要原因在于我国采用比较优势战略，强调利用劳动力优势，这使得引资过程中注意力主要集中在如何将现有的劳动密集型产业规模扩大上，忽视了外资企业在技术和资本上对我国产业结构的提升。这样，虽然外资企业在我国的对外贸易中地位在不断提高，可实际上只是将原先由国内企业完成的事情，现在由外资企业去做了，出口商品结构没有得到根本上的改变。见表7-4。

表7-4　1999年外商投资企业大宗出口商品排序表

序　　号	出口商品种类	出口金额/亿美元
1	服装及衣着附件	103.37
2	鞋类	50.16
3	纺织纱线织物	43.39
4	玩具	22.69
5	塑料制品	19.74
6	家具	15.67

资料来源：中国对外经济贸易年鉴编辑委员会. 中国对外经济贸易年鉴 .2011. 北京：中国对外经济贸易出版社，2001.

（四）人口老龄化不断加剧，劳动力成本不断上涨

过去40年来我国的人口结构发生了较大变化。由于我国第一次生育高峰（1960—1970年）使得从20世纪90年代开始劳动力（15~64岁）数量迅速增加。对于当时的我国产业

而言劳动力供给充足，且人力成本廉价，属于典型劳动力买方市场；而我国2001年正式加入WTO，使得劳动密集型产业得到迅速发展。

与此同时，我国的人口老龄化开始加剧，65岁及以上人口每年增加约500万人左右，占总人口比例从1990年的6%上升至2016年的10.85%。而15~64岁人口数从2013年开始每年约下降100万，占总人口比例从2011年峰值的74.5%下降至2016年的72.5%。从抚养比来看，少儿抚养比已经从1990年的41.5%下降至2016年的22.9%，老年抚养比从8%上升至15%。这意味着2016年每100名劳动力需要抚养23名少儿，15名老人。1990—2016年中国人口结构变动如图7-2所示。

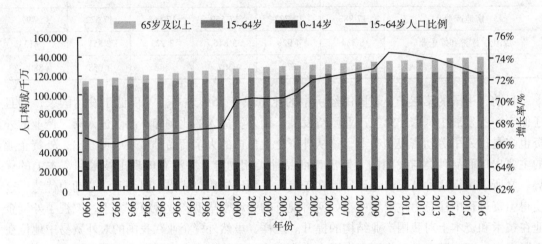

图7-2 1990—2016年中国人口结构变动

资料来源：根据中国统计年鉴相关数据整理所得。

随着我国人口老龄化不断加剧，国内劳动力成本也在不断上涨。劳动力供给的减少及经济水平的提升，推动了劳动力成本的上升。截至2016年，制造业员工平均年薪达到了59 470元，相比1978年的597元增长98倍，CAGR（compound annual growth rate，复合年均增长率）达12.8%。改革开放以来的40年中，有29年的制造业员工年薪增长率超过了同年GDP增长率。经过测算发现，随着我国劳动力成本持续上涨，部分发达地区制造业用工成本已高于工业机器人成本。我们以主要从事制造业一线生产的农民工的工资水平计算时薪，将劳动者年收入除以年工作小时的估值数得出每小时劳动报酬。根据《我国劳动力动态调查：2015年报告》提供的数据显示，从事制造业的员工平均每周工作52.07小时。估算年均工作小时数时，我们采用了人力资源和社会保障部的统计数据，计算发现，2016年从事制造业一线工人时薪接近15元。1978—2016年中国制造业员工年薪变动如图7-3所示。

根据经济学人智库（The Economist Intelligence Unit，The EIU）的报告分析：到2020年，我国绝大多数省份的制造业从业者的时薪将超过25元/小时，江苏、浙江、广东将超过35元/小时，北京与上海将超过40元/小时。

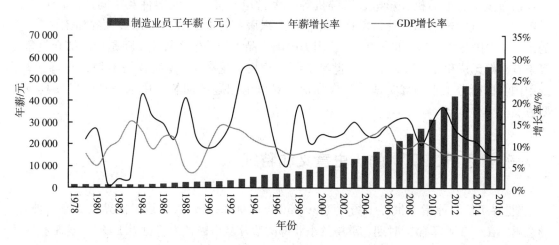

图7-3 1978—2016年中国制造业员工年薪变动

资料来源：根据中国统计年鉴相关数据整理所得。

结 论

综上分析，我国的低层次的劳动密集型产品出口在世界市场已经处于饱和状态，要继续扩大这类产业规模，势必造成出口的"贫困化增长"。所以继续发展劳动密集型产业必须要重新进行市场定位，以世界市场需求为导向，着力于新型化、多层次化、精细化产品开发，提高传统劳动密集型产业的质量和技术层次，使出口商品从粗加工到精加工转变。中国的经济发展必须从传统的比较优势走向竞争优势，从而实现跨越式增长。

第二节 中国是否是"世界工厂"

【训练的目的与要求】

使学生在正确理解世界工厂的含义与特征基础上，能够理论联系实际，结合中国的贸易现状，对中国在国际分工中的真实地位有清晰的了解，从而培养学生分析问题、解决问题的综合能力。

【学习重点与难点】

重点是掌握世界工厂的历史含义与特征；理解经济全球化下，世界工厂新的含义与特征。难点是对中国在国际分工中的真实地位分析。

自 2001 年日本通产省首次发表白皮书提出中国已成为"世界工厂"以来，国内外学术界的讨论不绝于耳。有的认为中国已经成为"世界工厂"，理由是目前中国制造的产品已经遍布全球；电话机、彩电、影碟机等一大批电子商品、元器件及中间产品产量居世界第一位，其他产业如制鞋、家具、五金、纺织服装等亦已成为全球最大的加工区[①]。有的认为，中国根本不是"世界工厂"，因为中国产品无论从生产规模，还是产品综合竞争力等来看，都无法和传统意义上的"世界工厂"相提并论[②]。中国究竟是不是"世界工厂"及中国在国际分工中的真实地位到底如何？对以上问题的回答对中国经济的发展具有重要意义。

一、"世界工厂"的历史意义和特征

"世界工厂"原指"世界工场"（the workshop of the world），是"世界经济增长轴心"的意思。在"工业革命"时期，英格兰东北部的蓝开夏市被誉为"世界工场"，这是相对于当时普遍的"世界农业"而称的。随着工业化在全球的推进，"世界农业"已不复存在，"世界工场"的意义已被"世界工厂"逐渐取代。

在人类历史上，英国是第一个率先完成工业革命走进资本主义的国家，也是第一个号称"世界工厂"的国家。从 17 世纪到 19 世纪末，强调自由竞争的经济自由主义思想及其政策主张，使得英国工业化的速度大大加快。19 世纪中期，英国一半以上的工业品依靠海外市场销售，国内所需要消费的大部分原料又要靠国外供应。以棉花为例，当时，英国生产的棉纺织品 80% 销往海外，而所需要的棉花几乎全部靠国外进口。19 世纪，英国制造业产量占世界总量的 30%～50%，主宰着世界 20%～25% 的贸易量。"一种和机器生产中心相适应的新的国际分工产生了，它使地球的一部分成为主要从事农业的生产地区，以服务于另一部分从事工业的生产地区"[③]。

产业革命先驱的英国，由于它最早建立其机器大工业的生产体系，在 19 世纪前半期的国际分工中，成为"世界工厂"和"农业世界的伟大工业中心"。它像"工业太阳"一样，使日益增多的生产谷物和棉花的"行星"都围绕着它运转。19 世纪中期以后，类似于英国的这种垂直型国际分工也先后在欧美等国形成起来。

美国是继英国之后，又一个成为"世界工厂"的国家。19 世纪末 20 世纪初，各主要资本主义国家发展很不平衡。其中，老牌的资本主义国家——英国，在二次、三次产业革命中的步伐缓慢下来，并逐渐丧失了世界工厂的地位。而在二次、三次产业革命中迅速崛起的美国等年轻的资本主义国家，工业出现了跳跃式发展，并作为新的世界工厂脱颖而出。1894 年，美国工业总产值首次超过英国，居世界第一。在第一次世界大战期间，美国的钢铁及其汽车生产均得到突飞猛进的发展。其中，钢产量从 2 531 万吨增为 4 446 万吨，增长近 90%；生铁产量从 2 333 万吨增加到 3 900 万吨，增长约 70%；汽车产量也增长 1 倍多，由

---

① 傅晓霞.中国：未来的"世界工厂"[J].煤炭经济研究，2002（3）：66－67.
② 万鸽.中国还不是"世界工厂"[J].中国改革，2002（4）：32－33.
③ 池元吉.世界经济概论[M].2 版.北京：高等教育出版社，2006：20.

战前的 57 万辆增至 117 万辆。在以电子计算机、原子能、航天、高分子合成等高科技为代表的第三次科技革命中，美国的工业先后取得重大技术突破。这些先进科研成果引起了一系列美国国内新兴工业部门的迅速发展和生产技术装备的更新。因此，美国通过工业革命、两次世界大战和第三次科技革命已经发展成为世界头号工业强国。

第二次世界大战结束后，作为战败国的日本经济很快得到恢复，并逐渐发展成为世界上仅次于美国的第二大经济大国。在 1961—1970 年的 10 年间，日本工业生产年均增长率居资本主义国家之首，其值高达 16.2%；1980 年，日本的汽车年产量又超过美国居世界第一；1983 年，日本包括汽车、半导体、计算机、原动机等机械工业出口均超过美国，居世界第一。日本已逐渐发展成为实际意义上的世界工厂。

纵观历史上英国、美国和日本的经济发展过程，不难总结"世界工厂"的基本特征。

第一，经济在世界上占据主导地位。英国在 1860 年制造业已占世界的 20%，其贸易额在世界贸易中的比重也高达 20%~25%，能源材料如煤、铁等生产量占世界总产量的一半以上。美国 1919 年工业生产产量占世界总产量的 30% 以上，在 2001 年其对外贸易出口额占世界贸易总额的 12%，国内生产总值占世界经济总量的 1/3；制造业的生产占世界制造业总额的 20%，其中工业制成品的出口占世界出口的 14%。而且，在高科技产品的出口上占据主导地位，如 1971 年，美国飞机出口占世界飞机出口的 77.5%，有机化学占 44%，小轿车及零部件占 32.3% 等。再来看日本：日本在 20 世纪 70 年代，其工业总产量占世界工业总产值的 10% 以上；1999 年制造业的产量已占世界制造业产量的 20%；代表当时科技先进水平的轿车、彩电、机器人等高科技产品的生产或出口，均居世界前列。1990 年，轿车产量占世界产量的 30%；1985 年，电视机、录像机出口占世界的 80.7%；2001 年，国内生产总值占世界经济总量的 14%；2001 年，彩电出口占世界的 50%、摩托车出口占世界的 82%、客车出口占世界的 30.8%、机器人出口占世界的 50% 以上。

第二，具有相当比例的市场份额。从表 7-5 中看出：英国在 1860 年，贸易额占世界贸易额的 20%~25%；日本在 2001 年贸易额占世界贸易额的 7%；美国工业产值在 1999 年占世界总产值的 20%。

第三，拥有世界上领先的技术水平。在以电子计算机、原子能、航天、高分子合成等高科技为代表的第三次科技革命中，美国的工业取得了重大技术突破。而日本在代表当时科技先进水平的轿车、彩电、机器人等高科技产品的生产或出口上也均居世界前列。这些国家不仅在 20 世纪八九十年代技术处于世界领先水平，就是在经济高度发达的今天，日本、美国等也依然是世界上的技术领先国。

第四，拥有相当数量且竞争力强大的企业集团。在 1995 年，日本企业集团在世界前 500 强中占 28%；2001 年，美国企业集团在世界前 500 强中占将近 40%；在世界制造业 500 强中，美国早在 1980 年就占一半以上。这些大企业集团无论在研发、技术、管理及整合全球资产能力上都具有很强的竞争力。

表7-5 英、日、美成为世界工厂时的经济指标及与中国的对比（百分比为占世界总量）

1860年英国占世界总量	贸易额 20%~25%	铁产量 53.5%	煤产量 50.2%	人口 2.1%	
日本 占世界总量及 年份	工业产值 15.2% 2001年	制造业 15.3% 1999年	GDP 14.2% 2001年	贸易额 7.1% 2001年	世界500强 28.2% 1995年
	电视录影机 80.7% 1985年	彩电出口 49.5% 2001年	客车出口 30.2% 2001年	摩托车出口 82.1% 2001年	机器人出口 50% 2001年
美国 占世界总量及 年份	工业产值 20.3% 2001年	制造业 20.4% 1999年	GDP 33.1% 2001年	出口额 11.9% 2001年	世界500强 39.4% 2001年
	轿车 75% 1953年	飞机出口 77.5% 1971年	有机化学 44% 1971年	小车及零部件 32.3% 1971年	世界制造业 500强43.4% 1980年
中国 占世界总量及 年份	制造业 5.2% 1999年	制造业出口 4.7% 2001年	GDP 3.5% 2001年	出口额 4.3% 2001	世界500强 2.2% 2001年

资料来源：马建堂．中国离世界制造中心有多远？[J]．世界经济，2005（6）：18．

二、经济全球化下："世界工厂"的新内涵与新特征

经济全球化是指资本、技术、信息等生产要素在全球范围内寻求资源的最佳配置，以及世界各国经济在生产、分配、交换和消费环节相互联系、相互依赖的全球趋同化趋势。它实质是一场以发达国家为主导，以跨国公司为主要推动力的世界范围内的产业结构调整。经济全球化下产业结构的调整，不再简单地反映到一些产业的整体国际转移上，更重要的是表现在同一产业的部分生产链条的国际转移。因此，在此背景下，"世界工厂"也有了新内涵，主要包含以下三个层面。

第一层面是来料加工型的世界工厂。这类世界工厂在国际分工产业链中主要处于劳动密集型产业区段，其附加值低，利润空间十分有限。大多数发展中国家由于劳动力便宜等因素，大多属于此种层面的世界工厂，即"世界加工厂"。

第二层面是生产车间型的世界工厂。这种类型较第一种类型的层次有所提高，即跨国公司的子公司设在东道国，其原材料的采购和零部件的制造等实行东道国的本土化，而母公司控制着研发和市场销售网络等。

第三层面是研发型的世界工厂。这类世界工厂不仅具有很强的研发能力，而且控制着国际市场的销售网络。其资本、技术、信息及采购等实现全球化，在全球范围内寻求资源的最佳配置，并实现产业利益的最大化。此种类型的世界工厂才是真正意义上的"世界工厂"。

"世界工厂"的新特征表现在：①唯一性向并存性转变。从历史发展来看，不管是英国、美国还是日本，均是在不同的历史时期，充当了"世界工厂"的角色；而在经济全球化的今天，任何一个发达国家都很难独自称谓"世界工厂"，出现多种世界工厂并存、结构

层次不一的局面。②综合性向专业化转变。在传统意义上,"世界工厂"几乎拥有所有主要工业部门的世界份额产品。而如今,每个"世界工厂"只能在某一个或某几个优势产业部门拥有世界的主要份额。③结合型向分离型转变。传统意义上的"世界工厂",其技术研发中心与生产加工基地等几乎集中于同一空间;而在经济全球化背景下,其技术研发中心与生产加工基地等可以在空间上实现分离,并且愈加细化和高度化。

三、我国主要产业与世界产业的差距

(一) 制造业发展水平相对较低

主要体现在我国产业之间发展不平衡,传统加工业生产相对过剩,部分装备依赖进口。目前我国在钢铁、水泥、空调等数百种制造业产品的产量居世界第一位,但这些产品技术密集度不高,属于中低端技术密集型。在高端芯片、电子制造、消费电子、高端数控机床等领域,自给率严重不足,需要依赖进口。2018年中国各产品产量占全球比重如图7-4所示。

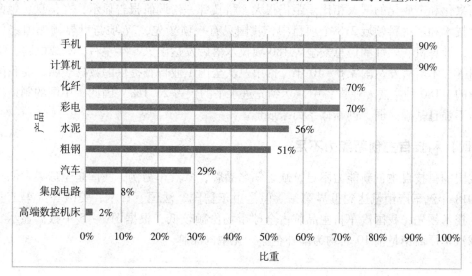

图7-4 2018年中国各产品产量占全球比重
资料来源:根据中国统计年鉴相关数据整理所得。

(二) 交通通信差距明显

一个国家交通发达程度很大程度上影响其繁荣程度,中国迄今为止铁路里程只有13.2万km,而作为发达国家中的美国,铁路里程大概有23万km。2019年世界各国铁路里程排行榜见表7-6。在航空上,美国航空发达程度是世界第一,有15 095个机场,而中国迄今仅有587个机场。中国近几年在通信领域发展势头迅猛,尤其是华为许多高端技术都达到世界领先水平,其中较为典型的是5G的研发,但是信息资源开发利用不能适应国民经济和社会发展的需要,严重滞后网络建设,从总体上看,与发达国家相比中国仍存在技术水平低、质量差等问题,而发达国家交通通信发达,设施便利。

表7-6　2019年世界各国铁路里程排行榜

国家/地区	铁路长度/km
美国	250 000
俄罗斯	131 000
印度	86 000
加拿大	66 687
德国	46 552

资料来源：佟家栋. 中美战略性贸易战及其对策研究［J］. 南开学报（哲学社会科学版），2018（03）：1-3.

（三）科学技术差距仍很大

我国的科学技术迄今为止确实取得了非凡的成就，但是和发达国家相比差距仍很大。我国的科学技术水平在世界主要国家中居中游水平，处于发展中国家的前列，但与发达国家和一些新兴化和工业化的国家相比差距仍很大。科技部一份调研报告显示，在信息、生命科学与生物技术和新材料领域218个项目中，我国只有一项领先，27项与世界领先国家处于同等水平，计算机、软件和信息安全等180项技术落后发达国家5年左右，集成电路、CPU和新材料等技术落后发达国家6~10年。据第三次全国工业普查提供的数据表明，在我国大中型企业的1 180种主要专业设备中，达到先进水平的仅占26.1%，因此，中国的制造技术创新能力不强且基础薄弱，创新体系尚未成形。

（四）科技自主创新能力不足

我国的科技自主创新能力不足，缺乏知名品牌，拿汽车为例，我国是全球最大的汽车市场，2018年汽车产销量达到世界第一。但是由于德国、法国、日本、美国等汽车工业历史悠久，技术领先，我国汽车自主品牌占全球市场份额较低，根据图7-5中数据显示，2018年全球汽车厂商销量前10名均为国外企业，无中国品牌。

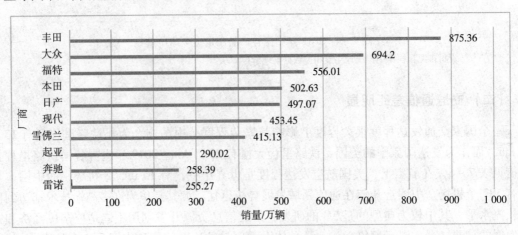

图7-5　2018年全球汽车厂商销量前十名录

资料来源：根据中国统计年鉴相关数据整理所得。

（五）科技成果转化率相对较低

2016年在世界经济论坛商业圆桌会上，世界经济论坛中国理事会首次向媒体发布《中国创新生态系统》报告。该报告指出，中国企业中具有国际竞争力的创新型企业仍为数不多，万众创新刚处于起步阶段。大批中小企业的创新以一般性产品创新为主，处于产业链的中低端。2015年中国规模以上工业企业研发经费首次突破1万亿元，但仅占主营收入额的0.92%，仅为发达国家平均水平的1/2。

与此同时，2015年全国技术市场成交额达到9 835亿元，但从结构上看，80%左右是企业进行转让和吸纳，科研院所、高校在转化成果方面还存在一些障碍。中国科技成果转化为产业应用技术的比例仅约15%，远低于先进国家约30%的比例。

对此，世界经济论坛中国理事会对中国的创新政策和监管制度最重要的四个方面提出了改进建议：一是积极营造加快实施创新驱动战略的良好生态环境，加快完善使市场在资源配置中起决定性作用和更好发挥政府作用的体制机制；二是强化企业技术创新的主体地位；三是完善创新人才的培养使用机制；四是推动形成开放创新格局。

（六）中国仍是发展中国家的事实没有根本改变

改革开放40多年来，中国经济在各方面取得了巨大进步，经济总量与世界主要发达国家美国的差距缩窄，但中国仍是最大的发展中国家。假定中国GDP年均增速6%，美国增速2%，2027年后中国GDP总量预计将赶超美国，但人均GDP、生产效率差距仍较大，城市化水平、产业结构、金融自由度、企业竞争力、科技教育文化、居民生活与美国比仍有较大的发展空间，军事、政治影响力不及美国。中国必须立足于国情，客观、理性地看待与美国的差距，大力度推进改革开放，提高综合国力。

在经济方面，中国占全球份额逐步扩大，与美国差距缩小；但人均GDP仅为美国的15%，生产效率偏低，能源与粮食自给率下降，消费占GDP比重大幅低于美国，进入世界500强的企业数量略低于美国，但国企居多且多分布于垄断行业和金融部门，国际外汇储备中美元仍占绝对主导。首先，中国全要素生产率、劳动生产率仅相当于美国的43%和12%，每单位能耗创造的GDP低于美国和世界平均水平。其次，消费对我国经济的贡献度上升，但投资仍占较大比例，美国为消费驱动型经济。

中国进入世界500强的数量比美国少6家，但国企多、民企少，集中在资源垄断性行业及金融部门，美国在生命健康领域上榜企业较多。中国人口总量为美国的4.3倍，劳动参与率高于美国，老龄化率比美国低，但增速较快。从中美经济比较来看，中国是最大的发展中国家，美国是最大的发达国家，中国当前为全球第二大经济体，占全球的经济份额不断扩大，与美国的GDP规模差距不断缩小，但仍未改变"中国是最大的发展中国家、美国是最大的发达国家"的基本现状。

结　论

中国只是在劳动密集型产业及劳动密集型与技术密集型相结合的组装加工业领域拥有比较优势，而在制造业，尤其是资本密集型和技术密集型的领域，还与发达国家有很大的差距。中国现在的对外贸易，出口商品以附加值非常低的劳动密集型产品为主，这些产品的出口对产业结构和国际竞争力提升实际上并没有太大的好处。此外，一些技术含量较高的出口商品，并不是源自于中国本身技术水平和产业结构的提升，而是大型跨国公司产业内贸易不断发展的结果，中国仍然处于全球价值链的最低端，扮演着"世界加工厂"的角色。

第三篇
国际贸易政策与措施

本篇国际贸易政策与措施是每个国家对外经济政策的重要组成部分。研究和把握国际贸易政策，有助于各国正确制定本国的外贸政策。本章系统介绍了不同历史阶段具有典型代表的国际贸易政策。主要包括：自由贸易政策中的亚当·斯密的绝对成本理论、李嘉图的比较成本理论、20世纪70年代中期的贸易自由化、80年代的管理贸易等。其中保护贸易政策中主要介绍了重商主义学说、李斯特的保护幼稚工业理论、凯恩斯的超贸易保护主义及新贸易保护主义等。

第八章 国际贸易政策

【学习目的与要求】

让学生掌握对外政策的重要组成部分。研究和把握国际贸易政策类型；理解保护贸易理论的基本概念与基本分类。

【学习重点与难点】

重点、难点是掌握重商主义等主要的贸易保护政策的主要内容及其评价。

第一节 国际贸易政策的目标

一、国际贸易政策的含义

对外贸易政策是指一国政府在一定时期内对商品进出口贸易和服务贸易所实行的各种政策的总称。它从总体上规定了该国对外贸易活动的指导方针和原则。对外贸易政策从世界范围考察，即国际贸易政策。

贸易政策这一范畴所包含的基本因素有政策主体、政策客体、政策目标、政策内容、政策工具或手段等五个方面。其中，政策主体就是政策的行为者，通常指各国或地区制定、实施贸易政策的政府；政策客体就是贸易政策所规划、指导、调整的贸易对象及从事贸易活动的企业、机构或个人；政策目标是所要达到的政策目的，它是制定和调整贸易政策内容的依据；政策内容即指实行什么政策，它可以反映贸易政策的倾向、性质、种类、结构等；贸易政策工具或手段则是指实现贸易政策，采取的对外贸易管理措施和制度。

理解贸易政策含义，需要把握以下几个概念相互间的关系及区别点。

一是贸易政策与贸易措施的关系。贸易政策需要通过各种措施来得到贯彻和体现。因而，贸易政策与贸易措施密不可分，但它们又有根本的区别：贸易措施不直接等于贸易政策本身，它是政策的体现和工具；贸易政策在外贸管理中处于决定的、主导的地位，贸易措施是根据贸易的目标和内容确定的，处于从属地位；作为政策工具和手段的贸易措施本身是中性的，对贸易活动进行不同方向的调节，而贸易政策却是政府的主观选择，有明显的方向性和稳定性；贸易政策的形成过程中渗透着许多非经济因素，而大部分贸易措施是按照法律、市场经济法则发挥作用。

二是贸易政策与国内经济政策的关系。一个开放的经济体，其经济活动包括对内经济贸易活动和对外经济贸易活动，且内、外经济活动随着开放程度不断增加变得越来越紧密。总供给与总需求平衡模型表明，一国的国内经济运行状况与贸易运行状况是相互依存的。政府调节经济活动的国内经济政策和对外经济政策也有关联性，不仅具有统一的政策目标，而且在某些政策手段方面具有共同性，同时，又相互影响和制约。但是，贸易政策与国内经济政策在调节对象、手段和政策地位等方面都具有许多差异性和特殊性，不可混淆。

二、贸易政策的划分

划分贸易政策是为了从不同视角研究贸易政策体系，理解贸易政策内部结构的复杂性，使贸易政策组合状态的基本倾向更加合理、有效地运用贸易政策调控对外贸易运行。可以依据不同观察角度和实践当中的需要，将对外贸易政策划分为自由贸易政策和保护贸易政策两大类。

自由贸易政策是指国家对贸易行为不加任何干预，即既不鼓励出口、也不限制进口，使商品自由进出口，在国际市场上自由竞争。

保护贸易政策是指政府广泛利用各种限制进口的措施保护本国市场免受外国商品的竞争，并对本国出口商品给予优待和补贴以鼓励商品出口。

19世纪初，德国工业发展水平远比英法落后，德国受到英法两国自由贸易政策的冲击，大量工业品涌入德国市场。此时摆脱外国自由竞争的威胁，保护和促进德国工业的发展，成为德国资产阶级的迫切要求。1870年德国取得普法战争胜利后，不断加强对原有工业和新建工业的保护。19世纪末，德国成为实行高度保护贸易的国家之一。

资本主义垄断时期的超保护贸易政策。19世纪下半叶开始，资本主义从自由竞争进入到垄断阶段。垄断代替了自由竞争之后，资本积累成为西方国家对外扩张的主要手段。各国垄断资本为了促进对外扩张和在世界市场争夺中占据不断扩大商品销售市场、原料产地和投资场所，竞争空前激烈。1929—1933年世界性经济危机爆发更加剧了市场和原料产地的矛盾，市场问题急剧恶化。在这样的背景下，各国为了垄断利益和争夺国外市场先后走上了保护主义的道路。1930年美国通过《1930年关税法》制定了较高的关税壁垒。1932年，曾是自由贸易旗手的英国也彻底宣布放弃自由贸易政策。

垄断资本主义时期的保护贸易政策与资本主义前期的保护贸易政策有显著的区别：不仅保护一般商品更保护高度发展或出现衰落的垄断工业；不是为了培植自由贸易的能力，而是巩固内外市场的垄断；不是防御性地保护国内市场，而是在垄断国内市场的基础上对国外市场垄断性的扩张；从保护一般的工业资产阶级转向保护大垄断资产阶级；不仅采取关税措施，还采取各种非关税壁垒和其他"奖出限入"的措施。这种政策已具有明显的侵略性和扩张性。由于各国保护贸易政策的歧视性，致使关税战、货币战不断加剧，世界经济秩序混乱，世界贸易规模不断缩小。据统计，世界贸易由1924年的601亿美元猛降到1938年的246亿美元，使各国经济蒙受严重损失。

第二次世界大战后，特别是20世纪70年代以来，随着国际贸易规模的不断扩大和贸易对象的日益复杂，以规模经济和不完全竞争为前提的新贸易理论对传统贸易理论予以补充和发展。在最优贸易政策的选择上，新贸易理论动摇了规模收益不变条件下自由贸易政策的最优性，认为一国通过政府干预，运用出口补贴或关税措施，可以使本国在国际专业化分工中处于优势地位。在国际竞争实践中，亚洲四小龙等国家或地区在政府干预下迅速取得了某些产业的国际竞争优势，在世界市场上贸易不断上升；另外，自由贸易的奉行者美国在国际贸易中的优势地位不断加强和巩固。

在这样的理论和实践背景下，战略性贸易政策应运而生。战略性贸易政策是指在不完全竞争和规模经济条件下，一国可以通过生产补贴、信贷优惠、出口补贴、国内税收优惠等保护政策手段来发展本国经济。一国通过战略性工业的成长，即保护和扶持那些需大规模生产的高新技术产业和对本国未来发展至关重要的行业，以创造本国在工业上的比较优势，获取大量的外部经济利益，增强其在国际市场上的竞争能力。战略性贸易政策理论把博弈论和产业组织理论糅合运用到国际贸易领域，摒弃了规模报酬不变和完全竞争的假定，把模型建立在规模经济和不完全竞争的基础之上。

第二节 重商主义

重商主义（mercantilism），也称作"工商业本位"，产生并流行于15世纪至17世纪中叶的西欧，是封建主义解体之后的16—17世纪西欧资本原始积累时期的一种经济理论或经济体系，反映资本原始积累时期资产阶级利益的经济理论和政策体系。

一、重商主义产生的背景

重商主义是对现代生产方式较早的理论探讨。它产生于15世纪，盛行于16世纪和17世纪上半叶，衰落于17世纪下半叶和18世纪初。它最早出现于意大利，后来流行于西班牙、葡萄牙、英国和法国等。16世纪末以后，它在英国和法国得到了重大发展，出现了一些较为重要的重商主义思想家和著作。

15世纪以后，西欧各国的社会分工得以发展，手工业和商业开始与农业分离，封建自然经济不断瓦解，商品货币经济不断发展与壮大。在这种情况下，流通中所需要的货币急剧增加。当时的印刷业技术比较落后，信用制度还不够发达，充当交易媒体和结算工具的主要是黄金、白银和铜等组成的金属货币。货币需求的不断扩大导致对金银的需求增加，但是当时西欧大多数国家都不产金银，产银国如法国的产量又较小，而它们在与东方国家进行交易时每每总是出现逆差，因为输出的金银远远大于输入量，结果金银需求矛盾极其尖锐，造成西欧各国普遍出现金银荒，使人们产生强烈的"黄金渴望"。于是为了促进财富的积累，西欧各国在重商主义的影响下，实行强制性的贸易保护政策。

二、重商主义的分类

（一）早期重商主义

早期重商主义学说以英国人威廉·斯塔福德（William Stafford，1554—1612）为代表。他们把增加国内货币的积累，防止货币外流视为对外贸易政策的指导原则。因此，他们反对进口,认为一切进口都会减少货币,而货币的减少对本国是有害的;对外应该少买或根本不买;同时他们主张鼓励出口,应该多向外销售产品,销售得越多越好;出口产品越多,从国外吸收的货币就会越多;同时,严格禁止货币流向国外。

恩格斯对早期重商主义的思想和行为特征做出了非常生动的描述:"就像守财奴一样,双手紧紧抱住心爱的钱袋,用妒忌和猜疑的目光打量自己的邻居,他们不择手段地骗取那些与本国通商的民族的现钱,并把侥幸得来的钱,牢牢地保持在关税线内。"早期重商主义又称为"货币差额论"。

(二) 晚期重商主义

晚期重商主义的主要代表人物是英国的托马斯·孟,他的代表作《英国得自对外贸易的财富》(1964年出版),是重商主义的经典之作,其主要观点为以下四个方面(晚期重商主义又称为"贸易差额论")。

1. 国际贸易的利益

国际贸易有许多利益,它是检验一个国家是否富裕的试金石,是国家积累财富和富裕起来的唯一途径。具体表现在:打击竞争对手,减少货币流出;降低国内商品价格;扩大就业,增强国力;提高土地价格和地租;增加货币资本等。

2. 对贸易差额的认识

托马斯·孟告诫人们,一个国家要增加其金银财富,必须谨守这样的原则:在价值上,每年卖给外国的货物比本国消费的外国货物多。其他一切办法,虽然能使货币暂时注入国内,但归根结底都是枉费心机和有害的。在国际贸易中,最大的问题莫过于进口大于出口,如果一个国家在经历很大努力之后仍不能扭转这种局面,就必然日趋穷困,因为既然出超会使国家致富,入超必会使国家贫困和衰落。当然,这里的进口货物是指国内消费掉的货物,不是指经过海关入口的全部货物,后者包括一部分再出口的货物,而这样的货物进口不但无害,反而大有裨益。他断言,国际贸易顺差是获得财富的唯一手段,是衡量一个国家财富多寡的唯一尺度。

但是贸易差额有总合和个别之分,必须加以注意。一个国家每年对外贸易加在一起计算出来的贸易差额是总合的,针对个别国家计算出来的贸易差额是个别的。总合贸易差额是顺差时,个别贸易差额可能是逆差,反之亦然。一个国家每年的贸易差额只要是总合为顺差就行,不必要求所有个别贸易差额都是顺差。

3. 对外贸易的途径

扩大商品生产,改善产品质量;适度消费外国商品,既要避免浪费恶习,也不要禁止外国货物的进口;减少不必要的进口限制,特别是进料加工再出口的商品;大力发展远地贸易和再转口贸易,扩大航运业;降低产品价格,占领销售市场;减少国内货币存量,将多余货币用于经营国际贸易。

4. 国际贸易产生的原因和商人的素质

国际贸易的产生是由国内产品过剩促成的。发展国际贸易,必须培养全才的商人,其素质包括:算术和会计,精通各种租船合同、提单、发票、契约、汇票和保险单据等的规则和格式;通晓一切国家尤其是有关国际贸易国家的各种度量衡和货币的面值、质量和成色,并能据此计算出其实际价值;通晓各种商品进入某些国家的各种税赋和收费;了解贸易对象国商品的余缺及其他国家的供应情况;弄清汇率、运价、保险及船舶建造、修理等。

三、重商主义的特点与历史地位

（一）特点

重商主义经历了早期和晚期两个发展阶段。早期重商主义和晚期重商主义作为一个学派，在研究的领域、财富观、对外贸易利益和原则等方面存在着许多共同点。

（1）金银货币被视为财富的唯一形态。重商主义者认为，任何其他商品都只能满足人们的一种欲望而金银则可以用来换任何商品，可以满足任何欲望，只有金银才是真正的财富。一国的金银货币拥有量决定该国的政治、经济和军事实力。

（2）对外贸易是获取财富的唯一途径。要获取更多的金银，除了本国开采金银矿藏外，就只有通过对外贸易，让别国的金银流入本国。对外贸易是增加货币财富的唯一源泉。国内商业虽然是必要的，但它只会使金银货币在不同的人们之间转手，并不增加一国的财富量。

（3）主张实行少买多卖的对外贸易原则，力争贸易顺差，以使金银更多地流入本国。

（4）极力主张政府干预经济活动，采取鼓励出口限制进口的政策。要求政府用法律手段保护国内工商业，为其提供各种有利条件，以利于本国产品的出口。同时，通过积极的航海和开拓殖民地政策来带动出口。对进口品则实行高关税甚至禁止措施来保持贸易顺差，增加本国货币的积累。

（5）以流通领域为研究对象，认为利润或经济利益来自流通过程，而不是来自生产过程。

（二）历史地位

重商主义的政策和措施在历史上曾起过进步作用。它们促进了资本的原始积累，推动了资本主义生产方式的建立。但它们对社会经济现象的探索只局限于流通领域，而未深入到生产领域，因而其经济理论是不科学的。马克思指出："现代经济的真正科学，是在理论考察由流通过程过渡到生产过程时开始的。"[①]

第三节　自由贸易政策

一、自由竞争时期的自由贸易

（一）英国自由贸易的产生

英国自 18 世纪中叶开始产业革命，"世界工厂"地位逐步建立并获得巩固，竞争力大大提高，不再惧怕与其他国家的产品进行竞争。在这种状况下，重商主义强制性的保护贸

---

① ROSTOW. The world economy: history & prospect [M]. Austin: University of Texas Press, 1978: 669.

易政策便成为阻碍英国经济发展和英国工业资产阶级对外扩张的一大障碍。成长起来的英国工业资产阶级便要求实行在世界市场上进行无限制的自由竞争和自由贸易的政策。为了追求高额利润,他们要求其他国家供给英国粮食、原料和市场,而由英国加工后,再向他们提供工业制造品,实行垂直型的国际分工。因此,英国新兴的工业资产阶级迫切要求废除重商主义时代所制定的一些严重的保护主义的外贸政策和措施。

英国新兴的产业资产阶级要求废除重商主义的对外贸易政策,其主要理由是:英国产业革命的发展,要求从国外取得廉价的工业原料与粮食,以降低工资和提高利润,因而反对各种限制进口的保护措施;英国的产业革命早于其他国家,其产品物美价廉,具有强大的国际竞争能力,因而实行自由贸易政策对其极为有利。

(二) 自由贸易政策的理论依据

在国际贸易理论的发展过程中,首先提出自由贸易论点的是 18 世纪下半叶的法国重农学派。他们认为农业才是一国财富的基础,交换不能产生新的财富,并要求国家放弃对经济生活的干预,反对保护贸易政策,支持自由贸易政策。[①] 法国重农学派成为英国古典学派自由贸易理论的先驱。其后,自由贸易理论得到英国古典学派的进一步发展。英国古典学派的主要代表人物是亚当·斯密和大卫·李嘉图,后来一些经济学家,如穆勒、马歇尔,进一步对古典学派的论点进行了演绎和发展。自由竞争时期自由贸易理论的主要论点有以下几个方面。

(1) 自由贸易可以形成互相有利的国际分工。在自由贸易条件下,各国可以按照自然条件(亚当·斯密)、比较利益(大卫·李嘉图)或要素禀赋(俄林)的状况,专心生产其最有利和有利较大或不利较小的产品,提高各国的资源配置效率。

(2) 扩大国民的实际收入。在自由贸易条件下,每个国家都根据自己的条件发展最擅长的生产部门,生产要素会得到有效的配置,再通过对外贸易以较少的花费换回较多的物品,实际上提高了国民的真实收入。

(3) 自由贸易可以阻止垄断,加强竞争,提高经济效益。自由贸易使得独占或垄断无法实现,企业必须通过开发、改进技术,提高生产效率,降低成本等办法加强自身的竞争能力,扩大经济效益。

(4) 自由贸易有利于提高利润率,促进资本积累。李嘉图认为,社会的发展势必导致工人的名义工资上涨,从而降低利润率,削弱产品的竞争力。为避免这一情况的出现,维持高水平的资本积累和工业扩张,只有通过国际贸易从外部输入廉价的生活必需品,以降低工人名义工资和实际工资。

(三) 自由竞争时期自由贸易理论与政策评价

(1) 自由贸易政策促进了英国及其他西欧国家经济和对外贸易的发展,使英国经济跃居世界首位。1870 年,英国在世界工业生产中所占的比重为 32%,煤、铁和棉花的消费量都各占世界总消费量的一半。英国在世界贸易总额中的比重达 1/4,几乎相当于法、德、美的总和。它拥有的商船吨位占世界第一,约为荷、美、法、俄商船吨位的总和。伦敦由此成

[①] 重农学派对贸易不重视,他们只是从"自由经济"的基本理念和法国农民的实际利益出发,反对重商主义对贸易的干扰,提出自由贸易的口号,因而重农学派对国际贸易理论实际上没有做出太多的贡献。

为世界金融中心。

（2）自由贸易理论为自由贸易政策制造了舆论，成为支持自由贸易政策的有力武器。

（3）自由贸易理论存在以下几个方面的问题：没有考虑到生产力水平的差异对贸易利益分配的影响。片面强调自由贸易对参与国家的积极效果，却忽视了其消极影响。研究的出发点是一个静态均衡的世界，没有考虑到动态因素对分工与贸易的决定性影响。

自由竞争时期的自由贸易政策

英国自18世纪中叶开始产业革命，确立了其世界工厂的地位。一方面，英国工业的发展要求从国外进口廉价的工业原料和粮食；另一方面，英国的产业革命早于其他国家，工业制成品具有强大的国际竞争力。因而，此时的重商主义贸易政策实质上已成为英国发展和英国工业资产阶级向外扩张的障碍，工业资产阶级强烈要求废除执行保护主义的重商主义贸易政策，实施自由贸易政策。

工业资产阶级经过长期不懈的努力和不断的斗争，最后终于使自由贸易政策在英国取得胜利，其具体表现在以下几个方面。

1. 废除谷物法

1833年，英国棉纺织业资产阶级组成"反谷物法同盟"（Anti-Corn Law League），而后又成立全国性反谷物法同盟，展开声势浩大的反谷物法运动。经过斗争，终于国会于1846年通过废除谷物法的议案，并于1849年生效。马克思指出："英国谷物法的废除是19世纪自由贸易所取得的最伟大的胜利。"

2. 关税税率逐步降低，纳税商品数目减少

19世纪初，经过几百年的重商主义实践，英国有关关税的法令达1 000件以上，没有人了解法令的全部内容。1825年英国开始简化税法，废止旧税率，建立新税率，进口纳税项目从1841年的1 163种减少到1853年的466种，1862年更减少到44种，直至1882年的20种。所征收的关税全部是财政关税，税率大大降低。禁止出口的法令完全被废除。

3. 废除航海法

航海法是英国限制外国航运业竞争和垄断殖民地航运业的政策，从1824年逐步废除，到1849年和1854年，英国的沿海贸易和殖民地贸易、航运全部对外开放。至此，重商主义时代制定的航海法全部废除。

4. 取消特权公司

在1813年和1814年分别废止了东印度公司对中国和印度的贸易垄断权，从此对中国和印度的贸易开始开放给所有的英国人。

5. 改变殖民地贸易政策

在18世纪，英国对殖民地的航运享有特权，殖民地的货物输入英国享有特惠关税。在英国大机器工业建立以后，英国产品不惧怕任何国家的竞争，所以对殖民地的贸易逐步采取自由放任的态度。1849年航海法废止后，殖民地已经能自由输出（入）商品。通过关税改革，废止了对殖民地商品的特惠税率，同时准许殖民地与外国签订贸易协定，殖民地可以与任何外国建立直接的贸易关系，英国不再加以干涉。

6. 与外国签订带有自由贸易色彩的贸易条约

1860年签订了英法"柯布登"条约（Cobden Chevalier Treaty）。根据这一条约，英国降低

对法国的葡萄酒和烧酒的进口关税,并承诺不再禁止煤炭出口,法国则保证对从英国进口的一些制成品征收不超过30%的从价税。"科伯特"条约是以自由贸易精神签订的一系列贸易条约的第一个,列有最惠国待遇条款。在19世纪60年代,英国就缔结了8个类似的条约。

事实上,19世纪的自由贸易运动是在两个层次上进行的。在一些国家内部,政治割据,关卡林立的局面有所改变,逐渐形成了统一的民族国家和国内市场。在国际上,许多国家实行了自由贸易政策,结束了英国、法国、西班牙、葡萄牙等殖民国家的保护贸易政策和特权贸易公司控制对外贸易的局面。总之,从1815年到19世纪70年代是自由贸易政策蓬勃发展时期,尽管各国情况有所不同,但各国都从自由贸易中获得经济利益。在自由贸易政策的影响下,国际贸易迅速增长。从1820年到1850年,国际贸易量增长了2倍以上,从1850年到1880年又增长了将近2倍。

资料来源:朱廷珺. 国际贸易. 3版. 北京:北京大学出版社,2016:193.

二、第二次世界大战后至20世纪70年代初自由贸易关系

(一)贸易自由化的产生

第二次世界大战以后到20世纪70年代初期,世界政治经济力量产生分化组合。美国的实力空前提高,强大的经济实力和膨胀的经济,使其既有需要又有能力冲破当时发达国家所流行的高关税政策。日本和西欧战后经济的恢复与发展,也愿意彼此放松贸易壁垒,扩大出口。此外,国际分工进一步深化,推动生产国际化和资本国际化,跨国公司迅速兴起,迫切需要一个自由贸易环境以推动商品和资本流动。于是这一时期发达国家的对外贸易政策出现了自由化倾向。

(二)贸易自由化政策的主要表现

这一时期西方发达国家贸易自由化政策主要表现在以下两个方面。

1. 大幅度削减关税

首先,在关税与贸易总协定的推动下,缔约方通过多轮贸易谈判,关税平均水平大幅度下降,各缔约方的平均进口最惠国待遇税率已从1947年的50%左右下降到20世纪70年代的5%以下。

其次,经济一体化组织发展迅速,它们对内取消关税,对外通过谈判,达成关税减让协议,导致关税大幅度下降,这在一定程度上也推动了贸易自由化。最为典型的一体化组织就是欧洲经济共同体,到了1977年,欧洲经济共同体成员国之间在工业品和农产品方面实现了全部互免关税,从而扩大了共同体内部的自由贸易化。同时欧洲经济共同体和欧洲自由贸易联盟之间到1977年也实现了工业品互免关税,欧洲经济共同体还和其他地中海沿岸的一些国家及一些东南亚国家也缔结了优惠贸易协定。

最后,经过发展中国家的努力,1968年联合国贸易发展会议通过了普遍优惠制决议,要求发达国家对来自发展中国家的制成品和半制成品的进口给予普遍的、非歧视的和非互惠的关税优惠,这也使关税出现了大幅度的下降,从而推动了贸易自由化。

2. 降低或撤销非关税壁垒

战后初期,为应对国内经济困难和国际收支恶化,发达国家对许多进口商品实行严格的进口限额、进口许可证和外汇管制等非关税壁垒措施,以达到限制进口的目的。随着经济的恢复和发展,这些国家在不同程度上放宽了进口数量限制,扩大了进口自由化,增加了自由进口的商品;放宽或取消了外汇管制,实行货币自由兑换,促进了贸易自由化的进程。例如,到20世纪60年代初,发达国家组成的经济合作和发展组织成员国之间的进口数量限制取消了90%,欧洲经济共同体成员国之间在1961年取消了工业品进口数量限制,农产品进口数量限制也随着农产品内部关税削减而逐步取消。欧洲经济共同体对外部国家和地区的某些商品的数量限制也有所放宽。与此同时,发达国家都在不同程度上放宽或解除了外汇管制,恢复了货币自由兑换,实行外汇自由化。

(三)贸易自由化的特点

(1) 发达国家之间贸易自由化程度超过它们对发展中国家和社会主义国家的贸易自由化程度。发达国家根据关税与贸易总协定等国际多边协定,较大幅度地降低了彼此之间的关税,放宽相互之间的进口数量限制。但对发展中国家的一些商品,特别是劳动密集型产品却征收较高的关税,并实行其他的进口限制;对社会主义国家除采取严格的关税与非关税壁垒措施限制其产品进入发达国家市场之外,还通过实施出口管制的办法,阻止发达国家的一些产品流入他们的国内市场。

(2) 区域经济贸易集团内部的自由化程度超过集团对外的贸易自由化程度。以欧洲经济共同体为例,根据《罗马条约》的规定,对内取消关税与其他进口限制,商品在成员国之间自由流通,实行完全的贸易自由化,对于非成员国则在区域性贸易壁垒的基础上有选择、有限度地实行部分贸易自由化。

(3) 不同商品贸易自由化程度也不同,工业制成品的贸易自由化程度超过农产品贸易自由化程度,机械设备的贸易自由化程度超过工业消费品的贸易自由化程度。

(四)对战后贸易自由化作用的评价

(1) 第二次世界大战后贸易自由化推进了世界经济和贸易的高速发展。
(2) 第二次世界大战后贸易自由化确立了各国贸易政策发展的总趋势。
(3) 第二次世界大战后贸易自由化为国家通过协商、协调获得经济和贸易的发展提供了先例。

第四节 保护贸易政策

一、汉密尔顿的保护关税论

亚历山大·汉密尔顿(Alexander Hamilton)是美国的开国元勋、政治家和金融家、第一任财政部长。1776年,美国宣布独立,英国极力反对。于是英国派军队进行镇压,一场独立和反独立战争爆发并持续了 7 年之久。美国虽然取得了战争的最后胜利，在政治上取得了独立，但经济却遭受了严重破坏，加之战后英国的经济封锁，使其经济上仍属殖民地经济时代，国内产业结构仍然以农业为主，工业方面仅限于农副产品加工和手工业的制造，处于十分落后的水平。当时摆在美国面前有两条路：一条路是实行保护关税政策，独立自主地发展本国工业；另一条路是实行自由贸易政策，继续向英国、法国、荷兰（今尼德兰）等国家出售小麦、棉花、烟草、木材等农林产品，用以交换这些国家的工业品，满足国内市场的工业品需要。前者是北方工业资产阶级的要求，后者是南部种植业主的愿望。

在这样的背景下，汉密尔顿代表了工业资产阶级的愿望和要求，极力主张实行保护关税制度，并于 1791 年向国会递交了一份题为《关于制造业的报告》。在报告中，他明确提出了征收保护性关税的重要性。提出一个国家如果没有工业的发展，就很难保持其独立地位。美国工业起步晚，基础薄弱，技术落后，生产成本高，根本无法与英国、法国等国的廉价商品竞争。因此，美国应该采取关税保护政策对国内产业进行保护。在汉密尔顿看来，征收关税的目的不是获得财政收入，而是保护本国的工业，因为处在成长发展过程中的产业或企业难以与其他国家已经成熟的产业相竞争。

汉密尔顿认为，自由贸易不适合美国的现实。美国作为一个刚刚起步的国家，难以与其他国家的同类企业进行竞争，因此，自由贸易的结果也可能使得美国继续充当欧洲的原材料供应基地和工业品的销售市场，国内的制造业却难以得到发展。汉密尔顿还详细地论述了发展制造业的直接与间接利益。他认为，制造业有许多优点：提高机械化水平，促进社会分工的发展；扩大就业，吸引移民流入，加速国土开发；提供创业机会，充分发挥个人才能；自我消化农产品原料和生活必需品，保证农产品销路，稳定农产品价格等。因此，制造业的发展对国家利益关系重大。它不仅能够使特定的生产部门发展起来，还会产生连带效应，使相关部门也得到发展，这些发展能够给美国带来利益。为了保护和发展制造业，他指出，政府应加强干预，实行保护关税制度，具体采取了以下的措施：第一，向私营工业发放贷款，扶植私营工业发展；第二，实行保护关税制度，保护国内新兴工业免遭外国企业的冲击；第三，限制重要原料出口，免税进口本国急需原料；第四，给各类工业发放奖励金，并为必需品工业发放津贴；第五，限制改良机器及其他先进生产设备输出；第六，建立联邦检查制度，保证和提高工业品质量；第七，吸收外国资金，以满足国内工业发展需要；第八，鼓励移民迁入，以增加国内劳动力供给。

汉密尔顿还认为，一个国家要在消费廉价产品的"近期利益"和本国产业的"长远利益"之间进行选择。一国不能只追求近期利益而牺牲长远利益。在汉密尔顿那里，保护贸易不是全面性的，不是对全部产业的保护，而是对本国正处于成长过程中的产业予以保护，并且这个保护还有时间限制。

汉密尔顿提出上述主张时，自由贸易学说仍在美国占上风。因而他的主张遭到了不小的反对。随着英国、法国等国家工业的发展，美国的工业遭到了来自国外越来越强有力的挑战，汉密尔顿的主张才在贸易政策上得到反映，并逐步对美国政府的内外经济政策产生了重大而深远的影响。在这一理论的指导下，1816 年，美国首次以保护关税的名目提高了制造品的关税，1828 年，美国的贸易保护政策主要表现在为实现较高的进口关税水平，鼓励原材料的进口，限制原材料的出口，以便为本国制造业的发展提供比较廉价的原材料。同时鼓励工业技术的发展，提高制成品的质量，以增强其产品的竞争力。

汉密尔顿的保护关税论是从美国经济发展的实际情况出发所得出的结论，反映了美国建国初期继续发展本国的工业，走工业化道路，追赶欧洲工业先进国家的强烈要求。这一观点的提出，为落后国家进行经济自卫和与先进国家相抗衡提供了理论依据，同时也标志着从重商主义分离出来的西方国际贸易理论两大流派已基本形成。

二、李斯特保护幼稚工业贸易政策理论

保护贸易的理论，就其影响而言，李斯特的保护幼稚工业的贸易理论具有代表性。李斯特（F. List，1789—1846）是德国历史学派的先驱，早年在德国提倡自由主义。自1825年作为外交官出使美国以后，受到汉密尔顿的影响，并看到美国实施保护贸易政策的成效，于是转而提倡贸易保护主义。李斯特在1841年出版的《政治经济学的国民体系》一书中，系统地提出了保护幼稚工业的贸易学说。

（一）对古典学派自由贸易理论提出批判

1. 李斯特指出"比较成本说"不利于德国生产力的发展

李斯特认为，向外国购买廉价的商品，表面上看起来是要合算一些，但是这样做的结果是，德国的工业就不可能得到发展，而会长期处于落后和从属于外国的地位。如果德国采取保护关税政策，一开始会使工业品的价格提高，但是经过一段时期，德国工业得到充分发展，生产力将会提高。商品生产费用将会下跌，商品价格甚至会低于进口商品价格。

2. 李斯特指出古典学派自由贸易学说忽视了各国历史和经济上的特点

古典学派自由贸易理论认为，在自由贸易下，各国可以按地域条件、按比较成本形成和谐的国际分工。李斯特认为，这种学说是一种世界主义经济学，它抹煞了各国的经济发展与历史特点，错误地以"将来才能实现"的世界联盟作为研究的出发点。

李斯特根据国民经济发展程度，把国民经济的发展分为五个阶段，即"原始未开化时期、畜牧时期、农业时期、农工业时期、农工商业时期。"各国经济发展阶段不同，所采取的贸易政策也应不同。处于农业阶段的国家应实行自由贸易政策，以利于农产品的自由输出，并自由输入外国的工业产品，以促进本国农业的发展，并培育工业化的基础；处于农工业阶段的国家，由于本国已有工业发展，但并未发展到能与外国产品相竞争的地步，故必须实施保护关税制度，使它不受外国产品的打击；处于农工商业阶段的国家，由于国内工业产品已具备国际竞争能力，不再惧怕国外产品的竞争，故应实行自由贸易政策，以享受自由贸易的最大利益，刺激国内产业进一步发展。

李斯特认为英国已达到最后阶段（农工商业时期）；法国在第四阶段与第五阶段之间；德国与美国在第四阶段；葡萄牙与西班牙在第三阶段。因此，李斯特根据其经济发展阶段的观点，主张当时德国应实行保护幼稚工业政策，促进德国工业化，以对抗价廉物美的英国工业产品的竞争。

3. 李斯特主张干预对外贸易

自由贸易理论视国家为被动警察（passive policeman），李斯特则把国家比喻为国民生活中如慈父般的有力指导者，他认为，国家的存在比个人的存在更重要。国家的存在，为个人与人类全体的安全、福利、进步及文化等第一条件。因此，个人的经济利益应从属于国家的真正的

财富的增加与维持。他认为国家在必要时可限制国民经济活动的一部分，以保持其整体的经济利益。他以风力和人力在森林成长中的作用来比喻国家在经济发展中的作用。他说："经验告诉我们，风力会把种子从这个地方带到那个地方，因此荒芜原野会变成茂密森林。但是要培养森林因此就静等着风力作用，让它在若干世纪的过程中来完成这样的转变，世界上岂有这样愚蠢的办法吗？历史告诉我们，有许多国家，就是由于采取了那个植林者的办法，胜利实现了他们的目的。"因此，李斯特主张，在国家干预下实行保护幼稚工业贸易政策。

（二）保护的对象与时间

李斯特保护政策的目的是促进生产力的发展。经过比较，李斯特认为大规模机器制造工业的生产力远远大于农业。他认为偏重农业的国家，人民精神萎靡，一切习惯和方法偏于守旧，缺乏文化福利与自由；而着重工业的国家则不然，其人民充满增进身心与才能的精神。根据这个看法，他提出保护对象的条件是：① 农业不需要保护，只有那些刚从农业阶段跃进的国家，距离工业成熟时期尚远，才适宜于保护；② 一国工业虽然幼稚，但在没有强有力的竞争者时，也不需要保护；③ 只有刚刚开始发展且有强有力的外国竞争者的幼稚工业才需要保护。李斯特提出的保护时间以30年为最高限期。

（三）保护幼稚工业的主要手段

通过禁止输入与征收高关税的办法来保护幼稚工业，以免税或征收轻微进口税方式鼓励复杂机器进口。为保护幼稚工业，李斯特提出："对某些工业品可以实行禁止输入，或者规定的税率实际上等于全部或至少部分的禁止输入。"同时，对"凡是在专门技术与机器制造方面还没有获得高度发展的国家，对于一切复杂机器的输入应当允许免税，或者只征收轻微的进口税"。

三、李斯特保护贸易理论的历史地位

1. 李斯特保护贸易理论在德国工业资本主义的发展过程中起了积极的作用

李斯特保护贸易理论促进了德国资本主义的发展，有利于资产阶级反对封建主义势力的斗争。"保护关税派又分两派。第一派在德国以李斯特博士为代表，这一派从来不以保护手工劳动为己任；相反地，他们之所以要求保护关税，是为了用机器挤掉手工劳动，用现代的生产代替宗法式的生产。"

2. 李斯特保护贸易理论不是绝对的

李斯特是从国家经济发展阶段提出采取不同的贸易政策，对国际分工和自由贸易的利益不是根本否定的，只是德国还没有到达这个阶段，所以采取有时间限度的保护幼稚工业的贸易政策。

3. 李斯特保护贸易理论的缺陷

（1）对经济发展阶段的划分标准太片面。李斯特只强调了生产力标准，忽视了生产关系标准。每个人在生产中都处于不同的地位和属于不同的社会阶层。社会阶层与社会阶层之间及它们与生产资料之间是一种什么关系，这在人类社会经济发展阶段的划分中是一个重大标准，李斯特忽略了这一标准。因此，他所提出的划分标准是片面的。

（2）过分强调国家对经济的干预，并不利于生产力的发展。如果说斯密的自由贸易思想过分强调了市场机制对经济运行的自发调节作用是走向一个极端，那么，李斯特的保护贸易思想过分强调国家对经济运行的干预作用则是走向了另一个极端。

四、超保护贸易政策

在19世纪末到第二次世界大战期间，西方各国处于垄断时期。在这一时期，垄断代替了自由竞争，成为一切社会经济生活的基础。此时各国普遍完成了产业革命，工业得到迅速发展，世界市场的竞争开始变得异常激烈。尤其是1929—1933年的世界性经济危机，使市场矛盾进一步尖锐化。于是，西方各国为了垄断国内市场和争夺国外市场，纷纷推行带有垄断性质的超保护贸易政策。

（一）超保护贸易政策的特点

超保护贸易政策是一种侵略性的贸易保护政策，与自由竞争时期的保护贸易政策相比有着明显的区别。

1. 扩大了保护的对象

保护贸易政策保护的对象是幼稚工业，而超保护贸易政策不仅保护幼稚工业，还更多地保护国内高度发达和出现衰退的工业。

2. 保护的目的不同

保护贸易政策的目的主要是培养企业自由竞争的能力，而超保护贸易政策的主要目的是巩固和加强对国内外市场的垄断。

3. 进攻性的保护

保护贸易政策主要是防御性的限制性进口，限制别国商品的进入，而超保护贸易政策是在垄断国内外市场的基础上对国外市场进行进攻性的对外扩张。

4. 保护的措施多样

保护贸易政策采取的措施主要是关税，但超保护贸易政策的保护措施不仅有关税，还有其他各种奖出限入的非关税壁垒措施。

5. 组成货币集团，瓜分世界市场

1931年英国放弃了金本位，引起了统一的世界货币体系的瓦解，主要发达国家各自组成了排他性的相互对立货币集团，先后成立了金集团、英镑集团、美元集团、法郎集团等。

（二）超保护贸易政策的理论依据——凯恩斯的"保护就业论"

（1）投资乘数原理。凯恩斯认为有效需求是由消费、投资、政府开支和净出口（出口与进口的差额）构成。投资作为有效需求的一个构成部分，对国民收入、就业水平的影响过程可以表述为：投资增加—有效需求增加—国民收入与就业水平提高。对于投资增加或减少对国民收入和就业水平的影响程度，凯恩斯提出了著名的投资乘数概念，它揭示出一国投资量的变动（增加或减少）与国民收入的变动之间客观存在的一种依存关系，凯恩斯称之为投资乘数或投资倍数。他认为由投资而引发的国民收入变动往往几倍于投资量的变动，其倍数的大小则取决于该国的"边际消费倾向"。

（2）对外贸易乘数原理。凯恩斯的追随者马克卢普（F. Machlup）和哈罗德（R. F. Harrod）等人将凯恩斯的投资乘数引入到对外贸易分析，创立了对外贸易乘数原理。他们认为一国的出口与国内投资一样，有增加国民收入的作用，一国进口与国内储蓄一样，有减少国民收入的作用。一国的出口增加先是使出口部门收入增加，消费增加，而后导致其他相关部门投资增加，生产扩大，就业增加，收入增加，消费增加，……如此反复，最终国民收入的增加往往几倍于出口的增加。

进口对国民收入的作用是相反的，它先是进口替代部门投资减少，生产萎缩，收入减少，消费减少，而后影响到相关产业部门，如此下去，国民收入的减少往往是进口增加的几倍。因而可以得出结论，一国出口与进口的波动将会对国民收入的变动产生倍数影响，国民收入的变动量将几倍于出口与进口的变动量。

设投资乘数或对外贸易乘数为 K，它的计算公式为：

$$K = 1/(1 - 边际消费倾向)$$

当边际消费倾向为 0 时，乘数为 1；边际消费倾向为 1 时，乘数为 ∞，当边际消费倾向为 1/2 时，乘数为 2。

设 ΔY 代表国民收入的增加额，ΔI 代表投资增加额，ΔX 代表出口增加额，ΔM 代表进口增加额，K 代表乘数，对外贸易顺差对国民收入的影响公式为：

$$\Delta Y = [\Delta I + (\Delta X - \Delta M)]K$$

当 ΔI 与 K 一定时，则贸易顺差越大，ΔY 越大；反之，如果贸易差额是逆差，则 ΔY 会缩小。因此一国越是扩大出口，限制进口，贸易顺差越大，对本国经济发展的积极作用就越大。由此凯恩斯和其追随者的对外贸易乘数论为超保护贸易政策提供了理论基础。

约翰·凯恩斯

20 世纪 30 年代，面对资本主义世界的经济增长下降、失业不断增加，凯恩斯由坚定的自由贸易理论者转变为保护贸易论者，他在批判传统经济理论的基础上，以有效需求不足为基础，以边际消费倾向、边际资本效率、灵活偏好三个基本规律为核心，以国家干预经济生活为政策基点，把对外贸易和国内就业结合起来，创立了保护就业理论。后来，其追随者又充实和发展了凯恩斯的观点，从宏观角度论证了对外贸易差额对国内经济影响，主张国家干预，实行奖出限入的政策，最终形成了凯恩斯主义的贸易保护理论。

凯恩斯（John Maynard Keynes，1883—1946）是现代英国最著名的经济学家，凯恩斯主义的创始人。他的代表作是《就业、利息和货币通论》，简称《通论》。该书的出版在西方世界引起了巨大反响，一些西方经济学家把《通论》称为"凯恩斯革命"，该书也使得凯恩斯与亚当·斯密、马克思、达尔文、爱因斯坦等人物相提并论。萨缪尔森指出："经济学是一个等待梅纳德·凯恩斯的强有力的亲吻的睡美人……"

20 世纪 30 年代，资本主义的现实经济和传统经济理论同时陷入了严重危机。凯恩斯在此背景下写就的《劝说集》（1932）和《就业、利息和货币通论》（1936），一改自己大危机以前的立场，对自由贸易理论展开了批评，对重商主义的一些政策进行了重新评价，并以有效需求不足为基础，以边际消费倾向、边际资本效率和灵活偏好三个所谓心理规律为核心，以国家干预为政策基点,创立了当代宏观经济的新学说。凯恩斯的经济理论中有关国际贸易的论点虽然不多,但在其追随者中却颇有影响。马克卢普和哈罗德等人在凯恩斯的投资乘数原理基础上引申提出了轰动一时的一国外对外贸易乘数理论(the theory of foreign trade multiplier)。

资料来源:国彦兵.西方国际贸易理论:历史与发展.杭州:浙江大学出版社,2004:148.

(三) 理论评价

(1) 凯恩斯主义的保护贸易理论是用以说明发达国家如何通过实施保护贸易政策,实现国内充分就业,提高国民收入水平,以保持其在国际经济贸易中的领先地位。

(2) 对外贸易乘数揭示了贸易量与一国宏观经济及各主要变量,如投资、储蓄等之间的互相依存关系,在某种程度上指出了对外贸易与国民经济发展之间的某些内在的规律性。

(3) 从理论上看,凯恩斯主义的保护贸易理论没有多少新意,与其他理论相比更侧重于政策方面,即理论的实用性,因而成为发达国家推行超保护贸易政策的理论依据。

(4) 这一理论没有考虑到国家之间的贸易政策的连锁反应。一国的奖出限入势必会招致其他贸易伙伴国的报复,从长期来看,会对一国经济与贸易产生更为严重的负面效果。

(5) 对外贸易差额对一国经济发展积极作用的发挥只有在世界总进口值增加的条件下才能成行,否则依靠降低出口价格来维持出口扩张的做法无法长期促进国民经济增长。

保护主义的复活与代价

一、保护主义的复活

20世纪70年代中期以来,特别是80年代以来,自由贸易受到严重威胁。制造业遭遇保护主义复苏,特别是非关税下的保护主义,如自愿输出限制。1981—1986年,北美和欧共体进口贸易中受非关税壁垒影响的比例上升到20%以上。1986年,发展中国家约21%的出口贸易受控于这些措施之下。多种贸易协定的签署将其限定在发达国家可控的贸易体系中。在农业方面,补贴和进口壁垒普遍存在,尤其是欧洲、北美、日本(较北美程度较轻)。"共同农业政策"对共同体的农业给予大量补贴,对向共同体输出的农产品实行歧视。贸易保护主义不只局限在工业国,发展中国家特别是执行内向政策的国家常常使用关税措施限制进口。

二、保护主义的代价

工业国为抵制发展中国家而实行的贸易保护,其代价估计占发展中国家GNP的2.5%～9%。各工业国之间的贸易保护,其代价为GNP的0.3%～0.5%。对某一特定产业的保护,代价可能更大。如对农业的保护代价,美国为农场产出的3%,欧共体为16%。1976年,日本对农业每补贴1美元,消费者和纳税人就要付出大约2.58美元。美国1983年为维持钢铁行业的就业所付出的每一美元,消费者承受的代价是35美元,美国经济的净损失是25美元。英国汽车工业1983年为保持一个就业位置所付出的代价相当于平均工业工资的4倍。

非关税壁垒更严重。据估计,自愿限制出口使进口国付出的代价高达关税保护的3倍。

如美国 1985 年仅仅为保护钢铁工业所付代价就达到 20 亿美元。

贸易保护主义，特别是采取补贴方式时，也会影响财政预算支出。美国 1987 年财政年度对农业的直接补贴达到 250 亿美元左右，约为联邦预算赤字的 17%。欧共体 1987 年农业补贴共 330 亿美元，成为共同体内部成员间发生摩擦的主要原因之一。

资料来源：世界银行.1988 年世界发展报告［M］.北京：中国财政经济出版社，1988：387.

第五节　战略性贸易政策理论

一、战略性贸易政策理论产生的背景

传统的国际贸易理论是以完全竞争的市场和规模收益不变的假设为前提的，在这种条件下得出了自由贸易政策是一国最佳选择的结论，任何政府介入都会降低本国和世界的总福利水平。然而，现实情况绝非如此。在许多产业中，少数几家大的企业垄断着几乎整个国际市场上某些产品的生产，在这些产业中就存在着垄断竞争的情形。由于市场的不完全竞争性导致了企业可以取得垄断利润，而垄断利润如何在这些企业之间进行分配，则是一个相当复杂的问题。

20 世纪 80 年代以后，一些发达国家面对居高不下的失业率和国内市场上国外竞争的加剧，它们加强了对本国战略性产业的支持和资助，以使其获得竞争优势。一些经济学家提出战略性贸易政策理论。

战略性贸易政策理论是 20 世纪 80 年代初期由加拿大布列颠哥伦比亚大学的布兰德（James A. Brander）和美国波士顿学院的斯本塞（Barbana J. Spencer）等人首次提出的，后来经过巴格瓦蒂（Bhagwaiti）和克鲁格曼（Paul Krugman）等人的进一步研究，形成了比较完善的理论体系。战略性贸易政策理论是 20 世纪 80 年代开始出现的一种新的贸易政策理论，该理论放弃了传统理论关于自由竞争和规模收益不变的假设，试图证明在不完全竞争市场结构和存在规模经济的条件下，政府通过对影响未来经济增长和具有显著外部经济效应的战略性行业实施贸易保护，可以协助本国企业获取竞争优势，从竞争者手中夺取垄断利润。

二、战略性贸易政策理论的概念及产业选择标准

（一）战略性贸易政策理论的概念

所谓战略性贸易政策理论，是指一国政府在不完全竞争和规模经济的条件下，利用生产补贴、出口补贴及保护国内市场等贸易政策来扶植本国战略性产业的成长，增强其在国际市场上的竞争力，占领他国市场，获取规模报酬和垄断利润的贸易理论。

战略性贸易政策之所以称为"战略性",是因为政府在制定贸易政策时会把对手国的反应考虑在内。布兰德将战略性贸易政策解释为能够决定或改变企业间战略关系的贸易政策,而企业间的战略关系是指企业间相互依存,一方的决策效果受其他企业决策的影响。

实施战略性贸易政策,政府起着关键的作用,必须有一个尽可能信息完备、决策独立、干预有力的政府。理所当然,在战略性贸易政策理论中,政府的干预作用被提升到前所未有的地位。那么,政府的贸易战略是如何实现这种利润转移的呢?一个重要条件就是规模经济。由于不完全竞争和规模经济存在于相关产业中,政府可以运用贸易政策对这些产业进行扶植,扩大本国企业的生产规模,使本国企业在国际贸易中处于优势地位。

(二)战略或目标产业的确定

战略性产业的选择主要基于以下原则:① 具有广泛外部经济效应的产业;② 具有巨大内部规模经济的产业;③ 具有巨大外部规模经济的产业;④ 可能取得出口垄断地位的产业;⑤ 重要的尖端的研发性产业。

从以上战略性产业的选择标准来看,战略性贸易政策是保护那些影响深远的高新技术产业和重要的基础工业部门。战略性贸易政策对这些产业的扶植,不仅仅是单纯追求这些产业自身的发展,同时还要利用这些产业的外部效应。

战略性贸易政策要取得成功,仅靠选择的产业具有以上特征是不够的,还需要政府有完全的信息和准确的判断,对保护成本和收益有准确预期;受保护的企业能够长期保持垄断地位,该产业具有很高的进入壁垒,能够保持寡占的市场结构;其他国家不会采取报复式的保护等。

三、战略性贸易政策理论的理论基础

战略性贸易政策的理论由两种理论构成:一是由布兰德和斯本塞提出的利润转移理论;二是由马歇尔(A. Marshall)提出的外部经济理论。这两种理论为政府干预贸易提供了依据。

(一)利润转移理论

1. 利润转移理论的含义

利润转移理论认为,在不完全竞争特别是寡头垄断市场上,寡头企业可以凭借其垄断力量获得超额利润,在与这类国际寡头垄断竞争中,一国政府可以通过出口补贴帮助本国企业夺取更大市场份额,或者以关税迫使外国企业降低价格,或者以进口保护来促进出口,从而实现由外国利润向本国的转移,增加本国的福利。由于该理论认为政府干预性的贸易政策可以将利润从他国转移到本国来,因此称其为"利润转移"理论。

2. 利润转移的类型

传统贸易理论主张自由贸易政策,通过国际分工和专业化生产来进行国际贸易,使参与国双方的福利水平都提高,实现"双赢"。但是,战略性贸易理论却提出了利润转移的论点,即把垄断利润从外国公司转移给国内,从而在牺牲外国福利的情况下来增加本国福利。

（1）关税的利润转移。布兰德和斯本塞提出的"新幼稚产业保护"模型中，假设一家国外寡头垄断企业独家向国内市场提供某种商品，正在享受垄断利润，且存在潜在进入的情况，则征收关税便能抽取外国寡头企业的垄断利润。因为外国寡头企业会吸收部分关税来决定"目标价格"，以阻止潜在进入，否则国内企业的进入将不可避免。在特殊情形下，外国寡头垄断企业甚至会将关税全部吸收，国内既不会发生扭曲，又可以获得全部租金。税收收入就是转移了该企业的垄断利润。该模型突破了传统最优关税理论关于只有大国才有可能通过关税来改善其贸易条件的限制，认为即使是贸易小国也同样可以通过征收关税来改善国民福利。

（2）"以进口保护促进出口"为手段的利润转移效应。"以进口保护促进出口"是克鲁格曼 1984 年提出来的重要理论。当本国企业处于追随者地位、生产规模远没有达到规模经济的要求、边际生产成本很高时，本国政府通过贸易保护，限制国外产品进入国内市场。随着国内市场需求的逐渐扩大，本国产业的规模经济收益便会出现，生产成本得以降低。同时，国外竞争对手由于市场份额的缩小而达不到规模经济，边际成本上升，从而使本国产业相对于外国企业具有规模竞争优势，使其能够增加在国内市场和没有保护的外国市场的份额，并且把利润从外国企业转移到本国企业，使本国福利增加。第二次世界大战后，在日本、韩国、中国台湾地区的经济发展中，汽车、电器、计算机设备等的发展就经历了这样一个过程。

（3）出口补贴的利润转移效应。布兰德和斯本塞于 1985 年提出古诺双寡头国际竞争模型，认为应向在第三国市场上同外国企业竞争的国内企业提供补贴，可以帮助国内企业扩大国际市场份额，增加国内福利。通过补贴降低国内企业的边际成本，获得更大的国际市场份额。

以上观点尽管阐述的角度不同，但基本思想是一致的：在规模经济和不完全竞争的市场结构下，一国政府可以通过关税、配额等保护措施限制进口，同时利用出口补贴、研发补贴来促进出口，增强本国企业的国际竞争力，扩大其在国际市场上的市场份额，实现垄断利润从外国向本国的转移，从而提高本国福利。

（二）外部经济理论

1. 外部经济理论的含义

外部经济理论认为，某些企业或产业能够产生巨大的外部经济，促进相关产业发展。若某一产业发展的社会效益高于其个体效益，即具有外部经济效应。但由于这些外部经济不能被这些企业占有，这些企业或产业就不能发展到社会最佳状态，如果政府能对这些企业或产业提供适当的帮助与支持，使该产业不断获取动态递增的规模效益，并在国际竞争中获胜，结果企业所得的利润会大大超过政府所支付的补贴，而且该产业的发展还能通过技术创新的溢出推动其他产业的发展，以获得长远的战略利益。

2. 外部经济效应方面的战略性干预政策

这方面的贸易政策往往要和产业政策相配合才能达到预期效果，具体包括信贷优惠、国内税收优惠或补贴、对国内企业进口中间品的关税优惠、对外国竞争产品进口征收关税等措施。

四、举例说明

经济学家常常用美国波音公司和欧洲空中客车公司的假想例子来说明战略性贸易政策理论。假定在飞机制造业中有两家企业：美国波音公司和欧洲空中客车公司，两家公司都打算生产一种新型客机，但由于该行业规模特点要求，在作为一个整体的国际市场上只能容纳一个企业进入，否则，如果两个企业都进入，他们都会遭受5万美元损失，而不管哪一个企业，如果设法让自己在该行业中立足，就能获得100万美元的利润，如图8-1所示。

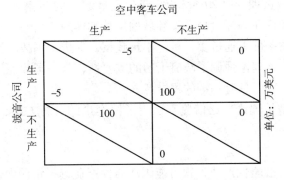

图8-1 没有政府补贴的损益图

波音公司和空中客车公司只有两种选择：生产或不生产。假设波音公司由于历史原因抢先占领了这个市场，则波音公司获得100万美元的利润，空中客车公司不生产。如果空中客车公司硬要挤进这个市场，则两家都亏损5万美元，所以空中客车公司不会进入竞争。

假设欧洲政府采取战略性贸易政策，补贴空中客车公司25万美元进行生产，则以上损益将发生根本性变化。如果两家公司都生产，空中客车获得政府补贴减去亏损后仍有20万美元的利润；如果只有空中客车公司生产，其总利润将达到125万美元，而波音公司没有补贴，其损益状况未发生变化，如图8-2所示。

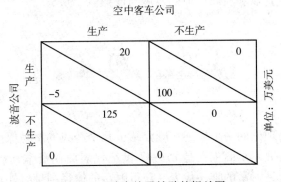

图8-2 政府给予补贴的损益图

在这种情况下，不管波音公司是否生产，空中客车公司只要生产就有利润。因此，对空中客车公司来说，不生产的选择已被排除，而波音公司则处在一种两难的境地：如果生产，将亏损5万美元；如果不生产，则市场将完全被空中客车公司夺走。所以，波音公司只能退出竞争，这样，空中客车公司就能独占整个市场，获得125万美元的利润。欧洲政府用25万美元的补贴，就从国际竞争中获得了100万美元的利润。

由这个例子可以看出，从理论上讲，在不完全竞争的市场结构中，战略性贸易政策可以改进市场运行的效果，帮助本国企业在国际竞争中取得战略性优势，增进整个国家的经济福利。

五、战略性贸易政策理论的评价

1. 积极意义

（1）战略性贸易政策理论以20世纪80年代发展起来的不完全竞争和规模经济理论为基础，是国际贸易新理论在国际贸易政策领域的反映和体现。战略性贸易政策理论论证了一国可以在不完全竞争的条件下通过实行贸易干预政策，促进本国战略性工业的发展，增强其在国际市场的竞争力。该理论强调了政府干预的重要性，为一国政府发展本国经济与对外贸易提供了有益的指导，因而具有一定的积极意义。

（2）战略性贸易政策理论广泛借鉴和运用了博弈论的分析方法，是国际贸易理论研究方法的重要突破。

2. 局限性

（1）难以准确选择战略性产业，很可能因战略性产业选择错误而造成资源浪费。

（2）容易引发贸易战。战略性贸易政策是一种以邻为壑的贸易政策，以牺牲别国的利益来提高本国福利，这就令该政策很容易引发贸易战，世界贸易规模将因此而缩小，贸易利益下降。

（3）自由进入的市场结构可能导致垄断利润丧失。如果受保护产业的进入无壁垒，那么该产业的垄断利润会导致大量企业进入，垄断利润消失，战略性贸易政策将不能实现其预期的目标。因此，许多经济学家都指出，必须正确把握战略性贸易理论，不可片面夸大或曲解其功效。

（4）政府通过贸易政策支持国内企业，这可能引发国内企业的"道德风险"，导致企业对政府的依赖，不利于企业和所属产业的发展与成熟。

小 结

本章是对保护贸易理论的一个概述，既介绍了几个经典的贸易保护理论，也介绍了贸易保护理论的一些最新发展。重商主义是15—17世纪代表商业资本利益的经济思想和政策体系。重商主义认为金银是财富的唯一代表，获得财富的途径则是对外贸易顺差，因而主张国家干预经济活动，"奖出限入"，追求顺差，使货币流入国内，以增加国家财富和增强国力。

保护关税理论是指汉密尔顿提出的美国应在对外贸易上实行关税保护，并提出一系列政策主张，使美国工业得以受到有效保护而顺利发展的相关论点。汉密尔顿的保护关税理论提出采用关税措施对本国正处在成长过程中的产业特别是制造业予以保护，使之生存、发展和壮大。

李斯特提出保护幼稚工业理论,主张在利用关税政策发展本国工业时,对不同的产品采取不同的关税税率,以保护本国将来有前途的幼稚工业,促进生产力的发展。李斯特对国际分工和自由贸易利益予以承认,并且主张保护贸易是过渡手段,自由贸易是最终目的。

凯恩斯的超保护贸易理论是发达国家在战后为了保住自身原有优势制定保护贸易政策的依据,它建立在凯恩斯的有效需求理论和投资乘数理论的基础上,认为出口就如同国内投资一样对国民经济具有"注入"的效果,会增加有效需求,进而提高就业水平,并且还会对国民收入有倍增效应,即所谓的"对外贸易乘数理论"。

战略性贸易政策理论是指一国政府在不完全竞争和规模经济的条件下,利用生产补贴、出口补贴及保护国内市场等贸易政策来扶植本国战略性产业的成长,增强其在国际市场上的竞争力,占领他国市场,获取规模报酬和垄断利润。

一、警惕"新贸易保护主义"思潮泛起

近年来,美国、欧盟、日本等发达国家出现了一股"新贸易保护主义"思潮,旨在经济全球化的条件下,按照本国的经济社会特征,强化在世界经济体系中的话语权和规则制定权,维持其在国际经济竞争中的支配地位。"新贸易保护主义"是当今全球经济博弈的新形式,对中国外贸的发展也有较大的负面影响。中国已连续12年成为受反倾销调查最多的国家,涉案损失每年高达300亿~400亿美元。

随着经济全球化的发展和多边贸易体制的强化,关税等传统贸易保护手段功能弱化。与此同时,全球发生的产业分工转移,资本、技术流动也促成了国家和地区的经济竞争力变迁,在这种情况下,许多发达国家便以规避多边贸易制度约束的方式,推出了"新贸易保护主义"。"新贸易保护主义"有以下几个特征。

其一,在多边贸易体制的空间内打"合法"的传统贸易保护牌,如反倾销、反补贴等。其二,根据自己的经济社会的先发优势,针对发展中国家的后发劣势,设置种种新的贸易壁垒,如技术标准壁垒、绿色环保壁垒、知识产权壁垒、劳工标准壁垒等。其三,贸易保护的范围在扩延,不仅包括货物贸易,还延伸至服务贸易,尤其是金融、汇率、知识产权等领域。其四,对核心技术实行垄断性保护和歧视性要价。其五,直接挑战世贸规则,如美国运用其国内"301条款"采取单边贸易制裁措施。

"新贸易保护主义"是经济全球化中的逆流和旋涡,它会使多边贸易体制脆弱化,既无益于全球经济要素更顺畅地流动、更合理地组合,也无益于全球社会发展均衡,从长远来看,则无益于全球环保和经济可持续发展。这种手段如果没有把握好分寸,也会伤及发达国家自身的经济。

对中国而言,应对"新贸易保护主义"似乎只有积极参与博弈、埋头苦练"内功"一途。对外,在现今的体制和规则下,该说的话要说,该打的官司要打,该采取的反措施要采取。商场如战场,与狼共舞,就要有狼一样的生存竞争意识。对内,要适应世界贸易的形势和环境,及时调整产业结构,加大国家经济内需拉动的比重。要着力提高产业的技术档次,包括环保要求,掌握更多的自主核心技术。对一个企业和产品而言,经济竞争力的最高境界是:让客户别无他选,让对手也无话可说、无可抱怨。中国的产业和产品要努力攀登这样的高峰。

资料来源:黄晴. 警惕"新贸易保护主义"思潮泛起[EB/OL].(2007-06-18)[2020-05-27]. http://pinglun.eastday.com/p/200706/18/ula2915360.html.

案例思考

(1) 分析美、欧、日等发达国家推行"新贸易保护主义"的原因及"新贸易保护主义"对全球经济发展的影响。

(2) 中国应如何应对"新贸易保护主义"?

二、战略性贸易政策理论的应用

世界上成功运用战略性贸易政策理论的典型是欧盟、日本和美国。

欧盟的前身欧共体实行共同农业政策,推行农业一体化,建立了内部统一的农产品价格体系和统一的农产品市场,并为排挤外来农产品的市场设立统一的对外农产品关税壁垒,为了对内部农产品实行价格支持和出口补贴而建立了共同农业基金。这一政策使欧共体农产品竞争力大为提高,从农产品进口大户摇身一变成为世界市场农产品的主要供应者。

同样的情形也发生在日本,日本的产业政策一向为人们所称道。大藏省对企业提供低息融资,通产省对本国市场的保护和对外国企业投资及进口技术进行严格审查,政府控制中小企业过多进入而只限于几家大公司重组形成卡特尔组织以联合出资进行科研开发,政府与企业间协商出口目标。政府的这些干预一方面保护国内市场,为本国工业的建立提供市场需求的支持,另一方面较好地将外部经济效果滞留于国内,使其完全服务于国内经济体系。如果说欧盟和日本的成功基于特定的历史环境("冷战"期间美国出于政治目的默许了这种行为),那么美国的国家促进出口战略则是对战略性贸易政策理论具有时代特色的修正和完善,值得我们了解和借鉴。

美国对外经贸政策实质上是政府运用国家政权力量帮助企业获得竞争优势,包括以下一些内容。

(1) 通过其在世贸组织的影响,制定和修改各种贸易规则及框架协议,促使别国开放市场,以使美国从中占据更多的市场份额。《服务贸易协定》《与贸易有关的投资措施协定》《与贸易有关的知识产权协定》等无一不是美国积极促成发达国家特别是美国本身占尽优势领域的协议。

(2) 强化单边政府行为,通过国内法规监督、调查、评价贸易伙伴国不公平贸易行为。如在对外经贸关系上,动辄援引"301条款"对别国进行报复和制裁。

(3) 经济安全放在首位,美国取消第二次世界大战后相当长时间运作的"巴黎统筹委员会"中对社会主义国家和有反美倾向国家的出口管制,近日又撤销了对古巴长达数十年的出口禁运。

(4) 开展经济外交,成立数个出口援助中心,采取多种措施,如派高级贸易代表团出访及通过大使、内阁成员甚至政府政治干预,为美国企业拓展国际市场。日美贸易大战中,美国曾数次迫使日本提高日元对美元的比价并敦促日本开放国内市场。

在国内,美国通过政策扶持和全方位的外贸创新机制保障管理贸易战略的实施。其一,美国政府优先制定并实施能在未来提供更多高薪就业机会和出口的高新技术产业政策。其二,财政、金融政策扶持。根据《国内税收法典》规定,国外销售公司可在其出口收入中免缴部分联邦所得税;金融方面则加大出口信贷保险、出口担保和指定项目救援资助安排的执行力度。其三,重塑政企关系,提供全方位配套服务:美国商务部下属的贸易发展委员会负责向美国出口商提供有关产业的信息、政策咨询等支持,发起特定行业的促销活动,为企业分析市场准入障碍;商务部还向企业提供重大项目的专门支持,如运输、电子及其他基础设施项目方面,以政府名义帮企业获取国外重大基建项目合同;实现商贸信息的公开化与社会化,建立终端遍及全国的"全国贸易数据库"。

可以看到,美国的一系列政策实际上为本国企业建立了一套充分的风险分散机制,使企业交易成本大为降低。无论是经济外交还是信贷、咨询等,政府尽其所能地为企业创造良好的竞争氛围,将一切不确定因素降至最低水平,同时确保不会越俎代庖,政府行为只通过市场发挥作用,既避免国际规则发生冲突又达到了与关税和国家补贴殊途同归的效果,彻底解决了战略性贸易政策理论的局限性。

资料来源:翟惠蓉. 战略性贸易政策在现实中的应用[J]. 首都经济贸易大学学报, 2001 (5):25-28.

案例思考

从日本、美国、欧盟的战略性贸易政策中可以获得什么样的启示?

名词解释

重商主义 关税保护理论 保护幼稚工业理论 超保护贸易理论 对外贸易乘数理论
"中心-外围"理论 战略性贸易政策理论

思 考 题

1. 重商主义的主要思想观点是什么?
2. 重商主义的贸易政策是什么?
3. 汉密尔顿的关税保护理论的主要内容是什么?
4. 试述保护幼稚工业理论的内容。该理论对发展中国家有何指导意义?
5. 对外贸易乘数理论的主要内容是什么?
6. 如何正确评价超保护贸易理论?

第九章

国际贸易措施

【学习目的与要求】
让学生掌握国际贸易措施的主要类型、作用;理解关税措施及各种非关税措施的基本含义、分类和特点。

【学习重点与难点】
重点、难点是掌握关税措施对贸易小国的经济效应。

第一节 关税措施

一、关税的含义

关税(custom duties 或 tariff)是进出口商品经过一国关境时,由政府所设置的海关向进出口商品征收的税收。

关税征收是通过海关执行的。海关是设在关境上的国家行政管理机构,是执行本国进出口政策、法令和规章的重要机构。其任务是根据国家进出口政策、法令和规章对进出口货物、货币、金银、行李、邮件、运输工具等实行监督管理,征收关税,查禁走私,临时保管、统管货物和统计进出口商品。海关还有权对不符合国家规定的进出口货物不予放行、罚款、没收或销毁。

征收关税是海关的重要任务之一,海关征收关税的领域叫关境或关税领域,是海关管辖和执行海关各项法令及规章的区域。一般来说,关境和国境是一致的,但有些国家在国境内设立自由港、自由贸易区和出口加工区等经济特区,这些地区不属于关境范围之内,这时候关境小于国境。有些国家之间缔结关税同盟,因而参加关税同盟的国家的领土即成为统一的关境,这时候关境大于国境。关税是国家财政收入的一个重要组成部分。

二、关税的主要特点

关税与其他税收一样,具有强制性、无偿性和预定性等特征,除此之外,关税还具有以下特征。

（1）关税是一种间接税。关税主要征收对象是进出口商品，其税负是由进出口商先行垫付，而后把它作为成本的一部分计入商品的价格，转嫁给最终消费者，因而关税属于间接税。

（2）关税的税收主体和客体是进出口商及进出口货物。在税法中，征税涉及税收主体和客体。税收主体（subject of taxation）也称课税主体，是指在法律上负担纳税的自然人和法人，也称纳税人（taxpayer）。税收客体（object of taxation）也称课税客体或课税对象。关税的税收主体是本国的进出口商。当商品进出国境或关境时，进出口商根据海关规定向当地海关交纳关税，他们是税收主体，是纳税人。关税的税收客体是进出口商品。根据海关税法和有关规定，海关对各种进出口商品依据不同的税目和税率征收关税。

三、关税的作用

1. 关税可以调节一国进出口贸易

许多国家通过制定和调整关税税率来调节进出口贸易。在出口方面，通过低税、免税和退税来鼓励商品出口；在进口方面，通过税率的高低、减免来调节商品进口。对于国内不能生产或生产不足的商品，制定较低税率或免税以鼓励进口；对于国内能大量生产或非必需品的进口，则制定和适用较高税率，以限制进口或达到禁止进口的目的。

此外，关税还可以调整贸易差额。当一国贸易逆差过大时，可以通过提高关税税率或征收附加税限制进口，缩小贸易逆差，但这一做法只具有短期效应。如1971年8月美国为扭转巨额贸易逆差，宣布对所有进口商品加征10%的进口附加税，但这一做法并没有根本改变美国贸易收支状况。

2. 关税是一国实施对外贸易政策的重要手段

一国是执行自由贸易政策还是保护贸易政策，贸易保护的程度有多高，实施保护是否存在歧视性等都在该国的关税政策上有体现。如在自由贸易政策下，多数商品进口免征关税或适用较低的关税税率；在保护贸易政策下，一国往往对进口商品予以限制，限制的主要手段之一就是关税，限制的程度则取决于关税税率的高低。在一国对外贸易关系发展过程中，实施歧视性待遇通常采用的重要做法之一，就是针对来自不同国家或地区的商品适用不同的关税税率。

3. 关税可以促进一国产业结构的调整

一国对于进口竞争性产业产品所持的态度，是鼓励发展，还是抑制发展，或者是任其自由发展，关税政策是完全不同的。如果属于鼓励发展的产业，该国往往对该产业产品的进口通过高关税实施限制，但对该产业发展所需要的设备、原料等则鼓励进口，适用低关税，或者享受免征关税待遇。如果属于不鼓励发展，或者说计划淘汰的产业，则对相关产品进口不予限制或较少限制，自然淘汰国内那些衰退（夕阳）产业，或者从资源条件、环境等因素考虑不适合发展的产业。

4. 关税是国家财政收入的重要组成部分

在发达国家财政收入中，关税所占的比例不大，并呈现出逐步下降趋势。1992年，关税在美国财政收入中的比例为1.2%。但在发展中国家，特别是经济不发达、税源有限的发展中国家，关税成为重要的、甚至主要的收入来源，如1999年喀麦隆、埃塞俄比亚、菲律宾、中国的关税收入占政府财政收入的比率分别为28.26%、27.79%、18.57%、9.5%。

随着其他税源重要性的提高,关税收入在中国财政收入的比例不断下降,2004年下降到4.23%,现在更低。

四、关税的种类

(一) 按照征税对象或商品流向划分

按照征税对象或商品流向,关税可分为进口税、出口税和过境税。

1. 进口税 (import duty)

进口税是进口国家的海关在外国商品输入时,对本国进口商品所征收的正常关税。这种税在外国商品直接进入关境或过境时征收,或者外国商品由自由港、自由贸易区或海关保税仓库等提出运往进口国的国内市场销售,在办理海关手续时征收。

目前各国征收的关税主要是进口税,因为征收进口税,可提高进口商品的价格,削弱进口商品的竞争力,从而起到限制进口的作用。

进口税通常可分为最惠国税和普通税两种。最惠国税适用于与该国签订由最惠国待遇原则贸易协议的国家或地区所进口的商品;普通税适用于与该国没有签订这种贸易协议的国家或地区所进口的商品。最惠国税率比普通税率低,两种税率差幅往往很大。第二次世界大战后,大多数国家都加入了关税与贸易总协议或签订双边的贸易条约或协议,相互提供最惠国待遇。因此正常进口税通常指最惠国税。

战后大多数国家为了保护国内市场,促进本国发展,都对工业制成品的进口征收较高的关税,对半制成品或中间投入品的进口税率较低些,而对原材料的进口税率最低甚至免税。

2. 出口税 (export duty, export tax)

出口税又称出口关税,是对本国出口货物在运出国境时征收的一种关税。出口关税是一国政府的重要财政来源之一,但征收出口关税会增加出口货物的成本,不利于本国货物在国际市场的竞争。随着世界贸易的不断发展,关税占国家财政收入的比重在不断下降。

出口货物应当按照货物的发货人或他们的代理人、申报人出口之日实施的税则税率征税。出口货物关税计算公式为:出口关税 = 完税价格 × 出口税率。以海关审定的成交价格为基础的售予境外的离岸价格,扣除出口关税,即为出口货物完税价格。实际成交价格是一般贸易项下出口货物的买方为购买该货物向卖方实际支付或应当支付的价格。

3. 过境税 (transit duty)

过境税又叫通过税。对过境货物所征收的关税。过境货物一般指外国货物运进一个国家的关境,又原样运出该关境的货物。即该货物运输的起点和终点均在运输所经的国家之外。征收过境税的主要目的是增加国家的财政收入。在重商主义时代,欧洲各国曾盛行此税。如果一个国家的地理位置处于交通枢纽或交通要道,征收过境税成为该国最方便而又充裕的税源。但过境税增加了外国货物的成本,阻碍了国际贸易的发展。

(二) 按照差别待遇和特定的实施情况分类

1. 进口附加税

进口附加税是指进口海关对进口的外国商品在征收一般进口税外,出于某种特定的目的额外加征的关税。它通常是一种特定的临时壁垒。征收进口附加税的目的主要有：应付国际收支危机，维持进出口平衡；防止外国商品低价倾销；对某个国家实行歧视或报复等。因此进口附加税又称"特别关税"。

进口附加税是限制商品进口的重要手段，在特定的时期有较大的作用。例如，1971年美国出现了自1891年以来的首次贸易逆差，国际收支恶化，为了应付国际收支危机，维持进出口平衡，美国总统尼克松宣布自1971年8月15日起实行新经济政策，对外国商品的进口在征收一般进口税的基础上再加征10%的进口附加税，以限制进口。在1980年后的一段时间里，我国海关对汽车等高档消费品及违反"统一归口、联合对外"规定引进设备所征收的进口调节税，也是属于进口附加税。

另外应该指出，进口附加税并不是一个独立的税种，其本身并无单独的税则，它是从属于进口正税的。一般来说，对所有进口商品都征收进口附加税情况较少，大多数的情况是对个别国家和个别商品征收进口附加税。进口附加税主要有以下几种。

1）反倾销税

反倾销税是对实行倾销的进口货物所征收的一种进口附加税，其目的在于抵制商品倾销，保护本国商品的国内市场。所谓倾销，是指低于正常价格向另一国销售商品的行为。正常价格是指相同产品在出口国用于国内消费时在正常情况下的可比价格；如果没有这种国内价格，则是相同产品在正常贸易情况下向第三国出口的最高可比价格；或者产品在原产国的生产成本加上合理的推销费用和利润。

根据关贸总协定《反倾销守则》规定，倾销是指进口商品以低于正常价值的价格向另一国销售的行为。确定正常价格有3种方法：① 采用国内价格，即相同产品在出口国用于国内消费时在正常情况下的可比价格；② 采用第三国价格，即相同产品在正常贸易情况下向第三国出口的最高可比价格；③ 采用构成价格，即该产品在原产国的生产成品加合理的推销费用和利润。这3种确定正常价格的方法是依次采用的，即若能确定国内价格就不使用第三国价格或构成价格，依次类推。另外，这3种正常价格的确定方法仅适用于来自市场经济国家的产品。对于来自非市场经济国家的产品，由于其价格并非由竞争状态下的供求关系所决定，因此，西方国家选用替代国价格，即以一个属于市场经济的第三国所生产的相似产品的成本或出售的价格作为基础，来确定其正常价格。

按《反倾销守则》规定，对某进口商品征收反倾销税有3个必要条件：① 倾销存在；② 倾销对进口国国内已建立的某项工业造成重大损害或产生重大威胁，或者对某一国内工业的新建产生严重阻碍；③ 倾销进口商品与所称损害之间存在因果关系。进口国只有经充分调查，确定某进口商品符合上述征收反倾销税的条件，方可征收反倾销税。

确定倾销对进口国国内工业的损害要从3个方面认定：① 产品在进口国数量的相对和绝对增长；② 产品价格对国内相似产品价格的影响；③ 对产业的潜在威胁和对建立新产业的阻碍。此外，还要确定上述损害是否是倾销所致。若由于其他因素（如需求萎缩或消费格局改变等）造成损害则不应归咎于倾销性出口。

如果某进口商品最终确认符合被征反倾销税的条件，则所征收的税额不得超过经调查确认的倾销差额，即正常价格与出口价格的差额。征收反倾销税的期限也不得超过为抵消倾销所造成的损害必需的期限。一旦损害得到弥补，进口国应立即停止征收反倾销税。另外，若被指控倾销其产品的出口商愿作出"价格承诺"（price undertaking），即愿意修改其产品的出口价格或停止低价出口倾销的做法，进口国有关部门在认为这种方法足以消除其倾销行为所造成的损害时，可以暂停或终止对该产品的反倾销调查，不采取临时反倾销壁垒或不予以征收反倾销税。

虽然关贸总协定制定了《反倾销守则》，但反倾销法的执行主要依赖各签字国的国内立法规定，因而具有很大的随意性。随着关税壁垒作用的降低，各国越来越趋向于利用反倾销手段，对进口产品进行旷日持久的倾销调查及征收高额反倾销税限制商品进口。

2）反补贴税

反补贴税又称"抵消税"或"补偿税"，是对于直接或间接地接受奖金或补贴的外国进口商品所征收的一种进口附加税。这种税金或补贴包括进口商品在生产、制造、加工、买卖、输出过程中所接受的直接或间接的奖金或补贴，它可以来自政府，也可以来自同业协会。征收反补贴税的目的在于增加进口商品的成本，抵消其所享受的补贴金额，削弱其竞争能力，使其不能在进口国市场上销售。

反补贴税是对那些得到其政府出口补贴的外国供应商具有的有利经济条件作用的反应，反补贴税的目的在于抵消国外竞争者得到奖励和补助产生的影响，从而保护进口国的制造商。这种奖励和补贴包括对外国制造商直接进行支付以刺激出口；对出口商品进行关税减免，对出口项目提供低成本资金融通或类似的物质补助，美国通过商务部国际贸易管理局进行补贴税的实施。近年来，这些反补贴税已成为国际贸易谈判中日益难以取得进展的领域，并且这也使国际对等贸易的安排复杂化，因为在对等贸易中要衡量政府补贴是非常困难的。

凡是进口商品在生产、加工制造、运输、买卖环节中接受了直接或间接补贴，不论这种补贴是由外国政府或是由垄断组织及同业协会提供的，都使进口国当局有理由对这种进口商品征收反补贴税。所谓直接补贴是指政府对某些出口商品给予财政上的优惠，如减少出口税或某些国内税，降低运费，对于为加工出口而进口的原料、半制成品实行免税等。目前，美国和欧共体对许多农产品的出口，大多采取直接补贴的方式，而欧共体对农场主的生产补贴则更多。

反补贴税是按补贴数额进行征收的。出口国为其出口商品提供补贴的目的是提高出口商品在国外的竞争力。进口国征收反补贴税的目的则在于使得到补贴的商品失去人为因素的竞争效力。进口商品被征收反补贴税后其价格就会提高，这样就抵消了它所享受的补贴金额，从而削弱它的竞争能力，使它不能在进口国市场上进行低价竞争或倾销。

2. 差价税

差价税（variable levy）又称差额税，是当本国生产的某种产品的国内价格高于同类进口商品的价格时，为削弱进口商品的竞争力，保护本国生产和国内市场，按国内价格与进口价格之间的差额征收的关税。征收差价税的目的是使该种进口商品的税后价格保持在一个预定的价格标准上，以稳定进口国内该种商品的市场价格。

对于征收差价税的商品，有的规定按价格差额征收，有的规定在征收一般关税以外另行征收，这种差价税实际上属于进口附加税。差价税没有固定的税率和税额，而是随着国内外价格差额的变动而变动，因此是一种滑动关税。

差价税的典型变现是欧盟对进口农畜产品的做法。欧盟为了保护其农畜产品免受非成员国低价农产品竞争，而对进口的农产品征收差价税。首先，在共同市场内部以生产效率最低而价格最高的内地中心市场的价格为准，制定统一的目标价格（target price）；其次，从目标价格中扣除从进境到内地中心市场的运费、保险费、杂费和销售费用后，得到门槛价格

(threshold price),或称闸门价格;最后,若外国农产品抵达欧盟进境地的 CIF(到岸价格)低于门槛价格,则按其间差额确定差价税率。实行差价税后,进口农产品的价格被抬至欧盟内部的最高价格,从而丧失了价格竞争优势。欧盟则借此有力地保护了其内部的农业生产。此外,对使用了部分农产品加工成的进口制成品,欧盟除征收工业品的进口税外,还对其所含农产品部分另征部分差价税,并把所征税款用作农业发展资金,资助和扶持内部农业的发展。因此,欧盟使用差价税实际上是其实施共同农业政策的一项重要壁垒,保护和促进了欧盟内部的农业生产。

3. 普惠制方案

普惠制方案是各给惠国为实施普惠制而制订的具体执行办法。各发达国家(给惠国)分别制订了各自的普惠制实施方案,而欧盟作为一个国家集团给出共同的普惠制方案,因此,目前全世界共有 15 个普惠制方案。从具体内容看,各方案不尽一致,但大多包括了给惠产品范围、受惠国家和地区、关税削减幅度、保护壁垒、原产地规则及给惠方案有效期等 6 个方面。

(1)给惠产品范围。一般农产品的给惠商品较少,工业制成品或半制成品只有列入普惠制方案的给惠商品清单,才能享受普惠制待遇。一些敏感性商品如纺织品、服装、鞋类及某些皮制品、石油制品等常被排除在给惠商品之外或受到一定限额的限制。例如,欧盟 1994 年 12 月 31 日颁布的对工业品按敏感程度分为五类,并分别给予不同的优惠关税。具体地说,对第一类最敏感产品,即所有的纺织品,普惠制关税为正常关税的 85%;对第二类敏感产品,征正常关税的 70%;对第三类半敏感产品,征正常关税的 35%;对第四类不敏感产品,关税全免;而对第五类部分初级工业产品,将不给予优惠税率,照征正常关税。又如美国的普惠制方案规定,纺织品协议项下的纺织品和服装、手表、敏感性电子产品、敏感性钢铁产品、敏感性玻璃制品或半制成品及鞋类不能享受普惠制待遇。

(2)受惠国家和地区。发展中国家能否成为普惠制方案的受惠国是由给惠国单方面确定的。因此,各普惠制方案大都有违普惠制的三项基本原则。各给惠国从各自的政治、经济利益出发,制定了不同的标准要求,限制受惠国家和地区的范围。

(3)给惠商品的关税削减幅度。给惠商品的减税幅度取决于最惠国税率与普惠制税率之间的差额,即普惠制减税幅度 = 最惠国税率 − 普惠制税率,减税幅度大,甚至免税。

4. 普遍优惠制

普遍优惠制(generalized system of preferences,GSP)简称"普惠制",是发达国家对从发展中国家或地区输入的商品,特别是制成品和半制成品,给予普遍的、非歧视的和非互惠的关税优惠待遇。这种税称为普惠税。普遍性、非歧视性和非互惠性是普惠制的三项基本原则。普遍性指发达国家应对发展中国家或地区出口的制成品和半制成品给予普遍的优惠待遇;非歧视性是指应使所有发展中国家或地区都不受歧视,无例外地享受普惠制待遇;非互惠性是指发达国家应单方面给予发展中国家或地区关税优惠,而不要求发展中国家或地区提供反向优惠。普惠制的目的是增加发展中国家和地区的外汇收入,加速发展中国家或地区的经济增长。

自普惠制实施以来,受惠国或地区积极利用普惠制,取得了不同程度的成效。其中,亚洲的新加坡、香港、韩国和台湾利用得最好。这四个国家与地区的经济发展都是在 20 世纪 70 年代得到飞速发展的,而它们的经济起飞,与普惠制有着密切的关系。它们在充分利用普惠制扩大出口、增加外汇收入、加速经济发展方面取得了显著的成效。

五、关税的保护水平

关税水平是指一个国家的平均进口税率。它大体可以衡量一个国家进口税的保护程度，其计算方法主要有简单平均法和加权平均法。

简单平均法是只根据一国税则中的税率来计算的，即不管每个税目实际的进口数量，只按税则中的税目数求其税率的算术平均值。这种计算方法将贸易中的重要税目和次要税目均以同样份量计算，因而，这种计算方法显然是不合理的。简单平均法不能如实反映一国关税水平，因此很少被使用。

加权平均法是用进口商品的数量或价格作为权数进行平均。按照统计口径或比较范围的不同，又可分为两种。

一是全额加权平均。这种方法是按一个时期内所征收的进口关税总金额占所有进口商品价值总额的百分比计算。计算公式为

$$关税水平 = \frac{进口关税额}{进口商品总值} \times 100\%$$

在这种计算方法中，如果一国税则中免税的项目较多，计算出来的数值就偏低，不易看出有税商品税率的高低。因此，另一种方法是按进口税额占有税商品进口总值的百分比计算，这种方法计算出的数值比上述方法高一些。计算公式为

$$关税水平 = \frac{进口关税额}{有税商品进口总值} \times 100\%$$

由于各国的税则并不相同，税则的商品数目众多，也不尽相同，因而这种方法使各国关税的可比性相对较小。

二是取样加权平均，即选取若干种有代表性的商品，按一定时期内这些商品的进口关税总额占这些代表性商品进口总额的百分比计算，公式为

$$关税水平 = \frac{若干种有代表性商品进口关税总额}{若干种有代表性商品进口总额} \times 100\%$$

现举例说明，假定选取 A、B、C 三种代表性商品计算：

	A	B	C
进口值/元	100	40	60
税率/%	10	20	30

$$关税水平 = \frac{100 \times 10\% + 40 \times 20\% + 60 \times 30\%}{100 + 40 + 60} \times 100\% = 18\%$$

若各国选取同样的代表性商品进行加权平均，对各国的关税水平比较则成为可能。这种方法比全额加权平均更为简便和实用。在关贸总协定肯尼迪回合就关税减让进行谈判时，各国就是使用联合国贸易与发展会议选取的 504 种有代表性的商品来计算和比较各国的关税水平的。关税水平的数字虽能比较各国关税的高低，但还不能完全表示保护的程度。

六、名义保护率和有效保护率

（一）名义保护率

根据世界银行的定义，对某一商品的名义保护率，是指由于实行保护而引起的国内市场价格超过国际市场价格的部分与国际市场价格的百分比。用公式表示为

$$名义保护率 = \frac{进口货物国内市场价格 - 国际市场价格}{国际市场价格} \times 100\%$$

与关税水平衡量一国关税保护程度不同，名义保护率衡量的是一国对某一类商品的保护程度。由于在理论上，国内差价与国外价格之比等于关税税率，因而在不考虑汇率的情况下，名义保护率在数值上和关税税率相同。名义保护率的计算一般是把国内外价格都折成本国货币价格进行，因此受外汇兑换率影响较大。

（二）有效保护率

有效保护率又称实际保护率，是指各种保护壁垒对某类产品在生产过程中的净增值所产生的影响。具体地说，就是由于整个关税制度而引起的国内增值的提高部分与自由条件下增值部分的百分比。由此，有效保护率被定义为：征收关税所引起国内加工增加值同国外加工增加值的差额占国外加工增加值的百分比。用公式表示为

$$有效保护率 = \frac{国内加工增加值 - 国外加工增加值}{国外加工增加值} \times 100\%$$

或

$$ERP = \frac{V' - V}{V} \times 100\%$$

式中：ERP——有效保护率；

V'——保护贸易条件下被保护产品生产过程中的增值；

V——自由贸易条件下该生产过程的增值。

如果一个国家由于本国原材料供应不足，必须进口原材料进行加工制造成最终产品，在这种情况下，对最终产品有效保护不仅受最终产品名义保护率的影响，且受原材料名义保护率及原材料价值在最终产品中所占比重影响，其关系为

$$ERP = \frac{T - Pt}{1 - P}$$

式中：ERP——有效保护率；

T——最终产品名义保护率；

t——原材料名义保护率；

P——原材料价值在最终产品中所占的比重。

由上式可见，若对最终产品的名义保护率和原材料价值在最终产品价值中所占的比重不变，则对原材料的名义保护率越高，对最终产品的有效保护率就越低，反之亦然。当对原材料的名义保护率高于对最终产品的名义保护率时，对最终产品的有效保护率低于对最终产品的名义保护率；对原材料的名义保护率低于对最终产品的名义保护率时，对最终产品的有效保护率

高于对最终产品的名义保护率。因此，有效保护理论认为：对生产被保护产品所消耗的投入品征税，会提高产出品的成本，减少产出品生产过程中的增值，从而降低对产出品的保护。

例如，在自由贸易条件下，1 kg 棉纱的到岸价格折成人民币为 20 元，其投入原棉价格为 15 元，占其成品（棉纱）价格的 75%，余下的 5 元是国外加工增值额，即 $V = 5$ 元。如果我国进口原棉在国内加工棉纱，原料投入系数同样是 75% 时，对原棉和棉纱进口征收不同关税而产生的有效保护率分别如下。

（1）设对棉纱进口征税 10%，原棉进口免税。则国内棉纱市价应为 $20 \times 110\% = 22$（元），其中原棉费用仍为 15 元，则国内加工增值额为 $V' = 22 - 15 = 7$（元）。按上式计算，棉纱的有效保护率为：

$$ERP = [(V' - V)/V] \times 100\% = [(7-5)/5] \times 100\% = 40\%$$

即当最终产品的名义税率大于原材料的名义税率时，对最终产品的有效保护率大于对其征收的名义税率。

（2）对棉纱进口征税 10%，原棉进口也征税 10%。那么，国内棉纱的市价仍为 22 元，而其原料成本因原棉征税 10% 而增加为 16.5 元，国内加工增值 $V' = 22 - 16.5 = 5.5$（元），则其有效保护率为：

$$ERP = [(V' - V)/V] \times 100\% = [(5.5-5)/5] \times 100\% = 10\%$$

即当最终产品与原材料的名义税率相同时，对最终产品的有效保护率等于对其征收的名义税率。

第二节 关税的经济效应

关税的经济效应是指一国征收关税对其国内价格、贸易条件、生产、消费、贸易、税收、再分配及福利方面所产生的影响。关税的经济效应可以从整个经济的角度来分析，也可以从单个商品市场的角度来分析，前者属于一般均衡分析，后者为局部均衡分析。为便于分析和理解，本节从局部均衡分析角度分别讨论小国和大国征收关税所产生的经济效应。

一、小国征收关税的经济效应

国际经济学中的"小国"是指该国的需求规模在国际贸易中所占比重甚小，该国需求的变动不足以影响该产品在世界市场上的价格。它只是世界价格的既定接受者。

设某国为小国，对某商品 X 的供给、需求、贸易状况如图 9-1 所示。图中，横坐标轴表示商品 X 的数量，纵坐标轴表示商品 X 的价格，S_x 和 D_x 分别代表商品 X 的供给曲线和需求曲线，两线之交点 E 为隔离均衡点，P_e 为隔离均衡价格。在自由贸易条件下，当不计运费时，国内价格等于国际价格为 P_{x1}。在此价格下，该国对商品 X 的需求量为 AB，本国自行生产的数量为 AC，需进口的数量为 CB。S_F 为该国进口所面对的出口供给曲线，平行于横坐标轴，弹性无穷大。若该国对商品 X 的进口征收额度为 T 的关税（税率为 T/OP_{x1}），则其进口面对的是包括关税在内的新的出口供给曲线 S_{F+T}。征收关税对国内经济产生了以下影响。

1. 价格效应（price effect）

这是征收关税对进口国价格的影响。由于小国的商品对国际价格没有影响力，因此课征税后，商品的国际价格仍为 P_{x1}，但其国内价格却升至 $P_{x2}(P_{x2}=P_{x1}+T)$，即小国征收关税使进口品及其进口替代品的国内价格提高了与所征收额相当的幅度。

2. 贸易条件效应（terms of trade effect）

这是指征收关税对进口国贸易条件的影响。小国对进口商品征收关税使该商品的国内价格上升，从而使国内生产紧张，消费减少，进口缩减。但小国的进口量的减少并不会对国际市场的供求关系产生显著的影响，因而对国际价格没有影响力，故小国的关税贸易条件并不存在。

3. 消费效应（consumption effect）

消费效应即征收关税对可进口品消费的影响。在图 9-1 中，小国征收进口关税后，对可进口商品 X 的需求量因价格提高而由 AB 减至 GH，即减少 BN 数量的 X 商品消费。

4. 生产效应（production effect）

生产效应即征收关税对进口国进口替代品生产的影响。如图 9-1 所示，小国征收进口关税后，由于进口品价格提高了等同于关税额的水平，因而刺激进口替代品的生产扩张，直至生产者价格达到 $(P_{x1}+T)$ 的水平及进口替代品的产量由 AC 增至 GJ。所增加的 CM 数量的进口替代品生产乃关税的生产效应，又称替代效应（substitution effect）或保护效应（protection effect）。关税越高，保护程度亦越高。当关税提高为 P_e 或更高时，实为禁止性关税，关税的保护效应发挥的最大。

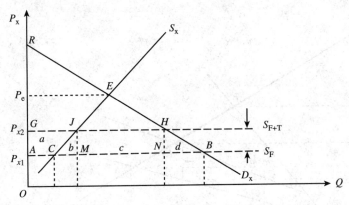

图 9-1 小国征收关税的经济效应

5. 贸易效应（trade effect）

贸易效应即征税引起的进口量变化。征收关税后，由于生产增加、消费减少，所以进口数量由 CB 减为 JH。其中，所减少的 BN 数量的进口乃消费减少所致，减少的 CM 数量进口则由生产增加所致。故关税的贸易效应为消费效应和生产效应之和（见图 9-1）。

6. 财政效应（revenue effect）

财政效应即征收关税对国家财政收入发生的影响。小国征收额度为 T 的关税后，政府取得了 $T \times JH = S_{MJHN}$ 的关税收入，使财政收入增加，此乃关税的财政效应。

7. 收入再分配效应（income-redistribution effect）

征税前，商品 X 的消费量为 AB，消费者剩余为 $\triangle RAB$；征税后，商品 X 的消费量为

GH,消费者剩余为 $\triangle RGH$,故消费者剩余改变了 $-(a+b+c+d)$。然而,征收关税后,生产者由于增加 CM 的进口替代品生产而增加了 $+a$ 的生产者剩余,政府为了征收关税而增加了 $+c$ 的财政收入。政府征收关税引起的福利净变动是 $-(b+d)$。$b+d$ 是由于关税扭曲了消费和生产而产生的效率损失。其中 b 表示生产扭曲的效率损失,它是由于关税而导致国内过多的生产被保护的产品;d 表示本国的消费扭曲损失,商品价格被人为提高而造成的消费下降。由此可见,小国征收关税会引起国民福利的净损失。

二、大国征收关税的经济效应

大国征收关税与小国相似,其所产生的各种效应大小也决定于课税商品的供给和需求弹性及所征关税的高低。在一定的供给和需求条件下,一国政府可通过征收最适关税以使其福利最大化。

大国征收关税后,使其国内价格提高,并使国际价格下降,表示关税由进出口国共同负担。如图 9-2 所示,进口国消费者负担 $P'_h P_w$ 的关税,出口商负担 $P_w P'_w$ 的关税,关税额为 $T = P'_h P_w + P_w P'_w = P'_h P'_w$。而关税负担的大小,决定于进出口国进口需求与出口供给弹性的大小。进口需求弹性越小,国内价格上涨幅度越大,则进口国的关税负担越重,出口国负担越轻;出口国供给弹性越大,国际价格下跌幅度越小,则出口国的关税负担越轻,进口国的负担越重。反之亦然。

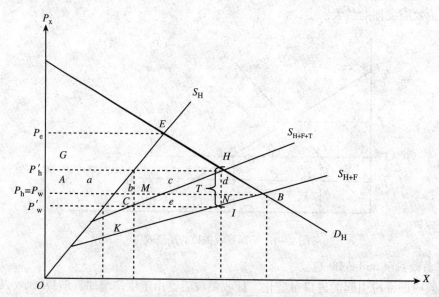

图 9-2 大国征收关税的经济效应

通过以上对小国和大国征收关税的局部均衡分析可见,征收关税虽然使本国供应商受益并对政府有利,但却极大地损害了消费者福利,最终使社会遭受无谓的损失。降低关税,则会增进国民福利和消费者利益,而仅对相关的部分生产者及国库收入不利。在关税保护下的国内生产是低效率的生产,不利于资源的合理配置,因而也不应该长期对其提供保护。因此,除了在少数情况下,如今进口大国能用关税影响进口货的价格,使其从中得到的利益超过保护的成本时,或者在本国经济存在其他办法不能纠正的缺陷时,才能考虑采取征收关税的手段，否则应尽量实行自由贸易政策。

中国制造的陶瓷餐具在美"倾销"案

1982年5月14日，"美国餐具紧急委员会"向美国国际贸易委员会投诉，指控中国制造的陶瓷餐具以低于"公平价格"在美国市场上进行"倾销"，给美国国内工业造成"实质性损害"，要求美国政府根据1974年贸易法第406条规定，对中国陶瓷产品实行数量配额限制。面对美国陶瓷厂商的无理指控，我方当即采取相应的壁垒，针锋相对地进行有理有据的斗争。最后国际贸易委员会以4票反对，1票赞成否决了"美国餐具紧急委员会"的控告，以我方胜诉结案。

早在1981年4月22日，"美国旅馆用瓷厂商协会""美国贸易紧急委员会""炖器、玻璃器皿及泥制品调节委员会"的三方代表在美国国际贸易委员会举行的听证会上，就以"发展中的中华人民共和国作为普遍优惠制受益国会给美国国内工业带来经济影响"为题，相继发言，他们说："从1980年2月中国被列为最惠国待遇受益国后，中国陶瓷餐具进入美国市场的速度加快，而陶瓷是属于劳动集约型产品，由于中国劳动力价格低廉，以致中国陶瓷比之美国产品更为便宜。尤其是中国政府采用各种鼓励出口的壁垒，并根据需要，任意调低价格，以制造中国货在美国市场的低价倾销。这种不合理的竞争，直接影响到美国陶瓷厂商的经营，使三家工厂因此倒闭，并要求政府限制中国产品以普遍优惠制待遇；否则，其后果不堪设想。"很明显他们发言的目的在于为征收反倾销税制造舆论。

1982年1月29日，在美国参议院金融委员会下属国际贸易分会的听证会上，"美国旅馆用瓷厂商协会"的代表继续指责中国陶瓷低价"倾销"，认为中国陶瓷的出口价格实际是由政府制定的，并非取决于生产成本。这就造成美国厂商与外国国有大公司之间的不合理竞争，使美国厂商处于难以抗衡的境地。目前美国6家主要陶瓷工厂开工率不足60%，正面临着中国和波兰的威胁，要求政府征收反倾销附加税。

1982年5月14日，由美国7家主要陶瓷厂商组成的"美国餐具紧急委员会"向美国国际贸易委员会正式投诉，他们污蔑中国陶瓷餐具像洪水一样破坏了美国市场，伤害和摧毁了美国制陶工业。对此，要求政府执行1974年贸易法第406条规定，对中国陶瓷产品实行数量配额限制。申诉书所陈述的主要论点如下所述。

美国关税委员会（美国国际贸易委员会的前身）早在1972年在审理日本陶瓷破坏美国市场一案时已确定："价格低廉的瓷制品直接与本国国内的陶制餐具相竞争。"由此推论本申诉书涉及的美国国内生产的陶瓷餐具与从中国进口的同类产品已构成直接竞争，而目前这类中国产品均不受配额限制。

（1）从中国进口的陶瓷产品在绝对或相对地迅速增长，而价格却低于日本、韩国的同类产品，处于最低水平。申诉书还以统计数据引证，从1980年起，美国从中国进口的陶瓷产品就比1979年增长了195%，占美国陶瓷产量的27.8%、消费量的62%；而1981年美国进口中国陶瓷产品又比1980年增长了88%，占美国国内陶瓷产量的60.5%、消费量的11.1%。由此推论，当低价的进口产品在一个价格高度竞争的市场突然增加的时候，市场本身就将遭到破坏。如果在其他进口来源并无变化的情况下，那么肯定就是低价的、迅速增长的中国产品给美国国内市场造成了破坏。

（2）指控中国陶瓷产品对美国陶瓷工业造成实质性损害。申诉书在陈述该行业受损程度时指出，尽管1980—1981年，美国国内消费水平上升了43%，但由于从中国进口大幅度增长，美国餐具设备开工率只达到54%，产量全面下降了15%。在这种情况下，陶瓷餐具厂商宁愿消减生产，也不愿照常开工，增加库存。有一个在全盛时期曾雇用500名工人的工厂被迫倒闭。好几家陶瓷餐具厂商在1981年根本无利可图，其直接原因就是价格低廉的中国进口产品的"倾销"，这是造成美国陶瓷工业实质性损害的重要原因。

（3）申诉书在结论中再次重申，从中国进口的陶瓷餐具的迅速增长正在破坏美国市场，并给本国陶瓷工业带来了严重的实质性损害。据此，有必要立即采取有效步骤，执行1974年贸易法第406条规定。当前，适当的做法是对来自中国的进口加以数量配额限制。此配额的标准应足以免除市场破坏现象的继续存在，并能避免给本国工业继续带来损害。

1982年5月14日，美国国际贸易委员会在受理本案后，按照1974年贸易法反倾销诉讼程序的规定，决定于同年7月19日举行公开听证会，并派出调查人员对本案进行调查，以调查和判定被指控的商品对美国制陶工业的损害。

面对"美国餐具紧急委员会"的无理指控，我方当即采取相应的反申诉壁垒。在我方有关总公司驻外商务机构的组织领导和全力支持下，由8家经营我国陶瓷的客户联合组成了"美国陶瓷进口商协会"，并以该协会名义应诉，以维护其正当权益。在这期间，他们一方面在当地聘请有经验的律师，并积极配合律师做好应诉的充分准备；另一方面，分头会晤了美国国际贸易委员会的调查人员，答复该委员会印发的、内容极为烦琐的调查表，并赶在听证会之前，及时地向美国国际贸易委员会递交了申辩书。在申辩书中，以大量的事实和有说服力的数据及材料，有理有据地驳斥了"美国餐具紧急委员会"的指控，要求国际贸易委员会否决美国陶瓷厂商的无理控告。

1982年7月19日，美国国际贸易委员会在华盛顿总部就本案举行听证会。在会上，除双方律师、原告和被告代表出席作证和发言外，我驻美国商务机构和华艺公司的代表也分别列席了听证会，以表示对本案的关注和重视。

在申辩书和听证会的证词中，被告所申诉的理由，概括起来有以下两个方面。

第一，从中国进口陶瓷制品并未损害美国国内市场。被告在申辩书和证词中首先指出，出于中国陶制品与美国陶制品存在着相"类似"或"形成直接竞争"问题，由于中国陶制品对美国出口起点低，增长缓慢，至今仍在美国市场上占很小的比例。1981年，在市场销售量增长的情况下，中国陶制品仅占美国国内销售量的1.4%。显然，这样微不足道的数量，不可能破坏美国市场。如果说中国陶制品在美国市场上形成直接竞争的话，则增加陶制品进口必然会促使美国陶制品销售量的下降，而实际情况是陶制品的销售额不仅没有下降，反而上升。在1980年和1981年两年内，中国陶制品的进口增加了，而美国国内陶制品的销售额也相应地上升了，这就足以证明：从中国进口的陶制品与美国的陶制品在市场上并未明显地互相影响，根本不可能构成对美国市场的损害。

在所谓中国瓷餐具与美国瓷餐具之间已经"形成直接竞争"的说法更是言过其实。根据美国餐具市场的调查，中国对美国出口的瓷餐具与美国生产的陶餐具，无论从外观、所用原料，还是从使用习惯、配套方法及推销渠道等方面来看，都是极不相同，也不是类似的，根本谈不上"形成直接竞争"。据消费者证实，从中国进口餐具并未影响美国陶制品的销售。消费者选购中国瓷餐具主要是为正式宴会餐桌上使用，而购买陶餐具则是为一般日常便餐时使用。即使在超级市场上，顾客在购买高档商品时，往往在选购中国陶瓷器皿的同时，也购买陶、烙制品供日常便餐时使用。正是由于这一基本区别，餐具市场对不同餐具的价格也各异，两者并不存在价格上的互相竞争。可见，中国的瓷餐具与美国的陶餐具是属于不能相互替代的，并非"类似"或"直接竞争"的商品。

第二，从中国进口的陶制品并未造成对美国制陶工业的威胁和实质性的损害。被告在申辩书中指出，美国的低价餐具市场过去一直是由日本垄断的。后来由于其劳动力昂贵而失去竞争能力，市场逐步由中国瓷器取代，所以对美国来说，从中国进口瓷餐具只是取代正在逐步退出市场的日本餐具，而并不存在损害美国陶餐具的生产和市场问题。如果仅以某一国家的进口量与其国内消费量相比较，就指控进口量的绝对或相对增加，必然会影响该国的陶瓷工业，那么，这种推论显然是不合逻辑的。他忽视了从其他国家进口的绝对或相对减少这一重要因素。根据以上分析，完全有理由相信，根本不存在中国瓷餐具对美国制陶工业造成威胁和"实质性损害"的可能性。

申辩书和证词在反驳中国陶瓷制品对美国制陶工业造成"实质性损害"时还指出，近两年来，中国瓷餐具对美国出口之所以增长较快，主要是由于美国国会批准中美贸易协作，中国商品享受最惠国待遇的必然结果。因此，这种贸易的增长，完全是两国经济关系的正常发展，而不是破坏美国市场。如果从扩大中美贸易，弥补中国方面的贸易逆差考虑，美国方面就更不应该对中国出口商品施加种种限制。至于美国陶瓷产量之所以逐年下降，其真正的原因还在于美国本身的经济不振，在于其制陶工业经营管理不善，产品设计陈旧等原因所致。必须指出，近年来，美国的塑料、玻璃合成的廉价餐具正在日益取代其本国陶瓷餐具，使之越来越缺乏竞争性而不能适应市场的需要。这也是影响美国陶餐具销售的一个重要原因。总之，美国陶瓷制造商把上述种种原因已经导致的产量下降，企图嫁祸于中国，指控从中国进口陶瓷制品对它们造成损害，这是不公道的，完全不符合客观实际的。相反，限制从中国进口陶瓷产品无助于解救美国陶瓷工业，它只会使美国陶瓷品生产继续处于停滞、落后状态而缺乏市场销售能力，以致破坏市场已经建立起来的正常秩序，使消费者受到损害。这显然不是解决其工业危机的办法。

由被告一手所提供的调查材料和事实有力地驳斥了"美国餐具紧急委员会"所谓中国陶瓷餐具出口对美国生产和市场所造成的"实质性损害"，并且揭露和分析了美国陶瓷生产下降的症结所在，而美国陶餐具生产厂商既不能提供令人信服的调查材料以证明中国瓷餐具出口对美国生产和市场造成"实质性损害"，又不能证明这种"损害"与其"工业"之间的因果关系。在这种情况下，美国国际贸易委员会于1982年8月3日对本案裁决时，不得不以4票反对、1票赞成否决了"美国餐具紧急委员会"对我国陶瓷餐具倾销的指控。根据美国反倾销法诉讼程序的规定，该案即审理完毕，终止一切调查。

1982年8月24日，美国国际贸易委员会公布了该委员会给美国总统的报告。报告承认，瓷器与陶器无论在外观还是在使用上都是不同的，它们之间的竞争也是有限的。中国陶瓷餐具没有破坏美国的陶瓷生产，美国陶瓷厂商的困难是由于经济形势及同行竞争造成的。至此，本案以我方胜诉结案。

资料来源：赵春明．非关税壁垒的应对及应用："入世"后中国企业的策略选择．北京：人民出版社，2001：298．

第三节 非关税壁垒

一、非关税壁垒的含义及特点

（一）非关税壁垒的含义

非关税壁垒（non-tariff barriers）是指除关税以外，用来限制进口的一切壁垒。这种壁垒可以通过国家法律、法令及各种行政壁垒来实现。

非关税壁垒是在世界市场问题尖锐的情况下发展起来的，在1929—1933年世界性经济危机时期，西方发达国家在高筑关税壁垒的同时，还广泛地采取各种各样的非关税壁垒阻止国外商品流入。第二次世界大战以后，在《关税与贸易总协定》的框架下，经过几轮的多边贸易谈判，其成员国的平均关税水平已降到很低的程度。关税总协定成员国之间的关税税率已经从战前的40%下降到10%以下，其中，欧、美、日等国的关税税率已下降到5%以下。关税壁垒已大大降低，同时，实施高关税的国家往往会遭到有关国家的报复，结果两败俱伤，最终还得通过贸易谈判把关税降下来。随着越来越多的国家加入关税与贸易总协定（1995年1月1日被世界贸易组织所替代），整个世界的关税水平将会越来越低。

（二）非关税壁垒的特点

非关税壁垒与关税壁垒都有限制进口的作用。但是，非关税壁垒与关税壁垒比较，具有以下几方面的特点。

1. **非关税壁垒比关税壁垒具有较大的灵活性和针对性**

一般来说，各国关税税率制定必须通过立法程序，并像其他立法一样，要求具有一定的延续性。如要调整或更改税率，需适应较为烦琐的法律程序和手续。这种立法程序与手续，往往迂回迟缓，在需要紧急限制进口时往往难以适应。同时，关税在同等条件下，还受到最惠国待遇条款的约束，从有协定的国家进口的同种商品适用同样的税率，因而难以在税率上灵活调整。但在制定和实施非关税壁垒上，通常采用行政程序，手续比较迅速，其制定的程序也较简便，能随时针对某国的某种商品采取或更换相应的限制进口壁垒，较快地达到限制进口目的。

2. **非关税壁垒比关税壁垒更能直接达到限制进口的目的**

关税壁垒是通过征收高额关税，提高进口商品成本和价格，削弱其价格竞争力，间接达到限制进口的目的。如果出口国采用出口补贴、商品倾销等办法降低出口商品成本和价格，关税往往难以起到限制商品进口的作用。但一些非关税壁垒，如进口配额等，预先规定进口的数量和金额，超过限额便直接禁止进口，这样就能把超额的商品拒之门外，达到关税未能达到的目的。

3. **非关税壁垒比关税壁垒更具有隐蔽性和歧视性**

一般来说，关税税率确定后，往往以法律形式公布于众，依法执行，出口商通常比较容易获得关税税率的各种信息。但是,一些非关税壁垒往往不公开,或者规定极为烦琐的标准和手续,使出口商难以对付和适应。以技术标准而论,一些国家对某些商品质量、规格、性能和安全等规定了极为严格的标准,检验手续烦琐复杂,而且经常变化,使外国商品难以适应,因而往往由于某一个规定不符,使商品不能进入对方的市场销售。同时,一些国家往往针对某个国家采取相应的限制性非关税壁垒,其结果是大大加强了非关税壁垒的隐蔽性和歧视性。

二、非关税壁垒的主要措施

目前,关于非关税壁垒传统的分类方法是将其分为配额、金融控制、政府参与贸易、海关与海关手段及对产品的要求五大类。然而,从非关税壁垒限制进口的方法来看,不外乎直接限制和间接限制两类。所谓直接限制,是指进口国直接规定商品进口的数量或金额,或者通过施加压力迫使出口国自己限制商品出口,如进口配额制、"自动"限制出口、进口许可证制等。所谓间接限制,是指进口国利用行政机制,对进口商品制定苛刻的条例和技术标准,从而间接限制进口,如外汇管制、最低限价、海关估价制度、歧视性政府采购政策及有关安全、健康、卫生和技术标准等。

根据世界银行及世界贸易组织提供的资料,目前世界上使用比较广泛的非关税壁垒主要有以下几种。

(一) 进口配额制

进口配额制(import quotas)是指一国政府在一定时期内(通常为一年)对某些"敏感"商品的进口数量或金额加以直接限制,在规定的期限内,配额以内的货物可以进口,超过配额不准进口,或者征收较高的关税或罚款后才能进口。进口配额制早在1931年至1932年就开始实行,当时由于资本主义经济危机,各国外汇短缺,为免遭外来经济侵袭,就采用这种行政性壁垒直接限制进口。第二次世界大战后,尤其是20世纪70年代中期以来,配额制无论在其形式和适用的商品范围上都有了很大的扩展。

进口配额制主要有以下两种。

1. 绝对配额(absolute quotas)

绝对配额是指在一定时期内对某些商品的进口数量或金额规定一个最高数额,达到这个数额后,便不准进口。这种进口配额在实施中,又有以下几种方式。

(1) 全球配额(global quotas)。全球配额是指一国规定在一定时期内对某种商品的最高限额,适用于来自任何国家的进口,不作国别分配。因此,全球配额适用于世界范围,而不仅仅适用于某些特定国家。超过额度仍可进口,只不过超额部分的待遇不同而已。目前大多数发达国家对于从发展中国家进口的制成品或半制成品,在配额内给予普惠制待遇,超过配额的以最惠国税率征税。

这是属于全球范围内的绝对配额,即对于来自任何国家和地区的商品一律适用。进口国主管当局通常按进口商申请先后或过去某一时期的实际进口额批给一定的额度,直至总配额使用完为止,超过总配额就不准进口。

(2) 国别配额(country quotas)。国别配额是在总配额内按国别或地区分配给固定的配额,超过给各国或地区规定的配额便不准进口。实行国别配额可以使进口国根据它与有关国家或地区的政治经济关系分配给不同的额度。进口商必须提交原产地证书以区分来自不同的国家或地区的商品。

国别配额又可以分为自主配额和协议配额。自主配额又称单边配额，是由进口国完全自主地、单方面强制规定一定时期内从某个国家或地区进口某种商品的配额。协议配额又称双边配额，是由进口国家或出口国家政府或民间团体之间协商确定的配额。采取单边配额通常会招致其他国家的不满并引发报复；相比之下，协议配额的方式则较为温和。

2. 关税配额

关税配额是指对商品进口的绝对数额不加限制，而对在一定时期内，在规定的关税配额以内的进口商品给予低税、减税或免税待遇，对超过配额的进口商品征收高关税、附加税或罚款。这种方式在实施中也有两种形式。

（1）优惠性关税配额。即对关税配额内进口的商品给予较大幅度的关税减让，甚至免税；超过配额的进口商品征收原来的最惠国税率。欧盟在普惠制实施中所采用的关税配额就属此类。

（2）非优惠性关税配额。即对关税配额内进口的商品征收原来正常的进口税，一般按最惠国税率征收；对超过关税配额的部分征收较高的进口附加税或罚款。例如，1974年12月，澳大利亚曾规定对除男衬衫、睡衣以外的各种服装，凡是超过配额的部分加征175%的进口附加税。

（二）"自动"出口配额制

"自动"出口配额制（voluntary export quotas），又称"自动"出口限制，是指出口国在进口国的要求和压力下，单方面或经双方协商规定某种或某些商品在一定时期内（一般为3年）对该进口国出口的最高数量限额，在限额内，出口国自行安排出口，达到限额即停止出口。"自动"出口配额制是20世纪60年代以来非关税壁垒中很流行的一种形式，几乎所有先进工业发达国家在各种长期贸易项目中都采用了这种形式。例如，在日美纤维战、钢铁战、汽车战中，美国都采取对日本施加压力的方法，迫使日本自动限制对美国的出口数量或金额。

"自动"出口配额制主要有两种形式。

（1）非协定的"自动"出口配额。这种配额是不受国际协定的约束，由出口国在进口国的压力下自行单方面规定出口额度，限制出口的一种形式。这种配额有的是由政府有关机构规定配额并予以公布，出口商必须向有关机构申请配额，领取出口授权书或出口许可证才能输出。有的是由本国大的出口商或协会"自动"控制出口。

（2）协定的"自动"出口配额。这是进出口双方通过谈判签订"自限协定"或"有秩序销售协定"，规定一定时期内某些商品的出口配额，出口国根据配额发放出口许可证或实行出口配额签证制，自动限制出口，进口国则根据海关统计进行监督检查。目前，"自动"出口配额大多属于这一种。

"自动"出口配额制与绝对进口配额制在形式上略有不同。绝对进口配额是由进口国直接控制进口配额来限制商品进口，而"自动"出口配额是由出口国直接控制对指定进口国家的出口。但是限制进口的作用是相同的。

(三) 进口许可证制

从进口商品的许可程度上看，进口许可证又可分为两种：一般许可证和特别许可证。一般许可证又称自动进口许可证，它对进口国别或地区没有限制，凡列明属于一般许可证的商品，进口商只要填写一般许可证后，即可获准进口。因此属于这种许可证的商品实际上是"自由"进口的商品。

特别许可证。又称非自动进口许可证，是指进口商必须向政府当局提出申请，经有关当局逐笔审查批准后才能进口。这种进口许可证，多数都指定进口国别或地区。

(四) 外汇管制

外汇管制（foreign exchange control）是一国政府通过法令对国际结算和外汇买卖实行限制来平衡国际收支及维持本国货币的汇价的一种制度。

在实行外汇管制时，出口商必须把他们所得到的外汇收入按官定汇率卖给外汇管制机关；进口商也必须在外汇管制机关按官定汇率申请购买外汇。本国货币的携出（入）国境也要受到严格的限制等。这样，国家有关政府机构就可以通过确定官定汇率，集中外汇收入和控制外汇供应数量的办法来达到限制进口商品品种、数量和控制进口国等。

外汇管制一般可分为以下两种。

（1）数量性外汇管制。即国家外汇管理机构对外汇买卖的数量直接进行限制和分配，其目的在于集中外汇收入，控制外汇支出，实行外汇分配，以达到限制进口商品品种、数量和国别的目的。一国实行数量性外汇管制时，往往规定进口商必须获得进口许可证后，方可得到所需的外汇。

（2）成本性外汇管制。即国家外汇管理机构对外汇买卖实行多重汇率制度，利用外汇买卖成本的差异，间接影响不同商品的进出口。

案　例

美、日、欧围绕汽车的绿色壁垒展开争论

2009 年，在美国、西欧主要国家及日本之间，又展开了建立汽车贸易壁垒的新较量，这标志着世界汽车三大市场之间的贸易摩擦又将升级。由于日本轿车在美国和欧洲市场上长期受到顾客的欢迎，日本轿车在美欧市场的份额是美欧企业在日本市场份额的几倍。欧盟试图通过制订和实施新的汽车排放标准来限制日本汽车在欧洲市场的增长。新的环境保护标准要求，到 2008 年，欧洲市场销售的所有轿车的二氧化碳排放量要比 1995 年下降 25%，这无疑是冲着日本和韩国企业而来的。对此，韩国的汽车企业认为"在技术上难以达到"而反对；日本汽车工业协会则表示"与欧洲企业共同努力"，但是不明确表示保证届时达标。欧盟准备在各成员国一致通过新的排放标准之前，先拿日本和韩国企业开刀，即首先强制要求日韩企业先达标，否则不能向欧洲市场出口。据分析，由于在欧洲市场上，从日本进口的轿车以高级休闲车和大型轿车为主，其平均的二氧化碳排放水平比欧洲当地生产的车要高出近 10%。若要达标，日本车就要平均减少 31% 以上的二氧化碳排放量。日本政府也不示弱，在 1999 年 3 月 19 日，日本

政府与欧盟就汽车废气排放标准谈判破裂后,日本立即采取了针锋相对的策略:实施"歧视性"的《节能修正法》新法案。在1999年4月1日实施的该法案规定,到2010年,在日本市场上销售的不同质量和用途的汽车,必须达到相应的节能标准,以减少汽车的废气排放。具体规定是:两人(按110千克计)乘坐时总质量在1 000千克以下的汽油轿车,到2010年要比1995年的相当车型节能17.7%;同期1 000~1 249千克的轿车,要节能25.7%;1 250~1 499千克的轿车要实现30%以上的节能;1 500~1 749千克及以上的轿车,到2010年要比1995年实现节能24%。由于美国和欧洲生产的轿车在日本市场有近90%属于1 250千克以上的范围,即几乎所有的美欧轿车都要在日本市场上受到更加严格的节能要求;而日本车在国内市场由于主要是轻型和微型车,因此受此修正法案的影响就没有外国企业那样大。美国政府2009年3月向世贸组织提交了一份意见书,该意见书指出,日本单方面提高汽车节能标准是直接阻碍国外汽车进口的不正当行为,要求世贸组织正式调查。

资料来源:朱廷珺. 国际贸易. 3版. 北京:北京大学出版社,2016:178.

第四节 技术性贸易壁垒

一、技术性贸易壁垒的含义

技术性贸易壁垒(technical barriers to trade,TBT)是一国(地区)或区域组织为维护国家或区域安全、保障人类健康和安全、保护动植物健康和安全、保护环境、防止欺诈行为、保证产品质量等而采取的一些强制性的或自愿性的技术性措施。这些措施规定十分复杂,而且经常变化,使外国商品难以适应,从而起到限制外国商品进口的作用。这些规定在一定条件下成为进口国家限制进口的技术性贸易壁垒。

技术性贸易壁垒有狭义与广义之分,狭义的技术性贸易壁垒主要是指世贸组织《技术性贸易壁垒协议》规定的技术法规、标准和合格评定程序;广义的技术性贸易壁垒还包括动植物及其产品的检验和检疫措施、包装和标签及标志要求、绿色壁垒、信息技术壁垒等。

二、技术性贸易壁垒的主要形式

1. 技术性贸易壁垒

技术性贸易壁垒的主要形式有:技术法规、技术标准、合格评定程序。技术法规、技术标准和合格评定程序是《技术性贸易壁垒协议》的核心内容,也是国际贸易技术壁垒的三要素。

技术法规(technical act)是指强制性执行的有关产品特性或与产品特性有关的生产工艺和生产方法的规定。技术法规包括国家制定的有关法律和法规,政府部门颁布的有关命令、决定、条例,以及有关技术规范、指南、准则、专门术语、符号、包装、标志或标签要求。技术法规具有强制性特征,即只有满足技术法规要求的产品方能销售或进出口,凡不符合这一标准的产品,不予进口。

许多发达国家对制成品都规定了十分复杂严格的技术标准（technical standards），不符合其标准的不准进口。技术标准是指经公认机构批准的、非强制执行的、供通用或重复使用的产品或相关工艺和生产方法的规则、指南或特性的文件。可包括有关专门术语、符号、包装、标志或标签要求。由此可见，技术法规与技术标准的重要区别就是，技术法规具有法律的强制执行效力，而技术标准则是由生产厂商或贸易商自愿采纳，不具有强制执行效力。

发达国家普遍规定了严格、繁杂的技术标准，不符合标准的商品不得进口。如欧盟就有10多万个技术标准，各个成员国还有自己的标准。日本有8 500多个，美国有10 500多个，德国达15 000之多。其中，日本的国家标准分成工业标准（JIS）8 184个和农林标准（JAS）397个。如法国禁止进口含红霉素的糖果，而英国的糖果制造则普遍使用红霉素染料。原联邦德国禁止在国内使用由车门从前向后开的汽车，而这正是意大利菲亚特500型汽车的式样。美国则对进口的儿童玩具规定了严格的安全标准等。

合格评定程序是指任何直接或间接用以确定产品是否满足技术法规或技术标准要求的程序，主要包括抽样、检验和检查；评估、验证和合格保证；注册、认可和批准；以及上述各项程序的组合。

由于世界各国工业化程度、科技发展水平的不同，导致各国技术法规和技术标准的差异，有些国家有意识、有针对性地制定某些技术标准并通过法律的形式确定下来形成技术法规，把这些标准作为进口的通行证，成为贸易保护的工具，使得出口国特别是发展中国家难以适应而形成技术法规和技术标准壁垒。

2. 卫生检疫规定

卫生检疫规定（health and sanitary regulation）是指在成员国境内为保护人类、动植物的生命或健康而采取的技术性措施。卫生检疫规定主要适用于农副产品及其制品。对进口商品制定严格的卫生和安全标准，使进口商品与有关要求不相符合，从而被拒绝进口。

卫生检疫规定是为了保护人类和动物的生命免受食品或饮料的添加剂、污染物、毒素及外来病虫害传入危害；保护植物的生命免受外来病虫传入的危害。但由于各国的文化背景、生活习惯、安全及生活环境，特别是收入水平的差异，发展中国家的产品往往难以达到发达国家的近乎苛刻的要求。当前，各国通过制定苛刻的安全与卫生检疫标准来限制外国商品进口已越来越普遍。主要表现为接受卫生检疫商品的范围不断扩大，其检验标准也越来越苛刻。例如，美国、加拿大规定陶瓷制品的含铅量不得超过7 mg/kg，澳大利亚规定不得超过20 mg/kg。又如日本对从中国进口的大米农药残留项目检验从52种增加到100多种。再如日本对茶叶农药残留量的规定不得超过0.2～0.5 mg/kg，对茶叶已设定残留标准的农药达108种。

3. 商品包装及标签规定

商品包装和标签要求壁垒是指各国在商品的包装及包装标志等方面也有种种严格的规定，不符合规定者不准进口。

许多国家对进出口商品的包装材料、包装形式、标签都有具体的规定和要求。这些规定内容繁杂、手续麻烦，出口商为了符合这些规定，不得不按规定进行包装和标签，增加商品的成本，削弱了商品的竞争力。一是对包装材料要求严格。如日本、西欧、美国等禁止使用聚氯乙烯塑料包装袋包装食品，美国则禁止使用稻草作为包装的填充物，除非附有美国领事馆签发的证书。二是对包装标志的要求。许多国家对商标的标签要求包括产品的名称、净重或数量、商品的结构、成分说明、有效日期、用法、用量、用途、价值、特性、缺陷、原产地标志等，非常烦琐。此外，还要求商标或标签要牢固地置于商品的显著位置等。由于这些规定国际上尚未统一，各国间规定的细微差别就可能被利用作为限制进口的障碍。此外，通过对进口商品包装材料、包装形式、包装规格和标签规定的不断变更，也可以起到限制进口的作用。

三、技术性贸易壁垒盛行的原因

据世贸组织统计，在20世纪70年代，在非关税壁垒中，技术性贸易壁垒占10%～30%，进入20世纪90年代，这一比例更是有了较大的提高，已成为非关税壁垒中最隐蔽、最难对付的一种。究其原因，有以下几个因素。

1. 科技水平的差异导致技术性贸易壁垒的强化

技术密集型产品占世界贸易额的比例进一步上升，国际贸易中所涉及的各种技术问题变得更加复杂。毋庸置疑，科学技术发展的结果，导致工业发达国家技术法规、标准、认证制度及检验制度等的制定水平和内容居于领先地位。高灵敏度检测技术的发展，给发达国家检测商品提供了快速、准确的数据，它们在激烈的国际市场竞争中，凭借其先进的技术法规、产品标准等，不断地生产和出口具备先进性、科学性、经济性、适用性、可靠性、竞争性的商品，因而在国际贸易中始终占据主导地位。由于发展中国家科技发展水平远落后于发达国家，技术法规、标准等的制定水平和内容与发达国家相比存在很大的差距，出口商品往往达不到发达国家的规定，从而易受技术壁垒的影响。

2. 关税的大幅度削减促使技术壁垒成为贸易保护主义的新式武器

"乌拉圭回合"谈判成功地签署了一揽子协议，进一步强化和完善了非关税壁垒的约束机制，尤其是传统的限制类措施被规定了削减或取消时间表。在这种情况下，进口国如再设置高关税、数量限制等障碍以达到保护本国市场、限制商品进口的目的，必将招致有关国家的谴责和反对，甚至贸易报复。所以世界各国特别是发达国家纷纷高筑贸易技术壁垒这道无形的非关税壁垒。

3. 消费观念和保护意识的增强亦促使技术壁垒"合法"存在

产品的品质直接影响消费者的利益，随着消费者自我保护意识的增强，要求制定相应技术标准的呼声越来越强烈。消费者对商品的选择性强，对质量要求高，对款式变化敏感，对卫生、安全指标的要求严格，相应地促使贸易中的技术壁垒成为合理合法的存在。目前世界上许多国家对外国产品进入本国市场都有严格的质量把关，如美国规定对进入该国市场的电气用品必须通过"UL"标志。如果一旦产品在进入美国市场前被检验出不够安全，或者产品在销入美国市场后出现安全问题造成事故，美国政府在调查时必以UL所规定的安全标准为衡量尺度，因此，UL标准似乎可被视为"非联邦法规的公认法规"。欧盟则要求销往欧盟的大部分商品必须经过ISO 9000系列的认证。

4. 世贸组织某些协议中的例外规定给技术壁垒的设置大开方便之门

《贸易技术壁垒协议》中虽然规定要保证技术法规及标准，包括包装、标志和标签要求，以及按技术法规、标准评定的程序都不致给国际贸易造成不必要的障碍，但也允许各参加方为提高产品质量、保护人类健康和安全、保护动植物生命和安全、保护环境或防止欺骗行为等，可以提出一些例外规定。在服务贸易协定、农产品协定和贸易有关的知识产权协定等中都有类似的例外规定。诸种弹性规定，实际上给技术壁垒的设置提供了法律借口，也使得发达国家往往打着维护人类健康和安全、维护动植物生命和安全及环境保护等旗号，制定出严格、繁多、苛刻的技术法规和标准等，名正言顺地达到既有利于扩大本国商品出口，又有利于限制别国商品进口的双重目的。

四、技术性贸易壁垒的影响

1. 容易引起贸易纠纷

名目繁多的技术壁垒措施往往是以维护生产、消费者安全和人民健康为由而制定的，但其扭曲了技术规则的本来面目，使原来有利于国际贸易发展的技术标准变成了阻碍国际贸易正常进行的手段，成为引发现代国际贸易纠纷的重要根源。贸易技术壁垒的存在及其在纵深和广泛范围的扩大，对国际贸易关系产生了重大影响。由于知识产权保护的强力推行及先进标准的采用，使世界资源配置及要素流动更集中地向少数掌握先进开发技术与制造技术的国家和大公司转移。而其他国家在缺乏技术开发能力的条件下，只能跟在其后亦步亦趋。

2. 损害了发展中国家的利益

这不仅是由于发展中国家的对外贸易不发达，运输、通信工具比较落后，更是由于发展中国家的科学技术水平落后。发达国家的技术标准繁多，技术要求也普遍高于发展中国家，而且它们就是针对发展中国家的出口商品制定了名目繁多的技术标准和技术法规，从而限制发展中国家的商品进入本国市场。技术壁垒不仅影响发展中国家商品的出口，更重要的是影响了发展中国家从发达国家引进尖端技术和设备，导致难以缩短发展中国家与发达国家之间的技术差距。

3. 影响发达国家的经济增长

实行技术壁垒并不能使发达国家达到保护本国衰落产业和促进经济增长的目标，同时，由于实行技术壁垒导致发展中国家对外贸易条件的不断恶化，又反过来影响了发达国家对这些发展中国家出口的增长，也不利于发达国家对这些发展中国家进行资本输出和技术转让，而且也会导致本国被保护商品的市场价格上涨，从而影响了国内消费者的利益。

4. 影响国际贸易增长

技术壁垒影响各国经济政策的制定，因而也就直接或间接地制约着国际贸易的发展速度，并在一定程度上影响贸易的商品结构、地理方向。尤其是当采取复杂的、旷日持久的技术检验、调查、取证、辩护、裁定等程序时，将会使商品的销售成本大大增加，往往会延误交货期或错过季节，从而使商品失去市场，进而影响国际贸易的增长。

当然，技术性贸易壁垒的制造者是发达国家，最大受益方当然也是发达国家。因为作为技术壁垒的先驱者，它们的技术专利、技术产品、版权等得到了优先保护，加上阻挡同类外国产品进入本国市场，使其从中又取得了垄断利润。

总之，技术性贸易壁垒在国际贸易中正在扮演着越来越重要的角色，其影响和作用已经远远超出一般贸易措施。在国际贸易中，进口方构筑技术性贸易措施的动机既可能是出于狭隘的贸易保护的目的，又可能是为了反映本国（地区）相关消费需求的升级，即以消费者健康、提升生活质量等为目的，且这两类动机常常交织在一起，体现了技术性贸易壁垒形成原因的复杂性，因而对出口方的影响也具有双重性。

技术性贸易壁垒可能妨碍货物自由流通，扭曲贸易流向，使潜在的比较利益无法获得。这种政策在短期内会对出口贸易形成冲击，但在中长期内却可能由于技术性贸易壁垒的实施促使出口方奋起应对，提高出口产品的质量，从而促进出口贸易的发展，获取更多的比较利益。因此，技术性贸易壁垒是一把"双刃剑"，更好地发挥其正面影响，抑制其负面影响，是十分重要的。

第五节　绿色壁垒

一、绿色壁垒的含义及成因

（一）绿色壁垒的含义

绿色壁垒（green barrier to trade）又称环境壁垒，是指一国以保护自然资源、生态环境和人类健康为名，通过制定复杂苛刻的环保制度和标准，对来自其他国家和地区的产品及服务设置障碍、限制进口，以保护本国市场为目的的非关税壁垒。其主要包括国际和区域性的环保公约、国别环保法规和标准、环境技术标准、绿色包装、绿色环境标志、绿色补贴、绿色卫生检疫等措施等。绿色壁垒以其外表的合理性及内在的隐蔽性成为继关税之后，国际上广泛采用的一种国际贸易壁垒。

（二）绿色壁垒形成的原因

绿色贸易壁垒是新贸易保护主义与环境保护运动相结合的产物，它的运用和泛滥有其深刻的历史背景和复杂的原因。

（1）全球自然资源匮乏，生态环境恶化，为绿色壁垒的出现提供了契机。工业技术的迅猛发展，促进了经济的增长、社会的进步和人类生活的改善，但同时也对人类赖以生存的环境造成了一定的破坏，而且，这种破坏有进一步恶化的趋势，使经济和人类社会的持续发展受到严重影响。环境问题目前引起全球的关注，"加强环境管理"已经成为当今世界各国经济干预的潮流之一。与此相适应，有些国家特别是发达国家制定的环境保护法规、标准、绿色标志等的绿色贸易制度又过于严格、苛刻，从而使国际贸易的发展受到诸多限制，进口国常以环保为由对贸易商进行刁难，造成了绿色壁垒出现和存在的事实。

（2）可持续发展观念及环保意识的增强，内在地推动了绿色壁垒的形成。可持续发展概念反映在消费行为上，就是绿色消费浪潮的兴起，绿色商品风靡全球。国际贸易的商品结构和市场结构也随之发生了变化。从绿色食品、绿色用品到生态文具、生态玩具；从生态时装、生态住宅到绿色汽车、绿色飞机；从绿色能源到绿色材料；从绿色生产到绿色旅游；从绿色产业到绿色市场。多种多样，应有尽有。在美国，新产品中绿色产品所占比重，1990

年仅为5%，1999年提高到80%。发达国家利用这个消费心理转变浪潮，纷纷出台了贸易中的环境保护措施，达到了限制进口和扩大出口的目的，使绿色壁垒成为新的贸易壁垒。

（3）各国技术水平、环保标准和相关资金投入等方面的差异是绿色壁垒存在的直接原因。由于各国生产水平、经济实力存在差异，各国对环保的资金投入和技术要求必然存在差异，要制定统一的环境标准困难非常大。在这种情况下，各国从本国情况出发，制定出有利于本国企业和出口商而不利于外国企业和其出口商的环境保护标准，直接构成绿色壁垒。有些发达国家制定的进口产品的环保指标，只有本国的企业能做到，这样就起到保护本国企业，打击外国企业的目的。

（4）市场矛盾的尖锐、发达国家谋取经济利益的目的是绿色壁垒产生的根本原因，而世界贸易组织在环保规范方面的缺陷又助长了绿色壁垒的泛滥。20世纪70年代中期以来，多数西方发达国家因相继受到经济危机的影响而陷入经济发展的滞胀困境，贸易保护主义作为一种短视的救济开始泛滥起来。20世纪90年代以来，在"泡沫经济"的催生下，全球生产过剩，市场矛盾日益尖锐，发达国家在彼此谴责对方推行贸易保护主义政策的同时，自己又竭力加紧寻找和运用更为灵活、隐蔽的非关税壁垒措施。在世贸组织的推动下，尤其是已加入世贸组织的国家，关税和传统的非关税措施再难以成为保护本国市场的有效手段。面对环保和开放的双重压力，发达国家通过在贸易领域为进出口商品制定特定环保标准、规定环保要求的方式来限定以至禁止外国商品进口的壁垒形式——绿色贸易壁垒，逐渐发展成为贸易保护的有效手段。

（5）现行国际贸易规则和协定不完善、缺乏约束力。贸易和环境问题是一个极为复杂且十分敏感的问题。长期以来各国从各自的经济利益出发，以求在与贸易有关的环境标准方面取得有利的地位。因此，虽经过许多探讨和谈判，但难以达成一致意见，由此产生的有关贸易规则含义较宽、含糊，甚至处于两可之间。并且这些规定的弹性较大，其中一些重要的术语的含义非常不明确，这就为各缔约方以环境保护为名，实施绿色贸易壁垒提供了合法的借口。

二、绿色壁垒的特征

1. 名义上的合理性

任何绿色壁垒都标榜保护世界资源、生态环境和人类健康，因而极易蛊惑大众心理。随着"可持续发展"观念不断深入人心，现代人类对环保的要求越来越高，污染使人们对环境问题越来越敏感。关注生态环境，人们的环保消费心理逐步增强，越来越认同绿色保护措施。"绿色消费"浪潮的兴起，使传统的消费模式正在发生历史变革。绿色壁垒就是抓住大家都关心生态问题的心理，使自己披上了合法外衣。

2. 形式上的合法性

与其他非关税壁垒相比，实施绿色壁垒的国家往往用其公开的立法加以规定，一些绿色保护措施都是以国际、国内公开立法作为依据的。多数国家在制定、实行这类措施时都倾向于援引关贸总协定的"一般例外条款"作为其法律依据。该条款允许缔约方采用"为保护人民、动物、植物的生命或健康的措施"或"与国内限制生产与消费的措施相结合，为有效保护可能用竭的自然资源的有关措施"。虽然世贸组织及相关贸易协议中的环境条款本身并非绿色贸易壁垒，但其中一些条款相对模糊的界定确使某些发达国家为树立绿色贸易壁垒找到法律上的借口。

3. 保护内容的广泛性

20世纪70年代以来，为保护生态环境和人类的健康，国际社会组织颁布了很多保护公约，保护的内容涉及从天上到地下，从陆地到海洋，从人类到动物，从动物到植物，从固体到液体，从液体到大气。这些不仅涉及资源环境和人类健康有关商品的生产、销售方面的规定和限制，而且对工业制成品的安全、卫生、防污等标准作出了要求。

4. 保护方式的巧妙性和隐蔽性

种种绿色壁垒借助环境保护之名，隐蔽于具体的贸易法规、国际公约的执行过程之中，同进口配额、许可证制度相比，它不仅隐蔽地回避了分配不合理、歧视性等分歧，不易产生摩擦，而且各种检验标准极为复杂，往往使出口国难以应付和适应。绿色壁垒表面上看一视同仁，一般不存在配额问题，也没有具体到哪个国家，这是第一个巧妙性和隐蔽性；第二，它们都是高科技基础上的检验标准，发展中国家难以作出判断，其标准具有易变性，标准是对是错，无从谈起，是否科学也不得而知；第三，把贸易保护的视线转移到人类健康保护上，有更大的隐蔽性和欺骗性。

5. 保护技术上的歧视性

许多由绿色壁垒而引起的贸易争端，都是因为设置这类壁垒的进口国实行歧视性贸易政策而引起的。而更为重要的是，人们往往忽视了问题的另一面，即通常认为，尽管绿色壁垒属于贸易保护措施，但由于是以环境保护为目的，因而，只要在国内外同种产品都实施同一环保标准的限制时，就视为做到了贸易政策的"公平、公正"。然而，在现阶段以发达国家的环保标准去要求发展中国家，显然是极其不合理的，从某种意义上讲，是对落后国家的技术歧视。

三、绿色壁垒的表现形式

世界各国特别是发达国家将环境与贸易问题挂钩以后，制定并实施了大量的绿色贸易壁垒措施，其表现形式是多种多样的，大致可归纳为以下几种类型。

1. 绿色关税制度

绿色关税也称环境附加税，是进口国以保护环境为理由，对影响生态的进口产品除征收一般正常关税外，再征收进口附加税，或者限制、禁止进口，甚至实行贸易制裁。其直接结果就是造成了进口价格的提高，降低了进口商品的市场竞争力，从而达到限制进口的目的。

2. 环境配额制度

配额是非关税壁垒常用的数量限制措施，现已延及环境贸易领域。国际上有些环保主义者主张，根据某一出口国某种产品环保实绩来确定其在本国市场的销售配额，即按时期（如年、季度、月）分配给相关出口国输入本国该产品的最高数量。这种做法对发展中国家和各国小企业具有很大的歧视性。因为，发展中国家受自身经济实力和技术实力的限制，很难在短期内提高其环境技术标准和质量。

3. 环境许可证制度

环境许可证制度要求在取得许可证的基础上才允许进口或出口，也就是在出口前要获得进口国的"预先通知同意"。这种做法源于《濒危野生动植物物种国际公约》等国际绿色规范。如该公约规定，对于不加保护有灭绝危险的野生动植物的贸易应受到严格的限制，在管理当局批准承认的出口许可证的基础上才允许出口，进口国只能在出口国颁发出口许可证的前提下才能进口。一些国家据此实施绿色准入制度。

4. 绿色补贴制度

绿色补贴制度指政府采用环境补贴来帮助企业筹资控制污染，这些方式包括专项补贴、使用环境保护基金、低息优惠贷款等。由于污染治理费用通常十分高昂，导致一些企业难以承受此类开支。一些国家政府在企业无力投资新环保技术、环保设备和开发清洁技术产品时可能会提供补贴。按 WTO 修改后的《补贴与反补贴措施协定》的规定，这类补贴是"为促进现有设施适应法律和规章所规定的新的环境需求而给予的有关企业的资助"，它属于不可申诉补贴范围，因而为越来越多的国家和地区所采用。经济合作与发展组织（OECD）允许其成员政府可根据"污染者付费原则"提供环境补贴。但这类补贴行为也引起一些进口国以其造成价格扭曲因而违反 WTO 自由贸易原则为由，征收相应的反补贴税，从而导致因围绕环保补贴问题而引起的贸易纠纷。

5. 环境成本内在化制度

环境成本内在化制度是指为了保护环境和资源，将资源和环境费用计算在成本内，使资源环境成本内在化。一些发达国家根据外部经济理论制定环境成本内在化制度，对来自那些环保制度宽松国家的产品以"生态倾销"为名实行保护主义措施。由于"环境成本内在化"是绿色壁垒的重要理论基础。环境成本内在化以后，国际贸易中某些产品（如资源型、绿色消费品）的比较优势就会发生变化。一些国家的产品因此失去价格竞争力而退出国际市场。另外，还将改变资本流动的地理方向和行业流向。资本将从高环境成本的行业、地区抽出而投向低环境成本或无环境成本的行业、地区，以获取源于环境成本差异的"租金"。

西方发达国家的一些企业认为，由于环境不同造成的"成本投入差异"使外来产品取得了不公正的成本优势和市场竞争优势，而自己则处于不利的竞争地位，它们和一些环保组织联合起来攻击别国（特别是发展中国家）低成本的环境标准构成了所谓的"生态倾销"，认为是不公正贸易。并对政府施加压力，要求本国政府征收"生态倾销税"，以抵消国外低成本产品的竞争优势，或者对国内工业进行补贴，使其在国内市场和国际市场可以低价竞争。

6. 绿色技术标准

绿色技术标准是进口国制定的严格的强制性环保技术标准，限制国外不符合标准的产品进口。各种环保标准一般产生于国际协议、法规、技术、公约和制度之中，这些标准本质上不是绿色贸易壁垒，但它们的主要制定者主要是发达国家，其条款规定是基于发达国家先进的技术水平，反映的是发达国家的环境利益，因此必然限制发展中国家的产品出口，因而可能成为一种变相的贸易壁垒。不仅如此，许多发达国家在国际贸易中还制定超出国际公认标准的环保标准，实行内外有别的双重环保标准，或者专门针对出口国家或商品制定环境条例，这些派生出来的标准成为真正的绿色壁垒。

7. 绿色卫生检疫制度

绿色卫生检疫制度是指各国海关、商检机构都制定了不同的卫生检疫制度，对进口商品的品质进行检测和鉴定。发达国家往往把海关的卫生检疫制度作为控制从发展中国家进口的重要工具。他们对食品、药品的卫生指标十分敏感，如食品的安全卫生指标、农药残留、放射性残留、重金属含量、细菌含量等指标的要求极为苛刻。绿色卫生检疫制度影响最大的产品是药品和食品，为保障食品安全，许多国家采取了严格的检疫制度，有些国家通过立法建立了近乎苛刻的检疫标准和措施，形成了实质上的贸易保护。例如，日本、欧盟、美国等发达国家对食品中的某些有毒物质含量标准的规定到了近乎苛求的地步，阻止了越来越多的进口商品。

8. 绿色包装和标签制度

一些国家往往从包装材料对环境所造成的负面影响和标签给社会带来的危害方面考虑，对二者做出严格规定。这是一种常见的绿色技术壁垒，设置的国家利用这种壁垒能够有效地防止出口国的病虫传入，保证货物和使用者的安全与便利。但过分苛刻的要求就会大大增加出口商品的成本，成为贸易的障碍。

绿色包装制度是指包装必须节约能源，减少废弃物，使用后利于回收再利用或易于自然分解，不污染环境。许多发达国家都有相关的法律要求，如德国的《德国包装物废弃物处理法令》。这也在无形之中加大了进口商品的成本，甚至达到禁止某些商品进口的目的。

美国《食品标签法》规定，美国所有包装食品，包括全部的进口食品都必须强制性使用新标签，食品中的添加剂，如防腐剂、合成色素等必须在配料标示中依照标准的专用名称如实标注。

9. 绿色环境标志和认证制度

绿色环境标志也称绿色标志、生态标志。它是指在产品或包装上用图形表明该产品从研制、生产、使用、消费和处理过程符合环保要求，对生态环境和人类健康均无损害。但由于环境标志制度所建立的标准相当高，厂商要达到环境标志的要求，其产品的生产必须改变原材料及生产工艺才能达到。因此，环境标志制度在一定程度上就成为一种变相的贸易壁垒。

取得了环境标志意味着取得了进入实施环境标志制度国家市场的"通行证"。但由于环境标志制度所建立的标准高，认证程序复杂、手续烦琐，增加了外国厂商的生产成本和交易成本，因此，环境标志制度在一定程度上就成为一种变相的贸易壁垒。

自德国于1978年第一个实施环境标志制度"蓝天使"计划以来，环境标志制度发展极为迅速，目前世界上已有50多个国家和地区实施这一制度，并趋向于协调一致，相互承认，对发展中国家产品进入发达国家市场形成了巨大的障碍。

四、绿色壁垒的影响

（一）绿色壁垒将增加出口企业的成本，从而影响企业的国际竞争优势

绿色环保措施的实施必然会涉及产品从生产到销售乃至报废处理的各个环节，它要求将环境科学、生态科学的原理运用到产品生产、加工、储藏、运输和销售等过程中去，从而形成一个完整、无公害、无污染的环境管理体系。因此，产品在流通过程中，制造商为了达到进口国的环境标准，不得不增加有关环境保护的检测、认证和签证等手续并产生相关费用，

随之而来的是产品的外观装潢、出口标签和产品广告也将作大幅度的调整,从而导致出口产品各种中间费用及附加费用的增多,最终推动企业的营销成本总体上涨。单从价格角度来看,企业将失去原有的价格竞争优势。在不考虑其他因素的情况下,企业经济效益将会受到较大影响。即使企业接受了政府给予的环保补贴,也会因政府补贴能力和程度的影响,引起同类企业生产的相同产品的比较优势发生变化,从而影响了企业在国际市场上的竞争能力。

(二)绿色壁垒将影响国际贸易商品结构和商品流向格局

绿色保护措施的实施,特别是环境成本内在化以后,将会引起国际贸易商品结构的变化。这将突出地表现在以下几个方面。

(1)那些不利于人类健康的产品将会逐渐停止生产,贸易量将会逐步萎缩。

(2)初级产品在国际贸易中的比重将会进一步下降。新技术、新工艺的使用,将使许多初级产品如木材和矿产品等的市场进一步萎缩,并使初级产品与工业制成品的价格剪刀差进一步扩大。

(3)劳动密集型、资源密集型产品在国际贸易中的比重将会进一步降低,技术密集型、知识密集型产品比重将进一步提高,绿色产品的需求将会进一步增加。

(4)有形商品贸易受阻,将直接影响运输业、金融服务业的发展。一般来说,保护主义盛行之时,就是运输服务业的低迷时期。

国际贸易商品结构的改变,将引起国际贸易的市场地理方面发生变化。环境成本内在化的实施改变了跨国公司等直接投资者的投资领域,资本将从高环境成本的行业抽出而投向低环境成本或无环境成本的行业和地区,从而引发跨国公司以获取源于环境成本差的"寻租"活动。从全球范围来看,发展中国家的环境标准和环境成本内在化程度明显低于发达国家,环境成本的外部性较强,使得国外投资者得以入境兴办大量污染项目,成为"污染避难所"。据统计,日本污染产业在国外投资中有 2/3 投在东南亚和拉丁美洲,美国 20 世纪 80 年代初在发展中国家的投资有 35% 危害生态。种种迹象表明,污染密集型产业已逐渐从发达国家转移到发展中国家,发展中国家污染密集型产品在世界生产和销售的比重有所增长。另外,发达国家严格限制消费污染严重的产品,并可能成为生产过程污染严重产品的净进口国(输出污染型投资使然)和消费过程污染严重产品的净出口国(执行内外有别的标准)。

(三)绿色壁垒将会不断引发贸易摩擦

1. 发达国家的观点

由于各国经济与技术水平的差异,以及生产方式与消费结构的不同等因素的存在,使各国对环境标准的高低、环境成本内在化及其程度与方式都有着不一致的认识和处置方式。发达国家的环保主义者认为,数十年之久的市场失败和政府决策失误是环境恶化的主要原因。由于自由贸易的发展和政府、国际组织的重视不够,才使环境问题日趋严重。他们主张采取严格的贸易制裁措施,抵制破坏环境的产品生产和进出口。不仅如此,他们还要求世贸组织采取以下措施。

(1)允许包括环境专家在内的非政府组织进入世贸组织的小组会议,并能得到除商品秘密和国际安全秘密之外的所有资料。

(2)制定法律保障条款,保证贸易体系和环境政策的相关性,贯彻"污染者付费"原则，规定统一的全球最低环境标准，强制发展中国家贯彻实施。

（3）禁止各国放松和减免环境条款，防止不顾环境吸引国外投资。

（4）支持国内或国际上内化环境成本的努力，如采取贸易措施限制一些产品的生产和贸易以实现环保目标。

（5）利用各种奖惩措施防止污染，保护资源和环境，推动制度创新等。

2. 发展中国家的观点

发展中国家特别是工业化水平较低的国家对发达国家的贸易环境观十分不满，它们的观点包括以下几个。

（1）发达国家以环境为借口在贸易、生产和投资方面向发展中国家不断施压，忽视了发展中国家贫困落后、无力支付巨额环保费用的现实。

（2）国际组织并未处理好贸易、环境与发展的关系，即使世贸组织制定的让发展中国家从贸易中获益的有关环境措施及为环保设立的贸易保护措施，也是很难获得相关利益的。一些发展中国家甚至认为，他们刚刚有能力看到出口前景时却遇到了一系列贸易保护措施，越来越多的义务使他们很难有能力继续沿着发达国家的道路发展自己的经济，也很难在国际市场上有较多选择。他们认为，这种状况不应包括在可持续发展战略之中。

（3）发达国家一方面高喊帮助发展中国家治理贫困、消灭不平等和不公平，发展经济与贸易，另一方面却采取了与环境有关的贸易限制性措施，即绿色壁垒，它降低了发展中国家的收益，在一定程度上阻碍了发展中国家的发展之路。

（4）发达国家设立的高环境标准，实际上是它们利用生产和销售绿色产品，发展绿色科技和相关服务产品，控制未来的世界市场。总之，发展中国家要求重估对贸易有巨大影响的环境措施，要求发达国家在实施与贸易有关的环境措施如环境标志、标签、产品再循环处理等方面的政策时具有透明度和公开性。发展中国家反对为达到环境标准而采取超国界的贸易措施，反对用歧视的、统一的贸易措施规范其行为。它们主张环境措施必须建立在客观、公正和最低贸易限制的基础上。一些发展中国家从实际出发，向发达国家和国际组织提出了一系列的质疑。

在加强环境保护的今天，由于各国环境标准存在差异，按不同工艺和方法生产的同类产品能否享受同等待遇，能否允许有害的生产和生活垃圾输出到其他国家，能否将污染密集型产业通过投资方式转移到别国，跨国公司采用东道国的环境标准是否就是符合国民待遇原则，如果要求其采用母国的标准是否违背了国民待遇原则，不同类型的国家究竟应按哪种环境标准使环保成本内在化，其环境成本内在化的程度是否应一致，对绿色产品进行环境补贴是否违背公平贸易原则，在环境成本内在化实践过程中，发展中国家是否也应享受特殊待遇。看来，当因环保而增加营销成本进而影响到产品的市场竞争力时，必将造成双边甚至多边国际经贸关系的摩擦与冲突。不过，可以肯定地说，在发达国家占绝对优势的国际市场上，在绿色浪潮和环保运动的推动下，包括我国在内的广大发展中国家将在各类绿色贸易摩擦中处于被动地位，大多数企业将是最大的输家。这就意味着，企业参与国际竞争，不仅要面对高不可攀的技术标准，并为此做出不懈努力，付出巨大的代价，而且还要面对因环境壁垒所引起的各种复杂贸易摩擦。如何解决这种新型贸易纠纷，将对企业的综合素质提出新的挑战。

第六节　非关税壁垒对国际贸易的影响

非关税壁垒措施的种类繁多，涉及面较广，常常牵涉到各国国内经济政策和对外政策。关贸总协定自"东京回合"以来，在继续致力降低关税的同时，已逐渐将谈判重点转向非关税壁垒问题。各种非关税壁垒措施的影响有所不同，当某些情况发生变化时，非关税壁垒措施的影响也将发生变化。因此，非关税壁垒措施对国际贸易和有关的进出口国家的影响程度较难估计，现从几方面简述如下。

一、非关税壁垒对国际贸易的影响

1. 影响了国际贸易的发展速度

非关税壁垒的日益盛行减缓了国际贸易的增长速度。在其他条件不变的情况下，世界性非关税壁垒的加强程度与国际贸易的发展速度成反比关系。当世界上主要国家普遍提高关税和加强非关税壁垒时，不仅这些国家的进出口商品的数量要减少，还会进一步影响整个世界范围内国际贸易的发展。纵观国际贸易和非关税壁垒的发展史我们就会发现，世界性的非关税壁垒加强的程度与国际贸易增长的速度成反比关系。当非关税壁垒趋向加强时，国际贸易的增长将趋向下降；反之，当非关税壁垒趋向缓和或逐渐被拆除时，国际贸易的增长速度将趋于加快。

2. 扭曲了国际贸易地理方向，改变了国际贸易商品结构

非关税壁垒在一定程度上影响国际贸易商品结构和地理方向的变化。第二次世界大战以后，特别是 20 世纪 70 年代中期以来，非关税壁垒对农产品贸易的影响程度超过工业制成品贸易；对劳动密集型产品的贸易的影响程度超过技术密集型产品贸易；发展中国家对外贸易受到发达国家的影响程度超过发达国家之间的贸易。这种差异决定了国际商品的结构和地理方向的变化，并阻碍和损害了发展中国家对外贸易的发展。

3. 引起国际贸易摩擦和冲突

非关税壁垒限制商品的进口，加剧了国际贸易摩擦和冲突。非关税壁垒是一国政府出于各种政策目的而采取的对外贸易干预措施，不可避免地会对主要贸易伙伴国的经济产生影响。当涉及商品数额巨大、对出口国经济产生重要影响时，"贸易战"就会产生。当前，世界主要经济体美、日、欧、中国之间的贸易摩擦尤为频繁，这主要归咎于 20 世纪 90 年代新型非关税壁垒的出现。非关税措施的合理性和合法性为政府干预对外贸易提供了更多借口，也因此加剧了国际贸易摩擦，这对国际经济关系的稳定与发展也极为不利。

虽然非关税壁垒对国际贸易的发展起到了十分不利的影响，但我们同时也应该看到诸如技术贸易壁垒、绿色贸易壁垒等非关税措施，在一定程度上引起了世界各国尤其是发展中国家对环境、社会可持续发展等问题的重视。

二、非关税壁垒对进口国的影响

非关税壁垒像关税壁垒一样，起到了限制进口、引起进口国国内市场价格上涨和保护本国市场与生产的作用。一国采取非关税壁垒措施限制进口，将使进口商品的供应量减少，在其他条件不变的情况下，也将引起进口商品价格的上涨，国内相同产品的价格也随之而提高。例如，美国通过"自限协定"限制日本汽车的进口，结果在美国市场上日本汽车价格在1981—1983年分别提高了185美元、359美元和831美元，美国国内生产的汽车价格也随之上涨了。在保护关税的情况下，国内外价格仍维持着较为密切的关系，进口数量将随着国内外价格的涨落而有所不同。但是如果进口国采取直接的进口数量限制措施，情况就不同了。如实行进口数量限制，固定了进口数量，超过绝对进口配额的该种商品不准进口，当国外该种商品价格下降时，对进口国这种商品的进口数量的增长无影响。在限制进口引起进口国国内价格上涨时，也不增加进口，以减缓价格的上涨。因而两国之间的价格差距将会扩大。

一般来说，在一定的条件下，进口数量限制对价格的影响程度是不同的。进口国的国内需求量越大，外国商品进口限制的程度越大，其国内市场价格上涨的幅度将越大；进口国国内需求弹性越大或国内供给弹性越大，其国内市场价格上涨的幅度将越小。

进口数量限制等措施导致价格的上涨，成为进口国同类产品生产的"价格保护伞"，在一定条件下起到保护和促进本国有关产品生产和占领市场的作用。但是，由于国内价格上涨，使得进口国消费者的支出增加，蒙受损失，而有关厂商，特别是资本主义的垄断组织从中获得高额利润。同时，随着国内市场价格上涨，其出口商品成本与价格也将相应提高，削弱出口商品竞争能力。为了扩大出口，资本主义国家采取出口补贴等措施来鼓励出口，这将增加国家预算支出，加重人民的税赋负担。

三、非关税壁垒对出口国的影响

进口国的非关税壁垒，特别是实行直接的进口数量限制，规定了进口数量，将使出口国的商品出口数量和价格受到严重的影响，造成出口数量减少，出口价格下跌，出口增长率下降。由于各出口国的经济结构和出口商品结构不同，各种出口商品的供给弹性不同，其出口商品受到非关税壁垒措施的影响也不同。通常，发展中国家或地区出口商品的供给弹性较小，发达资本主义国家出口商品的供给弹性较大，因而发展中国家或地区蒙受的非关税壁垒限制的损失超过发达国家。发达国家还利用非关税壁垒对各出口国实行歧视性待遇，使得各出口国受到的影响也有所不同。

例如，一国实行绝对进口配额，由于进口配额的方式不同，对各出口国的情况也将不同。如果进口国对某种商品实行全球配额，则进口国的邻近出口国就处于较有利的地位，可能增加该种商品的出口，而距离较远的国家就可能减少该种商品的出口。如果进口国对某种商品实行国别配额，若配额采用均等分配法，则实施配额前出口较多的国家，可能减少该种商品的出口，而出口较少的国家，可能增加该种商品的出口；若配额参照过去的出口实际按比例分配，则各出口国所分到的新额度会有所不同；若配额按双边协议分配，各出口国的新配额也将有所差异。发达国家还往往采取歧视性非关税壁垒措施损害发展中国家的出口利益。

在非关税壁垒日趋加强的情况下,发达国家一方面采取报复性和歧视性的措施限制商品的进口,另一方面采取各种措施鼓励商品的出口,从而进一步加剧了它们之间的贸易摩擦和矛盾。

第七节 鼓励出口措施

世界上许多国家除了利用关税和非关税壁垒限制进口外,还采取各种鼓励出口的措施,以增加本国产品在国际市场上的竞争力,扩大出口。鼓励出口的主要措施有以下几种。

一、出口信贷

出口信贷(export credit)是一国的银行为了鼓励出口,提高其商品在国际市场上的竞争能力,对本国出口厂商提供的优惠贷款。它是一国的出口厂商利用本国银行的贷款扩大商品出口,特别是金额较大、期限较长,如大型成套设备、船舶、飞机等商品出口的一种重要手段。

(一)出口信贷的种类

出口信贷主要有两种做法。

1. **卖方信贷**

卖方信贷(supplier's credit)属于商业信用,它是出口银行向本国出口厂商(卖方)提供贷款,通常用于大型成套设备、船舶等的出口,贷款合同由出口厂商与银行签订。由于这些商品所需要的资金数额较大,时间较长,进口厂商一般要求采用延期付款的方式支付货款,而出口厂商为了加速资金周转,维持生产正常进行,往往需要取得银行贷款。因此,卖方信贷是银行直接资助本国出口厂商向外国进口厂商提供延期付款,以促使商品出口,扩大销售市场的一种方式。

在采用卖方信贷的条件下,通常在签订买卖合同后,进口厂商先支付贷款 10%~20% 的定金,作为履约的一种保证金,在分批交货、验收和保证期满时,再支付 10%~15% 的现汇贷款,其余的贷款在全部交货后若干年内分期偿还,并付给延期付款期间的利息。出口厂商把所得的款项与利息按贷款协议的规定偿还给本国的贷款银行。所以,卖方信贷实际上是出口厂商从贷款银行取得贷款后,再向进口厂商提供延期付款。银行与出口厂商之间属于银行信用,出口厂商与进口厂商之间是一种商业信用。图 9-3 是卖方信贷的流程图,卖方信贷的具体步骤如下。

图 9-3 卖方信贷的流程图

（1）在正式签署货物买卖合同前，出口厂商必须与贷款银行取得联系，获得银行发放出口信贷的认可。一般情况下，银行在受理和审核项目后，对出口厂商下达具体要求，如：买卖合同必须规定，进口厂商现金支付比例达到合同金额的10%～20%；分期付款时每半年等额贷款本金和利息偿还一次，以与贷款偿还一致；出口厂商向保险机构投保出口收汇险，将保险费打入贷价，并将保险单收益权转让给出口方银行；进口厂商延期付款担保机构的资格由贷款银行确认。

（2）出口商与进口商签署货物买卖合同，同意以延期付款的方式向进口商出售商品。一般情况下，合同要求进口商在合同生效后以即期付款的方式支付贷款金额10%～20%的定金，作为履约的一种保证金，在分批交货、验收和保证期满时，再支付10%～15%的现汇货款，其余的货款在全部交货后若干年内分期偿还，一般为每半年偿还一次，并支付延期付款期间的利息。

（3）出口商在与进口商签订买卖合同的同时，向保险公司投保出口汇险，并将保险项下的权益转让给贷款银行，出口商与贷款银行正式签署贷款协议，在协议中，出口商同意将货物买卖合同下的远期收汇权益押给贷款银行。

（4）在出口方按期收到进口方银行开具的信用证或保函，并收到定金后，出口商开始组织生产，并向贷款银行提款。提款基本有两种形式，一是在出口商发货交单时，出口商按贷款比例向贷款银行提款，这是比较规范的做法。因为只有出口商按期交货，才能得到进口方银行开出的本票或汇票，贷款银行根据上述债权凭证才发放贷款。二是出口商在取得定金后，根据生产中的资金缺口向贷款银行提款。这种形式对贷款银行风险较大，如果出口商不能按期交货，出口商转让给银行的远期汇款险单和抵押的远期收汇凭证就失去意义。因此，在这种情况下，贷款银行要求出口商提供出口商品按期交货履约保证。

2. 买方信贷

买方信贷（buyer's credit）是指出口方银行直接向进口商（买方）或进口方银行提供的贷款，其附加条件就是贷款必须用于购买债权国的商品，这就是所谓的约束性贷款（tied loan）。买方信贷由于具有约束性而能起到扩大出口的目的。

买方信贷的一般做法是：当出口方银行将款项直接贷给外国进口商时，进口商先用自有资金，以即期付款方式向出口商缴纳买卖合同金额15%～20%的定金，其余货款以限期付款的方式支付给出口商，然后再按贷款合同所规定的条件，向供款银行还本付息。进口方银行也以即期付款的方式代进口商支付应付的货款，并按贷款合同规定的条件向供款银行归还贷款和利息等。至于进口商与本国银行的债务关系，则按双方商定的办法在国内结算清偿。买方信贷使出口商可以较快地得到货款，风险较小；而进口商对货价以外的费用比较清楚，便于其与出口商进行讨价还价。因此，买方信贷在国际贸易中使用比较广泛。

（二）出口信贷的特点

（1）信贷发放以资本货物出口为基础。出口信贷支持的一般都是金额较大、需要资金融通期限较长的商品出口，如成套设备、船舶等。买方信贷中出口国银行向进口方提供的贷款必须全部或大部分用于购买提供贷款国家的商品。

（2）贷款利率较低。出口信贷利率一般低于资本市场相同条件的市场利率，利差由政府提供给予补偿，无论贷款机构是政府设立的专门机构，还是普通的商业银行。

(3) 出口信贷的贷款金额，通常只占买卖合同金额的85%左右，其余10%～15%由进口厂商先行支付。

(4) 出口信贷发放与出口信贷保险相结合。由于出口信贷期限较长，金额大，涉及不同国家的当事人，因此，出口信贷的风险对贷款银行而言远远大于单纯对国内机构发放的贷款。而对于出口信贷，私人保险公司一般不愿意提供保险。在这种情况下，政府为促进出口，设立专门的出口信贷担保机构来承担出口信贷风险。例如，美国的"进出口银行"、日本的"输出入银行"、法国的"对外贸易银行"、中国的"进出口银行"等，除对成套设备、大型交通工具等商品的出口提供国家出口信贷外，还向本国私人商业银行提供低利率贷款或给予贷款补贴，以资助它们的出口信贷业务。

(5) 出口信贷是政府促进出口的手段。一般而言，获取出口信贷支持的出口商品都是资本品，其所在产业对国内经济增长、就业都具有较大的影响力，对其他产业也具有较强的连锁效应。因此，所有的发达国家和越来越多的发展中国家都设立专门的机构，办理出口信贷和出口保险业务，并对商业金融机构发放出口信贷实施鼓励政策。如英国曾规定，商业银行发放出口信贷超过其存款额的18%时，超过部分则由出口信贷保险机构提供支持。

二、出口补贴

出口补贴（export subsidies）又称出口津贴，是一国政府为了降低出口商品的价格，加强其在国外市场上的竞争力，在出口某种商品时给予出口厂商的现金补贴或财政上的优惠补贴。

（一）出口补贴的方式

出口补贴包括直接补贴和间接补贴。

1. 直接补贴

直接补贴（direct subsidies）包括价格补贴和收入补贴两种形式。

价格补贴是政府或其专门设立的机构根据出口商品的数量或价值直接给予的现金补贴，如每出口一数量单位或单位价值的商品，政府补贴多少现金的做法。历史上韩国曾经使用过这一办法促进出口。价格补贴也可以采取补贴差价的方式。在一些国家出口商品的国内价格高于国际市场价格的情况下，按国际市场价格出口就会出现亏损或减少盈利，它们的政府就会根据国内市场价格与本国出口产品价格的差价给予补贴，通过补贴使得本国产品获得与其他国家相同产品同样的价格竞争能力，并且能够保证正常的盈利。欧盟农产品出口补贴就是采取补贴差价的方式。差价补贴的幅度和时间的长短，往往随着国内市场和国际市场之间的差价的变化而变化。有时为了鼓励某种商品的出口，补贴金额甚至大大超过了实际价差。根据掌握的资料，补贴价差主要针对农产品出口，特别是欧美的补贴。

收入补贴主要指政府或专门设立的机构对出口亏损企业进行补贴或补偿。这种做法非常少见，如中国改革开放之前，政府对外贸企业发生的亏损全部承担。

2. 间接补贴

间接补贴（indirect subsidies）是指政府对某些出口商品给予财政上的优惠，以降低出口商品的成本，提高出口商品的价格竞争力。如政府对出口厂商直接提供优惠利率的贷款，或者对其获得的其他商业机构贷款给予利率补贴；政府退还或减免出口商品生产过程中进口原料、设备等已经缴纳的各种国内税；政府直接向出口厂商提供低价的公共设施服务，如低价水、电等供应；政府免费为出口商品的企业作推销宣传（如通过海外商务处）、免费提供海外市场信息、咨询等。

（二）出口补贴的经济效应

从经济效应上看，出口补贴的结果会使出口工业生产增加，国内消费品减少，出口量增加，国内价格上涨。由于出口补贴使得出口比在国内的销售更加有利可图，而且政府没有限制出口数量，企业当然要扩大生产量，尽量出口，除非在国内市场销售也能获得同样的收入。又由于补贴差价是给出口的商品，要想在国内市场销售也获得同样的收入，除了提价别无其他的方式。在涨价以后，消费自然减少。从另一个角度说，国内消费者也必须拿出与生产者出口所能得到的一样的价格，才能确保一部分商品留在国内市场而不是全部出口。出口补贴的经济效应如图9-4所示。

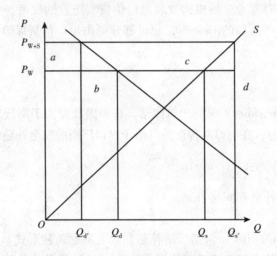

图9-4 出口补贴的经济效应

出口产品的国际价格为P_W，在没有补贴时，生产量为Q_s，国内需求量为Q_d，出口量为$Q_d Q_s$。再假设政府对每单位产品的出口补贴为S，单位产品出口的实际价格变成P_{W+S}。在这一价格下，生产者愿意扩大生产增加出口，新的生产量为$Q_{s'}$，国内的需求量则因为国内市场价格的上升而下降至$Q_{d'}$，供给在满足了国内需求之后的剩余$Q_{d'}Q_{s'}$，即为出口。由于国内价格上涨，消费者剩余减少面积$(a+b)$，生产者剩余增加面积$(a+b+c)$。因政府又提供了面积$(b+c+d)$的补贴，所以，政府补贴与消费者剩余之和减去生产者盈余后，整个社会仍发生净损失$(b+d)$。

但是，如果受补贴方是个出口大国，出口补贴对其国内价格、生产、消费及社会利益虽然具有相同的经济效应，但程度是不同的。因为出口大国增加出口的结果会造成国际市场价格下降，出口商品生产者就不能得到全额出口补贴效益，生产和出口的增长也会小于小国，国内价格的涨幅和消费量的下降也会低于实施补贴之前。因此，使用出口补贴刺激出口未必是明智之举。

三、商品倾销

商品倾销是指商品出口厂商以低于国内市场的价格，甚至低于商品成本价格在国外市场销售，其目的在于打开市场，战胜竞争对手，扩大销售或垄断市场。商品倾销主要有以下几种形式。

1. 偶然性倾销

偶然性倾销（sporadic dumping）通常是因为销售旺季已过，或者因公司改营其他业务，在国内市场上不能售出的"剩余货物"，而以低价向国外市场抛售，这种倾销会对进口国的同类生产造成不利影响，但由于时间短暂，通常进口国很少采用反倾销壁垒。

2. 间接性或掠夺性倾销

间接性或掠夺性倾销（intermittent or predatory dumping）是以低于国内价格甚至低于成本的价格，在某一国外市场上倾销商品，以打垮竞争对手，垄断市场，然后提高价格，弥补低价时的损失。这种倾销严重损害进口国的利益，往往遭到进口国反倾销的抵制或其他报复。

3. 长期性倾销

长期性倾销（long-run dumping）是长期（至少半年以上）以低于国内的价格在国外市场持续性出售，在独占一国市场以后，在该国市场以高于国际市场的价格出售商品，扩大总利润额。要使商品倾销发生作用，出口国家必须使已倾销的商品不回流到本国市场和不受到进口国的报复。厂商能在相当长的时期内持续低价甚至亏本出售商品，其原因主要有两方面：一是出口补贴的结果；二是垄断厂商追求利润最大化的结果。

四、外汇倾销

外汇倾销（exchange dumping）是利用本国货币对外贬值扩大出口的壁垒。当一国货币贬值后，出口商品以外国货币表示的价格就降低了，从而提高了出口商品竞争能力，有利于扩大商品出口。例如，美元对日元汇率由原来的 1 美元兑换 185 日元，降到 1 美元兑换 140 日元。假定原来一件价格为 10 美元的美国商品输往日本时，在日本市场售价就为 1 850 日元，现在该商品价格按新汇率就为 1 400 日元。这时美国出口所得的 1 400 日元，按新汇率计算仍然换回 10 美元，并未因美元贬值而受到损失，这对美国出口商是很有利的。在这种情况下，美国出口商可以采用 3 种处理方法。

（1）仍然按 1 850 日元在日本市场上出售，按新汇率每件商品可多得 3.21 美元，提高了利润。

（2）适当降低价格，使其维持在 1 850～1 400 日元，既提高了利润，又有利于扩大商品出口。

（3）把价格降到 1 400 日元，加强价格竞争，促进更多的商品出口。

至于采用何种方法，要取决于美国出口商的销售意图和市场竞争情况。近年来，美国企图利用美元贬值以达到扩大商品出口、减少巨额贸易逆差的目的。

此外，一国货币贬值后，该国进口商品的价格将上涨，从而削弱了进口商品的竞争力。因此，货币贬值具有双重作用，既可促进出口，又可限制进口。

但是，外汇倾销并不能无条件、无限制地进行，只有具备以下3个条件时才能起到扩大出口的作用。

（1）货币贬值的程度要大于国内物价上涨的程度。一国货币的对外贬值必然会引起货币对内也贬值，从而导致国内物价的上涨。当国内物价上涨的程度赶上或超过货币贬值的程度时，出口商品的外销价格就会回升到甚至超过原先的价格，即货币贬值前的价格，因而使外汇倾销不能实行。

（2）其他国家不同时实行同等程度的货币贬值，当一国货币对外实行贬值时，如果其他国家也实行同等程度的货币贬值，这就会使两国货币之间的汇率保持不变，从而使出口商品的外销价格也保持不变，以致外汇倾销不能实现。

（3）其他国家不同时采取另外的报复性措施。如果外国采取提高关税等报复性措施，那也会提高出口商品在国外市场的价格，从而抵消外汇倾销的作用。

小　结

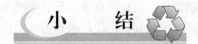

本章是对保护贸易理论的一个概述，既介绍了几个经典的贸易保护理论，也介绍了贸易保护理论的一些最新发展。重商主义是15—17世纪代表商业资本利益的经济思想和政策体系。重商主义认为金银是财富的唯一代表，获得财富的途径则是对外贸易顺差，因而主张国家干预经济活动，"奖出限入"，追求顺差，使货币流入国内，以增加国家财富和增强国力。

保护关税理论是指汉密尔顿提出的美国应在对外贸易上实行关税保护，并提出一系列政策主张，使美国工业得以受到有效保护而顺利发展的相关论点。汉密尔顿的保护关税理论提出采用关税措施对本国正处在成长过程中的产业特别是制造业予以保护，使之生存、发展和壮大。

李斯特提出保护幼稚工业理论，主张在利用关税政策发展本国工业时，对不同的产品采取不同的关税税率，以保护本国将来有前途的幼稚工业，促进生产力的发展。李斯特对国际分工和自由贸易利益予以承认，并且主张保护贸易是过渡手段，自由贸易是最终目的。

凯恩斯的超保护贸易理论是发达国家在战后为了保住自身原有优势制定保护贸易政策的依据，它建立在凯恩斯的有效需求理论和投资乘数理论的基础上，认为出口就如同国内投资一样对民经济具有"注入"的效果，会增加有效需求，进而提高就业水平，并且还会对国民收入有倍增效应，即所谓的"对外贸易乘数理论"。

普雷维什把国际经济体系在结构上分为由发达工业国构成的中心和由广大发展中国家组成的外围两部分，指出中心和外围的不平等关系是造成中心国与外围国经济发展水平差距加大的根本原因。他认为，外围国家应该采取保护贸易政策，充分利用本国资源，努力发展本国的工业部门，逐步实现工业化。

战略性贸易政策理论是指一国政府在不完全竞争和规模经济的条件下利用生产补贴、出口补贴及保护国内市场等贸易政策来扶植本国战略性产业的成长，增强其在国际市场上的竞争力，占领他国市场，获取规模报酬和垄断利润。

国际贸易中存在着各种各样的非关税措施,自由贸易论者称之为非关税壁垒。非关税壁垒是指除关税措施以外的其他一切直接或间接限制外国商品进口的法律和行政措施。非关税壁垒有灵活性、针对性、有效性、隐蔽性、歧视性、双重性、争议性等特点。

非关税壁垒名目、种类繁多,常见的有进口配额制、自愿出口限制、进口许可证制、外汇管制和不合理的汇率、进口押金制、进口最低限价制、国内税、进出口的国家垄断、歧视性政府采购政策、海关程序、劳工标准、技术性贸易壁垒、绿色壁垒等。

非关税壁垒措施的种类繁多,涉及面较广,常常牵涉各国国内经济政策和对外政策。非关税壁垒对国际贸易和有关的进出口国家都会产生影响。非关税壁垒对国际贸易的发展起着重大的阻碍作用;非关税壁垒在一定程度上影响国际贸易商品结构和地理方向的变化;非关税壁垒起到了限制进口、引起进口国国内市场价格上涨和保护本国的市场与生产的作用;非关税壁垒使出口国的商品出口数量和价格受到严重的影响,造成出口数量减少,出口价格下跌,出口增长率下降。

案 例

一、新国际贸易标准 SA 8000 可能成为出口新壁垒

随着 2005 年后配额时代的不断临近,发达国家新的贸易保护措施也会越来越多,除了我们已经耳熟能详的技术措施、绿色环保之外,企业社会责任也摆在了我们面前。

近年来,一个新的国际贸易标准——SA 8000 社会责任标准摆在我国出口厂商面前,企业社会责任已经越来越多地出现在许多跨国公司订单的附加条件中。专家们认为,SA 8000 可能成为我国产品出口新的技术性贸易壁垒,国内企业和政府相关部门应早做准备,以免在壁垒完全形成时陷入被动。

据介绍,我国出口到欧美国家的服装、玩具、鞋类、家具、运动器材及日用五金等产品,都已遇到 SA 8000 的要求。2002 年 9 月,广东中山市一家 500 人左右的鞋厂因没有达到出口国当地法律规定的最低工资标准,曾被客户停单两个月进行整顿。同年 7 月,因发生女工中毒事件,一家台资鞋厂曾一度陷入全部撤单的困境。地处内地的出口企业,同样受到了企业社会责任标准的影响。重庆一家化工公司为了向一家全球最大精细化工企业出口化工中间产品,先后接受了该公司两次严格的社会责任检查。更多的企业则是因为达不到 SA 8000 要求而痛失产品出口订单。据估计,从 1995 年以来,我国沿海地区至少已有 8 000 多家工厂接受过跨国公司的社会责任审核,有的企业因为表现良好获得了更多的订单,部分工厂则因为没有改善诚意而被取消了供应商资格。

专家认为,SA 8000 是继 ISO 9000、ISO 14000 之后出现的又一个重要的国际性标准。虽然目前它只涉及人身权益及与健康、安全、机会平等等与核心要素有关的初始审核,但随着对其不断修订和完善,该标准最终可能发展成为一个覆盖道德、社会和环境等范围很广的标准,并有可能会转化为像 ISO 标准一样真正的国际性标准。

据悉,德国进口商协会已制定了《社会行为准则》,规定德国进口商应经过 SA 8000 协会授权,对其供应商(出口商)的社会行为进行审查。该准则有可能被法国和荷兰(今尼德兰)的进口商协会所采用。由于德、法、荷三国均是欧盟的主要纺织品服装进口市场,进口份额约占整个欧盟的 50% 以上，这项要求将会给我国出口企业带来巨大压力。美国、法国、意大利等传统采购中国轻工业产品的贸易组织，也正在讨论一项协议，要求将中国纺织服装、玩具、鞋类生产企业通过 SA 8000 认证，作为选择供应商的依据。

目前，SA 8000 的冲击并没有引起国内绝大多数企业和政府相关部门的重视。根据深圳当代社会观察研究所在沿海地区的调查，200 名受访官员中知道"公司社会责任"、跨国公司"生产守则"或 SA 8000 这些名词含义或其中任何一个名词含义的仅有 6 人，只占受访人数的 3%。

专家指出，社会责任标准这类新贸易壁垒具有介于合理和不合理的双重性，非常隐蔽和复杂。同时，新贸易壁垒涉及技术、法律及行政管理等各个方面和各个部门，国内企业和政府部门须及早应对，提高企业综合竞争力，突破新贸易壁垒。

资料来源：方勇，张二震. 出口产品反倾销预警的经济学研究 [J]. 经济研究，2004 (1)：74–82.

案例思考

如何理解非关税贸易壁相对于关税具有很强的隐蔽性和弹性？

二、《京都议定书》的争议与妥协

为了 21 世纪的地球免受气候变暖的威胁，1997 年 12 月，149 个国家和地区的代表在日本东京召开《联合国气候变化框架公约》缔约方第三次会议，经过紧张而艰难的谈判，会议通过了旨在限制发达国家温室气体排放量以抑制全球变暖的《京都议定书》。《京都议定书》规定，到 2010 年，所有发达国家排放的二氧化碳等六种温室气体的数量，要比 1990 年减少 5.2%，发展中国家没有减排义务。对各发达国家来说，从 2008 年到 2012 年必须完成温室气体排放量的削减目标是：与 1990 年相比，欧盟削减 8%、美国削减 7%、日本削减 6%、加拿大削减 6%、东欧各国削减 5%~8%。新西兰、俄罗斯和乌克兰则不必削减，可将排放量稳定在 1990 年的水平上。议定书同时允许爱尔兰、澳大利亚和挪威的排放量分别比 1990 年增加 10%、8%、1%。《京都议定书》需要在占全球温室气体排放量 55% 的至少 55 个国家批准之后才具有国际法效力。《京都议定书》于 2005 年 2 月 16 日正式生效。目前全球已有 141 个国家和地区签署议定书，其中包括 30 个工业化国家。

《京都议定书》中规定了三个跨界进行温室气体减排的灵活机制。其中，清洁发展机制（clean development mechanism）是在发达国家和发展中国家间进行的，即发达国家通过向发展中国家提供资金和技术，帮助发展中国家实现可持续发展。同时，发达国家通过从发展中国家购买"可核证的排放削减量（CER）"以履行《京都议定书》规定的减排义务。此外，"排污权交易"制度使工业化国家之间可以自行买卖温室气体。分析人士认为，此举必然导致排污权交易风行全球。排污权交易是在对污染物排放总量控制的前提下，利用市场规律及环境资源的特有性质，在环境保护主管部门监督管理下，各个持有排污许可证的单位在政策、法规的约束下进行排污指标（排污权）的有偿转让或变更的活动。

美国人口仅占全球人口的 3%~4%，而所排放的二氧化碳却占全球排放量的 25% 以上。美国曾于 1998 年 11 月签署了《京都议定书》。但 2001 年 3 月，布什政府以"减少温室气体排放将会影响美国经济发展"和"发展中国家也应该承担减排和限排温室气体的义务"为借口，宣布拒绝执行《京都议定书》。

抑制温室气体的排放，需要一个国家对保护环境的价值有高度的认识，需要对可持续发展与经济增长的关系有很深的认同。现实地说，还需要这些国家的经济发展达到相当高的水平。回顾全世界环境保护的艰难历程，我们有理由相信，限制温室气体排放的自我约束同样艰难。在目前的经济格局下，要想让各国在经济快速发展过程中自设壁垒，是难以想象的。

资料来源：王亚星. 中国出口技术性贸易壁垒追踪报告（2014）. 北京：中国人民大学出版社，2014：41.

案例思考

《京都议定书》有可能在不久的将来将发展中国家也包括进来，这将对发展中国家的对外贸易有什么影响？

三、欧盟的"绿色指令"——中国家电出口的又一道"门槛"

中国家电业的出口可谓命运多舛。不但屡屡遭到发达国家反倾销和专利费的打击，一道又一道的绿色壁垒更是挡在前面。欧盟的两道相关指令分别为《报废电子电气设备指令》（WEEE）和《关于在电子电气设备中禁止使用某些有害物质指令》（ROHS）。

根据第一道指令，欧盟25个成员国于2005年8月13日以前将上述指令转换为成员国法律，从而在8月13日开始正式实施。根据第二道指令，从2006年7月1日起，投放于欧盟市场的新电子和电气设备，将不得包含铅、汞、镉、聚溴二苯醚或聚溴联苯等有害物质。电子产品中包括了电视机、录像机、收音机、个人计算机、传真机等信息技术和通信设备，以及通过电信以外的发送声音和图像技术的录制和复制设备等；机械产品中包括了多种电气产品，这些产品多数是我国出口的主导产品。

更值得注意的是，根据这道指令，欧盟所有成员国应该建立有关产品回收体系，保证电子电气产品单独回收，回收费则由产品生产商或进口商承担，而回收的责任方和费用的确认，正是问题的关键。

对于中国家电生产企业而言，WEEE及ROHS指令带来的最大及最直接的影响就是，企业必须为进入欧盟市场投入更多的资金。企业必须承担的额外成本主要包括两部分：其一，设计绿色产品的成本。从长远看，电子电气厂商无论是从经济效益角度，还是从社会效益角度考虑，都不得不选择生产易于回收再循环的产品。由于国内现有产品生产线大都不能满足欧盟指令对更高环保的要求，中国厂家只有向发达国家再次购进生产线，进行更新换代，从而使得最终利益仍被发达国家获取。其二，建立并完善回收体系的成本。对于2005年8月13日以后投放市场的产品，厂家在将自己的电子电气产品投放欧盟市场时，必须出具一份保证书，保证产品报废时，厂家会负担回收成本。

这一保证书存在的另一作用是，即使某一产品的生产商在一段时间后退出欧盟市场，也必须负责已经投放欧盟市场的自己产品的报废回收、再循环及处理成本。对于2005年8月13日以前投放欧盟市场的产品，WEEE规定，必须由欧盟市场上的所有电子电气产品厂家根据自己产品在欧盟市场上的销售份额，相应分摊这些报废产品的回收再循环处理成本。

资料来源：宫桓刚. 中国出口产品遭遇反倾销贸易壁垒问题研究. 大连：东北财经大学出版社，2012：34.

案例思考

针对欧盟的绿色指令，我国家电企业该如何应对？

四、中国打火机行业面临巨大限制

温州打火机行业日前已收到欧盟各成员国表决通过的"CR"法规（Child Resistant Safety Mechanism for Lighter，加装防止儿童开启装置并提高打火机安全性能法规）决议草案，对应草案内容，浙江所有打火机生产企业的产品将绝大部分不符合标准。温州烟具行业协会会长周大虎说："我们现在正对法规中不合理的地方形成意见，并反馈给国家商务部，由商务部跟欧盟进行交涉，希望他们修改草案。"新版的"CR"法规，除了在打火机的销售材料、材料使用等方面设置了许多硬性的杠杆之外，还提出"打火机使用寿命必须在五年以上，否则就要装安全锁"这一要求，而实际上，仅这一条，浙江省就没有一家企业可以做得到。

"CR"出台的主要目的其实是防止孩子开启，保护儿童安全。而按照"CR"的规定，所谓的非豪华打火机要上安全锁，而豪华的就可以不受约束，这显然不合理，因为安全并不取决于豪华程度；另外全面禁止儿童玩具打火机进入欧盟，也与法规本身对打火机上安全锁的要求自相矛盾。"CR"法规到正式获得欧盟通过成为法律实施还有10个月，在这期间，协会将组织企业提高产品档次，提高附加值，但以行业目前的技术水平，要做到这一点并不容易。据了解，浙江打火机出口占到全国2/3左右，而出口到欧盟就占到出口总量的一半以上。

资料来源：程鉴冰. 技术性贸易壁垒的比较制度分析：以欧美日非出口市场为例. 北京：中国标准出版社，2012：95.

案例思考

（1）请就上述案例说明技术性贸易壁垒的特点。
（2）欧盟为何对华采取这些"技术对策"？

五、日本提高农产品贸易壁垒对中国的影响

对于出口日本的中国农产品企业来说，2006年将面临一道门槛。因为2006年5月29日日本将正式生效一个和进口农产品有关的肯定列表制度，这个制度对日本进口的农产品在农药、添加剂方面提出了极其苛刻的限制性要求，这项制度的实施将影响到中国6 200多家企业。

商务部就日本的农产品新政策，紧急召集对日出口企业进行培训，要求企业在了解此项制度的同时准备积极应对，龙大食品集团是一家以农产品加工出口为主的企业，对日出口量占到总出口量的90%，2005年达到1.6亿美元，此次日本设置进口农产品壁垒，他们觉得日本此次出台的规定除了增加许多检测项目以外，有些还非常不合理。一般而言，进口的某一种蔬菜，只要有进口数量的5%超标的话，这个产品就一律从中国全部停止进口。这样，一旦哪个企业出问题的话，中国所有企业的库存就全部都要报废。

据了解，日方的"肯定列表制度"将农药、添加剂的受限制种类由63种提高到798种，该制度还对这些化学品设置了5万多个标准。日本是我国最大的农产品出口国，去年的出口额达到近80亿美元，此次日本提高进口门槛将影响我国6 200多家对日农产品出口的企业。

全国工商联农业产业商会表示，连日本的产品也不可能达到这些设定标准，所以这种设限是不合理的，是一个歧视性贸易壁垒；近期将召开会议来研究对策，不合理的方面要由商

会组织通过商务部来和日方交涉。

资料来源：李新．日本"肯定列表制度"知识问答［J］．中国家禽，2006（11）：48－49．

案例思考

请分析日本肯定列表制度的实质。

名词解释

非关税壁垒　进口配额制　绝对配额　关税配额　自愿出口限制　进口许可证制　外汇管制　进口押金制　进口最低限价制　国内税　进出口的国家垄断　歧视性政府采购政策　海关程序　社会责任壁垒　技术性贸易壁垒　绿色壁垒

思考题

1. 非关税壁垒具有哪些特点？
2. 非关税壁垒如何分类？
3. 进口许可证可以分为哪几种？
4. 技术性贸易壁垒主要有哪几种？
5. 分析技术性贸易壁垒的影响。
6. 绿色壁垒的表现形式有哪些？
7. 简述绿色壁垒盛行的原因。
8. 简述非关税壁垒对国际贸易的影响。

第十章 国际贸易政策与措施专题技能训练

第一节 中国对外贸易政策的演变与调整方向

【训练的目的与要求】

使学生了解中国对外贸易政策的演变阶段与特点,了解中国对外贸易体制改革历程。能够理论联系实际,结合中国的贸易现状,对中国对外贸易政策与改革方向有较为清晰的认识。从而培养学生分析问题、解决问题的综合能力。

【学习重点与难点】

学习重点是把握中国外贸政策调整的发展方向与指导原则,对中国贸易政策的制定有深入的思考。

一、中国对外贸易政策的演变

(一)第一阶段:计划经济体制下的国家统制型的封闭式保护政策(1949—1978年)

1949年9月通过的政协会议共同纲领规定,中国对外贸易政策是"实行对外贸易的管制,并采用保护贸易政策",明确指出中国对外贸易政策的保护倾向。同时,由于发达资本主义国家对中国的经济封锁和禁运政策,使得自力更生和自给自足成为中国发展经济的指导思想。在社会主义计划经济体制下,中国选择了在资金短缺的经济中优先发展重工业的工业双边经济贸易合作,同时对外贸易的目的主要是创汇,为满足必须的进口对外汇的需求,而采取人民币币值高估及外汇管制的汇率政策。

在对外贸易战略方面,中国此时基本上采取的是"进口替代"战略。进口替代,就是一国通过建立和发展本国工业,以本国生产的产品替代国内市场上的进口商品来扶持和保护本国相关工业部门的发展,减少本国对国外市场的依赖,促进民族工业的发展。其经济发展和工业化进程主要由国内市场来推动的经济发展战略模式。1949—1978年中国进口替代在政策方面主要表现为实行统制对外贸易，通过关税与非关税措施保障进口替代的实施。政策的目的是"保护国家生产"和增加财政收入，保护国家生产就是用较高的关税税率加重进口商品的成本，以保护中国已有一定基础的手工业和轻工业产品及其他新兴工业产品的正常生产和发展，不致遭受外来商品的竞争。

（二）第二阶段：改革开放后有计划商品经济体制下的国家统制下的开放型保护贸易政策（1978—1992 年）

1978 年 12 月，党的十一届三中全会明确了对外贸易在中国经济发展中的战略地位和指导思想。由于经济体制从严格计划经济体制转向商品经济体制，使得中国对外贸易政策开始变化。根据外贸体制改革的力度，可以把这一阶段区分为 1978—1987 年、1988—1992 年两个时期。前一时期是改革初期，对外贸易体制改革主要体现在下放对外贸易经营权，开始工贸结合的试点，简化对外贸易计划的内容，并实行出口承包经营责任制度。后一时期的对外贸易体制改革的重点则体现在外汇管制制度的放宽、出口退税政策的实行、进出口协调服务机制的建立、开始鼓励发展加工贸易。

对外贸易政策着重体现在奖出限入的政策上，具体如下。

（1）采取出口导向战略。出口导向战略是指国家采取种种措施促进面向出口的工业部门的发展，以非传统的出口产品来代替传统的初级产品的出口，扩大对外贸易，使出口产品多样化，以推动工业和整个经济的发展。具体表现在：鼓励和扶持出口型的产品，并进口相应的技术设备，实施物资分配、税收和利率等优惠，组建出口生产体系；实行外汇留成和复汇率制度；限制外资企业商品的内销；开始实行出口退税制度；建立进出口协调服务机制等一系列措施。

（2）实施较严格的传统进口限制措施，通过关税、进口许可证、外汇管制、进口商品分类经营管理、国营贸易等措施实施进口限制。

（3）鼓励吸收外国直接投资的政策，鼓励利用两种资源、两个市场和引进先进技术。

比较优势理论逐渐成为中国开展对外贸易的理论基础。中国对外贸易国别结构和进出口的商品结构明显地体现了这一点。中国出口的商品主要是劳动密集型产品，进口的主要是资本和技术密集型的产品。与改革开放前相比，这一阶段的对外贸易政策更注重奖出与限入的结合，实行的是有条件的、动态的贸易保护手段，因此称此阶段的对外贸易政策为国家统制下的开放型保护贸易政策。

（三）第三阶段：在社会主义市场经济体制下，"入世"前具有贸易自由化倾向的保护贸易政策（1992—2001 年）

1992 年 10 月后，中国进入社会主义市场经济阶段，对外贸易政策开始进行广泛的改革。市场经济下的转型与发展：资本和技术密集型产品逐步替代劳动和资源密集型产品，成为最主要的出口商品；外商投资企业迅速发展为中国对外贸易的主力军，加工贸易成为主要贸易方式；贸易顺差激增。

1. 国家管制下趋向贸易自由化保护贸易政策的确立

这一时期，中国进入社会主义市场经济阶段，经济发展形势大好。同时，邓小平的南方谈话进一步坚定了我国改革开放的决心，加大了改革开放的力度，对中国对外贸易事业的继续深化发展起到里程碑式的作用，中国的对外贸易政策也开始由趋向保护转变为趋向自由化。

2. 国家管制下趋向贸易自由化保护贸易政策的主要内容

国家管制下趋向贸易自由化的保护贸易政策更注重的是贸易自由化。这一时期，国家管制逐渐放开，市场这只看不见的手在中国对外贸易的发展过程中起着举足轻重的作用。中国的对外贸易政策逐步与国际贸易惯例接轨，对外贸易的要求也越来越严格。

（1）对外贸易政策的目标是实现进出口商品结构的优化。随着中国经济的发展，对外贸易额逐年增加，对外贸易在国内生产总值中的比例也越来越高。作为对外贸易的基础，出口对我国经济增长起的作用也愈加明显。贸易是经济增长的"发动机"，研究进出口贸易对经济增长的作用因而显得更加重要。

第一，出口商品结构的优化。出口商品结构是指一国在一定时期内各类出口产品在整个贸易总额中所占的比重，它是反映一国资源状况、产业发展水平及对外贸易政策的指标。初级产品技术含量低，在国际市场上的竞争力弱，在粗放的外贸增长方式、国内产业结构水平较低时所占的比重较大。相对而言，工业制成品技术含量较高、竞争能力较强，集约型的外贸增长方式多以工业制成品的出口为主。中国出口商品结构的优化除了出口总额中初级产品与工业制成品比重的变化外，还有工业制成品内部结构的变化，以轻纺产品、橡胶制品、矿冶产品及其制品为代表的劳动密集型产品所占比重在逐年下降，以化学品、机械和运输设备为代表的资本技术密集型产品所占比重在逐年上升，大大改变了以往主要倚重资源密集型和劳动密集型产品扩大出口的局面。

第二，进口商品结构的优化。进口商品结构是指在一定时期内一国进口贸易中各种商品的构成，可以间接说明一国在资源、要素配置技术等方面对国外市场的依赖程度。在进口商品的结构优化方面，工业制成品在进口总额中的比重起伏不定，但总体水平相对比较平稳，初级产品在进口总额中的比重与工业制成品相对也比较平稳。在我国进口总额中，虽然工业制成品和初级产品进口比重近年来保持相对稳定，但是两者进口的增长率相对变动幅度却很大。在工业制成品构成中，最主要的进口项目是机械及运输设备等资本密集型、科技含量高的产品，这与改革初期我国资本密集型产品进口是一致的；其次是轻纺产品、橡胶制品、矿冶产品及其制品。由于初级产品进口的比重变化比较平稳，所以在初级产品构成中，各进口项目的进口比重也比较平稳，无强烈波动。

（2）对外贸易政策的实施方式是加工贸易。对外贸易方式分为一般贸易、加工贸易和其他形式的贸易。20世纪90年代我国对外贸易方式主要是一般贸易和加工贸易。随着我国对外开放深度和广度的不断扩大，我国对外贸易获得了高速发展，其中加工贸易的增长尤为迅速。

第一，加工贸易的现状。在1992年，加工贸易在我国贸易构成中占据了"半壁江山"。在1996—1999年更是超过了一般贸易和其他形式贸易的总和，占据主导地位。在20世纪90年代，加工贸易带动整个对外贸易的发展，其增长速度高于其他贸易方式，因而在进出口总值中所占的比重也不断攀升。

在积极吸引外资、承接产业转移、发展加工装配制造业过程中，外商投资企业迅速发展为中国对外贸易的主力军，加工贸易成为主要贸易方式。2001年，外商投资企业进出口占中国外贸总额的比重首次超过50%，达到50.8%。1993年，加工贸易出口额达到442.3亿美元，首次超过一般贸易。1995—2007年，加工贸易出口所占比重一直在50%以上，成为中国货物出口最主要的贸易方式。

第二，加工贸易的含义及形式。加工贸易是以加工为特征的再出口业务，其方式多种多样。加工贸易主要包括"进料加工""来料加工""来件组装""协作生产"四种形式，是通过进口原材料、零部件，加工成产品后再出口，以获得部分附加值的贸易形式。

（四）第四阶段：2001年中国正式加入WTO后逐渐与WTO规则相适应的规范的公平与保护并存的贸易政策

2001年12月11日，中国正式加入世界贸易组织（WTO），成为其第143个成员。正式成为世贸组织成员后，中国全面参与世贸组织的各项工作，全面享受世贸组织赋予其成员的各项权利，并将遵守世贸组织规则，认真履行义务。为了适应国际形势，更好地执行世贸组织的规则要求，中国的对外贸易政策进行了一系列改革，确立了WTO规则下公平与保护并存的对外贸易政策。

中国加入WTO以来，切实履行"入世"承诺，积极参与多边贸易体制下的经贸合作，大力实施自由贸易区战略，推进贸易自由化和便利化；基本建立起了与市场经济要求相适应的、符合国际惯例与规则的外贸政策与体制，建立和完善贸易救济制度，维护公平贸易；建立和完善对外贸易的促进与服务体系，规范对外贸易秩序。政策体系的完善，促进了对外贸易又好又快地发展。

可以说，随着时代的发展和技术的进步，中国对外贸易额度不断加大，将世界市场作为未来发展的主攻市场，在扩大内需的同时扩大海外市场，增大海外市场的市场占有率。不仅仅局限于加工贸易等，而是不断推出自主品牌，将中国品牌推向世界。

（1）2009年是21世纪以来中国对外贸易发展最为困难的一年。面对国际金融危机的严重冲击，中国政府及时出台一系列符合国际惯例的政策措施，完善出口退税政策，改善贸易融资环境，扩大出口信用保险覆盖面，提高贸易便利化水平，千方百计稳定外需。同时，着力扩大国内需求，积极开展多种形式的贸易促进活动，鼓励增加进口。

（2）经济复苏下的贸易政策反思期（2010—2012年）。进入2010年之后，伴随着金融市场的企稳和实体经济的复苏，危机时期"保市场、保份额、稳外需"的对外贸易政策也在悄然发生着变动。2010年，在十一届全国人大三次会议上，温家宝总理在政府工作报告中指出，2010年对外贸易的"主要着力点是拓市场、调结构和促平衡"，坚持实施市场多元化战略和以质取胜战略。而在2012年中国共产党十八大报告中，更是把进一步对外开放的内涵界定为"互利共赢、多元平衡、安全高效"的开放经济体系。

（3）经济新常态下对外贸易政策的主动出击期（2013—2016年）。经济增速的放缓和世界经济的持续低迷，我国对外贸易的扩张速度进一步放缓，面临的国内外经济环境也日趋严峻。因此，在这一时期，多项主动积极的对外贸易战略的重大调整应时而生。

2013年9月，国务院下达了《关于印发中国（上海）自由贸易试验区总体方案的通知》，中国（上海）自由贸易实验区正式成立，成为我国主动开始适应全球经贸规则，实行更加积极主动开放战略的伟大尝试。同年9月和10月，中国国家主席习近平在出访中亚和东南亚国家期间，先后提出共建"丝绸之路经济带"和"21世纪海上丝绸之路"的重大倡议，"一带一路"倡议的重大构想得以形成。此后，在2014年政府工作报告中，"一带一路"倡议作为本届政府的一项重要工作任务被加以强调。

除此之外，在这一时期，我国政府还通过多种渠道，积极主动拓宽贸易合作形式，"高铁出海""核电出海"及多项双边自由贸易协定的同时展开都是这一时期我国对外贸易战略从被动应对到主动出击的外在反映。

二、中国对外贸易体制改革

从 1992 年开始，中国贸易政策体系的改革已经不限于贸易权和外贸企业等内容，伴随着 1986 年中国要求"复关"开始，中国的贸易政策改革已经开始以符合国际规则为导向，涉及国内管理的各个方面。

1992 年 10 月，江泽民同志在党的十四大所作报告中提出了"深化外贸体制改革，尽快建立适应社会主义市场经济发展的，符合国际贸易规范的新型外贸体制。"符合国际贸易规范，也就是要符合关贸总协定的规范。因此，中国提出改革方向是统一政策、平等竞争、自负盈亏、工贸结合、推行代理，以建立适应国际通行规则的外贸运行机制。

1. 进出口管理

1992 年中国取消进口调节税；1994 年取消进出口指令性计划。此后中国进行了多次的关税降低，整体关税水平已经与国际平均水平大为接近，与世界市场更加接近。此外，中国的进口配额及其他的非关税措施数量也在逐年减少。

以国民待遇原则和非歧视原则开放外贸经营权：中国进一步推进了外贸放开经营，加快授予具备条件的国有生产企业、科研院所、商业物资企业外贸经营权。加入 WTO 之前，中国国内已经有 30 多万家企业获得了贸易经营权，并且加快转换外贸企业经营机制，在外贸领域推行现代企业制度。

2. 服务贸易

1992 年之后，中国服务贸易领域逐步向外资开放。国家在金融、保险、房地产、商业零售、咨询、会计师服务、信息服务、教育等诸多领域积极进行试点开放，并陆续颁布了一些短期或过渡性的法律法规进行规范管理。随着国内服务业改革的深入，中国的电信等敏感部门也开始同外资合作。

外汇管理体制改革：1994 年，中国进行了外汇管理体制改革为核心综合配套的新一轮外贸体制改革。中国实施汇率并轨，建立了以市场供求为基础的、单一的、有管理的浮动汇率制度，实行人民币经常项目下的有条件的可兑换，取消外汇留成制和上交外汇任务，并建立外汇指定银行间的外汇交易市场。

3. 法律法规建设及透明度

中国于 1994 年颁布了第一部《对外贸易法》，开始了系统地完善外经贸领域法律法规的改革阶段。以国际规范为目标，在货物贸易、外资、知识产权、反倾销等各个领域出台了一系列的法律法规，同时政府的政策透明度也不断加强。这一轮外贸体制改革的实施，加强了市场经济机制的调节作用，促进了中国对外贸易市场化的进程。

2001 年 12 月中国加入 WTO 至今，中国在市场准入、国内措施、外资待遇、服务贸易等各个领域均较好地履行了自身的承诺和义务，得到了 WTO、世界银行等国际组织的高度评价。这一阶段的最明显特征就是，中国的贸易政策体系改革已经与国际贸易体制接轨，发展同步，政策变化的动力由单纯的内生或外生转变为内外协调。这种变化最根本的动力来源是中国经济贸易本身的高速增长,并且中国有着市场容量庞大、与发达国家经贸互补性明显、政策稳定性强并对国际社会高度负责等优点,中国对世界经济的良性影响也逐渐加大。目前许多国际学者称中国"经济增长带动论"已经成为主流,与此相对应的是中国"威胁论"趋于式微。

三、中国外贸政策调整的发展方向

改革开放40多年来,尽管中国外贸出现了巨大的增长,然而,中国政府还必须在以下方面做出重大的、困难的政策调整。

一方面,如我们在过去几年中已经清楚地看到的,由于国内、国际经济环境的变动,一些传统的贸易促进政策或许已不能继续使用(如汇率贬值)或其作用已显著衰减(如出口退税)。事实上,从1995年以来,人民币汇率基本上保持稳定,并且自2002年以后一直面临升值的压力,而出口退税也已经达到了财政支付的极限。另一方面,简单传统劳动密集型制成品的出口在许多方面达到了一种"饱和"状态,并且面临日益严重的保护壁垒。由此提出的问题是:在新的形势下,政府应当和能够采取什么样的政策手段来促进贸易的持续、健康发展?本书认为,中国政府下一阶段努力的重点应当集中在通过深化市场化改革来促进出口结构的转型,借此保持出口高增长的势头。

在过去的十多年中,加工贸易一直占据很大的比重。中国的比较优势是在劳动密集型制造业上。从这一点看,劳动密集型的加工贸易在出口中占较大比重应当说是合理的。然而,加工贸易存在三个严重的缺点:第一,国内附加值低;第二,国内产业链联系较弱;第三,不利于培养国内劳动者的专业技能。一般地,随着人均收入与人均资本水平的提高,加工贸易比重将逐渐下降,机械类贸易比重相应地将逐渐上升,最终取代加工贸易而占据主导地位。从韩国的经验来看,劳动密集型制成品持续高增长的时间大致不超过30年。韩国在20世纪60年代初发展劳动密集型制造业的很长一段时间内,加工贸易也占着重要地位,但从70年代开始,机械类出口比重迅速上升,到90年代初,韩国资本密集型、技术密集型产品出口在总出口中所占比重已达到或超过了50%。中国劳动密集型制成品出口高增长时间已持续了20年,在国际市场上也已经达到了很高的份额,进一步扩张的潜力总体上今后将呈递减趋势。因此,今后10~15年对于中国实现出口结构转型将是一个关键的时期,而出口结构转型对于在未来15~20年内继续保持出口高增长是绝对必需的。从目前中国的出口结构及未来中国增长前景来看,中国未来出口增长潜力最大的领域将主要是:① 高质量轻、纺产品;② 传统的资本(包括人力资本)、技术密集型产业(冶金、机械、汽车等);③ 高新技术产业。

当前,中国在资本密集型与技术密集型制造业(包括高质量轻、纺产品)整体上仍处于进口依赖或初级进口替代阶段。因此,从中长期来看,中国一旦在资本密集型与技术密集型制造业的进口替代上取得了突破性进展,便能够在出口结构上实现第二次转变,即从劳动密集型制成品出口导向向资本密集型与技术密集型制成品出口导向的转变。从日本、韩国的经验来看,在劳动密集型制成品出口扩张势头衰减后,跟着发展起来的依次是传统重工业(钢铁、造船、机械等)的出口,然后是电子类产品、汽车及高新技术产品的出口。

中国目前尚未开始出现传统重工业产品的大规模出口扩张。中国造船虽然已经大量出口，但同世界第一、第二造船大国日本与韩国相比仍有很大一段距离。当然，中国未来出口发展不一定严格遵照历史上日本与韩国走过的道路，特别是不能排除传统重工业与高新技术产业同时发生大规模出口的可能性。然而在上述领域内，中国目前仍面临许多困难，如：企业技术落后，专业化分工程度低，技工缺乏，生产集中度低，一些行业仍是效益低下、技术落后的大中型国有企业占主导地位。因此，中国要真正实现上述领域的出口增长潜力，必须大大加快企业体制改革与工业结构调整的步伐。

另外，按照竞争优势理论，中国由贸易大国向贸易强国转变，还必须培育一批具有竞争力的企业集团。理由如下。

（1）企业竞争力的提高可以提升占有国际市场的能力。企业竞争力是由企业的一系列资源组合而形成的占领市场、获得长期利润的能力。只有将国家比较优势向企业竞争优势转化，拥有竞争力强大的企业，才能真正地占有国内外市场，才能发挥出国际贸易对经济发展的带动作用。国际上著名的大公司都拥有巨大的市场份额。全世界5万多个跨国公司掌握全世界1/3的生产、2/3的投资、2/3的贸易、2/3的技术转让，控制着全球性的市场活动。如果这些具有强大竞争力的跨国公司所经营的产品或服务价格调整，就会引起整个产业的波动。可见，只有企业竞争力的提高，才能提升占领国际市场的能力，真正实现市场多元化。

（2）企业竞争力的提高可以减少或避免国外反倾销。加入WTO后，中国遭受欧美等国家反倾销立案调查的数量不断上升，每年的涉案金额都达数十亿美元。这种仅凭低价竞销和恶性竞争的出口模式已给我国企业带来了血淋淋的教训。2001年，当国内彩电企业打价格战时，索尼公司在中国市场上仅50万台高端彩电销售所获得的利润就相当于国内所有彩电品牌利润的总和，其产品竞争力的威力显露无疑。所以，企业应该重点培育出口品牌，完善技术标准，促进出口商品附加值的提高，真正将我国劳动力资源丰富等比较优势转化为产品竞争优势，最终提升企业竞争力，从而避免靠数量、靠低价竞争所引起的反倾销诉讼。

（3）企业竞争力提高才能真正获得国际贸易利益。国际贸易包括商品贸易和服务贸易，而商品和服务都是由企业提供的，所以，在和平年代，企业强则国家强。事实上，现在全球化和国际贸易的好处被少数发达国家所获得，因为发达国家是规则的制定者，更重要的是，发达国家拥有强势的企业。以中欧纺织品贸易为例，欧盟是全球高档纺织品和成衣的最大出口商，许多欧盟成员国内的服装产业在很大程度上都依赖于从中国进口纺织品，但在整个利益链中，中国纺织品制造商只有10%的利润，主要是可以解决大量就业和保持社会稳定，而90%的利润都属于品牌拥有者、批发商、分销商、零售商等各个环节。可见，占我国对外贸易"半壁江山"的加工贸易所获得的国际贸易利益是很少的，归根结底，没有品牌和科技含量，就没有竞争优势。

结　论

在经济全球化的趋势下，对外贸易的发展将会更加的深入，涉及的方面也会更加的广泛。因此，我国更应该根据现阶段的国民经济、社会的发展水平和要求，经济体制与对外开放程度的进程，并考虑国际经济、政治环境的变化，参照国际惯例和经验来制定中国对外贸易战略，铺出一条适合中国对外贸易的未来之路。

首先，要坚持以经济建设为中心，坚持对外改革开放的基本国策。提高经济效益是我们考虑一切经济问题的根本出发点,也是制定中国对外贸易战略的指导方针。因此,需要通过开放,摆脱那种基本上属于一国经济自我循环的状况,建立以国内资源和市场为主的、国外资源和市场为辅的有机结合的新的良性循环系统。从而使国民经济实现实物形态的转换,取得社会劳动的节约,达到增加使用价值和价值、争取最佳经济效益的目的。

其次,还应遵循以下几个原则:一是自由贸易与保护贸易适当结合的原则。我国虽是一个经济和外贸大国,但产业发展水平参差不齐,地区经济呈现明显的二元经济特征,出口产品结构水平低,竞争优势不足。二是进口替代和出口导向有机结合的原则。通过出口为进口创造条件,通过进口替代实现重要产业的建立和发展,然后再通过出口进一步实现国内产业升级,使进口替代的成果落实到实效中去,发挥出两个战略成果的优点,实现二者优势互补的有机结合。三是国内市场和国际市场主辅结合的原则。我们要保持国家经济发展的独立性,不要过度依赖发达国家市场。要坚持国内市场为主,以国内市场作为中国经济发展的中心和依托,把国际市场作为促进国内市场发展的有效补充。中国是一个经济大国,国内市场巨大,有着很大的发展潜力。制定对外贸易战略应以国内市场为主、以国际市场为辅,实现二者协调发展的主辅结合。

最后,逐渐实现在增加出口产品数量的同时提高产品的质量;出口低端产品的同时出口高新技术产品;出口普通产品的同时出口自主创新的产品。逐渐实现出口技术密集型产品超越劳动力密集型产品;出口资源节约型产品超越资源消耗型产品,从而真正地做到从出口大国到出口强国的转变,让中国的对外贸易走上一条星光熠熠的未来之路。

第二节 中欧光伏产业贸易摩擦

【训练的目的与要求】
使学生了解中国光伏产业国际贸易发展现状,理解中欧光伏产业贸易摩擦的成因及演变;能够理论联系实际,结合中国的光伏产业贸易现状,提出有见地的发展对策。
【学习重点与难点】
重点是能够理论联系实际,结合中国的光伏产业贸易现状,提出有见地的发展对策。

一、光伏产业的概念

光伏是太阳能光伏发电系统的简称,是一种利用太阳电池半导体材料的光伏效应,将太阳光辐射能直接转换为电能的一种新型发电系统。这种太阳能光伏发电系统以大于 6 MW 为分界可分为集中式(如大型西北地面光伏发电系统)和分布式(如工商企业厂房屋顶光伏发电系统、民居屋顶光伏发电系统)。它因无资源总量的限制、所需成本低于水电能及绿色环保这三大特性,受到了全世界绝大多数国家的追捧。

光伏(photovoltaic,是 solar power system 的简称,一般写作 PV)产业是一种利用太阳能元件直接把光能转换为电能的环保型新能源产业,是以硅材料的应用开发形成的光电转换产业链条。在整个产业链中,从上游硅提纯到下游应用系统。主要包括产业链条从多晶硅到硅片、电池片及电池组件再到太阳能光伏电站。

我国一直以来主要都以开采石油、煤炭等能源支持工业运作及日常生活。但能源并不是取之不尽、用之不竭的。与此同时，近年来雾霾已经引起社会自上而下的高度重视，有数据显示，燃煤对雾霾的贡献占 PM2.5 颗粒物排放的 25%，对二氧化硫和氮氧化物的贡献分别达到了 82% 和 47%。随着科技进步与环保意识的不断提升，人类社会逐步意识到能源危机和环境污染带来的不利后果。发展光伏绿色新能源，无疑是解决雾霾天气、解决环境问题、解决经济和社会可持续发展的着力点。我国 76% 的国土光照充沛，光能资源分布较为均匀，太阳能发电没有任何排放和噪声，应用技术成熟，安全可靠。除大规模并网发电和离网应用外，太阳能还可以通过抽水、超导、蓄电池、制氢等多种方式储存，太阳能、蓄能几乎可以满足中国未来稳定的能源需求。同时，我国劳动力资源丰富，形成了劳动密集型的光伏产业，成本相对较低，造就了光伏产品的出口优势。光伏产业既符合我们国家自身的发展需求，也能拉动我国出口及经济增长，光伏产业至关重要。

二、中国光伏产业的发展现状

1. 中国光伏产业的发展总量

在中国，光伏发电产业起始于 20 世纪 70 年代，90 年代进入了稳步增长期。从 2005 年开始，中国光伏产业因欧美各国市场需求的推动作用正式步入快速发展期。太阳能电池企业增速迅猛，并带动了产业上游的多晶硅制造企业的发展，在不到十年的时间内使得中国在太阳能电池生产国中名列第一。2007 年中国光伏电池的产量已达到 2 000 MW，2010 年，由于全球经济复苏及欧美对光伏产品的需求增加，中国光伏产业开始了规模扩张，2011 年，光伏电池的产量就有 21 GW 的总量，占世界总产量的 37.1%。截至 2011 年，中国光伏产品出口总金额为 358.21 亿美元，达到出口历史上的最大值。有数据显示，2009—2011 年，中国光伏组件产能翻了四番，到 2012 年底，中国的光伏产量超过 25 GW，位居世界第一，成为世界光伏产品的主产地。虽然如此，但与以前年份相比，2012 年首次出现出口额下降的情况，出口额仅为 233 亿美元，同比下降 35%，出口额下降的主要原因一方面是受"金融危机"和欧洲"债务危机"的影响，欧美一些国家降低了对光伏等新能源产业的财政支持力度，导致德国、西班牙、捷克等传统光伏装机大国的光伏电池需求量大幅降低，另一方面即为美国和欧盟的对华光伏反倾销调查。

2. 中国光伏产业的出口结构

光伏产业链主要包括从产业上游晶体硅原料（包括硅矿、冶金级工业硅、太阳能级多晶硅材料、单晶硅棒、多晶硅锭、单晶硅片、多晶硅片等）到中游光伏电池（包括单晶硅电池、多晶硅电池、光伏电池组件等）再到下游光伏系统应用产品（包括光伏发电系统、光伏应用产品等）这三部分组成。一直以来，上游的 70% 以上被欧美、日本占据；下游欧盟光伏发电机装机总量占世界的 80%；中游主要集中在中国。中国光伏企业生产的光伏产品主要包括硅材料、硅棒、硅片、硅锭、电池组件、光伏相关设备。在 2003 年以前，中国光伏企业出口产品主要包括太阳能灯和太阳能计算器等产品。2003 年以后，在英利、尚德等企业引进生产设备和相关技术后，中国的太阳能电池及组件开始作为光伏产业主要出口对象，其次是太阳能电站。图 10-1 为 2011 年中国光伏产品出口结构。究其原因，主要是国内光伏产业集中于技术门槛低的电池组件，属于光伏产业的劳动密集环节和环境污染密集环节，许多厂商仅购买电池芯片进行简单的组件封装工作，产品质量较差，中国光伏行业仍处于世界光伏产业链的低端。

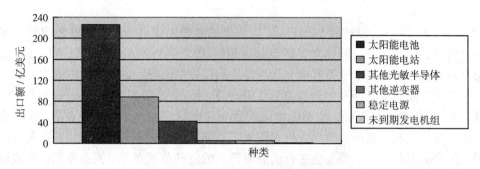

图 10-1　2011 年中国光伏产品出口结构

资料来源：苏喆. 面对美国"双反"：中国光伏产业自救与发展之路［J］. 现代财经（天津财经大学学报），2013，33（2）：104-110.

3. 中国光伏产业的出口市场

中国光伏产品的国内市场启动缓慢，而且绝大部分的光伏产品是出口导向的，光伏组件产品 95% 以上出口海外市场，其中欧盟所占比重最大，占我国全部产量的 70%，美国大约占到出口份额的 10%。2011 年以前，中国光伏行业的出口呈直线上升趋势，其中，2007 年的增速最大，高达 1 162%，而其他年份也不同程度地出现增长态势。此外，在国内的光伏市场启动之前，众多发达国家早已经进入光伏产业，在产业环节上遥遥领先，这种境况下给中国企业留下的发展空间有限。因此，中国光伏行业集中于产业链条低端的电池组件，创新能力弱、核心技术少、出口市场过于集中，大大增加了企业的市场风险。

4. 中国光伏产业的出口市场占有率

中国光伏产品国际市场占有率指我国光伏产品的出口在世界市场中所占的比例，体现中国光伏产品整体的出口竞争水平。2000—2010 年，中国太阳能光伏产品的国际市场占有率呈现逐年上升趋势，国际市场占有率从 2000 年的 2.47% 上升到 2010 年的 44.46%，2008 年开始超过德国成为排名第一的国家。2011 年，中国光伏产品占德国、意大利光伏装机量的比重分别为 50%、29%，2012 年仍然保持上升态势。自 2012 年初，中国出口欧洲的光伏产品价格在前期下降的基础上又下调了 30%，全球光伏产品平均价格在过去两年已下降了 50%。由于价格优势，中国产品在欧洲市场的占有率上升十分明显。中国的光伏产业虽占据着国际市场，有一定的国际竞争力，但是这样的国际竞争力只是单纯地反映在数量上和发展规模上，实质性的优势很难发现，因为光伏产业的迅速发展是以牺牲环境和能源为代价的。与此同时，过快的增长势必会造成国际上对于此产业的贸易反倾销，负面因素也导致了光伏产业实际竞争力的下降。

欧盟是世界上光伏发电量最大的地区，欧洲在全球太阳能市场的比重始终保持在 75% 以上。在金融危机和欧洲主权债务危机的影响下，欧洲的光伏产业发展失去了政府的财政支持，致使其在欧洲的发展受到了严重的影响，也进一步导致其在面对来自中国的光伏产品竞争时处于不利地位。为了保护其国内市场，欧盟开始抑制中国光伏产业在欧洲的发展，对中国输欧光伏产品进行"双反"调查。

三、中欧光伏产业贸易摩擦的演进

2012年7月24日,以德国SolarWorld为代表的欧盟光伏电池产业向欧盟委员会正式提交了对中国光伏产品进行反倾销立案调查的申请。2012年9月6日,欧盟委员会宣布对从中国进口的光伏板、光伏电池及其他光伏组件发起反倾销调查。该案成为中欧双方迄今为止最大的一桩贸易纠纷,其涉及的金额高达210亿美元,全球能源界为此一片哗然。2012年10月11日,欧盟公布了反倾销立案的中国应诉企业名单。在这134家企业中,6家为强制应诉企业,包括英利、尚德、赛维、锦州阳光、晶澳和旺能光电。2012年11月8日,欧盟对中国光伏产品发起了欧盟委员会进行的数额最大的反补贴调查。中国商务部也采取反制措施,于2012年11月1日宣布对原产于欧盟的太阳能级多晶硅进行反倾销与反补贴立案调查。

2013年3月5日,欧盟委员会发布公告称从3月6日起对产自中国的光伏产品实施进口登记,这意味着建立了对进口中国光伏产品补缴惩罚性关税的追溯期。2013年4月9日,超过1 000家欧洲光伏产品企业要求欧盟委员会放弃对中国太阳能企业征收惩罚性关税,"双反"给这些供应商带来的损失将超过给欧洲太阳能企业带来的好处。2013年5月15日,欧盟闭门磋商对华太阳能产品征收47%反倾销关税。2013年5月22日,中国机电产品进出口商会代表业界提交了价格承诺谈判方案,对于此事欧盟直接给予回绝,没有给予任何的解释和说明,中欧光伏双反案首轮价格谈判破裂。

2013年5月26日,李克强总理访问德国期间表示,近日欧盟拟对华光伏产品和无线通信设备产品发起"双反"调查,中国政府表示坚决反对,认为这是贸易保护主义的抬头,对于双方都是不利的,希望可以本着互利的原则解决争端问题。2013年5月30日,欧盟对华太阳能产品反倾销初裁建议案"投票",18国反对,4国支持,5国弃权。2013年6月4日,欧盟委员会宣布,欧盟将从6月6日起对产自中国的太阳能电池板及关键器件征收11.8%的临时反倾销税,如果双方未能在8月6日前达成解决方案,届时反倾销税率将升至47.6%。重大分歧在于欧盟一方认为中方应该将出口价格提至0.6~0.65欧元/W,而中方提出的方案是0.5~0.55欧元/W。在出口规模方面,中方提出每年向欧盟出口光伏组件总量不超过10 GW,10 GW以内不征税或少征税,超过10 GW部分按相关规定征收。2013年7月27日,经过中欧双方艰苦、细致的谈判,中国光伏产业代表与欧委会就中国输欧光伏产品贸易争端达成价格承诺。共有95家中国企业参加此次价格承诺谈判,该价格承诺体现了中方绝大多数企业的意愿,使中国光伏产品在双方协商达成的贸易安排下,继续对欧盟出口,并保持合理市场份额。

2013年8月6日,欧盟委员会批准中欧光伏贸易争端的"价格承诺"协议正式生效,95家承诺企业将按照协议要求对欧盟出口硅片、电池、组件即可获得免征反倾销税特权;而未承诺企业如果对欧盟出口上述产品仍需向欧盟缴纳高达47.6%的反倾销税,有效期至2015年。据媒体报道,中欧双方承诺对欧出口光伏组件设定的价格底线为每瓦0.57欧元,中国每年对欧光伏出口的配额上限为7 GW,对于超出年出口限额的部分将同样征收47.6%的反倾销税。

总体来说,通过这样的贸易安排,中国能保持住在欧盟60%的市场份额。虽然对整体国内光伏产业来说是好事，但是市场竞争被配额所替代，对各个企业来说是一场更为激烈的"群雄逐鹿"大戏。此前中国光伏产品出口欧盟的价格大概为 0.5～0.52 欧元/W，欧盟内的光伏生产商成本价则接近 0.6 欧元/W。如果要被征收平均 47.6% 的高额惩罚性反倾销税，上述价格将大幅增至约 0.75 欧元/W 的水平。不过，在达成上述 0.57 欧元/W 的价格后，中国光伏产品在价格上虽然仍有竞争力，但也较此前会大幅度减弱。出口数量的限制或将加剧企业间的竞争，由此引发光伏行业的整合提速，更多小企业或被淘汰出局。

四、中欧光伏产业贸易摩擦的原因分析

值得思考的是，中国进口欧美大量的多晶硅原料和光伏装备，用不可再生能源生产节能减排的"可再生能源产品"，以质优价廉的商品提供给欧美市场，养肥了欧美的多晶硅原料和光伏设备供应商，保护了欧美各国的环境，把环境污染留给了自己，反而遭到无情的"双反"。是什么样的原因导致了这样悲伤的结果呢？

（一）国际原因

1. 欧债危机的影响

欧债危机是 2010 年开始由希腊的单一国家主权债务危机演变成整个欧元区的债务危机。受欧债危机的严重影响，欧盟各国经济持续低迷。一方面，欧盟各国的财政收入减少，使原本用于建设光伏电站的政府补贴大幅度减少；另一方面，欧债危机使得欧盟各国国内对光伏产品的总体需求下降。这不仅影响到各国光伏产品的出口，也使欧盟的光伏市场容量大幅萎缩，产能过剩的矛盾开始凸显，欧盟很多本土的光伏企业纷纷倒闭。

中国依靠较低的人力成本、规模经济及局部领先技术等优势使光伏产业得以迅速扩张，并最终以绝对的价格优势在世界市场中获取了举足轻重的地位。于是欧盟就把这些问题嫁祸于中国的光伏企业，为了阻挡中国的光伏企业迅速成长而抢占国际市场，抬高中方光伏产品入市门槛，从而控制欧洲光伏市场发展速度，给欧洲本地光伏电池、组件生产商一定的生存空间，助力欧洲制造业"回流"，保持稳定理性的市场增长，避免在经济疲软的情况下由于政策激励导致的非理性发展，以缓解其企业的生存压力及破产倒闭后可能引发的就业和人员生活等一系列问题，欧盟一些企业不断申请对中国光伏产品的反倾销和反补贴调查，以此来达到保护其本土光伏企业的目的。

2. 全球范围内竞争加剧，跨国公司利用反倾销措施抢夺市场

步入 21 世纪以来，建立在规模经济和垄断优势基础上的产业内贸易逐渐成为发达国家国际贸易的主要形式。为了能够获得更多的市场份额，最终达到在各个市场实行价格垄断，获取垄断利益，反倾销措施也成为跨国公司人为占领市场的工具。在我国遭受的反倾销调查中，有很大一部分就是由跨国公司策划的。例如，2011 年德国光伏企业 SolarWorld 联合其他 6 家美国光伏企业，要求对中国出口的太阳能电池、电池板进行反倾销、反补贴调查。这次"双反"调查就是外国企业在企图占领更多市场份额的基础上，利用反倾销的手段在母国或第三国市场上对中国企业的出口产品发起反倾销调查，企图击垮甚至吞并中国同类竞争企业。这样不仅可以保护本国的市场份额，还能同时抢夺第三国和中国的市场，从而达到垄断以获取巨额利益。

3. 欧盟借机要挟中国政府，迫使中方进行磋商谈判，以达到图谋其他利益的目的

欧盟由 27 个成员国组成，各自利益诉求不同，而欧盟也确实有不少不具备竞争力的光伏企业在此轮产业震荡整合中破产倒闭，且其所谓的"反倾销"调查结果也认定中国光伏企业存在倾销行为。而且欧盟最得意之处在于其整体性，因此即使在 18 个成员国都投反对票的情况下，依然滥用程序实施征税，欲顺水推舟，对中方施加压力。归根究底，欧盟贸易委员会欲借助光伏"双反"初裁税率，抢占谈判筹码，在后续的对话磋商中获取更多的利益或迫使中国在其他贸易问题上让步，例如，欧盟希望借威胁对中国太阳能面板和电信设备征税，以将中欧投资协定、中欧自贸区协定等内容捆绑在一起谈判，从而达到强迫中国开放更多的市场的目的。

4. 传统能源巨头的阴谋

欧盟反倾销究竟对谁最有利？当然是煤电、石油、核电这些传统能源巨头。这几年，光伏产业发展迅速，尤其是在德国，看起来马上就要成为主流能源，这是所有人都没想到的事情。光伏产业是革命者，革的是传统能源商的命。光伏发展过快，传统能源商的利益受损，因为他们还没有解决这件事情的办法，所以要阻止光伏产业发展，至少不能让光伏产业发展得这么快。传统能源巨头在政府里的势力非常强是众所周知的，所以他们要让光伏产业停滞甚至倒退。

（二）中国内部原因

（1）光伏产能过剩。由于政策没有明显的导向性、门槛过低，加上市场、地方政府、银行的助推，企业大多数涌向了利润较高而技术较低的光伏产业链下游，即太阳能电池和组件的生产，企业开展重复性竞争，造成后期严重的产能过剩，如图 10-2 所示。至 2012 年中国光伏产业产能已经达到 40 GW，而全球 2012 年的市场需求也仅为 32 GW，中国的市场需求仅为 4.5 GW，产能供需严重失衡。所以当企业面临居高不下的库存压力时，出口是最好的办法，企业只能依靠廉价的成本来进行价格战，以至于光伏产品出口价格低于国内价格而引起倾销嫌疑。

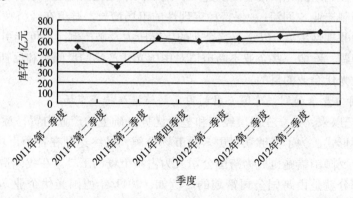

图 10-2 2011 年及 2012 年前三季度中国 A 股 79 家光伏概念上市公司库存

（2）产业结构不合理，产业链价值低。在光伏电池及组件的制造方面，中国已成为世界第一大制造国和出口国，中国光伏电池的产量约占全球产量的 45%，中国的光伏产业逐渐嵌入到了全球光伏产业链当中。其中组装企业约占全行业的 7%，中国的企业大多是处于

光伏产业链最末端的环节。中国光伏产业优势主要集中在价值链低端的电池封装、光伏组件的生产制造。但在高端制造设备方面，中国还与欧美有着很大的差距。硅体晶电池制造的高端设备基本上还是要依靠进口，薄膜太阳能电池的发展与设计也还处于起步后的发展阶段。大多数的企业不可避免地进入了同质化的竞争行列。这时再通过价格战的方式来获取市场份额和利润，就非常容易造成国外对中国光伏产品的反倾销调查。

（3）创新能力不强，技术落后。中国是生产大国，但是中国还远远不是生产强国，既缺乏核心技术也缺乏生产核心产品的核心设备。在整个产业链中，中国还是以原材料加工为主的深加工模式，缺乏真正高附加值的产品和技术。这也是为什么贸易战中受伤的都是中国。目前中国出口的产品还是以低附加值的产品为主，因为缺乏技术含量，也不是他国必不可少的产品，所以很容易成为贸易战的牺牲品。2012 年 9 月 10 日，在国家知识产权局专利检索与服务系统中检索发现，目前中国与光伏有关的 3 种专利申请中，实用新型专利申请占比达 60%，外观设计专利申请占比达 26.66%，而发明专利申请占比仅为 13.33%。由此不难看出，虽然在专利申请量上我国光伏企业占据优势，但硬实力却有待加强。中国光伏产业也认识到了这一点，如今中国处在贸易转型升级期，产业由劳动密集型向高附加值高技术型升级，与欧美国家产业重合点越来越多，重合点就是矛盾爆发点。

（4）严重依赖国外市场。中国太阳能光伏产业的产能、产量均居世界第一，光伏产业所需的原料有近 50% 是从外国进口，90% 以上产品是对外出口（包括欧盟的 73% 和美国的 18%）。产品生产在国内、光伏应用在国外。在人们的印象里，光伏产品过去一直很昂贵，属于奢侈品，所以在国内市场使用很少，国内消费市场迟迟未能打开。这种现象与中国光伏产业强劲发展势头相互矛盾。国内市场的缺失是中国光伏出口企业不得不把目标投向国外市场，导致中国光伏企业无法参与国际市场规则和标准的制定，而只能被迫接受规则和调整自身策略，从而光伏企业极易受到国际市场经济和政治形势的影响，同时也降低了自身抵御风险的能力。

（5）国内企业的恶性竞争。近年来，中国光伏产业高速发展，光伏企业数量越来越多，但国内市场对光伏产品的需求有限，不少企业竞相走上了对外出口的道路。然而与国内产业竞争不同的是，很多企业为了争夺海外市场，常常展开缺乏理性的竞争，企业间相互压价、互相拆台。这种竞争短期看是可以获得一定的市场份额，但是从长期看来无异于一种自杀性的恶性竞争。因为光伏产业本来就是一个技术链相对较短，产品技术更新周期相对较长的产业。这就导致了光伏产业对价格非常的敏感。因此想要从中获利，规模经济是必不可少的。但自 2008 年国际金融危机爆发以来，光伏产业遭遇了需求持续萎缩、供给不断增长的严重挑战。2011 年形势更加急转直下，多晶硅已从 2008 年的 500 美元/kg 跌至 21~28 美元/kg。而在这样的背景下，国内一些企业为了生存，仍然互相压价，严重扰乱了出口贸易的秩序，最终产品价格也因为恶性竞争引致了欧盟的双反调查。

（6）补贴方式的差异化。"政府提供补贴"也是欧盟对我国光伏产品实施"双反"的重要理由之一。中国政府补贴方式与欧美的差异造成误解与分歧。欧洲是直接从安装环节进行补贴，即直接补贴电价。而中国则往往是提供大规模的现金津贴及其他补贴，如赋税减免、优惠的原材料价格、打折的土地、电力和用水费用、数十亿美元的优惠贷款、出口补助金及出口保险、对企业进行相应的扶持，也就是在生产环节进行补贴，易造成补贴政策产生误解和质疑。

（7）政府应对危机不力，缺乏完善的行业协会组织和相应机构。政府并没有很好地对光伏市场进行监管、完善科学规范的管理体制、营造良好的产业发展环境,在面对欧盟"双反"调查时,小企业的实力、资金、技术人才都十分有限。单一的小企业不敢,也不可能主动去发起反倾销应诉。在缺乏完善的行业协会组织和相应机构支持的情况下,这些出口份额不是很大,本来收益就不多的小企业就自然会选择"坐便车"这种行为,坐享其他企业努力奋战的结果,而不是自己主动积极应诉,这给光伏企业在应对反倾销的过程中带来了很多消极的因素。

五、中欧光伏产品贸易摩擦对中国经济的影响

(一)消极影响

(1) 出口额急剧下降。由于中国光伏产业对外依存度很高,在欧盟市场的竞争力主要来自低成本优势,因此"双反"带来的直接影响就是中国光伏企业价格优势不再,出口额急剧下滑。相关数据显示,2013年5月,欧盟市场上产自中国的光伏组件价格约为0.66美元/W;而产自中国台湾、韩国等地的价格约0.73美元/W,产自美国、欧盟的价格约0.8美元/W。中国国内光伏企业若同意价格承诺方案,则须定价0.73或0.76美元/W,这相当于11.8%的反倾销税将长期存在;若不同意,则须调价47.6%,那么价格将达到0.97美元/W,比欧美产的组件价格还要高,价格优势彻底丧失,双反税的征收是对中国光伏企业致命的一击。

(2) 光伏产业面临亏损甚至破产,失业率增加。中国光伏产品最主要的出口市场就在欧盟,欧盟对华反倾销将直接导致超过3 500亿元的产值损失和超过2 000亿元的不良贷款风险,影响到中国上千家企业生存和40多万人就业。欧盟市场份额约占中国光伏产品的60%～70%,一旦该市场丢失,短期内中国无法通过其他途径弥补。此外,欧盟市场大门关闭后中国一些企业将面临资金供应链断裂,新兴市场购买力不强及国内各种补贴难以覆盖一些中小企业,估计30%甚至更多的光伏企业将因此而倒闭。随着光伏产业的兴起,光伏产业领域的劳动力数量是庞大的,一旦其争端难以有效解决,失业率也会迅猛增加,这将会使得中国本来就严峻的就业压力变得更加紧张。

(3) 迫使中国光伏产业向国外转移。中国太阳能电池产量已占据全球半壁江山,但有90%以上产品依赖国际市场。为应对欧美大规模的反倾销制裁,中国的许多光伏企业将会加快推进生产制造的全球化布局,加速国内光伏产业向外转移的速度,通过在海外建厂或代工,迂回打进欧洲市场,这造成了中国实体经济的外流,失去领先世界的产业发展机会,对中国国内经济的健康稳定发展带来一定的影响。

(4) 中国光伏产业长期竞争力和盈利能力减弱。由于太阳能电池行业竞争激烈,中国国内企业普遍对产业链上下游的控制较弱。就原材料供应而言,企业业务发展受限于上游硅料厂商的供应情况。此外,企业对于销售价格控制能力较弱,加上欧美经济的不景气,在下游市场也面临激烈竞争,波动较为明显。2008年,光伏行业平均利润率一度达到30%的峰值,随后由于受国际金融危机影响,回落到15%左右,2010年光伏行业逐渐回暖,行业平均利润率有所回升;2011年以来,受欧洲债务危机影响,欧洲宏观经济持续低迷,光伏组件行业平均利润率下降至13%左右。如果光伏企业不能强化对产业链上下游的控制,将会影响整个行业的长期竞争力和盈利能力。

(二) 积极影响

欧盟的"双反"调查是一把双刃剑,从发展走势看,欧盟"双反"对中方的短期影响大于长期影响,甚至有利于中国光伏产业的发展。目前,中国从事硅锭及硅片的生产厂家超过100家,从事太阳能电池生产的企业约50家,而有能力及具备生产线对电池片进行封装生产电池组件的企业达200余家,失去价格竞争优势后,一些技术能力低、盈利能力弱的企业势必会被市场所淘汰,企业只有靠信誉度和产品品质抢占市场,这也将倒逼国内光伏产业加速结构调整和产业升级,企业将进行产业链纵向拓展,或者只专注于生产附加值高、市场价格远高于限价的光伏组件产品,从而有利于中国光伏行业的健康发展。这样一来,一些技术能力低、盈利能力弱的企业势必会被市场所淘汰,"双反"促进了行业的优胜劣汰,加速了行业的洗牌过程。

如果中国光伏产业倒闭,作为上游产业,欧洲向中国出口多晶硅贸易必然受到剧烈冲击。据统计,2011年,中国仅从德国就进口了价值10亿多美元的银浆和多晶硅。欧盟对中国光伏产品征收惩罚性关税,不仅欧洲太阳能行业就业下降,欧盟相关行业就业率及附加值也会因为欧盟成员国对华原材料和机械出口下降而受到影响,有人评估,欧盟每争取到1个就业岗位,其代价是丢失5个就业岗位。最严重情况下欧盟将有24万人失业,造成270多亿欧元的损失。如果中欧发展经贸关系的互利基础因中欧光伏贸易摩擦而松动,欧洲光伏市场将至少倒退5年,同时它也会承受报复性的经济打击。一旦双边贸易战开启,输不起的一定是经济上已经风雨摇曳的欧盟。

六、中欧光伏贸易摩擦的解决对策

1. 继续开发欧盟市场

欧盟此次征收反倾销税对中国光伏企业的发展壮大产生了消极影响。在"双反"调查的背景下,海外市场门槛高筑,使得中国企业的产品很难通过出口这个途径进入外国市场,但这并不表示欧盟市场的大门对华已经完全关闭,中国光伏企业可以通过海外直接投资的方式设立生产基地,这样既可以有效打开东道国市场,又可以享受东道国的各种优惠政策。

2. 进行市场转移,积极开拓新兴市场

虽然欧盟国家占有市场上比较大的份额,但是全球其他国家对光伏仍有需求。如在非洲,目前平均仅有30%的人口能够用上电力,也就是说,非洲在电力供给上存在巨大的缺口。非洲国家普遍缺乏煤炭等能源,不可能大规模地发展火力发电。相反,非洲大部分地区日照充足,这为发展太阳能光伏奠定了基础。所以中国光伏企业不应该总把眼光放在欧盟市场上,应积极开拓东南亚、非洲及澳洲等新兴市场。在国内也同样如此,中国是一个有着13亿人口的巨大市场,我国太阳能光伏市场本身就存在巨大的发展潜力。随着国家能源局《可再生能源发展"十二五"规划》的出台,针对国内光伏市场的发展计划也纷至沓来。仅仅是一个金太阳工程,国家的扶持力度就有1 700多兆瓦之巨,况且国内光伏应用尚处于起步阶段,国内光伏市场的崛起指日可待。

3. 进行行业整合

中国的光伏产业之所以会陷入今天的窘境,很大程度上要归咎于企业数量太多,规模参差

不齐，且彼此合作甚少，很难形成成熟的行业规则，因此企业的行为很难得到规范，也很难组成有效的力量以对抗国外的冲击。针对这种现状，行业整合的呼声也越来越高涨。纵观西班牙、德国、美国等发达国家的发展经验，光伏产业发展初期基本都是从产业中某一特定环节切入，较快进入垂直整合阶段，形成完整的、垂直分布的产业链。在中国光伏行业的整合不同于普通行业的整合，例如，煤炭行业，其仅仅是将大型企业合并，关停小型企业，就能达到预期效果。然而光伏企业大多已建立自己的营销模式，想要对同质的企业进行整合的可能性很小。在这种情况下，只有将不同环节上的企业强强联合，形成成熟的产业链，才能使光伏产业重获新生。

4. 按需尝试有针对性的订单生产，防止产量过剩

近年来陆续成立的光伏企业都想在市场上占有一片领地，然而其带来的巨大产量已经使得国际市场难以消化，企业仓库内产品大量囤积。针对这种情况，企业首先要转变生产模式，从盲目的生产变为按市场需求订单生产。其次，企业可以自行成立市场观察团队，针对市场需求及时改变产量及产品组合。这种方式初期可能会增加一些成本，但是从长期来看，可以杜绝产能过剩带来的浪费，增进与客户之间的融洽度、认可度，甚至带来更多的订单。

5. 提高创新能力和技术水平

光伏产业本隶属高科技新能源领域，但在中国较低的技术门槛下，竟成了高科技领域的劳动力密集型产业。在整个光伏产业链条中，中国的企业承担了多晶硅生产中高污染、高耗能的后端生产环节，导致中国企业抗风险能力较弱、生产太阳能光伏电池的成本高等问题，这些都直接影响了中国光伏产业的生命力。国家应大力支持产学研一体化发展，推动企业、科研机构和高校的合作，努力形成中国的自主创新品牌。同时，科研机构要攻破核心技术，企业要探索如何将技术转化为量产，国家应与国际接轨，按国际发展状况制定相应的发展目标和路径，促进国际合作，只有这样才能使中国光伏产业早日走出困境。

6. 注重高素质专业化人才的培养

光伏产品对技术研发的需求较为迫切。中国光伏企业的研发投入多属于应用型，较少涉及基础研究和原材料等核心与关键领域。作为战略性新兴产业之一，中国光伏产业的发展离不开基础研究的支持。反倾销属于非常规性的特殊业务，涉案企业大多数未碰到过反倾销，对欧盟反倾销的市场经济待遇或单独待遇规则不熟悉，并不了解欧盟反倾销的市场经济待遇或单独待遇规则。在实地核查环节中不能有效应对欧盟反倾销调查官员的实地核查。面对中国当前专业技术人才不足的现状，可以加强全球人才的利用效率，增加杰出青年评选中对光电专业人才的倾斜，利用欧美光伏企业纷纷破产的机会，在当地设立研发中心或直接引进人才，吸引更多专业人才为中国光伏产业的发展提供重要支持。

7. 政府需制定、实行合理的政策

从国内实践来看，政府补贴占据主导地位，光伏企业盲目发展造成了产能过剩，光伏企业缺乏市场竞争意识，丧失了自我生存发展的能力。与此同时，部分光伏企业破产给当地政府也带来了巨大的财政负担，而且当前国内不同部门都有自己的补贴体系，各自为政的结果不仅效率低下，而且光伏产业发展也处于无序状态。针对这一情况，政府应建立光伏补贴的部门协调机制，制定统一的光伏补贴标准，适当缩小补贴规模，着力提高光伏产业的竞争能力和创新能力。与补贴生产者相比，补贴研发与终端利用环节更为有效，这也是未来补贴政策调整的重要方向。这次"双反"会使得不少中国光伏企业"被动地"进行国际扩张，中国政府应利用这个机会，放宽对国内企业尤其是民营企业对海外投资审核限制，并利用丰富

的外汇储备作为财务杠杆,以贷款方式支持中国的企业到其他国家去投资设厂。

8. 建立行业协会,联合中小企业抗辩

在 WTO 的法律框架下,政府职能受到了较大的限制。而出口企业虽然数量众多,但是个体的能力却很有限,也难以将它们全部凝聚起来。在面对国外的反倾销调查时,行业协会恰恰可以将这些势单力薄的中小企业联合在一起,形成一个力量庞大的整体,大家共同处理,同等享受胜诉带来的利益。所以行业协会在现代市场经济特别是对外贸易中的作用是非常重要的,它在贸易纠纷中发挥的作用是政府和企业不能代替的。它不但可以组织协调各个企业进行应诉,甚至可以直接代表出口企业进行应诉,这无疑会极大地提高整个行业对待反倾销调查的应诉积极性。

9. 努力实现优势转化

在欧盟配额约束条件下,中国光伏企业难以进一步扩大市场份额,也难以通过规模扩大形成价格优势。中国光伏产品的市场份额巨大,但简单的组装和装配使得企业在业内难有话语权。面对未来的发展,中国企业需要寻求新的突破,力争把原有的市场优势转变为发展的优势。利用企业生产加工的经验及与消费者的互动优势,为全球光伏产业的可持续发展、相关技术商业化应用的有效推进谋划发展路径。行业标准的推出,有利于全球光伏产业发展的稳定性和可预期性,可以为用户在配置光伏产品、预留升级空间时提供参考和指导。由占据世界相当比重的中国光伏企业制定并完善全球的光伏行业标准,也有利于降低企业对现有生产设备的改造成本,提高资源的利用效率。

10. 借鉴其他国家光伏行业的成功经验

德国光伏产业就是一个成功的例子。德国拥有完整的产业链结构,产业链向上游延伸可使得产业链进入到基础产业环节和技术研发环节,向下游拓展则进入到市场拓展环节,独特的光伏产业集群密集程度很高,在这种环境里来自不同领域的经营者在与其他产业参与者邻近时可以享受快速访问光伏产业链的各个部分及投资者、学术机构和研究中心的便捷服务。同时,德国的行业专业银行不仅能为私人业务及大量国家资金项目提供服务,同时也有利于维护光伏技术的长期需求。德国之所以拥有更多的太阳能发电量,在于德国以用户屋顶太阳能发电为主,采用上网电价补贴策略,每个人都能获利。民主化的电网使居民更加了解、关注和节约能源。这样的成功经验,值得中国光伏产业借鉴学习。

结　论

由于欧债危机、欧盟与外国财团的阴谋及我国技术水平低、过分依赖国外市场、政府大量补贴及小企业恶性竞争造成产能过剩等原因,中国输欧光伏产品遭遇"双反"调查,经过中欧长时间协商和努力,最终达成了价格承诺。虽然相对于征收高额的"双反"税率,这是一个皆大欢喜的结果,但也意味着中欧光伏贸易从公平的市场竞争为导向变成了配额限制。为此,我国光伏企业不能一味地被动挨招。只有主动行动,建立成熟的行业组织,借鉴其他国家成功运行光伏产业的经验,进行行业整合,提升企业自身核心竞争力,从企业内部开始进行改进,提高创新能力和技术水平,培养专业性知识人才,减少对特定市场的依赖,积极开发新兴市场和国内市场,这样才能从容面对来自国外的种种调查,真正促进我国光伏产业的良性发展。未来中国光伏产业必须走技术、质量、成本与市场综合平衡的发展道路。只有真正拥有核心竞争力的企业才能立于不败之地。

第三节 新形势下的中美贸易摩擦

【训练的目的与要求】

目的:使学生在正确理解国际贸易中的"反倾销""反补贴"定义的基础上,能够理论联系实际,结合中美贸易摩擦,对中国对外贸易的现状有所了解,正确认识中美贸易摩擦。培养学生分析问题、解决问题的综合能力。

【学习重点与难点】

重点与难点:中美贸易摩擦的原因分析是本部分的重点与难点。

一、中美贸易摩擦的演变与阶段特征[①]

从1980年美国商务部对中国薄荷醇产品开展第一起反倾销调查开始,中美贸易摩擦从未间断,整体呈周期波动且程度日趋激烈化。40年的演变,中美的经贸摩擦已经从单纯的贸易摩擦演变成了涵盖贸易、投资甚至规则在内的全面摩擦,领域已经扩展到高端制造业和服务业,尤其是特朗普上任以来,中美贸易摩擦正在从"规则贸易"向"去规则化"的贸易争端演变。

(一)中美贸易摩擦呈周期波动且上升趋势

通过美国国际贸易委员会(United States International Trade Commission,USITC)公布的历年美国对中国出口实施的反倾销措施数量,可粗略反映中美贸易摩擦的演变规律,表明中美贸易摩擦呈周期波动,而这里周期性表现为两个方面:一是从每个总统的任期内看,均存在中美经贸关系的紧张与缓和并举;二是从长期来看,中美经贸关系的紧张与缓和也在不同政党的轮流执政中呈周期波动。图10-3为1985—2017年美国对华出口实施的反倾销措施数量。

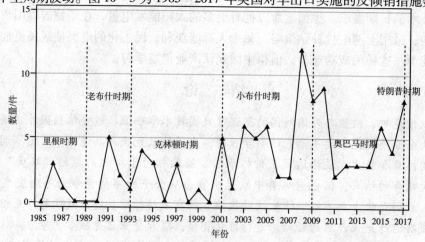

图10-3 1985—2017年美国对华出口实施的反倾销措施数量

资料来源:唐宜红,张鹏杨. 中美贸易之争的演变特征、动因及走势[J]. 经济研究参考,2018(20):4.

---

① 唐宜红、张鹏扬. 中美贸易之争的演变特征、动因及走势[J]. 经济研究参考,2018(20):3-9.

(二）摩擦领域正在向涵盖贸易、投资甚至规则的全面摩擦演变

从中国加入WTO之前中美的关税摩擦争端，到加入WTO以后利用贸易救济规则实施"两反一保"，以及对中国进口产品侵犯美国知识产权、损害美国国家利益、损害国内产业发展等展开的"337调查""301调查""201调查"等，中美之间的经贸摩擦长期以来主要都表现为贸易方面的摩擦。然而近年来，正在向涵盖贸易、投资和规则等方面的全面摩擦拓展。投资方面，随着生产国际化，尤其是全球金融危机以后，中国加快了对外投资步伐，两国的全球价值链在不断拓展和延伸，两国之间的投资摩擦也日益激烈。2017年，美国对华展开的"301调查"就涉及部分中国投资。奥巴马时期超越WTO既有规则，强调高标准和有附加条款如劳工、环保、知识产权保护、政府采购等标准的规则贸易，无形中设立了中美贸易的壁垒。虽然特朗普上任以来对奥巴马时期的贸易规则"祛除"了很多，然而忽略了中国作为发展中国家的特征，要求中国在金融和服务等领域像美国一样全面开放和在部分领域过分强调中美之间的对等，也体现了中美之间的规则摩擦。

（三）贸易摩擦集中领域向高端制造业和金融服务业演变

中美贸易摩擦的领域在近30年中呈现从矿业、农业向一般制造业再向高端制造业、金融业演变的趋势。表10-1反映了1991—2015年美国对中国反倾销在各行业的分布情况。

表10-1 1991—2015年美国对华反倾销的行业分布

单位：%

行业/产品	1991	1995年	2001年	2005年	2010年	2015年
金属与矿产品	20.0	330	40.0	16.6	—	—
一般制造品	80.0	—	—	50.0	33.0	—
化学医药品	—	66.0	—	16.6	21.1	33.0
农产品	—	—	20.0	16.6	—	—
钢铁产品	—	—	40.0	—	45.0	33.0
机械设备和电子产品	—	—	—	—	—	16.6
塑料橡胶	—	—	—	—	—	16.6

资料来源：佟家栋．中美战略性贸易战及其对策研究［J］．南开学报（哲学社会科学版），2018（3）：1-3.

（四）摩擦正在从规则贸易下的摩擦向"去规则化"的单边主义演变

2017年美国总统特朗普上任以来，退出TPP、重谈北美自由贸易协定，并多次提出要跳出WTO规则，在去国际规则甚至去奥巴马时期美国贸易规则的背景下，美国对中国贸易摩擦开始向"去规则化"和"单边主义"演进。

"去规则化"下的美国对中国贸易摩擦表现出了以下三个特点：一是不受国际规则约束的贸易摩擦变得更加激烈化和极端化，如2017年美国对中国发起的"337调查"案高达24起，超过了中美历史上的最高水平。二是贸易保护不再"隐蔽"，形式上则更加直接和多样。不同于规则贸易下的贸易保护的"隐蔽性"，"去规则化"下的贸易摩擦则显得更加直接和针锋相对，贸易保护借口如缓解贸易逆差，避免利益损失，维护国家、产业和技术安全

等形式繁多。三是"单边主义"的保护行为可能会带来无法调和的影响。原因主要在于以下两个方面：一方面，针锋相对的贸易摩擦更容易带来双边贸易摩擦升级甚至引发"贸易战"；另一方面，跳出国际规则下"单边主义"保护行为难以实现国际规则下贸易争端的协调和解决，从而可能会带来无法调和的负面影响。美国外国投资委员会（CFIUS）以国家安全、保护知识产权为由对中国企业设置"玻璃门""弹簧门"，阻止中国企业收购或以其他方式获得对美国企业的有效控制权。另外，对于美国在中国投资企业，美国指责中国使用合资要求、股比限制和其他外商投资限制来强制或迫使美企业转让技术，也加剧了投资保护的争端。如果中美在贸易、投资等实体领域的摩擦属于"看得见的摩擦"，那么规则摩擦则属于"看不见的摩擦"。

二、中美贸易摩擦的影响

（一）对美国的影响

1. 美国国内消费品价格上涨

服饰、家具、电子产品……由于美国执意对中国输美产品加征关税，导致这些生活必需品在美国的价格上涨，沃尔玛、梅西百货等商界"巨头"警告，消费者将受到冲击。以鞋子为例，据世界银行统计数据显示，2017年美国进口鞋类产品近60%来自中国，而且几乎所有美国在售的鞋子都是进口产品。为了解美国加征25%关税将需要美国消费者额外承担多少成本，美国鞋业贸易组织进行了详细的估算。从表10-2可以看到，同样的鞋子、同样的成本价，但在经过额外征收25%关税后，最终的零售价会有所上涨，单从一双鞋的价格涨幅来看，新关税对美国消费者似乎影响并不大，但如果将包括服装在内等品类的成本计入在内，显然他们将需要额外承担一笔不小的费用。

据美国服装和鞋类协会估算，加征25%关税可能会让一个美国四口之家每年要额外支付500美元的鞋服费用。

表10-2 加征附加税前后美国进口鞋类对比

	运动鞋	靴子	凉鞋
落地成本	$14.60	$16.18	$4.25
现行税率	14.1%	37.5%	9.52%
进口价	$16.60	$22.25	$4.65
附加税	25%	25%	25%
最终进口价	$20.31	$32.26	$6.12

资料来源：佟家栋.中美战略性贸易战及其对策研究［J］.南开学报（哲学社会科学版），2018（3）：1-3.

2. 美国在华投资企业可能受到相应制裁或减少优惠待遇，遭遇经营损失

根据中国美国商会和上海美国商会2019年5月末发布的一份报告显示，随着中美贸易战的持续进行，约1/3受访者表示，在华美企将取消或延迟在中国的投资。5月16日，美国商务部将华为列入"实体名单"，对其进行出口管制。在这之后，中国美国商会和上海美

国商会对239家在华美资企业进行了调查，结果发现在这场针锋相对的贸易战中，在华美资遇到了更多障碍。约40%在华美企表示他们正在考虑将其制造工厂从中国转移到东南亚或墨西哥等地；约1/3表示将取消或延迟在中国的投资；有74.9%表示中美贸易争端给他们带来了负面影响，具体包括：约1/5表示他们受到了更多检查，通关速度也变得更慢；15%称在申请执照或其他许可方面要耗费更多的时间；1/3称越来越注重为中国消费者生产产品，而不是出口。在这239家在华美企中，约62%从事与制造相关的行业，约25%从事服务业，不到4%从事零售和分销，近10%来自其他行业。

3. 触发美国金融市场动荡，股市市值缩水

美国政府2019年5月突然宣布将2 000亿美元中国输美产品的关税税率由10%提高到25%。为捍卫多边贸易体制，捍卫自身合法权益，中方不得不对原产于美国的部分进口商品调整加征关税措施。在中美贸易摩擦的影响下，纽约股市道琼斯工业平均指数及纳斯达克综合指数5月13出现暴跌。2019年5月13日开盘时，道琼斯工业平均指数低开443点，跌幅1.7%，纳斯达克综合指数低开187点，跌幅2.4%。截至当日收盘，道琼斯工业平均指数比前一交易日下跌617点，收于25 325点，跌幅为2.9%，而该指数盘中跌幅一度超过700点。纳斯达克综合指数当日跌幅3.4%，标准普尔500种股票指数当日跌幅2.4%。

4. 丢掉或损失中国巨大市场的机会

以美国农业为例，大豆是中美农产品贸易最重要的产品。中国进口大豆一大半来源于美国，如无贸易摩擦，2018年度美对华大豆出口量将在3 000万吨以上。而自2018年7月6日我国对美大豆加征25%关税后，中国企业已基本不再采购美国大豆。随着美国大豆陆续上市，加征关税的影响也将逐步显现。美国大豆将面临价格下跌、出口压力增大、出口周期拉长等问题。2018年7月19日，美国众议院举行的听证会已反映出美国农业各界人士对失去市场份额的担忧。中国农产品市场竞争激烈，如果中美贸易摩擦不断升级，其他竞争对手将占据美国失去的市场份额。图10-4为2018年中国进口大豆来源结构分布。

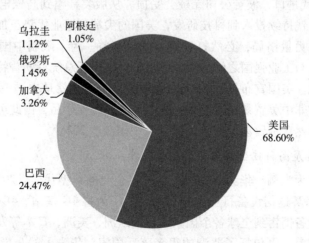

图10-4　2018年中国进口大豆来源结构分布

资料来源：杨奇锦，郭天宝. 新形势下中国大豆产业发展的路径［J］. 对外经贸，2018（11）：49-53.

(二) 对中国的影响

1. 大量中小出口生产企业出口受创

根据国家统计局公布的数据测算，2018年中国的外贸依存度约为33.7%，而美国约为20%，也就是说，中国经济相对更加依赖外部贸易。尽管中国近年的劳动生产率不断提升，但是，与美国相比我们的劳动生产率还是偏低。因此，同等规模的贸易额损失，中国的就业损失会比美国更大。据2017年9月商务部发布的《2010—2016年中美贸易增加值核算报告》显示，2016年每100万美元的对美商品出口可为中国创造37.7个工作岗位，而2016年中国向美国全部货物出口拉动了国内1 452万人次的就业。2017年摩根大通的一个报告就中美贸易摩擦背景下中国就业的可能损失进行了估计，其研究报告指出，如果美国对中国2 000亿美元的出口商品征收25%的关税，中国采取报复措施，则中国可能损失70万个工作机会。

2. 中国制造2025受到打压

2015年，中国出台了《中国制造2025》，明确提出"以加快新一代信息技术与制造业深度融合为主线"，分"三步走"建设制造强国的战略目标：第一步，到2025年迈入制造强国行列；第二步，到2035年中国制造业整体达到世界制造强国阵营中等水平；第三步，到新中国成立一百年时，综合实力进入世界制造强国前列。

这些重点发展的领域包括新一代信息技术产业、高档数控机床和机器人、航空航天装备、海洋工程装备及先进轨道交通装备、节能与新能源汽车、电力装备、农机装备、新材料、生物医药及高性能医疗器械等。这些高端产业领域会直接挑战包括美国在内的发达国家的利益。美国有25%的波音飞机、17%的汽车、15%的集成电路出口目的地都是中国。中国C919大飞机已替代进口，波音公司无疑会受损。从服装鞋帽到高铁电信，再到未来的宇航芯片，中国的血汗钱持续投入到科技研发，美国的尖端制造业优势正加速瓦解，强势追赶的实力必然改变全球力量格局，必然打破西方既得利益。为了限制中国制造2025的发展，眼看中国日渐强大，与工业强国之间的距离缩短，美国现任总统特朗普特意针对中国新兴高新技术产业提高关税。美国宣布征税25%的中国产品基本上就是中国七大战略性新兴产业的高科技产品，且并非中美贸易逆差产品，有些甚至是顺差产品，由此可见一斑。美国白宫贸易顾问纳瓦多也公然宣称贸易保护就是针对《中国制造2025》。

3. 中国企业尤其是高科技企业被美国拒之门外

以中国的企业华为为例。华为——国内高科技企业的典型代表，2018年的销售收入超过1 000亿美元，在世界通信设备行业中排名第一。华为将4G基站、4G核心网设备、交换机及路由器等通信设备销售到全球各个国家，包括欧洲、美洲、日本等发达国家，也包括泰国、印度等发展中国家，更包括了非洲的很多落后国家。华为人的身影遍布了世界各个角落，但唯独美国除外。早在2018年1月初，美国政府便坚决反对华为和AT&T签约合作，禁止华为手机进入美国市场；2018年8月，特朗普签署了"国防授权法"，禁止美国政府机构和承包商使用华为和其他中国公司的某些技术；2018年11月，美国政府联合德国、意大利和日本等国家，要求他们的电信公司避免使用华为的设备；2019年5月16日，美国商务部以国家安全为由,将华为公司及其 70 家附属公司列入管制"实体名单",禁止美国企业向华为出售相关技术和产品。

4. 中国失去重要的进口高科技技术和产品的来源地

以中兴为例,美国时间 2018 年 4 月 16 日,美国商务部宣布,因为中兴违反了美国限制向伊朗出售美国技术的制裁条款,将禁止任何美国公司向中兴通讯销售零部件、商品、软件和技术,禁令有效时间长达 7 年,直到 2025 年 3 月 31 日才能解除。除此之外,美国商务部工业安全局还对中兴处以 3 亿美元的罚款。中兴通讯旗下的手机产品,绝大多数都采用的是美国企业——高通的处理器。除此之外,很多芯片、元器件也都来自美国企业。这纸禁令一出,基本上相当于给了中兴的移动业务致命一击,有业内人士直言到:"如果处理不好,中兴的竞争力将直接倒退十年。"其实中兴在美国市场的表现一直非常亮眼,手机出货量排名第四,前三分别为苹果、三星和 LG,并且中兴除了和 AT&T 等美国四大运营商的合作顺利之外,在自由零售市场的表现也不错,份额高达 21.3%。所以这次禁令虽然没有在美国禁售中兴产品,但是却可能会造成中兴产品的竞争力大幅下降。

5. 大豆、玉米种子等从美国进口的农产品价格上涨

1983 年以前,美国依靠良好的农业条件及政府补贴,成为世界上最大的大豆出口国。1983 年以后,巴西及阿根廷利用得天独厚的地理条件大力发展大豆种植产业,国际大豆市场逐渐由美国主导的寡头垄断转为巴西和美国两分天下的垄断局面。各国大豆产量具体如图 10-5 所示,从图中可以看到美国和巴西的大豆产量是很高的。由于中美贸易摩擦,中国对美大豆加征 25% 关税后,中国短期内不可能大幅度提高大豆播种面积增加产量,只能转而增加对巴西、阿根廷等国的大豆进口量。一定程度上,这将导致大豆到岸价格提升,国内大豆价格上涨。图 10-6 为 2000—2016 年中国历年大豆进出口变动情况。

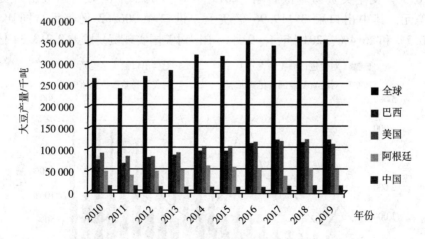

图 10-5 2010—2019 年世界主要国家的大豆产量
资料来源:根据中国统计年鉴相关数据整理所得。

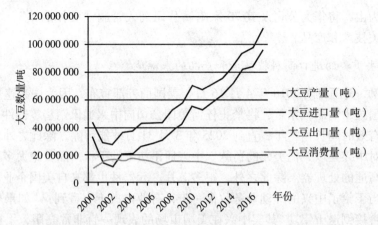

图 10-6　2000—2016 年中国历年大豆进出口变动情况
资料来源：根据中国统计年鉴相关数据整理所得

三、中美贸易摩擦的原因

（一）中美贸易长期巨额贸易顺差

回顾 2000—2018 年近 20 年的中美贸易，中国对美国的贸易一直保持顺差，且顺差呈持续大幅上升的趋势。中国对美的贸易顺差从 2000 年仅占美国整体国际贸易逆差的 6%，一直大幅攀升至 2015 年的超过 50%，之后连续维持在 50% 左右。图 10-7 为 1995—2017 年中美进出口贸易变动情况。2018 年，中国对美国进出口贸易总额 6 335.19 亿美元，其中出口额 4 784.23 亿美元，进口额 1 550.96 亿美元，同比分别增长 8.5%、11.3% 和 0.7%。2018 年，中国对美国实现贸易顺差 3 233.27 亿美元，中国对美国贸易顺差占美国整体贸易逆差的 52.07%。受中美贸易摩擦影响，2019 年 1—9 月，中国对美国进出口贸易总额 4 026.58 亿美元，其中出口额 3 119.96 亿美元，进口额 906.62 亿美元，同比分别减少 14.8%、10.7% 和 26.4%。2018 年 1—9 月，中国对美国实现贸易顺差 2 213.34 亿美元。

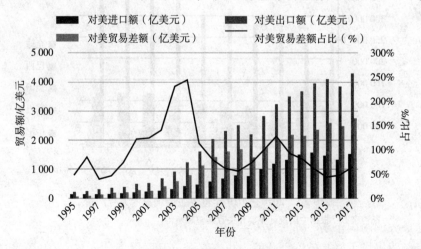

图 10-7　1995—2017 年中美进出口贸易变动情况
资料来源：根据中国统计年鉴相关数据整理所得。

（二）中国综合国力的提升

改革开放40年来，中国经济、科技、国防、外交实力日趋增强，尤其是中国的科技实力迅速提高，中美之间的技术差距不断缩小，这导致美国对中国高科技产业发展产生恐慌，使美国感受到了技术竞争带来的挑战。实际上，技术是美国最根本的优势，市场是中国最大的优势。技术只有在市场竞争中，通过技术垄断和规模优势，才能保持技术垄断优势，从而获得超额垄断利润，技术失去市场必定衰退；而市场可以培育技术、发展技术、换取技术、创造技术。

全球金融危机后，中国于2009年成为全球第一大货物贸易国，2011年成为全球第二大经济体，2014年中国成为净资本输出国。全球产业分工体系正朝着有利于中国的方向发展，这也引起了美国的密切关注及过度反应。实际上，美国所担心的是中国高科技企业的逐渐崛起，尤其是产业分工中的供应链渗透与安全。诚然，两个经济体在全新的领域中所进行的高度同质化的产品较量，肯定会产生摩擦和矛盾。从此次美国所针对中国产品征税范围看，首先涵盖的是中国在航空航天、机器人、IT和机械等领域。图10-8为2004—2016年中美科技竞争力变动情况。

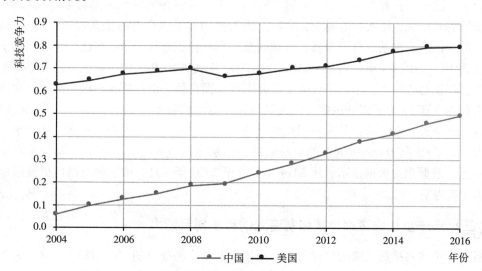

图10-8 2004—2016年中美科技竞争力变动情况
资料来源：根据中国统计年鉴相关数据整理所得。

（三）中国强大的购买力和消费市场

在2020年1月8日，中国商务部发表《中国消费市场将成为全球最大的国内市场》一文，其中提到，2019年前11个月，中国社会消费品销售总额达37.29万亿人民币，同比增长8%。而中国商务部副部长王受文称，中国消费市场潜力巨大，今后在不太长的时间里，将成为全球最大的国内市场。同时他表示，除了市场规模大，中国产业配套能力强大，为外资来华投资经营提供了好基础，创新能力也在提升，互联网信息技术、人工智能等领域的潜力也在持续稳定释放。因此，综合评价，中国吸收外资仍具有综合竞争优势。目前中国吸收外资总规模仍保持稳定，官方数据显示，2019年前11个月，中国实际使用外资达8 459.4亿元，同比增长6%。

资料显示，中国的奢侈品消费占全球的30%，这远超于全球其他国家，同时一个有趣的现象是，在2017年全球奢侈品消费普遍低于2016年时，中国奢侈品消费反而高于2016年。由此可以看出，中国有巨大的消费市场和无限的消费能力。

四、应对中美贸易摩擦的措施建议

（一）开辟多元化市场渠道，减少对美国市场依赖

在中国对外贸易出口中，美国占了14.2%，远远超过其他国家，根据相关海关数据统计，中国对美国存在绝对的贸易顺差，在很大程度上依赖美国市场。对此现状，我们应该积极拓宽贸易渠道，减少美国对中国的贸易出口占比。

（二）发挥自身的本土优势，扬长避短

稀土广泛应用在我们生活中，如每天看的电视，其鲜艳的红色就来自稀土元素铕和钇；外出携带的照相机，镜头里有稀土元素镧；天天使用的手机中有稀土元素钕；稀土在航空、航天、电子信息、钢铁、有色金属、机械制造、石油化工等行业用途广泛。在全球稀土资源分配比例中，仅中国一国就占到了50%。从2000年到2010年，中国稀土产量几乎与世界其他国家的产量总和持平。中国不仅稀土资源丰富，而且稀土的提炼水平极其高超，中国是唯一能够提炼全部17种元素的国家。以美国为例，它的科技水平虽然很高，但稀土提取一次只能提炼出一种元素。特别是军事用途突出的重稀土，中国占有的份额更多。在稀土领域的垄断潜力让掌握了全球69%的石油贸易额的石油输出国组织也自叹不如。而中国也意识到了这一点，根据相关数据显示，从2019年5月至2020年5月，中国稀土出口量被限制在了每月五千吨左右。

（三）进一步加强高端科技和制造业的自主创新能力

目前中美贸易战第二阶段已经打响，而华为就是这场战争的"上甘岭"，以华为为代表的一大批中国高科技企业在国际市场风生水起，引起了习惯充当世界警察，以霸权主义肆意插手国际事务的美国政府的恐慌，他们不愿意看到这些企业背后的中国力量的崛起，所以不择手段予以打压，而中国也应积极扶持国内高技术企业，坚决抵制美国政府的制裁。同时，进一步加强高端科技和制造业的自主创新能力。

（四）加强对知识产权的保护力度

知识产权的保护是美国抱怨最多的，也是我们急需要解决的问题。在2009—2017年美国发起的"337调查"（"337调查"是指美国国际贸易委员会根据美国关税法中第337条及相关修正案进行的调查，禁止一切不公平竞争行为或向美国出口产品中任何不公平贸易行为）数量中，中国企业涉及的案件数就达1/3，在中华人民共和国商务部官网中输入"337调查"，显示的相关记录高达5 000多条，其中大部分都是记录的美国对我国企业的调查，

值得一提的是,在已经判决的相关案件中,中国企业的败诉率高达60%,远高于世界平均值的26%。图10-9为2009—2017年美国发起的"337调查"案数量。

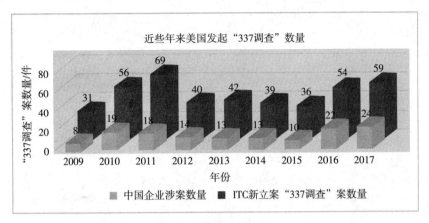

图10-9 2009—2017年美国发起的"337调查"案数量
资料来源:根据中国统计年鉴相关数据整理所得。

(五)进一步推进人民币国际化,减少对美元的依赖

在《中国林业经济》2020年3月刊发的一篇名为《中美贸易战的危害与对策》的文章中提到,在国际外汇储备方面,美元仍占绝对主导地位,全球大多数的国家外汇储备以美元为主,虽然近几十年来由于经济全球化及布雷顿森林体系解体,第三世界崛起,美元的地位受到挑战,但其地位依然重要,目前在全球交易中和支付结算中,美元结算的比例超过40%,而人民币仅占比1.78%,低于美元、英镑、日元及加元,即使是中国企业的对外贸易,通过人民币结算的总额也只有16%,人民币国际化还有很长的路要走。

结　论

中美贸易战对中国而言,长期看来未必完全是坏事,因为它可能促进中国企业提高核心竞争力,促进国内市场开发与促进内需。正如索罗斯所言,对华贸易战将减缓美国经济增长,最终将对中国有巨大帮助,将大大有助于中国被接受为国际社会的领导成员。

第四篇
国际经贸新发展

本篇主要内容包括国际服务贸易发展，跨国公司及其影响。国际资本流动的含义与形式及国际资本流动对中国经济的影响。重点是理解贸易创造与贸易转移效应的含义及正确掌握贸易创造与贸易转移对一国经济的影响；了解发展中国家区域经济一体化效果为何不如发达国家显著的原因，并对中国区域经济一体化发展走向有所思考。

第十一章

国际服务贸易

第二次世界大战以来,随着世界经济的发展,各国服务业得到了长足的发展。服务业的发展带动了国际服务贸易的发展。20世纪70年代以来,国际服务贸易迅速发展,在世界贸易中的比重日益上升。特别是20世纪90年代以来,服务贸易对一国经济的贡献日益为各国所认知,服务业和服务贸易的发展水平已经成为衡量一国现代化水平的重要标志之一。

第一节 国际服务贸易概述

一、国际服务贸易的含义

第二次世界大战以后,特别是20世纪70年代以来,随着世界经济的持续增长和经济全球化的发展,加上相对和平稳定的国际环境,与各国经济中服务产业比重明显上升的趋势相对应,国际服务贸易也有了长足的发展,其规模、形式和内容都远远超过了第二次世界大战之前。一般认为,"服务贸易"一词最早出现在1971年经济合作与发展组织(OECD)的一份报告中,这份报告探讨了关贸总协定"东京回合"谈判所涉及的议题。美国《1974年贸易法》首次使用了"国际服务贸易"的概念,20世纪70年代后期,"服务贸易"便成为共同使用的贸易词汇。简单地说,国际服务贸易(international service trade)是指不同国家之间所发生的服务买卖与交易活动。服务的提供国称为服务的出口国,服务的消费国称为服务的进口国,各国的服务出口额之和构成国际服务贸易额。由于服务贸易内在本质的复杂性,围绕着国际服务贸易的概念,各国学者进行了认真的研究和激烈的争论,直到1994年4月15日关贸总协定"乌拉圭回合"谈判的结束才暂时中止,因为此轮谈判达成了《服务贸易总协定》(General Agreement on Trade in Service,GATS)。在《服务贸易总协定》中,从服务贸易提供方式的角度给服务贸易下了较为准确的定义,具有一定的权威性和指导性,并为各国和各界所普遍接受。

《服务贸易总协定》第一部分第一条,按服务提供的方式,把服务贸易定义为跨境交付、境外消费、商业存在和自然人流动4种形式。

1. 跨境交付

跨境交付(cross-border supply)指一成员方的服务提供者在其境内向另一成员方境内的

消费者提供服务。其中的"跨境"是指"服务"本身的跨境,服务提供者和消费者分处不同国家或地区,一般无须跨境。如国际电信服务、信息咨询服务或卫星电视服务等,因而这种服务提供方式非常强调买卖双方的地理界限。

2. 境外消费

境外消费(consumption abroad)指一成员方服务提供者在境内向来自另一成员方境内的消费者提供服务。这种服务提供方式的主要特点是,消费者必须到境外另一成员方境内才能享受服务提供者所提供的服务。例如,一成员的消费者到另一成员领土内旅游、求学、接受医疗服务等。

3. 商业存在

商业存在(commercial presence)指一成员方的服务提供者在另一成员方境内通过设立商业机构或其他专业机构,为后者境内的消费者提供服务。这种方式主要涉及直接投资,一般是其他成员方的服务提供者在另一成员方境内投资设立合资、合作或独资企业或分支机构或代表处并提供服务。这种方式有两个主要特点:一是服务的提供者与消费者在同一成员方境内;二是服务提供者到消费者所在的成员方境内采取了设立商业机构或专业机构的方式。商业存在中的人员可以完全由在当地雇用的人员组成,也可以有外国人参与。

4. 自然人流动

自然人流动(movement of personnel)指一成员方的服务提供者以自然人身份进入另一成员方境内提供服务。例如,专家到国外讲学、作技术咨询指导,文化艺术从业者到国外提供文化娱乐服务等。自然人流动与商业存在的共同点是,服务提供者到消费者所在国境内提供服务;不同之处是,以自然人流动方式提供服务,服务提供者没有在消费者所在国境内设立商业实体。

二、国际服务贸易的分类

《服务贸易总协定》在参考了联合国中心产品分类系统对服务的分类与定义之后,对协定中的服务部门进行了分类。根据其划分,服务业主要被分为12个部门,这12个部门又进一步被细分为160多个分部门。当然,对于这些部门的定义并不是一成不变的。《服务贸易总协定》将服务贸易分为12大类,分别叙述如下。

1. 商业性服务

商业性服务指在商业活动中涉及的服务交换活动,服务贸易谈判小组列出的6类这种服务,其中既包括个人消费的服务,也包括企业和政府消费的服务。

(1)专业性(包括咨询)服务。专业性服务涉及的范围包括法律服务、工程设计服务、旅游机构提供的服务、城市规划与环保服务、公共关系服务等。专业性服务中也包括涉及上述服务项目的有关咨询服务活动、安装及装配工程服务(不包括建筑工程服务),如设备的安装、装配服务;设备的维修服务,指除固定建筑物以外的一切设备的维修服务,如成套设备的定期维修、机车的检修、汽车等运输设备的维修等。

(2)计算机及相关服务。这类服务包括计算机硬件安装的咨询服务、软件开发与执行服务。

(3)研究与开发服务。这类服务包括自然科学、社会科学及人类学中的研究与开发服务。

(4) 不动产服务。指不动产范围内的服务交换,但是不包含土地的租赁服务。

(5) 设备租赁服务。主要包括交通运输设备,如汽车、卡车、飞机、船舶等的租赁服务,以及非交通运输设备,如计算机、娱乐设备等的租赁服务。但是,不包括其中有可能涉及的操作人员的雇用或所需人员的培训服务。

(6) 其他服务。指生物工艺学服务,翻译服务,展览管理服务,广告服务,市场研究及公众观点调查服务,管理咨询服务,与人类相关的咨询服务,技术检测及分析服务,与农、林、牧、采掘业、制造业相关的服务,与能源分销相关的服务,人员的安置与提供服务,调查与保安服务,与科技相关的服务,建筑物清洁服务,摄影服务,包装服务,印刷、出版服务,会议服务,其他服务等。

2. 通信服务

通信服务主要指所有有关信息产品、操作、储存设备和软件功能等的服务。通信服务由公共通信部门、信息服务部门、关系密切的企业集团和私人企业间进行信息转接和服务提供。主要包括:邮电服务、信使服务、电信服务(包含电话、电报、数据传输、电传、传真)、视听服务(包括收音机、网络视听及电视广播服务)、其他电信服务。

3. 建筑服务

建筑服务主要指工程建筑从设计、选址到施工的整个服务过程。具体包括:选址服务,涉及建筑物的选址;国内工程建筑项目,如桥梁、港口、公路等的地址选择等;建筑物的安装及装配工程;工程项目施工建筑;固定建筑物的维修服务;其他服务。

4. 销售服务

销售服务指产品销售过程中的服务交换。具体包括:商业销售,主要指批发业务、零售服务;与销售有关的代理费用及佣金等;特许经营服务;其他销售服务。

5. 教育服务

教育服务指各国间在高等教育、中等教育、初等教育、学前教育、继续教育、特殊教育和其他教育中的服务交往,如互派留学生、访问学者等。

6. 环境服务

环境服务指污水处理服务、废物处理服务、卫生及其他相似服务等。

7. 金融服务

金融服务主要指银行和保险业及相关的金融服务活动。包括:①银行及相关的服务。如银行存款服务;与金融市场运行管理有关的服务;贷款服务;其他贷款服务;与债券市场有关的服务,主要涉及经纪业、股票发行和注册管理、有价证券管理等;附属于金融中介的其他服务,包括贷款经纪、金融咨询、外汇兑换服务等。②保险服务。如货物运输保险,其中含海运、航空运输及陆路运输中的货物运输保险等;非货物运输保险,具体包括人寿保险、养老金、伤残及医疗费用保险、财产保险、债务保险服务;附属于保险的服务,如保险经纪业、保险类别咨询、保险统计和数据服务;再保险服务。

8. 健康及社会服务

健康及社会服务主要指医疗服务,其他与人们健康、出行相关的服务,如社会服务等。

9. 旅游及相关服务

旅游及相关服务指旅馆、饭店提供的住宿、餐饮服务及相关的服务,以及旅行社及导游服务。

10. 文化、娱乐及体育服务

文化、娱乐及体育服务指不包括广播、电影、电视在内的一切文化、娱乐、新闻、图书馆、体育服务，如文化交流、文艺演出等。

11. 交通运输服务

交通运输服务主要包括货物运输服务，如航空运输、海洋运输、铁路运输、管道运输、内河和沿海运输、公路运输服务；也包括航天器发射及运输服务，如卫星发射等；客运服务；船舶服务（包括船员雇用）；附属于交通运输的服务，主要指报关、货物装卸、仓储、港口服务、起航前查验服务等。

12. 其他服务

凡是无法归入上述任何类别之一的服务贸易，均可归入此类。

三、国际服务贸易的特点

国际服务贸易自身的复杂性及与商品贸易的差异，使其表现出以下几个方面的特点。

1. 国际服务贸易中服务具有无形性，但并不是绝对的

服务作为一种活动，其本身是无形的。例如，一个人跨国界探亲访友、发表演讲、修理机器、到外面见世面、出席官方会议、提供咨询服务等。如果不作调查，边境人员是无法知道什么是服务的出口或进口的。同理，储存大量各种各样信息的电子信号，负责监管服务进口、出口的政府官员如果不能破译这些信号或读懂其内容，那么政府官员也就无法知道是否是服务出口或进口。但是就商品贸易而言，在特定的时间和确定的地点，人们是可以看见商品、资本或信息的跨国界移动的。但是，服务也可能以实物形式加以表现，因此，国际服务贸易的无形性并不是绝对的，因为有很多服务是有形的，因而用这种有形的服务进行的国际服务贸易当然也是有形的，如顾问报告或磁盘中的软件；有些服务也是可以看见的，如理发或戏剧、演唱会等。所以，在认识服务的无形性时，一定要区分服务本身和服务得以表现的形式。例如，厨师的烹调行为是服务，但是厨师使用的原料并不是服务，而是服务所借助的物质，烹调出来的菜也不是服务，而是服务的成果，服务正是通过这种成果表现出来的。

2. 国际服务贸易中部分服务生产和消费的同时性

由于国际服务贸易中大部分服务是无形的，因此，一般来说，与商品贸易相比，服务贸易中部分服务贸易交换的标的物——服务是不能储存的，它要求服务的生产和消费同时进行。服务的消费要在生产过程中完成，并要求服务提供者和使用者存在某种形式的接触。如果没有消费者接受服务，则原则上服务并不发生。在国际服务贸易中，服务贸易如果要跨国界进行，则必须有一定程度的"商业存在"。因此，国际服务贸易的自由化自然涉及服务出口者或生产者在进口国国内的"开业权"问题，它又涉及劳动力移动、移民政策、投资限制等问题。因而，服务的使用价值不能脱离服务出口者（生产者）和服务进口消费者而固定于某一耐久的商品中。如开演唱会，在演唱会结束后，服务提供完毕，而作为服务消费者的听众消费也就完毕。这种不能以实物形式体现的服务，在社会生产力不发达、科学技术水平落后的社会具有代表性。但是，随着科学技术的发展，有些服务，或者说有些服务活动或劳动也可能体现在某一商品中，或者说可以和生产者、服务出口者分离。例如，演唱会可以通过录音机、录像机等将其录制成录音带或录像带进行保存，以便将来进行再次消费。对歌

唱家、医生、律师等提供的服务，也可以完全与他们的生产活动相分离，可以将其服务储存起来，直到服务消费者需要时再向消费者提供。

3. 贸易主体地位的多重性

服务的卖方往往就是服务生产者，并作为服务消费过程中的物质要素直接进入服务的消费过程；服务的买方则往往就是服务的消费者，并作为服务生产者的劳动对象直接参与服务产品的生产过程。例如，医生在为病人提供医疗服务的过程中，病人不仅作为医疗服务的消费者，同时又作为医师的直接服务对象和劳动对象参与服务生产过程，但是，有的国际服务贸易双方当事人的关系比较简单，如国际咨询服务，双方当事人的关系与商品贸易一样简单。

4. 服务贸易市场具有高度垄断性

由于国际服务贸易在发达国家和发展中国家的发展严重不平衡，加上服务市场的开放涉及跨国银行、通信工程、航空运输、教育、自然人跨越国界流动等，它们直接关系到服务进口国家的主权、安全、伦理道德等极其敏感的领域和问题。因此，国际服务贸易市场具有很强的垄断性，受到国家有关部门的严格控制。

5. 服务贸易涉及法律的复杂性

法律关系的复杂主要是由法律事件所涉及的主体关系、权属关系决定的。由于国际服务贸易涉及的主体比较复杂，权属关系盘根错节，适用于国际服务贸易领域的法律关系就显得尤为复杂，管辖这些法律关系的法律法规体系也十分庞杂。例如，在会计服务中，会计师提供的服务不仅涉及服务消费者的利益，而且可能涉及广大投资者的利益，因而存在引发投资者对会计服务的提供者提出法律诉求的可能。在服务贸易中，服务提供者与消费者原则上进行的是所有权和使用权相分离的交易，很容易产生权属转让过程中的法律问题，如知识产权领域的贸易，一般许可方仅仅是转让使用权，而不是转让所有权。

6. 贸易保护方式具有刚性和隐蔽性

由于服务贸易标的的特点，各国政府对本国服务业的保护，无法采取货物贸易上惯用的关税壁垒和非关税壁垒的办法，而只能采取在市场准入方面予以限制或进入市场后不给予国民待遇等方式，这种以国内立法形式实施的"限入"式非关税壁垒，使国际服务贸易受到的限制和障碍往往更具刚性和隐蔽性。

7. 营销管理具有更大的难度和复杂性

国际服务营销管理无论在国家宏观管理方面还是在企业的微观经营方面，都比货物的营销管理具有更大的难度和复杂性。从宏观上讲，国家对服务进出口的管理，不仅仅是对服务自身的物的管理，还必须涉及服务提供者和消费者的人的管理，涉及包括人员签证、劳工政策等一系列更为复杂的问题。某些服务贸易如金融、保险、通信、运输及影视文化教育等，还直接关系到输入国的国家主权与安全、文化与价值观念、伦理道德等极其敏感的政治问题。另外，国家主要采用制定法规的办法，因法律的制定与修订均需一定时间，往往会落后于形势，法规管理往往滞后。还有，法规管理的实际效果在相当程度上也不是取决于国家立法而是取决于各服务业企业的执行，因而，容易出现宏观调控的实际效果与预期目标相背离的情况。在微观上，由于服务本身的固有特性，也使得企业营销管理过程中的不确定性因素增多，调控难度增大。

第二节 国际服务贸易的发展

一、国际服务贸易发展的现状

第二次世界大战前,国际服务贸易随着交通、金融和通信等行业的发展而有所发展,但与国际货物贸易相比,国际服务贸易无论是发展规模和速度,还是在世界经济中的地位和作用都是微不足道的。第二次世界大战后,尤其是20世纪80年代以来,科学技术的发展促进了社会分工的扩大和深化,加强了经济部门间和经济部门内的相互依赖,需要有新的要素加入到生产过程中以协调生产经营各环节的关系,合理配置生产要素,生产性服务行业应时崛起,成为生产经营活动不可缺少的成分。随着经济的发展、人民物质生活水平的不断提高,对高消费的服务需求也在增加,国际服务贸易随之迅速发展,并出现了空前的国际化浪潮和趋势,这主要表现在国际服务贸易额和增长率的快速增加及贸易结构改善等方面。

1. 国际服务贸易发展迅速,总额和速度都持续增长

20世纪60年代以来,国际服务贸易规模不断增长,1967年国际服务贸易额为700亿~900亿美元,1980年猛增到6 500亿美元。从服务贸易的总体规模上看,20世纪70年代,全球服务贸易与货物贸易相比,仍显微不足道。到了20世纪80年代,服务贸易与货物贸易的比例由过去的1∶10变为1981年的1∶5。进入20世纪90年代后,二者比例进一步上升为1∶3。据世贸组织数据显示,1980—2004年,全球服务贸易额由6 500亿美元增加到21 000亿美元,增长了5.8倍。2006年达到27 100亿美元。根据IMF统计,国际服务贸易在国际贸易中的份额由1970年的29%上升到1987年的34%,而国际货物贸易的比重则由1970年的71%下降到1987年的66%。

从服务贸易的发展速度看,1980—2004年,服务贸易保持年均6.9%的增长率,超过货物贸易5.6%的增长率;2000年后,由于货物贸易价格提高,服务贸易额的增长速度略低于货物贸易,2000—2006年,服务贸易年均增长速度为10%,货物贸易年均增长速度为12%。但这不会影响服务贸易的增长势头,增长速度还会加速。

2. 国际服务贸易结构持续优化

早期国际服务贸易仅限于国际运输、国际旅游、贸易结算和劳工输出等少数传统领域。1970年,运输服务占整个服务贸易的38.5%、旅游服务占28.2%、其他商业服务占30.8%。经过30多年的发展,服务贸易的结构发生了较大的变化。1997—2006年,运输服务贸易和旅游服务贸易占世界服务贸易的份额呈现下降的趋势,而其他商业服务贸易总体上呈现出持续增长的态势。2006年,其他商业服务贸易增长到了45%,通信服务、建筑服务、金融服务、计算机和信息服务、特许权使用费和许可费等现代服务贸易已经占到整个服务贸易的近50%。

3. 国际服务贸易市场呈多元化态势

随着世界经济的发展,近年来对国际服务贸易的需求日益扩大,地理分布也日趋扩大。

20世纪70年代以前，西方国家是最主要的服务进口市场。20世纪70年代后期，中东和北非几个主要产油国，每年吸收大批的劳动力，成为劳动力进口的主要市场。20世纪80年代以来，亚洲、非洲、拉美地区一些国家的经济迅速增长，对境外服务的需求增加。进入20世纪90年代，亚洲地区已成为世界经济增长的热点，特别是普遍的开放性政策带来大量的境外服务进口。以中国为首的发展中国家在实施开放性经济发展战略过程中，对发达国家的高技术含量的服务需求强劲，无论是工程建筑，还是专业服务中的咨询、会计、计算机处理、广告和法律服务，或者电信、金融服务等，都需要外商的参与和合作。

在服务出口市场方面也呈现多元化态势，传统出口大国美国在国际建筑服务市场中份额逐年下降就是一个例证。为了扩大服务市场份额，发达国家之间、发达国家与发展中国家之间及发展中国家内部进行着激烈的竞争。尽管总体上发达国家占有优势，但是这种状况正在逐渐被打破。

4. 国际服务贸易发展不平衡，发达国家在国际服务贸易中占有绝对优势

世界经济发展的不平衡性决定了服务贸易的不平衡发展。第二次世界大战以来，国际服务贸易发展迅速，并且呈现多元化发展趋势，然而其发展极不平衡。发达国家在国际服务贸易中一直处于绝对优势，这种优势不仅反映在国际服务贸易的排名中，而且还体现在贸易平衡、贸易结构上。从国际服务贸易额排名来看，2004年居前10位的除中国内地及香港特别行政区以外，其他均为发达国家或地区，其服务贸易额占到国际服务贸易总额的近80%。从贸易平衡看，发达国家在服务贸易中长期是顺差，而大部分发展中国家长期为逆差。从服务贸易结构考察，发达国家主要输出技术、知识和资本密集型服务，而发展中国家则主要发展劳动密集型服务，劳动力输出是其最主要的服务贸易方式。就具体国家而言，美国无疑是当今国际服务贸易的超级大国，欧盟中的英国、德国和法国等国家，亚洲的日本等国也是服务贸易最重要的供应国和需求国。由于发展中国家与发达国家在科学技术水平等方面尚存在巨大差距，服务贸易的高度信息化和知识化必将加剧这种不平衡。

5. 国际服务贸易自由化不断推进，但保护主义依然盛行

"乌拉圭回合"谈判达成的《服务贸易总协定》将各成员开放服务市场作为它的根本宗旨，这在很大程度上推进了国际服务贸易的自由化进程。世贸组织成立之后通过的《金融服务协议》《基础电信协议》《信息技术产品协议》等更是促进了各成员在金融、电信等领域的开放。总体来讲，各成员方遵守市场开放的具体承诺，保证各项贸易措施具有透明度、公正性、统一性等方面取得的进展有目共睹，有力地推动了国际服务贸易不断向自由化方向迈进。

但是，也应该看到，由于服务业和服务贸易发展水平的严重不平衡，发达国家比发展中国家具有明显的优势，同时服务市场的开放会涉及国家主权与安全、政治与文化等敏感问题，因此国际服务贸易市场的自由化程度远不如国际货物贸易。正是因为服务业的发展不平衡性和敏感性，为了自身利益，无论是发展中国家还是发达国家都以种种理由和方法，对服务贸易实行不同程度的贸易保护主义政策和措施，使国际服务贸易领域的保护程度远远高于国际货物贸易领域。例如，为保护美国的印刷业，美国的版权法禁止进口美国作者在海外印刷的作品；阿根廷、澳大利亚、加拿大等对外国生产的广播和电视作品有严格限制；韩国、马来西亚和菲律宾不允许外国银行扩展分支机构；西欧各国借口保障本国居民的就业，近年来大批辞退来自发展中国家的服务人员。这些例子说明服务贸易保护主义措施广泛存在于各

国的不同行业之中。

二、国际服务贸易迅速发展的原因

推动国际服务贸易迅速发展的原因是多方面的,有经济发展的因素,有科学技术进步的因素,也有制造业国际间转移和发展中国家发展战略调整等因素。

1. 发达国家与发展中国家服务业的崛起

服务业是基于物质生产部门一定程度的发展而发展的,服务经济的发展基础依赖于物质生产部门的发展。第二次世界大战以后,在科技革命的推动下,社会生产力有了明显的提高,生产的社会分工也在不断加强和深化,与之相联的生产社会化程度也日益提高,许多服务性行业逐步从企业中分离出来。面对国内和国际市场的激烈竞争,各种企业对专门服务的需求日益增加,服务业的交换迅速扩大,在一国(地区)GDP中的比重在上升,吸纳的就业比重也在提高。

发达国家服务业占GDP的比重由1980年的59%提高到1999年的65.3%,服务业就业人数占国内就业人数的比重在55%~75%。美国第三产业产值占GDP的比重1997年为72.6%,2003年达到75.9%。第三产业中信息产业的发展尤其快,1993—1997年的五年间,信息产业为美国直接增加了1 580万个就业岗位,产值占美国GDP的28%以上,美国经济增长的25%来源于信息产业的增长。

发展中国家第三产业虽然起步较晚,但自20世纪六七十年代以来也有了长足的发展,占产值和就业中的比重都呈上升趋势,发展中国家服务业占GDP的比重也从1980年的41%提高到1999年的51%,服务业就业人数占国内就业总人数的36%~65%。在国民经济日益向服务化方向发展的趋势下,国家间相互提供的服务贸易量也就大大增加了。

2. 科学技术的进步推动了世界服务贸易的发展

科学技术的发展,特别是20世纪60年代兴起的信息技术革命,极大地提高了交通、通信和信息处理能力,为信息、咨询和以技术服务为核心的各类专业服务领域提供了新的服务手段,使原来不可能发生贸易的许多服务领域实现了跨国贸易。如银行、保险、商品零售等可以通过计算机网络在全球范围内开展业务,为跨国服务创造条件;高新技术被广泛地应用于服务产业,提高了服务的可贸易性,生产的专业化迅速发展,从而使国际服务贸易的种类增加,范围扩大,从传统的运输、工程等领域转向知识、技术和数据处理等新兴领域;科技革命还加快了劳动力和科技人员的世界流动,特别是促进了专业科技人员和高级管理人员的跨国流动,使服务贸易的方式增加,服务质量出现质的飞跃;特别是随着科学技术的进步,产品生产和服务生产中的知识、信息投入比重不断提高,从而推动了服务贸易结构的变化,以劳动密集型为特征的传统服务贸易地位逐渐下降,以资本密集、技术密集和知识密集为特征的新兴服务贸易逐渐发展壮大。

3. 国际货物贸易量的增加是国际服务贸易迅速发展的实物基础

国际货物贸易和国际服务贸易的发展历来彼此相联,相互促进,随着科学技术的发展,这种相互关系日趋紧密,表现为以下3点。

(1)国际货物贸易的急剧扩张是服务业产生和发展的重要前提条件。因为国际货物贸易需要服务业的进入才能完成,最典型的例子就是货物进出口离不开运输、通信和保险业务。

（2）服务业已成为许多工业制成品生产和销售过程中不可分割的一部分。它们能向制造业提供从工程设计到数据处理等多种必要的投入，并能以售后服务等方式促进产品销售。

（3）服务业已成为提高国际货物贸易竞争力的主要手段和重要基础。

4. 跨国公司扩张带动了世界服务贸易的发展

跨国公司国际化经营活动的开展，带来了资本、技术、人才的国际流动，促进了与其相关或为其服务的国际服务贸易的发展。具体而言包括：① 跨国公司在世界范围扩张过程中所带来的大量追随性服务，如设立为本公司服务的专业性公司，这些服务子公司除满足本公司需求之外，也向东道国的消费者提供服务，从而促进了东道国服务市场发展；② 跨国公司在国际服务市场上提供的银行、保险、会计、法律、咨询等专业服务，也随着跨国公司进入，在东道国市场上获得渗透和发展；③ 制造业跨国公司对海外的直接投资，产生了"企业移民"，这种企业移民属于服务跨国流动的一种形式，随着技术设备的转移，其技术人员和管理人员也产生流动，因而带动了服务的出口。

5. 发展中国家采取开放政策，积极参与世界服务贸易

发展中国家为了发展经济，普遍采取了开放型经济政策，积极地从发达国家引进资金和技术。与此同时，为增加外汇收入，实现本国经济现代化，发展中国家也积极参与国际服务贸易，随着外贸政策不断趋向自由化和经济实力的增强，贸易范围不断扩大。近年来，发展中国家除积极参与国际运输、劳务输出外，还大力发展旅游业，千方百计吸引外国游客，并且积极扩大其他服务出口，推动了世界服务贸易的发展。

三、国际服务贸易发展的趋势

世界经济、贸易的稳定增长，跨国投资的继续增加，各国服务市场的进一步开放，都将刺激国际服务贸易的发展，国际服务贸易也出现了一些新趋势。

1. 国际服务贸易继续以较快的速度发展

关贸总协定"乌拉圭回合"将服务贸易纳入多边贸易体系后，使国际服务贸易有了国际规范。服务贸易总协定生效后，对服务贸易领域的贸易保护主义起到了一定的抑制作用。随着各签约方对市场准入和国民待遇原则承诺的执行，为国际服务贸易进一步加快发展创造了有利条件。从今后的总体发展趋势看，国际贸易的增长将快于世界经济的增长，而国际服务贸易的发展则会快于商品贸易的发展。

2. 新兴服务行业发展迅速，服务贸易结构进一步调整

与跨国投资和经营活动有关的金融、保险、运输、通信和信息咨询等服务贸易将会得到迅速发展。高新技术广泛应用到服务产业，使得专业服务、建筑设计服务、计算机信息服务和环境服务等新兴服务行业不断涌现并迅速扩张。随着可持续发展、崇尚自然、确保健康成为未来世界的重要主题，包括污水处理、废物处理、环境咨询、环境监测和环境工程设计等环境服务业正在异军突起。有关数据显示，一直占世界服务贸易额60%左右的运输、旅游服务在发展中呈下降趋势，其他服务，包括通信、金融、信息、专利许可和其他商业服务等现代服务行业则增长较快，所占比重不断上升。国际服务贸易结构正逐渐由以自然资源或劳动密集型为基础的传统服务贸易转向以知识技术密集型或资本密集型为基础的现代服务

贸易。

3. 服务贸易地区结构不平衡，发展中国家和地区的不平衡加剧

国际服务贸易的发展是以各国和各地区服务业的发展为基础的，由于经济发展水平的不平衡，资源禀赋、经济结构、发展阶段和文化背景等方面的差异性，造成了服务贸易地区结构上的不平衡性。凭借技术与经济实力、制度优势及规则的制定权，在服务贸易地区分布方面，发达国家将继续保持竞争优势，但发达国家间显著不平衡的状况可能会有一定改观。美国在世界服务业的绝对优势在10～20年内不大可能被动摇，德国等在不少领域的竞争力会有明显增强。发展中国家和地区整体地位将继续上升，在旅游、运输等传统服务贸易领域和其他新兴服务贸易领域所占份额会有所增加，但在知识产权等服务贸易领域仍将处于比较劣势，并在整体上处于逆差状态。一些新兴工业化国家和地区继续呈强势增长，地位明显提高，将出现一批新的服务贸易大国和地区，加剧发展中国家和地区服务贸易发展不平衡的态势。

4. 服务贸易自由化趋势明显，同时贸易壁垒日趋隐蔽化

《服务贸易总协定》为服务贸易自由化第一次提供了体制化的安排和保障，各国政府逐步开放服务市场，而且有遍及各个服务行业的趋势，从传统的商贸、旅游、运输到新兴的信息、金融、法律等，都成为各国谈判和扩大市场准入的对象，国际服务贸易自由化趋势日益明显。同时，服务贸易领域依然存在许多壁垒，尤其是在投资设立商业服务机构方面。鉴于服务贸易不易征收关税、不容易监管等特殊性，缺少服务贸易方面的国际规则，各国不同程度上都存在着非关税壁垒和大量复杂的规定与措施，以此来保护本国的国家安全、本国的民族服务业和本国的文化及传统的价值观。即使是世界上服务产业最为发达、标榜自由贸易、市场开放的美国也不例外，在服务市场准入方面依然存在大量的贸易壁垒和不公平做法，而且这些壁垒有越来越隐蔽的趋势。

5. 服务业国际转移趋势愈演愈烈，服务外包的发展势不可当

在经济全球化和产业融合的背景下，发达国家的跨国公司正逐步把部分服务内容通过项目外包、业务离岸化和外国直接投资等方式向发展中国家转移。从2003年开始，发达国家服务业工作岗位向低收入国家转移的速度明显加快，而且这一趋势愈演愈烈，随之而来的将是发达国家服务业向海外转移高峰的到来。由于服务业转移具有较强的选择性，它不仅青睐低人力成本，更要求有受过良好教育具有创造力的人力资源，以及日臻成熟的技术条件、相关产业基础和制度保障等，因此现阶段服务业的转移仅集中在少数亚洲新兴市场经济国家，如印度、菲律宾、中国等。

联合国贸易与发展会议2004年针对欧洲500强企业进行的调查发现，仅有39%的企业有过离岸商业服务外包的经历，这些企业已经创造离岸就业岗位2万个，另外有44%的企业计划在未来几年中外包部分业务。尽管服务外包的发展仍处于初级阶段，首先开展服务外包的金融和IT产业依然处于国际产业重组的起始阶段，但服务外包的影响力已经显示出不可逆转的势头，可能在各个行业和许多国家迅速蔓延。服务业外包的发展规模和程度虽尚不能确定，但在模式和地区特点方面已基本固定，处于不同发展水平的少数国家已经吸引了绝大多数对外分包的服务业务。

第三节　服务贸易总协定

一、《服务贸易总协定》的主要内容

关税与贸易总协定关于服务贸易的多边谈判从 1986 年开始，经各方努力，达成了《服务贸易总协定》，1994 年 4 月 15 日在马拉喀什由 111 个世贸组织成员方的代表正式签署。服务贸易自此被正式纳入了多边贸易体制的管辖范围。该协定作为"乌拉圭回合"一揽子协议的组成部分和世贸组织对国际服务贸易管辖的法律依据之一，于 1995 年 1 月 1 日与世贸组织同时生效。

（一）《服务贸易总协定》的适用范围、分类和法律框架

1. 适用范围

根据提供服务的方式，《服务贸易总协定》第 1 部分第 1 条，按提供服务的方式，把服务贸易定义为跨境交付、境外消费、商业存在和自然人流动 4 种形式。

2. 分类

《服务贸易总协定》在参考了联合国中心产品分类系统对服务的分类与定义之后，对协定中的服务部门进行了分类。根据其划分，服务业主要被分为 12 个部门，即商务服务、通信服务、建筑和相关工程服务、分销服务、教育服务、环境服务、金融服务、健康服务、旅游服务、娱乐文化和体育服务、运输服务及其他服务。这 12 个部门又进一步被细分为 160 多个分部门。当然，对于这些部门的定义并不是一成不变的。

在具体的谈判中，各成员方对于准备列入减让表的具体服务部门，可以保留其自主定义的权利。对此，服务贸易理事会下设的具体承诺委员会负责有关服务部门和分部门调整的技术性工作。

3. 法律框架

《服务贸易总协定》的法律框架主要由序言、6 个部分（含 29 个条款）及 8 个附件构成。序言部分阐明了发展服务贸易的重要性、发展服务贸易的目的及其实现的途径和目标，明确了协定的宗旨是通过建立服务贸易多边规则，逐步实现服务贸易自由化，从而进一步促进各成员方服务业快速发展。

正文分为 6 个部分，共 29 个条款。其中，正文第 1 部分"适用范围和定义"明确了协定的适用范围及所涉及的定义；第 2 部分"一般义务和纪律"是协定的核心部分，明确了各成员方适用的一般纪律及其例外，包括最惠国待遇、透明度、发展中成员方更多参与、经济一体化、国内规定、承认（资格/许可）、垄断及专营服务提供者、商业惯例、紧急保障措施、支付和转让、对保障国际收支平衡的限制、政府采购、一般例外、补贴等条款；第 3 部分"具体承诺义务"确定了与减让表中具体承诺相关的规则，包括市场准入、国民待遇及附加承诺；第 4 部分"逐步自由化"主要涉及减让表本身及今后的具体承诺谈判，包括

具体承诺的谈判、具体承诺减让表及减让表的修改等；第 5 部分"制度条款"对磋商、争端解决和实施、服务贸易理事会、技术合作、与其他国际组织关系等作出规定；第 6 部分"最后条款"规定了成员方可对协定利益予以否定的若干情况及附件为协定不可分割的组成部分，并对有关概念作了定义。

附件涉及处理特定服务部门及服务提供方式所适用的规则，包括以下 8 个附件：《关于第 2 条豁免的附件》《关于提供服务的自然人流动的附件》《关于空运服务的附件》《关于金融服务的附件》《关于金融服务的第 2 附件》《关于海运服务谈判的附件》《关于电信服务的附件》《关于基础电信谈判的附件》。

减让表是各成员方对服务部门和分支部门贸易自由化所作的具体承诺，即各成员方具体承诺提供市场准入的机会。根据《服务贸易总协定》第 20 条的规定，每一成员方都应制定一项承担特定义务的计划表即减让表，详细说明市场准入和国民待遇的范围、条件、限制及适当时间框架等。各缔约方的减让表附于《服务贸易总协定》之后，作为其整体组成部分之一。

另外，"乌拉圭回合"一揽子协议中与《服务贸易总协定》有关的文件还包括以下 8 个部长决议：《服务贸易总协定制度安排的决议》《服务贸易总协定某些争端处理程序的决议》《有关服务贸易与环境的决议》《关于自然人流动谈判的决议》《关于金融服务的决议》《关于海运服务的决议》《关于基础电信谈判的决议》《关于专家服务的决议》。

（二）成员义务

《服务贸易总协定》法律框架中所规定的义务有两大类：一类是一般义务，适用于所有服务部门的义务；另一类是具体承诺义务，又称为具体义务，适用于各成员方在承诺表中所具体承诺的服务部门。《服务贸易总协定》第 2 部分（第 2 条至第 15 条）是"一般义务和纪律"，主要规定了各成员方的一般义务原则及其例外。一般义务和纪律与各成员在《服务贸易总协定》中的具体承诺相对应，该部分中规定的义务和纪律，除非有例外规定或豁免授权，不需要成员明示承诺，各成员应该予以遵守。

1. 一般义务

（1）最惠国待遇。《服务贸易总协定》第 2 条是最惠国待遇原则。根据最惠国待遇的规定，某一成员方给予任何其他成员方的服务或服务提供者的待遇，必须立即和无条件地给予其他成员方类似的服务或服务提供者。

服务贸易的最惠国待遇也允许有例外，成员方根据该协定《关于第 2 条例外的附件》所规定的条件，列出最惠国待遇例外清单，从而有权继续在特定服务部门中维持与最惠国待遇不相符的措施。最惠国待遇例外的存在时间一般不应超过 10 年，届时不管情况如何，都必须纳入今后的服务贸易自由化谈判。

（2）透明度。《服务贸易总协定》第 3 条规定了透明度原则。该原则规定成员方应及时公布影响《服务贸易总协定》实施的、所有普遍适用的相关措施。如果成员方新制定的或修改后的法律、法规和行政措施，对该成员在《服务贸易总协定》下的服务贸易具体承诺产生影响，则应及时通知服务贸易理事会。

（3）发展中成员的更多参与。《服务贸易总协定》第 4 条的规定体现了鼓励发展中成员更多参与的原则。该条规定，发达成员方应当采取具体措施，加强发展中成员方服务部门的竞争力，以便发展中成员方的服务能够有效地进入发达成员方市场。

（4）国内法规的纪律。各成员方应在具体承诺义务的部门合理、客观、公正地实施有关服务贸易的法规，在合理的时间内答复提供某种服务的申请。此外，世贸组织成员方还应提供司法或其他程序，以便服务提供者就影响其贸易利益的行政决定提出申请，进行复议。

（5）资格承认。《服务贸易总协定》还敦促成员方承认其他成员方服务提供者所具有的学历或其他资格，可以通过成员方之间签订协议予以承认，也可采取自动承认的方式。无论采取何种方式，应适用于最惠国待遇。

（6）垄断与专营服务提供者。在服务贸易中，各国在某些部门存在不同程度的垄断或专营，这对于服务贸易自由化发展形成了障碍。《服务贸易总协定》要求各成员方应确保在其境内的任何垄断或专营服务提供者提供服务时，不违背《服务贸易总协定》最惠国待遇原则及该成员方在其承诺清单中承诺的具体义务。

2. 承诺义务

具体承诺义务并不适用于所有成员方，而是通过谈判适用于各成员方在承诺表中所具体承诺范围内的服务部门。因此，通常被称为具体承诺或减让表规则，它主要用于处理服务贸易的市场准入和国民待遇问题。

（1）市场准入。《服务贸易总协定》规定，一成员方对于来自另一成员方的服务或服务提供者，应当给予不低于其在具体减让表中所列明的待遇。《服务贸易总协定》规定，除在减让表中明确列举以外，成员方不得对其他成员方的服务或服务提供者实施这些限制措施。

（2）国民待遇。根据《服务贸易总协定》第17条"国民待遇"的规定，在服务贸易中，国民待遇是指成员方在实施影响服务提供的各种措施时，对满足减让表所列条件和要求的其他成员方的服务或服务提供者，应给予其不低于本国服务或服务提供者的待遇。在《服务贸易总协定》中的国民待遇原则只适用于有关成员方已经作出承诺的服务部门。这是由服务贸易的特性决定的，在货物贸易领域，尽管外国货物可在本国市场享受国民待遇，但在进入本国市场时，仍要受进口关税、数量限制及其他边境措施的限制；而在服务贸易领域，绝大多数服务的外国提供者如果获得了国民待遇，特别是当这些服务是以在进口方市场的商业存在和自然人流动方式提供时，就意味着在实际中享有了完全的市场准入。

3. 逐步自由化

由于"乌拉圭回合"是第一次将服务贸易列入谈判内容，不可能仅经过一次谈判就解决服务贸易自由化的全部问题，有许多具体问题仍有待于以后继续通过协商、谈判来解决。为此，《服务贸易总协定》规定，所有成员方应在协定生效之日起不迟于五年内开展连续的多轮谈判，并在以后定期举行实质性谈判，使服务贸易自由化逐步达到较高水平。《服务贸易总协定》还要求，服务贸易自由化进程应考虑到各成员方的政策目标及其整体和各个服务部门的发展水平，对于发展中成员方给予适当的灵活性。

二、《服务贸易总协定》的作用

《服务贸易总协定》的签署是世贸组织在国际服务贸易领域取得的重大成果，《服务贸易总协定》的实施已经并将继续对世界经济和贸易的发展产生巨大的推动作用。

1. 促进国际服务贸易迈向自由化

在《服务贸易总协定》制定之前，关贸总协定对于国际贸易自由化的推进主要集中在货物贸易领域。《服务贸易总协定》的诞生为服务贸易的逐步自由化提供了体制上的安排和保障，确立了通过不间断多边谈判的机制，促使各国服务贸易市场开放。

2. 促进各国在经济贸易方面的广泛合作与交流

《服务贸易总协定》作为国际服务贸易的行为准则，通过市场准入推动全球服务市场开放，为国际服务贸易的扩大和发展扫除了障碍。《服务贸易总协定》的生效使各成员方从服务市场的保护和对立转向逐步开放与对话，特别是通过透明度原则，使各成员方在服务贸易领域的信息交流和技术转让大为增加。另外，定期谈判制度为成员方提供了不断磋商和对话的机会，客观上促进了全球服务贸易的繁荣和发展。

3. 推动经济全球化的进程，促进全球经济增长

《服务贸易总协定》既是经济全球化的产物，又是经济全球化的催化剂。《服务贸易总协定》生效以来，服务贸易的初步自由化为投资者创造了良好的投资环境，随着技术创新和服务水平的提高，促进了服务消费的增加，推动了服务产业的迅速成长和服务贸易的快速增长。同时，服务业的市场开放，刺激与服务业相关的国际直接投资猛增，服务业国际并购此起彼伏，推动了经济全球化过程和全球经济的增长。

4. 加快全球产业结构升级的速度

产业结构升级，是人类社会和经济发展的永恒主题。服务贸易的迅速扩大是产业进步的标志，是各国产业结构调整的必然结果。20世纪80年代以来，世界产业结构已开始向服务业倾斜。《服务贸易总协定》的诞生，正是这种产业结构倾斜发展的结果。今后10~20年，发达国家将继续向发展中国家转移产业和技术，投资重点将是金融、保险、证券等服务业和交通、电力、电信等基础产业。发达国家的服务业投资无疑将带动发展中国家乃至全球产业结构的升级和变迁。

5. 推动服务贸易的规范化

《服务贸易总协定》规定各缔约方不得采取承诺表以外的措施阻碍其他成员服务提供者进入市场，对于各国不同的市场准入标准也纳入多边谈判的范畴。近年来，随着服务贸易的国际监管方面多边合作的开展，国际服务贸易逐渐走上较为规范化的发展轨道。

《服务贸易总协定》除了对世界经济贸易产生以上积极影响外，也会产生一些消极作用，如造成各国经济发展的非均衡性，加剧发达国家与发展中国家服务业和服务贸易发展的不平衡，加剧服务产业内部不同产业的发展不平衡。对发展中国家而言，如果在服务业方面的政策措施不当，《服务贸易总协定》的实施势必对其服务业产生较大冲击，尤其可能对发展中国家某些尚未成长起来的高新技术服务部门造成障碍或损害，还可能使发展中国家在服务贸易方面的逆差进一步恶化，对此应有充分的心理准备和政策预防措施。

第四节 服务外包

一、服务外包的含义

服务外包是指企业把自己的非核心业务剥离出来，外包给专业服务提供商来完成。按照

服务内容，服务外包可分为信息技术外包（information technology outsourcing，ITO）和业务流程外包（business process outsourcing，BPO）；按照服务提供商的地理分布状况，服务外包还可分为境内外包和离岸外包。

信息技术外包是指企业向外部寻求并获得包括全部或部分信息技术类的服务，其服务内容包括系统操作服务、系统应用服务、基础技术服务等。

业务流程外包是指企业将自身基于信息技术的业务流程委托给专业服务提供商，由其按照服务协议的要求进行管理、运行和维护服务等，其服务内容包括企业内部管理服务、企业业务运作服务、供应链管理服务等。

境内外包是指外包商与其外包供应商来自同一个国家，因而外包工作在国内完成。离岸外包则指外包商与其供应商来自不同国家，外包工作跨国完成。由于劳动力成本的差异，外包商通常来自劳动力成本较高的国家，如美国、西欧和日本，外包供应商则来自劳动力成本较低的国家，如印度、菲律宾和中国。

虽然境内外包和离岸外包具有许多类似的属性，但它们差别很大。境内外包更强调核心业务战略、技术和专门知识、从固定成本转移至可变成本、规模经济、重价值增值甚于成本减少；离岸外包则主要强调成本节省、技术熟练的劳动力的可用性，利用较低的生产成本来抵消较高的交易成本。在考虑是否进行离岸外包时，成本是决定性的因素，技术能力、服务质量和服务供应商等因素次之。

二、服务外包的特点及其作用

服务外包作为现代高端服务业的重要组成部分，具有科技含量高、附加值大、资源消耗低、环境污染少、吸纳就业能力强等特点。服务外包是人脑加计算机的产业，除电力消耗外，就是人的脑力消耗。它是绿色产业，不会带来废水、废气的排放；它也是环境友好型产业，服务外包产业园区、高校聚集区、城市公共文化设施与居民生活社区，可以形成和谐有机的共同发展的整体。

服务外包产业带来的间接收益更是惊人。服务外包业的就业人群，基本上以大学毕业的白领人群为主，他们的平均收入是制造业的蓝领人群的两倍甚至更高，其个人所得税收入将超越企业所得税。国际权威研究报告显示，服务外包企业销售收入的60%以上将用于支付劳动力成本（工资、养老、医疗等），这个人群的消费目标会以住房、汽车、餐饮、健身、艺术享受、文化休闲为主，而这些会以约1:3的比例拉动其他行业就业。

三、服务外包的发展趋势

近年来，随着国际制造业向发展中国家特别是向中国转移的快速推进，国际服务业向低成本国家转移的速度也正在加快。全球离岸服务外包市场规模在过去五年里增长率高达50%，全球著名市场研究机构如麦肯锡等都预测未来几年复合增长率将保持在20%以上的高速度，到2010年，全球跨国公司转移的服务外包营业额将超过12 000亿美元。

美国高德纳公司（Gartner）指出，发达国家企业迫于竞争压力和节约成本，尝试将企业的服务外包到劳动力成本低廉的发展中国家，未来几年服务外包需求量会不断递增，而现有外包服务的主要供应市场如印度、爱尔兰和菲律宾已经不能满足不断增长的需求。同时近年来印度大学毕业生、工程师及程序设计师的薪水增长迅速，而中国服务外包工作人员月薪是美国的1/10。加上中国基础设施优良、政治经济环境稳定、各项成本低廉，越来越多的公司已经开始把目光放在拥有众多优秀人才的广阔的中国市场。美国市场的外包业务也正悄然向中国转移，中国的服务外包将在世界服务外包舞台上担当重要角色。中国不仅可以是制造业的"世界加工厂"，也将成为"世界的办公室"。作为全球服务外包市场的新军，未来10年，中国服务外包产业将进入成长期，据有关部门估计，中国服务外包市场将以年均30%以上的增长率快速成长。

四、中国服务外包的发展

2006年10月，商务部启动我国服务外包"千百十工程"，即在"十一五"期间，全国力争建设10个具有国际竞争力的服务外包基地城市，推动100家世界著名跨国公司将其服务外包业务转移到中国，培育1 000家获得国际资质的大中型服务外包企业，全方位承接离岸服务外包业务，实现2010年服务外包出口额在2005年的基础上翻两番。

随着全球服务外包产业进入加速发展阶段，巨大的市场容量使其成为发展中国家争相抢食的"蛋糕"。在这场前所未有的世纪竞争中，印度、爱尔兰、俄罗斯等国纷纷加大对服务外包产业的支持力度，竞争进入白热化。与印度、爱尔兰等服务外包大国相比，中国的服务外包在产业规模、政府扶持、人力资源、教育体系等方面，起步都较晚。

目前，全国已经有北京、西安、上海、深圳、大连、成都、天津、南京、武汉、济南、杭州、合肥、长沙及广州等14个城市被确认为"国家级服务外包基地城市"，大庆服务外包产业园、无锡太湖保护区、南昌高新区为"国家级服务外包示范区"，苏州工业园区为"国家级服务外包示范基地"。这些基地城市在服务外包产业发展中都有不俗表现。另外，大连软件园提出了"东北亚服务外包中心""全球软件和服务外包的新领军城市"等品牌战略；西安提出了"中国服务外包之都"的概念；上海、成都、宁波等城市也在不同的特点下找准了自身的品牌定位，在服务外包的浪潮中脱颖而出，赢得了国际市场的青睐。

小　　结

国际服务贸易是指涉及跨境交付、境外消费、商业存在、自然人流动的服务交易活动。国际服务贸易自身的复杂性及与商品贸易的差异，使其表现出以下几个方面的特征：国际服务贸易中服务具有无形性，但并不是绝对的；国际服务贸易中部分服务生产和消费的同时性；贸易主体地位的多重性；服务贸易市场具有高度垄断性；服务贸易涉及法律的复杂性；贸易保护方式具有刚性和隐蔽性；营销管理具有更大的难度和复杂性等。

第二次世界大战后，国际服务贸易迅速发展，主要表现在：国际服务贸易发展迅速，总额和速度都持续增长；国际服务贸易结构持续优化；国际服务贸易市场呈多元化态势；国际服务贸易发展不平衡，发达国家在国际服务贸易中占有绝对优势；国际服务贸易自由化不断推进，但保护主义依然盛行。

推动国际服务贸易迅速发展的原因是多方面的，主要有：发达国家与发展中国家服务业的崛起；科学技术的进步推动了世界服务贸易的发展；国际货物贸易量的增加是国际服务贸易迅速发展的实物基础；跨国公司的扩张带动了世界服务贸易的发展；发展中国家采取开放政策，积极参与世界服务贸易。

当代国际服务贸易呈以下发展趋势：国际服务贸易继续以较快的速度发展；新兴服务行业发展迅速，服务贸易结构进一步调整；服务贸易地区结构不平衡，发展中国家和地区的不平衡加剧；服务贸易自由化趋势明显，同时贸易壁垒日趋隐蔽化；服务业国际转移趋势愈演愈烈，服务外包的发展势不可当。

《服务贸易总协定》在促进国际服务贸易的自由化，促进各国在服务贸易领域的交流与合作及对发展中国家的照顾方面都发挥了重要作用。服务外包给专业服务提供商来完成。服务外包作为现代高端服务业的组成部分，可以分为信息技术外包和业务流程外包。中国的服务外包迅速发展，开始进入成长期，潜力巨大。

一、我国国际服务贸易的发展策略

国际服务贸易作为一种更加注重心理感受、更加人性化的劳动产品，其实施方式更多地受到文化可接受程度的制约。在市场格局已基本形成的情况下，发展中国家若要打破这种垄断的局面，就必须向市场证明自己的服务更加贴近消费者的需求，与其他同类服务的提供者提供的服务相比具有明显的优势。然而，实际情况往往是发展中国家常常由于缺少技术和经验支持，无法或无法更好地满足广大消费者的需要，这也是发展中国家服务贸易缺乏足够竞争力的主要原因。况且，根深蒂固的文化制约与语言障碍也将影响各国（尤其是发展中国家与发达国家之间）在诸如交通运输、旅游服务甚至"其他商业服务"领域的交流与合作。

国际服务贸易格局日益固化的另一个重要原因是，在大多数发展中国家，很多服务部门诸如电信、交通运输、金融等都属于国家垄断部门，制度的约束致使这些受保护部门经济效益低下，缺乏足够的市场竞争力，这严重削弱了发展中国家服务贸易的进出口能力。

促进我国服务贸易发展的对策包括以下几个。

1. 运用竞争优势理论增强我国服务贸易的国际竞争力

竞争优势理论认为，竞争优势来源于生产因素状况、行业相关与辅助状况、组织结构与竞争环境，以及政府的作用。一般认为，我国有劳动力成本低的优势。根据比较优势理论，似乎应发展劳动密集型服务，而这恰恰是如前所述我国目前服务贸易中存在的问题之一。所以我们应明智地认识我国的廉价劳动力优势，否则难免被挤入劳动力低成本、低增值的死胡同。

运用竞争优势理论，重新定位我国服务贸易，增强出口竞争力。主要措施包括以下两个方面。

(1) 大力开发人力资源。人力资源状况是决定产业竞争力的基本因素之一。在发展迅速且附加值高的国际服务贸易领域，对于从业人员的技能要求越来越高。因此，重视教育投入，加强专门的技能培训，对提高我国服务业的竞争能力是至关重要的。

(2) 充分发挥政府在服务业竞争能力培育中的作用。一方面，政府应对服务业及服务贸易实施政策支持，为服务业和服务贸易的发展创造广阔的空间；另一方面，政府应该对国民经济具有战略意义或处于幼稚期的服务业实施有限的、适当的保护性产业政策。发达国家服务业较强的国际竞争力都是经历了国内竞争的洗礼后才形成的。我国政府在对有关服务业进行适当保护的同时，更重要的是建立一个有效的、完善的、可靠的市场体系，完善管理规则，提高市场交易的可靠性，限制垄断尤其是行政垄断，为服务业在竞争中有序发展创造良好的市场环境。

2. 进一步扩大对外开放以实现服务业的技术创新

我国要以加入世贸组织和相应的服务贸易总协定为契机，加快服务业的对外开放，引进新的经营方式、新的服务理念和新的服务产品，促进服务业经营方式的现代化。继续深化服务企业的改革，优化企业组织结构，积极促进一批具有国际竞争力的大公司、大集团的形成，鼓励经营方式灵活，服务品种多样、各具特色的中小服务企业的发展。

我国服务业发展水平落后，资金与技术缺乏是主要的障碍因素，现代服务业的很多部门越来越成为资金与技术密集型的部门，如金融、电信、航空运输、海洋运输等都需要大规模的基础设施投资，要用到先进的计算机网络技术等各种先进技术。因此，在我国已经加入世界贸易组织的条件下，能否尽快改变我国服务业的落后水平，最大程度分享参与国际分工所带来的利益，从根本上取决于我国能否提高服务业的技术含量和附加值。只有实施技术创新政策，依靠技术创新建立我国服务业和产品新的动态比较优势，才能在未来的国际分工和国际贸易中争取较为有利的位置，增强抵御各种外部风险与冲击的能力。

3. 大力调整服务业结构以提升整体素质和国际竞争力

深化服务业各领域的产业划分，引导服务业向专业化方向发展。积极发展旅游、文化、体育等需求潜力大的行业，形成新的增长点。优先发展现代金融、现代物流、电子商务等支持国民经济高效运行的生产服务行业。大力发展咨询、法律服务、科技服务等中介服务行业，提高服务水平和技术含量。加强信息基础设施的建设，优化网络结构，拓展多媒体信息服务，促进现代信息服务业的发展。大力实施品牌战略，依靠科技进步和技术创新促进服务业快速发展和结构升级，运用现代经营方式和服务技术改造传统服务业。

4. 大力发展教育事业并加快专业人才的教育和培养

应在一些有条件的高校和科研院所筹建国际服务贸易专业，培训更多、更高层次熟悉国际服务贸易的复合型人才。在现有各个高等院校（含高职院校）国际贸易和国际金融专业中加开国际服务贸易课程十分必要，这可为我国服务贸易的发展不断输入新生力量。

应加大对相关教育产业的投资，建立门类齐备的服务贸易培训机构，通过产学研结合，加快服务贸易人才的培养。要加强对现有人员的短期业务培训，让其尽快地了解和把握我国服务业面临的挑战与机遇，以提高我国国际服务贸易的市场竞争力。

应开展"海外引智"工程，通过优惠政策增加国内服务业对海外人才的吸引力，积极引进人才；同时，又要谨防在利用外资过程中，国有服务企业人才流失。完善人才的激励机制，并充分调动人才的积极性，发挥其创造性。加强国内服务业人力资源的保护，防止人才流失对国内服务业如商业信息与业务资源领域的巨大损害。

5. 逐步推进服务贸易自由化

我国是一个发展中国家，服务贸易竞争力总体上仍然处于弱势，还不具备全面开放的条件。同时，服务贸易往往涉及国家的主权、国家的机密和安全，因而服务部门的开放应是渐进式的。应结合国际服务贸易发展趋势，根据我国服务业的具体情况，稳妥、慎重、有重点、有步骤、分阶段地开放国内服务贸易市场。在既考虑国际惯例又考虑国情的基础上，确定服务业的开放度和保留度，实行梯度开放的策略。对不同地区应区别对待，对沿海地区优先发展，特别是知识密集型产业的银行、保险、咨询、邮电、通信等，可在沿海地区优先试点、发展。此外，还应制定适度的服务贸易保护政策，在这方面，要区别不同情况采取不自由、半自由、全自由三类不同的政策，在坚持国民待遇的原则下，采用严格规范的国内政策以限制或推迟外资进入，以保护幼小的民族服务产业。

随着世界经济全球化和区域经济一体化的深入及知识经济的到来，服务贸易自由化已经成为当代世界经济全球化和区域经济一体化的重要内容，服务业对于国家的未来繁荣具有战略性地位。因此，迅速改变我国服务业和服务贸易落后的局面是关系到"入世"后中国能否继续发展，能否实现现代化的重大课题。

资料来源：赵光明. 谈我国国际服务贸易的发展策略 [J]. 商业时代，2008（3）：13-14.

案例思考

试分析中国国际服务贸易发展策略的特点。

二、软件外包业的印度模式及中印竞争优势比较

印度是仅次于美国的第二大计算机软件出口大国。印度的软件外包已经占据了美国 60% 的市场份额，成为最大的软件外包服务提供国。现在印度的软件出口到全球 105 个国家和地区，出口额已经超过了印度全国外贸出口总额的 20%，占整个国民生产总值的比例也已经超过 2%。

印度软件外包业的发展经历了以下三个发展阶段：第一个阶段是帮助并参与别人开发软件的阶段；第二个阶段是印度得到国外的订单，建立自己的软件开发企业，专门接受国外订单，替外国公司设计开发软件；第三个阶段是现在许多欧美软件企业在印度建立研发中心，把办公室搬到印度，利用印度人才和低成本及沟通无障碍的优势，共同发展印度软件产业。

印度软件外包模式具有以下特征：产业外向依存度高；产业集中度高；外包市场高度集中；向产业链中高端转移。

中国、印度两国软件外包业的竞争优势主要体现在人力资源及成本、产业基础、管理能力、国际经验与市场开拓、产业分工与核心技术研发 5 个方面，这种比较具有长期性和基础性特征。

（1）人力资源及价格竞争力比较。就综合商务成本来看，中国具有明显的相对优势，尤其是工资水平。中国的软件产业增长具有后发优势，但 IT 培训基础教育远没有印度普及，员工的实际操作能力要低于印度员工。

（2）产业基础比较。中国软件业拥有强大的制造业作支撑，具有广大的国内市场需求。但印度缺少中国式现代制造业作为软件设计业的产业支撑。

（3）国际经验与市场开拓比较。印度承接软件设计外包起点早，经验要比中国丰富。

中国的软件外包市场主要集中在日本，客户不稳定、流动性较大，软件外包形式单一，业务量多，利润低，缺少共同的软件设计开发平台。

（4）项目管理能力比较。印度软件公司具有较强的项目管理能力，对时间、质量、成本、过程控制的能力非常强；印度软件从业人员的分析能力、营销意识、质量保证能力和诚信意识在国际上拥有良好的口碑；印度的英语语言优势克服了与客户交流的语言障碍。

（5）产业分工与核心技术研发能力比较。印度已经从最初的软件编码和应用软件开发，发展到系统集成、基础设施管理。而中国在国际软件外包分工中处于产业链的中低端，主要从事软件编码和应用软件开发、维护的初级阶段。

中国软件外包业要想保持持续稳定的增长速度和提升其竞争力，需要借鉴印度的经验，还要加强同印度软件企业的合作，在竞争与合作中求得两国软件外包业的共同发展。

资料来源：胡国良. 软件外包业的印度模式及中印竞争优势比较［J］. 世界经济与政治论坛，2007（6）.

案例思考

试分析在软件外包业中国比印度有哪些优势和劣势。

名词解释

国际服务贸易　跨境交付　境外消费　商业存在　自然人流动　服务外包

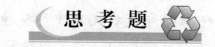
思考题

1. 服务贸易是如何分类的？
2. 国际服务贸易有哪些特征？
3. 服务贸易的发展现状如何？
4. 国际服务贸易迅速发展的原因是什么？
5. 当代国际服务贸易发展的趋势是什么？
6. 分析服务贸易与货物贸易的异同点。
7. 《服务贸易总协定》规定的一般义务有哪些？
8. 《服务贸易总协定》规定的承诺义务有哪些？

第十二章 跨国公司与国际贸易

第一节 跨国公司概述

一、跨国公司的含义和特征

（一）跨国公司的含义

跨国公司（multinational corporations 或 transnational corporations 或 multinational enterprises）是指在两个以上国家（或地区）拥有矿山、工厂、销售机构或其他资产，在母公司统一决策体系下从事国际性生产经营活动的企业。它可以由一个国家的企业独立创办，也可以由两个或多个国家企业合资、合作经营，或控制当地的企业使其成为子公司。联合国跨国公司委员会认为，跨国公司应具备以下3个要素。

（1）跨国公司是指一个工商企业，组成这个企业的实体在两个或两个以上国家内经营业务，而不论其采取何种法律形式经营，也不论其在哪一个经济部门经营。

（2）这种企业有一个中央决策体系，因而具有共同的政策，这种政策可能反映企业的全球战略目标。

（3）各实体通过股权或其他方式形成的联系，使其中的一个或几个实体有可能对别的实体施加重大影响，特别是同其他实体分享信息、资源及分担责任。

（二）跨国公司的基本特征

跨国公司一般具有以下一些特征。

1. 具有全球战略目标

跨国公司是以整个国际市场为追逐目标的，在世界范围内有效配置资源，充分利用各国和各地区的优势，以实现总公司利润的最大化。跨国公司凭借其雄厚的资金、技术、组织与管理等方面的力量，通过对外直接投资，在海外设立子公司与分支机构，形成研究、生产与销售一体化的国际网络，并在母公司控制下从事跨国经营活动。跨国公司总部根据自己的全球战略目标，在全球范围内进行合理的分工、组织生产和销售，而遍及全球的各个子公司与分支机构都围绕着全球战略目标从事生产和经营。跨国公司的重大经营决策都以实现全球战略目标为出发点，着眼于全球利益的最大化。

2. 全球一体化经营

为了实现全球战略目标，跨国公司实行全球一体化经营，即跨国公司在世界各地的子公司的重大决策都在总公司的统一控制之下。跨国公司强有力的管理体制和控制手段是实现全球一体化经营必需的组织保证，当代通信技术的巨大进步和现代化的交通运输则为跨国公司的全球一体化经营提供了必要的物质基础。跨国公司采取集中与分散相结合的管理方式和全球战略，在国际范围内从事生产经营活动。

3. 灵活多样的经营策略

在实行全球一体化经营的同时，跨国公司也会根据国际政治经济形势、东道国的具体情况及其对跨国公司的政策法规、自身的实力及在竞争中的地位，采取灵活多样的经营策略安排，以更好地满足东道国当地的实际情况，获得良好的经营效益，也有利于与东道国政府建立融洽的关系。在组织机构上，跨国公司往往会相应地改变原来的集权管理，将原先集中在总部的权力适当下放给下属各子公司与分支机构，实行分权管理。

4. 强大的技术创新能力

在科学技术迅猛发展的今天，技术进步已成为垄断资本获取高额利润、争夺市场、增强自身在国内及国际市场竞争力的重要途径。大型跨国公司是当代技术创新与技术进步的主导力量，它们拥有雄厚的技术优势和强大的开发能力。跨国公司要在国际分工和国际竞争中保持领先，就必须不断地投入巨额资金，加强技术研究与开发，保持自己的技术优势。技术领先地位带来的丰厚市场回报，又激励着跨国公司不断地进行技术创新，以推动技术进步。

5. 具有较大的经营风险

跨国公司与国内企业最大的区别在于面临着更为错综复杂的国际经营环境，复杂的经营环境在给跨国公司创造出更多发展机会和空间的同时，也使它具有较大的经营风险。除了正常的商业风险外，跨国公司还面临着国际经营所特有的政治风险和财务风险等，前者指国际经济往来活动中由于政治因素而造成经济损失的风险，包括东道国对外国资产没收、征用和国有化的风险，以及东道国革命、政变等风险；后者指东道国汇率变化和通货膨胀所带来的经济损失等。

二、跨国公司的形成与发展

跨国公司的发展仅有140多年的历史，大体经历了5个阶段。跨国公司的发展在不同时期具有不同的特征，并出现了一些新特点和趋势，现已成为推动经济增长的重要力量。

1. 跨国公司的产生和初步发展（19世纪中叶—1913年）

跨国公司的建立反映了世界经济从封闭的地区经济走向交流频繁的全球经济的过程。跨国公司作为一种经营形式，最早可以追溯到19世纪中叶，当时主要的发达国家经自由竞争进入垄断阶段，出现了同行业和跨行业的垄断集团。这些垄断集团为追求垄断利润，对国内市场已经不能满足，于是将资本不断输出到资金少、地价便宜、原料丰富、利润较高的国家和地区，以国外市场为经营目标，通过对外直接投资，在国外设立分支机构和子公司进行跨国经营。当时具有代表性的是三家制造业企业：1885 年，德国弗里德里克·拜耳化学公司在美国纽约州的奥尔班尼开设一家制造苯胺的工厂；1866 年，瑞典制造甘油、炸药的阿佛列·诺贝尔公司在德国汉堡开办炸药厂；1867 年美国胜家缝纫机公司在英国的格拉斯哥建立缝纫机装配厂。上述三家公司已初具跨国公司的雏形，因此它们通常被看作是早期跨国公司的代表。后来，欧美不少大企业通过对外直接投资，在海外设厂从事跨国经营，成为现代意义上的跨国公司的先驱。

2. 两次世界大战期间跨国公司的发展（1914—1945 年）

两次世界大战期间，由于战争和经济危机，发达国家的对外投资停滞不前，跨国公司发展速度较慢，但仍有一些大公司进行海外直接投资活动。不过各资本主义国家经济力量发展不平衡，资本输出也不均衡，美国在此期间对外直接投资的数额和比重都有相当大的增加，其跨国公司发展也比较迅速。据统计，全世界对外直接投资 1914 年是 143 亿美元，1938 年增至 263.5 亿美元，其中英国由 65 亿美元增至 105 亿美元，虽仍居世界第一位，但比重已经由 45.5% 下降到 39.6%，而美国则由 26.5 亿美元增至 73 亿美元，所占比重也由 18.5% 增至 27.7%，位于英国（39.6%）之后，居世界第二位。美国 187 家制造业大公司在海外的分支机构 1913 年为 116 家，1919 年增至 180 家，1929 年增至 467 家，到 1939 年达到了 715 家。

3. 第二次世界大战后跨国公司的发展（1946 年至今）

第二次世界大战以后，尤其是 20 世纪 50 年代以来，全球范围内直接投资迅猛增长，跨国公司得到空前发展。这一时期跨国公司的发展可以分为三个阶段：第二次世界大战后初期至 20 世纪 60 年代末为第一阶段，美国跨国公司占绝对优势地位；自 70 年代初开始至 80 年代末为第二阶段，国际直接投资格局逐步由美国占绝对优势向多极化方向发展；自 90 年代初期至今为第三阶段，跨国公司在全球经济一体化时代获得长足发展。

（1）第一阶段：第二次世界大战后至 20 世纪 60 年代末。这一阶段的显著特征是，跨国公司对外直接投资在第二次世界大战后初期具有恢复性质，随后得到迅速发展，美国跨国公司在其中居主导地位。

第二次世界大战使西欧国家经济受到重创，对外直接投资锐减。而美国在第二次世界大战期间利用各种有利条件加速进行对外直接投资，第二次世界大战结束时已成为世界上最大的对外直接投资国。第二次世界大战后初期，美国垄断资本利用其他国家被战争削弱的机会，凭借在战争期间大大膨胀起来的政治、经济和军事实力攫取了世界经济霸主地位，通过实施"马歇尔计划"，参与欧洲和国际经济重建，这为美国跨国公司大规模对外直接投资创造了极好的条件。1945 年，主要资本主义国家对外直接投资总额为 200 亿美元，其中美国占 42%；到 1967 年，对外直接投资总额达 1 050 亿美元，其中美国占 50.5%。据统计，1956 年世界最大的 200 家跨国公司中，美国有 144 家，占 70% 以上。

（2）第二阶段：20 世纪 70 年代初至 80 年代末。在这一阶段，国际直接投资规模继续扩大，西欧和日本的经济实力增强，美国跨国公司的地位相对受到削弱，国际直接投资格局逐步向多极化方向发展。

西欧和日本经济在第二次世界大战后得到迅速恢复与发展，它们的对外直接投资也很快发展起来，跨国公司迅速增加。20 世纪 70 年代，西欧和日本的跨国公司积极对外扩张，在全球范围内与美国公司展开了激烈的竞争，对外直接投资年增长率均为 20% 左右，远远高于同期美国11.1%的年均增长率。西欧跨国公司同美国公司相比，不仅数量增加，而且规模扩大，经济实力和竞争能力迅速增强，在资本、技术、管理和研发方面的差距日趋缩小。因此，美国公司对外直接投资的相对优势已大大下降。另外，从20世纪70年代开始，随着石油大幅度涨价和某些原材料价格上涨，发展中国家经济实力大大加强，一些发展中国家开始对外直接投资，从事跨国经营。20世纪80年代后，"亚洲四小龙"及巴西、墨西哥等新兴工业化国家和地区涌现了一批有相当规模与实力的跨国公司，使国际直接投资呈现出多元化、多极化的新格局。当然，与发达国家相比，发展中国家对外直接投资的资金规模与地域分布还相当有限。

（3）第三阶段：20世纪90年代初期至今。这一阶段的特征是，对外直接投资持续大幅度增长，跨国公司数目空前增加，在全球经济一体化时代获得长足发展。

20世纪90年代以来，尽管受到某些不稳定因素如东南亚金融危机、发展中国家长期债务危机的影响，但随着世界经济全球化趋势的不断增强和国际分工的日益深化，对外直接投资迅猛增长。据联合国贸发会议历年《世界投资报告》统计，20世纪90年代以来国际直接投资保持持续大幅度增长，远远超过同期世界贸易增长率，1996—2000年平均增幅超过40%，2000年全球外国直接投资流入流量为12 710亿美元。尽管全球外国直接投资扩大，但其分布却很不平衡，世界排名前30位的东道国占世界外国直接投资总流入流量的95%和存量的90%，排名前30位的母国占世界外国直接投资总流出流量和存量的99%，其中主要是工业化国家和地区。但进入21世纪以来，由于世界大部分地区经济增长放缓及对复苏前景的悲观预期，2001年全球外国直接投资流量急剧下降，流入流量降至7 350亿美元，2002年下降至6 510亿美元，2003年为5 600亿美元，直到2004年才复苏为6 480亿美元，止住了下滑的趋势。这一趋势也首先通过跨国并购规模的增加反映出来。根据美国著名的汤姆森金融证券公司的统计数据可以清楚地说明，仅2004年上半年，全球跨国并购总规模达到1 762.2亿美元，比上年同期增长12.9%。其中作为全球国际直接投资中最重要的两极，发生在美国和欧盟的跨国并购规模均呈大幅度增长。

2004—2007年，受世界经济持续繁荣、跨国公司迅速发展和经济全球化程度继续加深等因素的影响，跨国公司直接投资呈现出了继往开来的新趋势。2007年的世界投资报告数据表明，发达国家、发展中国家和经济转型国家的外国直接投资流入量都出现增长。其中，发达国家增长45%，增幅远高于前两年；发展中国家和经济转型国家的外资流入量都达到了历史最高水平——分别为3 790亿美元和690亿美元。

2007年以后，国际直接投资受美国次贷危机影响出现较大下滑。2008年国际直接投资总额为19 288亿美元，较2007年的22 675亿美元下滑了14.9%；到2009年下滑到11 009亿美元，下滑幅度高达51.4%。值得一提的是，2011年出现了一个令人瞩目的新现象，即发展中国家和转型经济体吸收了超过半数（52%）的全球国际直接投资，达到6 420亿美元。南南合作在不断加强，特别是在投资领域。《世界投资报告2018》指出，2017年全球外国直接投资（FDI）同比下降23%，为1.43万亿美元。在全球的对外直接投资额中，新兴经济体和发展中国家的投资份额在2017年底扩大至23.8%。最近10年扩大至约2倍。这显示出中国等新兴经济体作为投资方在全球的存在感增强。日本的对外直接投资额为1 686亿美元，同比减少3.0%。中国则仍是发展中国家最大的吸收外资国和对外投资国。2017年中国吸收的外资在全球排名中位居第二，仅次于美国。与此同时，2017年中国对外投资全球排名第三,位居美国和日本之后。

综上,从总量上看,发达国家仍然主导国际直接投资格局,但从增量和发展趋势来看,新兴市场国家正在改变国际直接投资格局,发达国家限制外资的政策也有所松动。我国应抓住有利时机,优化利用外资结构,提升利用外资水平,同时,加快我国海外并购与投资步伐,借鉴国际经验、健全对外投资促进机构,为我国对外直接投资的企业提供服务。

三、第二次世界大战后跨国公司迅速发展的原因

第二次世界大战后跨国公司的迅速发展有其深刻的经济和政治原因,主要体现在以下几个方面。

1. 科技革命和社会生产力的发展

第二次世界大战后,发生了第三次科技革命,这次科技革命使得一系列新兴的工业部门出现,发达国家的经济发展日益受到资源与市场的约束。企业为保证资源供应,在维持旧市场的同时开拓新市场,大举向外投资。同时,社会生产力的发展改进了运输工具和通信联络方式,为跨国公司的国际化生产经营提供了物质条件。这些都直接促进了战后跨国公司的发展。

2. 世界市场竞争日益尖锐化

各国为了扩大市场份额,一方面竭力扩大海外销售,另一方面又设置各种关税和非关税壁垒,限制其他国家商品的进入。在这种条件下,发达国家的跨国公司借助直接投资的方式,突破其他国家的贸易壁垒,在当地生产,在当地销售,绕开了对方的贸易壁垒,实现了对市场的占领。

3. 发达国家政府的积极推进

跨国公司的迅速发展也是第二次世界大战后政府加强对经济生活的干预、支持本国企业向外扩张的结果。第二次世界大战后,各国政府制定了各种各样的政策措施,为跨国公司的海外投资活动提供条件:① 政府通过与他国签订避免双重课税协定、投资安全保证协定来减轻跨国公司的纳税负担,保证跨国公司海外投资的利益与安全。② 政府通过设立专门银行向公司提供各种优惠贷款和参股贷款,为公司的海外扩张提供资金。通过税收优惠资助企业的研究与开发活动,以提高其产品的竞争力。③ 政府还动用自身的力量为公司的海外投资创造条件,最为突出的是美国。第二次世界大战后,美国执行帮助欧洲经济复兴的"马歇尔计划"的附加条件就是要求受援国实行资产非国有化,允许外资自由进入。美国还通过国内法律的制定与执行促使企业向外扩张。如美国的反托拉斯法,该法的核心内容是反同行业垄断,反国内垄断,因而促使企业向外投资,实现国际垄断。

4. 跨国银行的发展

战后跨国银行的迅速发展对跨国公司的迅速发展起着推动作用。一种情况是跨国银行通过投资或参股,本身成为跨国公司;另一种情况是跨国银行运用自己庞大的金融资产和遍及全世界的信贷网络为跨国公司融资,使跨国公司的发展突破资金限制。

5. 放宽对外资的限制

第二次世界大战后,各种类型的国家相继实行对外资开放的政策,以改善国内投资环境,这也是跨国公司迅速发展的一个促进因素。

第二节　跨国公司的内部贸易

一、跨国公司内部贸易的含义

跨国公司内部贸易（intra-firm trade），又称公司内贸易，是指跨国公司母公司与国外子公司之间及国外子公司相互之间在产品、技术和服务方面所进行的贸易。跨国公司内部交易在交易方式和交易动机上与正常的国际贸易交换大相径庭，公司内部交易的利益原则，即获利动机并不一定是以一次性交易为基础，而往往以综合交易为基础，交易价格不是由国际市场供需关系所决定的，而是由公司内部自定的。从这个意义上讲，跨国公司内部交易是公司内部经营管理的一种形式，是把世界市场通过企业跨国化的组织机构内部化了，可以说公司内部市场是一种理想的真正的国际一体化市场。

跨国公司的内部贸易在跨国公司的全球经营战略中起着重要的作用，据联合国有关资料统计，跨国公司内部贸易已占世界贸易总额的 1/3 以上。同时对国际贸易也产生了重大的影响，跨国公司内部贸易的重要性不仅表现在其占有的国际贸易额比重上，还表现在其结构特征上。跨国公司内部贸易一般在高技术产业中比例较高，跨国公司为保护其高新技术的独占性和垄断性，大都在母公司与子公司之间以公司内部交易方式转移技术、产品。此外，跨国公司制成品内部化率一般远高于初级产品的内部化率。

二、跨国公司内部贸易的原因

1. 维持技术垄断

实行内部贸易与公司拥有的技术水平相关，其技术水平越高，内部贸易的比重就越大。跨国公司一般拥有技术方面的优势，为保持对技术优势的垄断，它们一般不愿进行外部贸易。因为，如果跨国公司的技术产品和中间投入置于外部贸易中，那么它拥有的技术优势就会扩散，技术和产品就会被仿制，其技术优势便不再拥有。而通过内部贸易，则不仅可以维持技术垄断，还可以增强跨国公司整体竞争力。

技术价值的实现可通过两种方式：一是技术转移，包括外部转移和内部转移；二是生产高技术含量的产品出口，包括外部出口和内部出口。通过外部转移和外部出口都会削弱跨国公司的技术优势。而内部转移和内部出口则可以使跨国公司继续保持其技术优势，因为技术在跨国公司内部转移，基本上隔断了技术向外扩散的途径，延长了跨国公司拥有技术优势的时间。同样，高技术含量的产品通过内部转移和内部出口在跨国公司内部流动，减少了被竞争者仿制的机会，也可以防止技术优势的丧失。因此，跨国公司的内部贸易可以保持技术优势地位。

2. 满足跨国公司对中间产品的需求

在跨国公司的国际生产过程中，一些中间产品的投入往往是高档次的，即在质量、性能或规格上都有特殊的要求。要从外部市场获得这类中间产品不仅相当困难，而且交易成本极高。

为保证中间产品投入的供给在质量、规格、性能上符合要求，并保持稳定的供给，同时降低交易成本，就要求把这部分产品的生产纳入跨国公司的生产体系，通过内部贸易来获取。

3. 降低外部市场造成的经营不确定风险

由于受市场自发力量的支配，企业经营活动面临诸多风险，包括投入供应数量不确定、投入供应质量不确定、投入供应价格不确定、不同生产工序或零部件分别由独立企业承担产生协调上的困难等。而公司内部贸易可以大大降低上述各种经营不确定性，通过合理计划，安排生产、经营活动。

4. 降低交易成本，节约交易费用

这里主要指减少对外交易谈判、签约和合同履行所发生的成本与费用。一般国际贸易在国际市场上的运作有一定的成本，即交易成本，具体包括：在市场交易中为寻找交易对象、获取价格信息而付出的"搜寻成本"；为达成合理的交易条件而产生的"谈判成本"；为保证合同顺利执行而形成的"监督成本"等。而跨国公司内部贸易是在跨国公司内部母公司和子公司及子公司与子公司之间进行的，并且由跨国公司统一组织和安排，从而可以节省这些成本。正是因为跨国公司内部贸易的交易成本比一般国际贸易要低，所以，从全球利润最大化的经营目标出发，跨国公司必定优先选择内部贸易。

5. 有利于运用内部转移价格

跨国公司内部贸易采用内部转移价格（或内部转让价格）。所谓内部转移价格，是指跨国公司根据全球战略目标，在母公司与子公司、子公司与子公司之间交换商品和劳务的交易价格。这种价格不是按照生产成本和正常的营业利润或国际市场价格水平来定价，而是按照子公司所在国的具体情况和母公司全球性经营战略人为地加以确定。跨国公司内部转移价格通常不受市场供求关系的影响，主要是服从跨国公司全球经营战略的需要，如今，它已成为跨国公司弥补外部市场结构性和交易性缺陷的重要措施。

跨国公司利用转移价格可以回避价格管制，逃避征税和外汇管制，占领市场，利用币值变动从中牟利，以获得全球利益的最大化。譬如，当跨国公司子公司所在国的外汇管制和利润汇出限制严格，营业利润抽税较高时，母公司就可以抬高供应给子公司的机器设备、原材料和劳务的价格，从而使子公司生产成本增加，盈利减少，从而少纳税。而当子公司产品面临当地产品竞争时，母公司可以大幅度降低转移价格，从而降低子公司产品的生产成本，增强其产品竞争能力，以较低的价格打垮竞争对手，占领当地市场，然后再抬高价格。

转移价格可带来以下的效益。

（1）减轻纳税负担。跨国公司的子公司分设在许多国家和地区，其经营所得须向东道国政府纳税。但各国税率高低差别较大，税则规定也不统一，跨国公司往往利用各国税率的差异，通过转移价格（高出低进或高进低出）人为地调整母公司与子公司的利润，把公司总的所得税降到最低限度。同时，鉴于各国关税税率也存在有差异，一般情况下，公司对设在高关税国家的子公司以偏低的转移价格发货来降低子公司交纳的关税税额。

（2）增强子公司在国际市场上的竞争能力。如果子公司在当地遭遇到强有力的竞争，或者要取得新市场，跨国公司就采用转移低价降低子公司的成本，以提高子公司的竞争能力。同时，低价高利也可以提高公司在当地的信誉，便于子公司在当地发行证券或取得信贷。

（3）减少或避免风险。首先，可以减少或避免汇率的风险。如果预测某一子公司的东道国货币可能贬值，跨国公司就可以采取子公司高进低出的办法，将利润和现金余额抽回，以减少因货币贬值造成的损失。其次,可以避免东道国的外汇管制。有些东道国政府为了外汇收支平衡,对外国公司利润和投资本金的汇回在时间上和数额上有限制,在这种情况下,子公司便可以利用高进低出的办法将利润或资金调出东道国。

第三节 跨国公司对国际贸易的影响

一、跨国公司的发展促进了国际贸易总额的增长

跨国公司的发展,对外直接投资与跨国公司销售额的不断扩大,必然会促进国际贸易的增长。因为跨国公司到国外建立子公司进行生产,需要由母公司为其供应机器设备、某些原材料或零部件。子公司生产的产品,除在东道国就地销售外,还可以出口到邻近的国家,甚至向母国市场返销。按国际专业化方式进行的生产,许多中间产品也要经过国际间的多次贸易,所有这一切,都大大地加速了国际贸易的发展。

二、跨国公司的发展促进了国际贸易商品结构的优化

跨国公司对外投资主要集中在资本和技术密集型的制造业部门,这就直接影响国际贸易商品结构的变化。它集中反映在国际贸易商品结构中制成品的比重上升,初级产品的比重下降。此外,跨国公司内部专业化协作的发展也使制成品贸易中中间产品贸易比重不断上升。

三、跨国公司对国际贸易地区分布的影响

跨国公司海外投资主要集中在发达国家,发达国家是国际直接投资的主体,跨国公司海外投资的3/4集中于发达国家和地区,其设立的海外子公司有2/3位于发达国家和地区。跨国公司通过内部贸易和外部贸易(与其他外部公司进行的贸易)促进了发达国家之间的贸易,带动了这些国家对外贸易的发展。

20世纪80年代,发达国家贸易额占国际贸易总额的70%~80%。20世纪80年代前,发展中国家和地区仅吸收了跨国公司海外直接投资总额的1/4,海外子公司数的1/3。跨国公司在发展中国家生产的产品大多为附加价值较低的劳动密集型产品和初级产品,因而使其在国际贸易中的份额较小,与其吸收海外投资的比重相当。之后,发展中国家在对外直接投资总额中所占的比重呈上升趋势。根据联合国贸发会议《1999年世界投资报告》,外国直接投资在发展中国家资本总流量中所占的比重在20世纪90年代翻了一番,从1991年的28%上升到1998年的56%。

四、跨国公司促进了国际技术贸易和国际服务贸易的发展

跨国公司是国际技术贸易中最活跃、最有影响的力量,它控制了资本主义世界工艺研制

的80%、生产技术的90%，国际技术贸易的75%以上属于与跨国公司有关的技术转让。因此，战后国际技术贸易的快速发展是与跨国公司技术发明和技术转让的发展分不开的。

1. 推动了技术贸易的发展

第二次世界大战后，特别是20世纪60年代以来，世界技术贸易发展迅速，其中跨国公司起到了相当大的作用。由于跨国公司拥有庞大的研究和发展机构，故在很大程度上垄断了世界技术贸易。全世界专利总额约有1/3是国外申请者申请的，其中绝大部分为垄断组织所拥有。大约有500家跨国公司控制着资本主义世界90%的生产技术，而国际间技术贸易的3/4是有跨国公司参与的。

拥有比较先进的生产技术和管理技能，是跨国公司能够在国际竞争中生存的重要条件，许多跨国公司都投入相当高比例的资金从事产品的科研和开发活动，为了把这些产品的生产逐步推向国外，跨国公司在客观上成了先进技术的传播者。有时跨国公司还直接向公司系统外部进行技术转让。一方面，跨国公司通过向其国外分支公司出售技术，既可收取大量技术使用费，又可提高分支公司生产技术水平，加强竞争能力，控制所在国的经营和对外贸易。另一方面，一些跨国公司往往根据自身的需要引进先进技术，它不仅可以缩短某些科研项目的研究时间，节省研究费用，减少生产成本，而且可以较快地提高劳动生产率和改进产品质量，增加新产品，增强竞争能力。

2. 推动了国际服务贸易的发展

跨国公司的大量发展，提高了服务国际化的速度，信息技术的发展有助于加速服务的扩大，更便于向外国市场提供服务。上述状况也产生了规模经济，增加了公司提供产品范围的能力。跨国公司在金融、信息和专业服务上都是重要的供应者，其中许多公司迅速扩大，向全球出售服务。推动这种趋势发展的主要动力有以下几个。

（1）跨越国境数据资料的流动和世界信息网的建立，使跨国公司有能力提供越过其传统部门的各种服务，如银行提供非银行服务。

（2）跨国公司需要扩大其活动以继续为顾客服务，这在保险和银行业上表现得更为明显。国际保险公司传统上一直为国际原料和工业制成品贸易服务。在银行部门，跨国公司势力尤强。跨国银行网迅速扩大以满足国际贸易发展的需要，扩大国际金融市场的活动，国际商业支持的服务也使广告公司和专业服务（如会计、法律和咨询服务）得以扩大。

（3）为数不多的跨国公司提高了供应世界市场各种服务的能力，引起跨国服务的诞生，它们有能力向几个市场提供各种服务，或者把商品与服务结合起来。它们有更好的进入金融、扩大信息系统的能力，把交钥匙工程、设计和其他劳务结合起来。在工业广告中少数占统治地位的公司将其活动范围扩大到市场研究、公共关系和经营咨询领域。

五、跨国公司促进了发达国家对外贸易的发展

目前，世界跨国公司对外直接投资的绝大部分还是来自发达国家，比重占90%，而在这些国家的跨国公司中又以大型、超大型跨国公司为其骨干和主体。跨国公司在促进发达国家对外贸易方面的作用表现在以下几个方面。

1. 绕过贸易壁垒，扩大对外贸易渠道

随着市场竞争的加剧，向外出口商品会遇到各种各样的关税和非关税壁垒等贸易壁垒。

采用直接投资，在东道国当地建立生产与销售网络可以使企业冲破贸易限制，绕过贸易壁垒。同时，在当地投资设厂不仅可以占领当地市场，而且还可以利用投资东道国的对外贸易渠道，扩大对其他国家的出口。如美国、日本的企业通过在欧共体国家的投资作为向其他欧共体成员国市场渗透的手段；美国对亚洲新兴工业化国家的投资也可以作为其产品进入日本市场的桥梁。

2. 提高产品的竞争能力

通过对外直接投资，就地生产与销售可以减少运输成本、关税等其他费用；充分利用东道国各种廉价资源，降低产品成本；更好地使产品适应当地市场和消费需求；缩短交货时间；易于提供售前、售后服务，从而提高产品的竞争能力。

3. 减少对发展中国家的依赖

以前，发达国家的原料供应主要依赖发展中国家。随着新技术的研究与开发，众多的合成材料、替代能源纷纷出现，减少了对发展中国家作为初级产品提供国的依赖。

六、跨国公司促进了东道国贸易的发展

当前的产业内，国际分工多是由跨国公司组织多个其他公司作为其供应商或承包商来实现的。而这些供应商，有的是子公司，也有的是他国公司，但均成为跨国公司国际生产和营销体系的一个部分或一个环节，其结果是对东道国的贸易产生了巨大影响。

1. 跨国公司有利于扩大东道国出口

东道国企业通过扩大出口可增强竞争意识，对构成竞争的各种能力产生反馈作用：它使企业处于更高标准的环境中，使企业有更容易获得信息的机会，并使企业受到更大的竞争压力，因而鼓励国内企业更加竭力获取新技能、新能力。

2. 跨国公司帮助发展中国家和经济转型国家拓展市场

1985—2000 年，市场份额增加最多的国家和地区是中国、墨西哥、韩国、新加坡、中国台湾地区及泰国等发展中国家与地区，以及捷克、匈牙利和波兰等转型经济国家。在这些国家和地区，跨国公司通过产权和非产权关系，使外国直接投资生产的产品成为最有活力的出口产品，使他们成为出口的优胜国。

七、跨国公司在国际贸易发展中的双重性

跨国公司在国际贸易发展中，一方面促进了国际贸易的发展，带动了世界经济的发展。与此同时，跨国公司也给国际贸易的发展带来了一些问题。

1. 强化了世界市场上的垄断，加剧了国际贸易中竞争的双重性

垄断和竞争是内在于跨国公司的一对矛盾。竞争是跨国公司活力的源泉，然而竞争又促使优势企业通过内部积累和外部兼并走向集中和垄断。

跨国公司在国际贸易中是处于垄断地位的。国际贸易中的垄断程度可以从跨国公司在世界贸易中所占的比重显示出来。在一定意义上，垄断是跨国公司的起点，因为企业通常是在国内取得垄断地位后才有力量，也才有向国外扩张的需求。而垄断利润则增强了跨国公司在国际和国内进行扩张的能力。据联合国贸易和发展会议秘书处的估计，20 世纪 70 年代中

期，跨国公司的贸易在世界贸易中所占的份额超过 1/2，甚至可能高达 2/3，而且这一比重还在增加。据其他资料估计，近年来这一比重可能已高达 80%。这就是说，世界贸易绝大部分是由跨国公司来进行的。跨国公司的发展使得国际贸易领域的垄断和竞争更加激烈。跨国公司实力雄厚，规模巨大，往往几个大的跨国公司就形成对某一行业的垄断，它们往往通过垄断高价和垄断低价来控制与操纵市场，成为世界市场不稳定的一个重要因素。跨国公司对国际贸易的控制并不仅限于在发达国家，它们同时使发展中国家的一部分对外贸易落入其控制之中。此外，跨国公司还把它们在海外的直接投资从生产部门扩展到流通领域，渗透到与对外贸易有关的环节，如在海外设立销售机构、银行、保险和运输公司、商品交易所等服务性公司，并通过这些机构进一步加强对国际贸易的控制。

但垄断不能阻止竞争，在一定的条件下反而会促进竞争。这是因为知识产权可以垄断，但人们的思想智慧是无法垄断的。当代的世界市场格局强化了跨国公司的竞争性，弱化了跨国公司的垄断性，但跨国公司的垄断性并未消失。因此，东道国尤其是发展中国家在引进外资，与跨国公司合作时，要防止它对贸易的垄断，促进对外贸易的竞争。东道国反垄断不能伤害跨国公司创新的积极性，保护知识产权不能妨碍公司之间的公平竞争。

2. 追求高额贸易利润和促进贸易发展的双重性

为了追求高额利润，跨国公司在全球战略安排下，通过对外直接投资的方式，绕过东道国在进口上设置的各种贸易壁垒，就地生产，就地销售，成为变相的垄断贸易，把东道国的对外贸易纳入跨国公司内部的贸易中，使得跨国公司的贸易利润率大大提高；跨国公司通过对外贸易中的转移价格，实现国民价值转移。在另一方面，跨国公司又给东道国尤其是发展中国家带来资金、技术和管理经验；东道国的企业和公司通过进入跨国公司的生产和营销网络，开拓了市场，促进了对外贸易的发展。

3. 国际贸易的高效和不平等分配的双重性

跨国公司的运营无疑是效率最高的，其原因如下：① 跨国公司能够实现全球各国的比较优势，在全球范围内配置资源，实现生产要素的最佳组合。在跨国公司全球战略安排下，把世界各国的劳动、资本、原材料、科研与开发有机地结合到跨国公司的全球生产和营销的网络中，实现成本的最小化和利润的最大化。② 跨国公司是一种多功能的经济体，集科研、生产、贸易、金融于一体，在进行经营活动时，可以把货物、服务与技术贸易有机地结合起来，并利用跨国公司的内部渠道，采取多种贸易方式，从而获得最佳的经营效果。③ 跨国公司的经营规模比任何国内大企业和公司都大，它所实现的已经不是一般的规模效益，而是全球的规模效益。然而，在分配上，跨国公司是按资本分配的，出现了财富、贸易利益的日益集中和两极分化的现象，一些发展中国家和地区出现了"贫困性的增长"，在国际分工中的地位没有取得实质性的改变，在国际贸易中的地位没有显著提高。

第四节　跨国公司理论

跨国公司理论自 20 世纪 60 年代诞生以来，得到较快发展，并形成 20 余种学派。在众多跨国公司理论学派中，有从产业组织理论延伸而来的垄断优势理论、从国际贸易理论演变而来的产品生命周期理论、从厂商理论演绎而来的内部化理论，还有在内部化理论的基础之上建立并发展的国际生产折中理论等。在跨国公司理论的新发展中，战略管理理论、战略联盟理论等占有相当重要的地位，它们都力图对跨国公司的投资动机、投资流向、投资决策等问题作出回答，并且不少学派已自成体系、理论完备。

一、垄断优势理论

垄断优势理论（monopolistic advantage theory）是最早研究对外直接投资的独立理论，它产生于20世纪60年代初，在这以前基本上没有独立的对外直接投资理论。垄断优势理论是美国经济学家斯蒂芬·海默（Stephen Hymer）1960年在他的博士论文《国内企业的国际经营与对外直接投资研究》中提出以垄断优势来解释对外直接投资的理论。但当时并没有引起人们的重视，其论文也直到1976年才得以正式出版。后经其导师金德尔伯格（Kindleberger）和凯夫斯（Caves）的发展形成理论体系，成为研究对外直接投资最早和最有影响的独立理论。由于两人从理论上开创了以国际直接投资为研究对象的新的研究领域，故学术界将他们二人并列为这一理论的创立者。

垄断优势理论认为，市场不完全竞争和以垄断资本集团独占为中心内容的"垄断优势理论"，是战后国际投资急剧上升的关键所在。

海默认为，企业之所以能到国外进行直接投资，获取比国内投资更高的利润，是因为它具备东道国同类企业所没有的特定优势即垄断优势。海默认为，传统的国际资本流动理论能够说明证券资本的国际流动，但它不能解释第二次世界大战后发达国家企业对外直接投资及与投资相联系的企业技术和管理才能的转移。他具体研究了美国企业的对外直接投资行为，发现这些企业主要分布在资本相对密集、集约程度高、技术先进、产品特异和规模经济明显的一些部门，这些部门又都是垄断程度较高的部门。海默因此提出，一个企业或公司之所以对外直接投资，是因为它有比当地同类企业或公司有利的垄断优势。

垄断优势指企业拥有超过东道国企业的各种优势，即"独占性生产要素"，如技术诀窍、规模经济、管理经验、资金实力等，特别是来自内部规模经济和外部规模经济的优势。具体包括：① 原材料优势；② 资本（资金实力）优势，包括管理技能和信息等方面；③ 技术优势，如专利、技术诀窍；④ 规模经济优势；⑤ 产品优势，如产品差异化、商标、来自跨国公司拥有的产品差异化能力、商标、销售技术和渠道、其他市场特殊技能及包括价格联盟在内的各种操纵价格的条件；⑥ 销售优势，如销售技术和渠道；⑦ 来自政府干预的垄断优势等。东道国和母国政府可以通过市场准入、关税、利率、税率、外汇及进出口管理等方面的政策法规对跨国公司的直接投资进行干预，跨国公司可以从政府提供的税收减免、补贴、优先贷款等方面的干预措施中获得某种垄断优势。

市场的不完全竞争使国际直接投资成为可能。企业特有优势的获得和维持只有在不完全竞争的市场上才能实现。因此，市场不完全竞争假设作为一个重要的理论前提，把国际直接投资同一般的国际资本流动严格地区分开来。传统的国际直接投资理论都假定市场是完全竞争的。而海默则认为，完全竞争是一种纯粹情况，现实中的市场条件具有不完全竞争性。在完全竞争的市场条件下，企业不具有支配市场的力量，它们生产同类产品，有获得所有生产要素的平等权利。这时，不会有直接对外投资发生，因为这并不会给投资的企业增加什么优势。而一国和国际市场的不完全竞争性，才有可能使跨国公司在国内获得垄断优势，并通过投资在国外生产而加以利用。

海默认为,至少存在4种类型的市场不完全竞争:① 产品和生产要素市场的不完全竞争。这种不完全竞争可能在商品市场上发生,这包括商品特异化、特殊的市场技能或价格联盟等;这种不完全竞争也可能在要素市场上发生,其表现形式如获得资本的难易、由专利保护制度引起的技术差异等。② 规模经济导致的市场不完全竞争。不完全竞争也可能反映在企业的规模经济和外部经济中,例如,同种产品企业由规模递增引起的成本递减或收益递增等。③ 政府干预经济而导致的市场不完全竞争。④ 税收制度等引起的市场不完全竞争(由于关税及其他税赋导致的市场不完全竞争)。政府的干预,有关税收、关税、利率和汇率等政策,也可能造成市场不完全竞争性。正是国内和国际市场存在这种不完全竞争性,才造成了企业对外直接投资的社会经济基础。

总之,垄断优势理论较好地解释了企业的对外直接投资行为,并能够解释发达国家之间的相互投资现象,以此确定了其在国际直接投资理论中的地位。但它没有解释拥有专有技术等垄断优势的企业为什么不进行产品出口或技术转让,而是选择对外直接投资。这主要是因为其分析方法是静态的。实际上,弗农的产品生命周期理论可归结为其动态的发展。

二、内部化理论

内部化理论又称市场内部化理论,该理论是由英国里丁大学学者巴克利(Buckley)和其同事卡森(Casson)在1976年合著的《跨国公司的未来》一书中提出的。加拿大学者拉格曼(Rugman)进一步发展了内部化理论。

内部化是指在企业内部建立市场的过程,以企业的内部市场代替外部市场,从而解决由于市场不完整而带来的不能保证供需交换正常进行的问题。企业内部的转移价格起着润滑剂的作用,使内部市场能像外部市场一样有效地发挥作用。跨国化是企业内部化超越国界的表现。

内部化理论认为,由于市场存在不完整性和交易成本上升,企业通过外部市场的买卖关系不能保证获利,并导致许多附加成本。因此,企业进行对外直接投资,建立企业内部市场,即通过跨国公司内部形成的公司内市场,克服外部市场上的交易障碍,弥补市场机制不完整缺陷所造成的风险与损失。该理论认为,市场不完全并非由于规模经济、寡占或关税壁垒,而是某些市场失效、某些产品的特殊性质或垄断势力的存在。

市场内部化的过程取决于4个因素:一是产业特定因素,指与产品性质、外部市场结构和规模经济等有关的因素;二是区位特定因素,指由于区位地理上的距离、文化差异和社会特点等引起交易成本的变动;三是国家特定因素,指东道国的政治、法律和财经制度对跨国公司业务的影响;四是公司特定因素,指不同企业组织内部市场的管理能力。在这几个因素中,产业特定因素是最关键的因素。因为,如果某一产业的生产活动存在多阶段生产的特点,那么就必然存在中间产品(原材料、零部件、信息、技术、管理技能等),若中间产品的供需在外部市场进行,则供需双方无论如何协调也难以排除外部市场供需间的摩擦和波动,为了克服中间产品市场的不完全性,就可能出现市场内部化。市场内部化会给企业带来多方面的收益。

三、国际生产折中理论

国际生产折中理论也称折中主义或国际生产综合理论，是由英国里丁大学教授约翰·H. 邓宁（John H. Dunning）在1976年发表的题为《贸易、经济活动的区位与跨国公司：折中理论探索》一文中提出的，并于1981年在其论著《国际生产与跨国企业》一书中进一步系统化、理论化、动态化地修正了该理论。

邓宁认为，海默的垄断优势理论、巴克利和卡森的内部化理论等是国际经济理论的重大发展，但这些理论都只对国际直接投资作了片面的解释，缺乏统一的、有说服力的模式。邓宁吸收了上述理论的主要论点，并引进外部区位理论，将对外直接投资的目的、条件和能力综合在一起加以分析，由此形成国际生产折中理论。

邓宁指出，跨国公司所从事的国际生产方式大致有国际技术转让、产品出口和对外直接投资等三种，究竟采用何种方式取决于跨国公司所拥有的所有权优势、内部化优势和区位优势的组合情况。

1. 所有权优势

所有权优势主要是指企业所拥有的大于外国企业的优势，它主要包括技术优势、企业规模优势、组织管理能力优势、金融和货币优势及市场销售优势等。邓宁认为，对外直接投资和海外生产必然会引起成本的提高与风险的增加，在这种情况下，跨国公司之所以还愿意并且能够发展海外直接投资并能够获得利益，是因为跨国公司拥有一种当地竞争者所没有的比较优势，这种比较优势能够克服国外生产所引起的附加成本和政治风险。他把这种比较优势称为所有权优势，这些优势要在跨国生产中发挥作用必须是这个公司所特有的、独占的，在公司内部能够自由移动，并且能够跨越一定的距离。

2. 内部化优势

内部化优势是指企业在通过对外直接投资将其资产或所有权内部化过程中所拥有的优势，指跨国公司为了克服外部市场的不完全性对资源配置的不利影响，以公司的内部交易取代外部市场的公开交易。通过内部化，跨国公司不仅可以降低资源配置的交易成本，减少获取市场信息的困难，更重要的是可以借此克服技术市场的不确定性，将技术优势保持在公司内部，从而维持对技术的垄断，保护自己的竞争优势。

3. 区位优势

区位优势是指可供投资的地区在某些方面较国内优越。区位优势包括：劳动力成本、市场需求、自然资源、运输成本、关税和非关税壁垒、政府对外国投资的政策等方面的优势。

区位优势是跨国公司在选择对外直接投资地点和经营方式时，必须考虑的东道国的各种优势。邓宁认为，区位优势不是企业所有，而属东道国所有。决定区位优势的因素不仅有自然资源禀赋、要素的质量及成本（如资源成本、运输成本）、地理条件等自然因素，而且包括经济发展水平、经济结构、市场容量及潜力、基础设施状况等经济因素，以及东道国政府对经济的干预、调节和历史、文化、习俗、商品惯例等制度性因素。区位优势直接影响到对外投资的成本和收益，跨国公司总是将资金投入有优越的区位优势的国家和地区。

邓宁认为，所有权优势、内部化优势和区位优势分别是跨国公司对外直接投资的必要条件。三种优势的组合状况及其发展变化，决定了跨国公司从事国际生产的方式：若公司只具备所有权优势，应选择技术转让；若公司具备所有权优势和内部化优势，则应选择出口贸易；只有当公司同时具备所有权优势和内部化优势，并且有东道国的区位优势可供利用时，才可选择对外直接投资方式。

小　结

跨国公司是指在两个以上国家（地区）拥有矿山、工厂、销售机构或其他资产，在母公司统一决策体系下从事国际性生产经营活动的企业。它可以由一个国家的企业独立创办，也可以由两个或多个国家企业合资、合作经营，或者控制当地的企业使其成为子公司。

跨国公司的建立反映了世界经济从封闭的地区经济走向交流频繁的全球经济的过程。大机器工业和生产社会化程度的提高，资本主义强国的资本积累，以及为防止技术的模仿和多种多样的保护性贸易限制的刺激等因素促进了早期跨国公司的形成。第一次世界大战以前，资本输出只限于少数国家，主要是间接投资，直接投资的数额和比重均较小。第二次世界大战后，资本的高度集中、科技革命所带来的高新技术的发展及国际市场的激烈的竞争使跨国公司呈现出蓬勃发展的势头，越来越多的公司包括众多的中小企业纷纷跨入跨国公司的行列，不仅数量急剧增长，规模也迅速扩大。

跨国公司内部贸易是指跨国公司内部的产品、原材料、技术和服务在国际间的流动。这主要表现为跨国公司的母公司与国外分支机构之间，以及处于不同国家的同一母公司属下的子公司之间产生的贸易关系。公司内部贸易是国际直接投资迅速发展在国际流通领域内形成的一种新的现象，是国际贸易和国际直接投资相结合的产物。

跨国公司对外直接投资，在国际贸易领域扮演着越来越重要的角色。跨国公司对国际贸易的影响主要有：跨国公司的发展促进了国际贸易总额的增长；跨国公司的发展促进了国际贸易商品结构的优化；跨国公司对国际贸易地区分布的影响；跨国公司促进了国际技术贸易和国际服务贸易的发展；跨国公司的发展促进了发达国家对外贸易的发展；跨国公司的发展促进了东道国贸易的发展；跨国公司在国际贸易发展中的双重性。

跨国公司理论的形成与发展是随着经济学和跨国公司经营实践的发展而不断发展与完善的。垄断优势理论认为跨国公司所具有的垄断优势是其对外投资的根本原因，主要包括技术优势、规模经济优势、资本和筹资优势及组织管理优势；内部化理论认为，由于市场存在不完整性和交易成本上升，企业通过外部市场的买卖关系不能保证企业获利，并导致许多附加成本。因此，企业进行对外直接投资，建立企业内部市场，即通过跨国公司内部形成的公司内市场，克服外部市场上的交易障碍，弥补市场机制不完整缺陷所造成的风险与损失；邓宁将所有权优势、内部化优势和区位优势相结合，提出了国际生产折中理论。邓宁认为，所有权优势、内部化优势和区位优势分别是跨国公司对外直接投资的必要条件，只有当公司同时具备所有权优势和内部化优势，并且有东道国的区位优势可供利用时，才可选择对外直接投资方式。

一、海尔集团的成功国际化

海尔集团是我国家电行业的特大型企业,1984年从一个亏损147万元的集体小厂迅速成长为一个目前集科研、生产、贸易和金融于一体的由70多个企业和科研机构组成的大型国际化家电企业集团,现有设计中心18个、工业园区10个、海外工厂13个、营销网点58 800个、服务网点11 976个,一个具有国际竞争力的全球设计网络、制造网络、营销与服务网络体系已经构建。回顾海尔的国际化经营过程,可以划分为以下3个阶段。

(1)发展阶段(1984—1990年)。这个期间海尔完全致力于国内市场,建立起国内销售和服务网络,完善企业管理,力争取得市场领先地位,创立国内品牌,为向海外发展打下基础。

(2)出口阶段(1990—1996年)。1990年海尔开始迈出它国际化进程的第一步,实现产品的出口,首先是欧洲及美国和日本等发达国家,并随后进军东南亚、拉美、中东和非洲等地的发展中国家,发展海尔专营商和经销网点,建立起全球性的营销网络,截至1996年已在31个国家建立了3 000多个经销网点。

(3)海外投资阶段(1996年至今)。为了更好地参与国际竞争,1996年,海尔进一步提出了"本土化"战略,开始海外投资设厂。1996年12月在印度尼西亚成立海尔保罗有限公司,海尔占51%股份,这标志着海尔首次实现了生产的国际化。随后,海尔又在菲律宾、马来西亚、南斯拉夫等地相继设立了生产厂。1999年3月,海尔在美国南卡罗来纳州建立了当地设计、当地生产并当地销售的首家"三位一体本土化"的海外海尔——海尔美国冰箱厂,这标志着海尔的国际化进程进入了一个崭新的发展阶段。2002年3月,海尔在纽约中城百老汇购买原格林尼治银行大厦这座标志性建筑作为北美总部,此举标志着海尔的三位一体本土化战略又上升到新的阶段,海尔已经在美国树立起本土化的名牌形象。

资料来源:林毅夫,蔡昉,李周.中国的奇迹:发展战略与经济改革.上海:上海三联书店,2014:78.

案例思考

海尔的国际化经营有什么特点,能给中国其他企业哪些启示?

二、中国石油集团的快速发展和国际化进程

中国石油集团已在海外投资七个勘探开发项目、一个炼油项目、一个管道项目,至2000年年底累计投资156亿元人民币。作为中国境内最大的原油、天然气生产、供应商和最大的炼油化工产品生产、供应商,中国石油集团业务涉及石油天然气勘探开发、炼油化工、管道运输、油气炼化产品销售、石油工程技术服务、石油机械加工制造、石油贸易等各个领域,在中国石油、天然气生产、加工和市场中占据主导地位。在美国《石油情报周刊》最大的50家世界石油公司排名中,中国石油集团位居第10位,在《财富》杂志2005年公布的世界500强企业排名中名列第46名,较2004年排名上升六位。中国石油集团注册总资本1 149亿元,现有总资产9 137亿元,在中国境内东北、华北、西北、西南等广大地区拥有13个大型特大型油气田企业、16个大型特大型炼油化工企业、19个石油销售企业和一大批石油石化科研院所与石油施工作业、技术服务、机械制造企业,在中东、北非、中亚、俄罗

斯、南美等地区拥有近30个油气勘探开发和生产建设项目。2004年国内生产原油11 176.1万吨，生产天然气286.6亿立方米，加工原油11 077.5万吨；同时在海外获取权益原油产量1 642.3万吨、天然气产量25.9亿立方米。全年实现销售收入5 707亿元，实现利润1 289亿元，实现利润在国内企业中位居榜首。

经过近50年的积累建设和五年多的快速发展，中国石油集团已经建成了一支门类齐全、技术先进、经验丰富的石油专业化生产建设队伍，具有参与国内外各种类型油气田和工程技术服务项目的全套技术实力和技术优势，总体技术水平在国内处于领先地位，不少技术已达到世界先进水平。进入新世纪新阶段，中国石油集团在国家大公司、大集团战略和有关政策的指导、支持下，正在实施一整套新的发展战略，瞄准国际石油同行业先进水平，加快建设主业突出、核心竞争力强的大型跨国石油企业集团，继续保持排名前列的世界大石油公司地位。

资料来源：王志乐．走向世界的中国跨国公司［M］．北京：中国商业出版社，2004：89.

案例思考

应该如何发展中国的跨国公司？

名词解释

跨国公司　跨国公司内部贸易　限制性商业做法　垄断优势理论　内部化理论　国际生产折中理论　国际战略联盟　转移价格

思考题

1. 跨国公司具有哪些特征？
2. 跨国公司内部贸易的利益有哪些？
3. 试述跨国公司对国际贸易的影响。
4. 运用实例分析中国跨国公司国际化的成功经验。

第十三章

区域经济一体化

第一节 区域经济一体化概述

一、区域经济一体化的含义

所谓区域经济一体化（regional economic integrarion），是指区域内两个或两个以上的国家或地区，通过制定共同的经济贸易政策等措施，消除相互之间阻碍要素流动的壁垒，实现成员国的产品甚至生产要素在本地区内自由流动，从而达到资源优化配置，促进经济贸易发展，最终形成一个超国家的和经济贸易高度协调统一的整体。

区域经济合作往往要求参加一体化的国家或地区让渡部分国家主权，由一体化合作组织共同行使这一部分主权，实行经济的国际干预和调节。

二、经济一体化的形式

1. 优惠性贸易安排

优惠性贸易安排（preferential trade arrangement）是经济一体化中最低级和最松散的一种形式。在优惠性贸易安排各成员间，通过协定或其他形式，对全部商品或一部分商品给予特别的优惠关税。最著名的组织为1932年成立的由英国及一些大英帝国以前的殖民地国家组成的英联邦特惠制。

2. 自由贸易区

自由贸易区（free trade area）指由签订有自由贸易协定的国家组成的贸易区，在区内各成员之间取消一切贸易壁垒，实行区内商品的自由流动，但每个成员仍保留它对自由贸易区以外其他国家的贸易限制，象征国家经济主权的海关也依然存在。最著名的组织为1960年由英国倡议建立的欧洲自由贸易联盟，以及由美国、加拿大、墨西哥三国组成的北美自由贸易区。

3. 关税同盟

关税同盟（customs union）在自由贸易区的基础上更进一步，成员之间完全取消关税或其他壁垒，同时协调其相互之间的贸易政策，建立起对外的统一关税。这无疑意味着各国在制定关税过程中要让渡出一部分国家主权，但这种形式简化了同盟内部的商品流通，并使同盟在关税谈判中能够作为一个整体来与其他国家讨价还价，从而开始带有超国家的性质。最著名的组织为1993年以前的欧洲经济共同体。

4. 共同市场

在关税同盟的基础上进一步消除成员之间对生产要素流动的限制，使得不仅商品可以在成员国之间自由流动，而且生产要素也可以在成员之间自由流动，这就发展到了共同市场（common market）这一层次。例如，前欧共体内人员、商品、资本、技术可以自由流动。共同市场也需要有协调一致的税收、社会保险和失业救济制度，要有共同的农业政策，各国彼此之间的外汇汇率要固定，各国要发展共同的劳动力市场和资本市场。

5. 经济同盟

所谓经济同盟（economic union），是在共同市场的基础上，成员之间逐步废除经济政策上的差异，制定和执行某些共同的经济政策与社会政策，向经济一体化的最后阶段迈进。当前的欧洲经济同盟正属此类。

6. 完全经济一体化

完全经济一体化（complete economic integration）是经济一体化的最高阶段，成员建立起一个超国家的管理机构，完全统一各国的财政、货币和经济政策，使用共同货币，在国际经济决策中采取同一立场。这也是欧盟的终极目标，所谓全欧洲"用一个声音说话"。事实上，欧盟的前身——由比利时、荷兰（今尼德兰）、卢森堡三国组成的"比荷卢联盟"（Benelux）就已经是一个完全经济一体化的典范。

在理论及内容上，区域经济一体化的各种形式有较强的前后逻辑联系，见表13-1。但在实践中，各种形式并无必然的前后继起关系。区域经济一体化的起点并不一定从最初级的优惠贸易安排开始，而是可以从自由贸易区或关税同盟开始，如欧洲自由贸易联盟；建立自由贸易区或关税同盟后也并不一定要向更高级的经济一体化形式发展，也可能实现商品自由流动就是一些一体化组织的最高目标。

表13-1 区域经济一体化不同组织形式的特征

	成员之间自由贸易	建立统一的对外关税	生产要素的自由流动	各种经济政策的协调
自由贸易区	*			
关税同盟	*	*		
共同市场	*	*	*	
经济同盟	*	*	*	*

三、区域经济一体化的发展与形成的主要原因

（一）区域经济一体化的发展

区域经济一体化的雏形可以追溯到1921年，当时的比利时与卢森堡结成经济同盟，后

来荷兰（今尼德兰）加入，组成"比荷卢经济同盟"。1932年，英国与英联邦成员国组成英帝国特惠区，成员彼此之间相互减让关税，但对非英联邦成员的国家仍维持着原来较高的关税，形成了一种特惠关税区。经济一体化的迅速发展，始于第二次世界大战之后，并形成两次较大的发展高潮。

（1）第一次高潮发生在20世纪五六十年代。尽管区域经济一体化的雏形可以追溯到1921年成立的比利时和卢森堡经济同盟。但是，区域经济一体化真正形成并迅速发展，却是始于第二次世界大战后。第二次世界大战后，世界经济领域发生了一系列重大变化，世界政治经济发展不平衡，大批发展中国家出现，区域经济一体化组织出现第一次发展高潮。

（2）20世纪七八十年代初期区域经济一体化发展处于停滞不前的状态。20世纪70年代西方国家经济处于"滞胀"状态，区域经济一体化也一度处于停滞不前的状态。在这一时期，欧洲经济共同体原定的一体化计划并未完全实现，而发展中国家的一体化尝试没有一个取得完全成功。以欧洲经济共同体为例，两次石油危机、布雷顿森林体系崩溃、全球经济衰退、日美贸易摩擦上升等因素使其成员国遭受巨大打击，各成员国纷纷实施非关税壁垒措施进行贸易保护，导致第一阶段关税同盟的效应几乎丧失殆尽，欧共体国家经济增长速度急剧下降。

（3）20世纪80年代中期以来区域经济一体化的第二次发展高潮。20世纪80年代中期以来，特别是进入90年代后，世界政治经济形势发生了深刻变化，西方发达国家在抑制通货膨胀、控制失业率方面取得成功，经济的发展推动着区域经济联合，区域经济一体化的趋势明显加强。这次高潮的出现是以1985年欧共体关于建立统一市场"白皮书"的通过为契机，该"白皮书"规定了1992年统一大市场建设的内容与日程。欧共体的这一突破性进展，产生了强大的示范效应，极大地推动了其他地区经济一体化的建设。

（二）区域经济一体化形成的主要原因

1. 外部原因

区域经济一体化形成的主要原因可以分为外部原因与内部原因两大方面。外部原因包括以下几点。

（1）科技与社会生产力的迅速发展。科技与社会生产力的迅速发展使各国间经济相互依存度加深，贸易、投资自由化成为经济发展的内在要求。科技的迅猛发展和社会生产力的极大提高，使生产的专业化和协作化进一步发展，国际分工不断深化。现代信息技术的广泛应用和运输条件的极大改善为商品、服务及生产要素在全球范围的快速流动创造了条件。世界经济的全球化趋势使各国经济之间的相互依存、相互制约和相互渗透日益加深，贸易与投资的自由化成为一种客观上不可逆转的趋势。然而由于各国经济发展水平不同，社会、历史文化背景不同，以及民族利益的存在，使得全球范围的自由化成为一个漫长的过程，因此，在条件成熟的国家之间先行实现自由化成为一种可行的现实选择，区域性经济一体化成为最终实现全球经济一体化的前期阶段。

（2）欧洲经济重建、恢复与发展的需要及美国与苏联的军事对峙使西欧走向联合。第二次世界大战使世界经济遭受了严重的破坏。作为战争的主战场，欧洲各国经济凋敝，政治动荡不定，国际影响力大大降低。1944年，战争结束时，法国工业生产只相当于1938年的20%、农业的为50%，法郎价值仅为1/6。意大利损失国民财富的1/3，并丧失了全部海外殖民地。德国在战争结束时，30%～40%的工厂不能生产。在这样的历史背景下，对和平和繁荣的渴望使西欧的联合思潮达到高潮，消除战争隐患，实现经济、政治、防务上的独立，恢复强大欧洲，不沦为超级大国的附庸成为欧洲社会各阶层的追求目标。但这一目标的实现要求清除欧洲国家之间在经济、政治等方面存在的障碍和阻隔，调动共同的资源和力量重建欧洲、发展欧洲，即一个强大欧洲实现的前提是一个联合欧洲的出现。

同时，随着第二次世界大战后冷战局面的出现，苏联对中、东欧的控制，加上历史上的扩张倾向，苏联对西欧构成了实质上的威胁，只有联合起来的欧洲才能在苏联强大的军事威慑下生存。美国也认为，一个强大、繁荣的欧洲才可能在美苏冲突中帮助美国抗衡苏联。为使欧洲实现复兴，美国推出"马歇尔欧洲复兴计划"，给欧洲经济恢复提供经济援助，但先决条件是欧洲的经济合作，由欧洲国家联合起来设计马歇尔计划经济援助的分配和实施方案，因而，美国的马歇尔计划对欧洲经济一体化的启动产生了重大影响。

（3）各国经济、政治势力非均衡发展加速了区域性经济一体化组织的发展。冷战结束后，经济发展成为主旋律。历史发展到20世纪80年代，西欧和日本成为美国经济最强有力的竞争对手，美、日、欧对世界经济中心地位的争夺激化。欧洲国家政治和经济一体化的加强无疑将增强欧洲的整体实力。而美国为巩固和加强其在全球经济中的地位，不得不积极组建自己的区域性经济贸易集团，以此与欧洲和日本相抗衡。

（4）维持与发展民族经济利益及政治利益促使发展中国家走向联合。为了发展民族经济，实现工业化战略，防御外来力量的干涉，以维护政治经济的独立性，发展中国家之间努力加强彼此之间的经济合作，走经济一体化的道路，兴起了一股区域经济合作的浪潮。在短短几年内，整个拉美地区出现了大小不等的20多个区域性经济合作组织，如安第斯集团、中美洲共同市场、拉美自由贸易协会等。

一体化的经济联合，可以成为政治联合的基础，有的一体化联盟不仅可以成为一个经济集团，而且可以成为一个政治集团。因此，一些在国际经济、政治斗争中所处地位相近的国家就会在共同利益的基础上结成一体化集团，来维护它们自身的经济和政治利益。

（5）以关贸总协定为基础的多边贸易体制的局限性及其提供的条件使区域性经济合作获得发展。由于多边贸易体制在某些涉及成员国国内重大政治和经济利益的领域，并不能全面满足其他成员国的需要。而拥有地缘政治、经济发展模式与发展水平类似、成员数目少、想法容易协调一致等优势的区域性经济贸易合作安排成为许多国家的选择。区域性经济贸易合作作为地区的"多边贸易体系"，对多边贸易体制形成有力的补充。

此外，多边贸易体制也为区域性经济贸易组织的发展提供了有利的条件。一方面，它承认区域性贸易协定与其全球贸易自由化目标是并行不悖的，因而同意缔约方或成员国之间组建自由贸易区或关税同盟。另一方面，又作出约束性规定，为限制区域性贸易安排的排他性，规定建立起来的关税同盟和自由贸易区或相关的临时规定，对非成员国的贸易实施的关税和其他贸易规章"大体上不得高于或严于为建立同盟或临时协定时各组成领土所实施的关税和贸易规章的一般限制水平"，并规定了通报和磋商、接受监督的措施。WTO接受了GATT（General Agreement on Tariffs and Trade，关税及贸易总协定）的这一原则和规定。

2. 内部原因

内部原因包括以下几点。

(1) 扩大市场及获取规模经济利益。区域性经济一体化可以使成员国狭小的市场实现程度不同的融合，由此产生三方面利益。第一，刺激竞争，防止垄断力量形成。在区域性贸易协议下，成员国企业所面对的不是单一的民族国家的国内市场，而是通过协议联合起来的大市场，在这个市场中各国的企业都在为市场份额进行角逐。为在激烈的竞争中能够取胜，企业必须要增加研究与开发投入，向市场不断推出新产品，改进技术和管理，提高生产效率等，其客观效果是有助于区域内的各成员国的经济发展、技术进步和消费福利增加。第二，规模经济利益。在市场狭小和规模经济存在的条件下，一国政府需要在规模经济和竞争之间作出选择，如果企业扩大生产规模，获取规模经济利益就有可能损失竞争，导致一些企业对市场形成垄断。如果市场范围扩大，竞争者数目就会增加，竞争加剧，企业为加强竞争力，要降低成本，实现途径之一就是扩大生产规模，实现规模效益，但相对于单一民族市场情形，也不易于构成垄断。同时，规模利益的实现也有助于其他相关产业的发展和竞争能力的提高。第三，市场的扩大有助于资源或生产要素的充分流动，使生产要素实现从边际生产率比较低的国家向边际生产率比较高的国家转移，从边际生产率比较低的产业向边际生产率比较高的产业转移，使资源和生产要素的使用更加合理，从而提高资源的配置效率。同时，通过生产要素的跨界自由流动，缩小成员国之间经济发展水平的差异。

(2) 促进投资增加，加速区域内成员国经济发展。投资的增加来源于两个方面。一是成员国企业投资增加。随着成员国之间贸易壁垒的消减和消除，市场机会增加了，竞争也加剧了，在新形势下，企业会增加投资，扩大生产规模、改进技术、进行创新。二是域外资本的流入。由于区域性经济贸易组织对成员国与非成员国实施不同的经济贸易政策，事实上对非成员国企业的产品和服务构成进入壁垒，在这种情况下，为绕过贸易保护壁垒，非成员国就必须通过在成员国内投资，实现当地生产、当地销售。投资的增加，直接促进了成员国经济的增长和发展，这种增长或发展的推动力源于两个方面，一方面是增加经济发展所需资本的投入，另一方面是域内外企业投资增加促进技术创新和新技术的使用。

(3) 成员国间的联合有助于提高对外谈判力量。这里先以欧盟为例进行分析。在欧洲经济共同体成立之前，共同体各成员国在处理与美国的双边经济贸易关系中，由于经济实力悬殊，成员国均处于不利的谈判地位。随着欧洲经济共同体的建立和发展，各自的经济实力都在提高，并且由于成员国经济的联系日益密切，共同的经济与政治利益使它们成为一个实体，改变了与美国或其他贸易伙伴在双边贸易谈判中的不利地位。欧洲经济一体化使欧盟具备了能够与美国抗衡的经济和政治实力，在世界政治和经济舞台与美国构成鼎力局面。

又如，东盟的一体化和内部整合程度的提高使其在与日本、韩国、中国进行的双边谈判中能较好地维护自身的经济贸易利益。GATT/WTO 多边贸易体制的演变历程也表明，有着共同利益的谈判集团或区域贸易集团更有利于维护其成员的利益。例如，在东京回合谈判期间，石油输出国组织作为以产品为基础组织起来的联合体出现；在乌拉圭回合期间，正是来自凯恩斯集团的配合，才使得美国能抵挡欧盟的压力，推动农产品贸易的自由化，最终达成农业协议。

当然，区域性经济贸易组织要想有效地发挥其影响力，前提是成员国之间有着共同的政治或经济利益，能够形成统一的谈判立场，否则难以对谈判对手构成压力，反而容易被各个击破。最典型的例子是加勒比共同体和共同市场，这些由加勒比海岛组成的小国，本身的利益不在于实现区域内的经济一体化，而是通过联合，采取共同行动。正是基于这种正确的认识和判断，使它们最终联合非洲、加勒比海和太平洋的前欧洲殖民地国家，与欧洲经济共同体（前殖民国家）进行谈判，签订了《洛美协定》，使其工业品和96%的农产品在不限量的条件下免税进入欧洲经济共同体市场。

第二节　区域经济一体化理论

第二次世界大战后经济一体化的发展在理论界也引起日益广泛的关注。许多经济学家对这种现象进行了研究和探讨，形成了一些理论，其中最重要的理论是由维纳（J. Viner）和利普西（R. G. Lipsey）建立及发展的关税同盟理论。

一、关税同盟的静态效果

（一）贸易创造

当一国加入关税同盟后，一些原来在本国国内生产的产品现在可以被同盟内部其他国家更低成本的进口产品所取代，贸易创造（trade creation）效果能够改善国际资源的配置，使得资源能从生产效率低、成本高的部门转移到成产效率高、成本低的部门，使得资源能够得到更加有效和合理的使用，从而增加了社会福利。贸易创造就是增加福利，它导致了从一国范围到同盟内多国范围的基于比较利益的更大程度的生产专业化，它同样也增进了非成员国的福利，因为成员国的福利和实际收入的增加将导致从世界其他国家的更多进口，从而把福利外溢到同盟国外的其他国家。建立关税同盟前后所产生的贸易创造效果见表13-2。

表13-2　建立关税同盟前后所产生的贸易创造效果

法国和德国结成关税同盟前	法国	德国
每一公斤小麦的成本	1.0 美元	2.0 美元
征收关税	1.0 美元	
每一公斤小麦在德国的价格	2.0 美元	2.0 美元
法国和德国结成关税同盟后	法国	德国
每一公斤小麦的成本	1.0 美元	2.0 美元
征收关税		
每一公斤小麦在德国的价格	1.0 美元	2.0 美元

假设世界上有 A、B、C 三个国家，图 13-1 表示 B 国的国内市场，D_X 为 B 国对 X 产品的需求曲线，S_X 为 X 产品的供求曲线，其交点 E 决定了 X 产品的均衡国内价格为 3 美元。再假设 A 国 X 产品的自由贸易价格为 $P_1 = 1$ 美元、C 国 X 产品的自由贸易价格为 $P_3 = 1.5$ 美元，且 B 国是小国，不足以影响世界价格。则在自由贸易价格 $P_1 = 1$ 美元下，B 国会从 A 国进口 $S_1 D_1$ 单位的 X 产品。

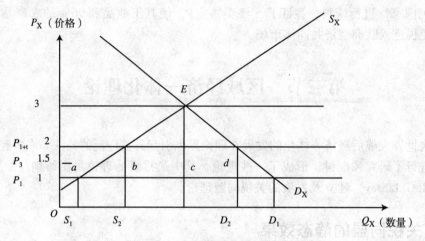

图 13-1　关税同盟的贸易创造效果

现在如果 B 国开征非歧视性从价关税，税率为 100%，则从 A 国的进口价格上升为 $1 \times (1+100\%) = 2$ 美元，而从 C 国进口价格则上升为 $1.5 \times (1+100\%) = 3$ 美元，此时 B 国仍将会从 A 国进口。在 2 美元的价格下，国内生产由 OS_1 上升到 OS_2，国内需求（消费）由 OD_1 下降至 OD_2，进口由 $S_1 D_1$ 下降到 $S_2 D_2$。

现在 A 国和 B 国组成一个关税同盟，相互之间取消关税，但仍保留共同对 C 国的 100% 的从价关税。由于对 A 国取消关税，现在 B 国面对的从 A 国进口，从而使 A 国关税同盟前后产生了与 B 国的贸易。

（二）贸易转移效应

假定缔结关税同盟前关税同盟国不生产某种商品而采取自由贸易的立场，无税（或关税很低）地从世界上生产效率最高、成本最低的国家进口产品；关税同盟建立后，同盟成员国的产品转由同盟内生产效率最高的国家进口。如果同盟内生产效率最高的国家不是世界上生产效率最高的国家，则进口成本较同盟成立前增加，消费开支扩大，使同盟国的社会福利水平下降，这就是贸易转移效应（trade diversion effect）。

图 13-2 为关税同盟的贸易转移效果。B 国是 X 产品的进口国，在没有组成关税同盟且不征税之前，C 国的 X 产品价格 P_3 要小于 A 国的 X 产品价格 P_1，而图 13-2 中也不再是 B 国的国内供需曲线，而是 B 国的进口需求曲线 D_X 和各国对之的出口供给曲线：S_3 为 C 国的出口供给曲线，S_1 为 A 国的出口供给曲线。在自由贸易下，B 国的贸易伙伴将是 C 国，以 P_3 价格进口 OQ_3 数量的 X 产品，即使在无歧视性征收 t 的从价关税，B 国仍会以 P_{3+t} 的价格从 C 国进口 OQ_1 的 X 产品。

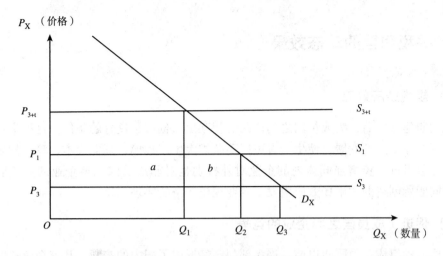

图 13-2　关税同盟的贸易转移效果

现在 B 国和 A 国结成关税同盟，A、B 之间互免关税，但对 C 仍保留 t 的从价关税，而现在 $P_1 < P_{3+t}$，结果 B 国转而从 A 国进口，以 P_1 的价格进口 OQ_2 数量的 X 产品。与在没有组成关税同盟且自由贸易时相比，组成关税同盟后，X 产品的进口价格由 P_3 上升到 P_1，进口量由 OQ_3 减少到 OQ_2。对 B 国消费者而言，由此造成的消费者剩余的减少为 $(a+b)$，而其中 a 部分是从 B 国消费者转移到 A 国生产者的收入再分配，所以净损失为 b 部分。

由以上分析我们可以看出，贸易创造关税同盟与贸易转移关税同盟需要满足不同的条件。贸易创造的前提条件是：由于价格优势，同盟成员在组成同盟之前就已经是本国的贸易伙伴，即 $P_1 < P_3$；而贸易转移的前提条件则是：$P_{3+t} > P_1$，即旧贸易伙伴的含税价格要高于组成同盟后的新贸易伙伴成员国的自由贸易价格。所以，关税同盟既带来贸易转移（贸易伙伴由 C 国转移为低效率的 A 国），也带来了贸易创造（X 产品的进口数量由 OQ_1 上升到 OQ_2）。或者更进一步分析，OQ_2 的进口数量中，OQ_1 部分是贸易转移，即本来可以由更高效率的 C 国生产者以 P_3 的单位成本生产并出口，现在却转移给生产效率较低的 A 国以 P_1 的单位成本生产并出口。而 Q_1Q_2 部分则代表了贸易创造，即从组成同盟前的进口量到组成同盟后的进口量的净增额。可见，贸易创造需要两个条件，即进口国的供应和需求价格弹性比较大，伙伴国的劳动生产率和产品的成本与世界上最高效率的国家的产品成本差距比较小。

（三）贸易扩大效果

关税同盟无论是在贸易创造还是贸易转移情况下，由于都存在使需求扩大的效果，从而都能产生贸易扩大效果（trade expansion effect）。因而，从这个角度看，关税同盟可以促进贸易的扩大，增加经济福利。组成关税同盟后，关税同盟作为一个整体与外部世界的贸易条件改善，与世界其他国家的贸易向有利于关税同盟的方向变化。

关税同盟不仅会给参加国带来静态影响，还会给它们带来某些动态影响。有时，这种动态效应比其静态效应更为重要，对成员国的经济增长有重要的影响。

二、关税同盟的动态效果

(一) 规模经济效应

关税同盟建立以后,为成员国之间产品的相互出口创造了良好的条件。这种市场范围的扩大促进了企业生产的发展,使生产者可以不断扩大生产规模,降低成本,享受到规模经济的利益,并且可进一步增强同盟内的企业对外特别是对非成员国同类企业的竞争能力。因此,关税同盟所创造的大市场效应引发了企业规模经济的实现。

(二) 促进了成员国之间企业的竞争

在各成员国组成关税同盟以前,许多部门已经形成了国内的垄断,几家企业长期占据国内市场,获取超额垄断利润。因而不利于各国的资源配置和技术进步。组成关税同盟以后,由于各国市场的相互开放,各国企业面临着来自其他成员国同类企业的竞争。结果各企业为在竞争中取得有利地位,必然会纷纷改善生产经营效率,增加研究与开发投入,增强采用新技术的意识,不断降低生产成本,从而在同盟内营造一种浓烈的竞争气氛,提高经济效率,促进技术进步。

(三) 有助于吸引外部投资

关税同盟的建立意味着对来自非成员国产品的排斥,同盟外的国家为了抵消这种不利影响,可能会将生产点转移到关税同盟内的一些国家,在当地直接生产并销售,以便绕过统一的关税和非关税壁垒。这样客观上便产生了一种伴随生产转移而生的资本流入,吸引了大量的外国直接投资。

(四) 关税同盟的动态劣势

关税同盟的建立促成了新的垄断的形成,如果关税同盟的对外排他性很大,那么这种保护所形成的新垄断又会成为技术进步的严重障碍。除非关税同盟不断有新的成员国加入,从而不断有新的刺激,否则由此产生的技术进步缓慢现象就不容忽视。

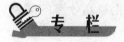

欧盟发展历程

走过半个世纪的风雨历程,欧盟几经扩大,从当初的 6 个成员国发展到今天的 25 个成员国,从单一经济一体化组织走向包括政治、外交、防务等多方面联合的国家联合体,成为当今世界维护和平、推动发展的一支不可忽视的力量。2004 年 10 月 29 日,25 国领导人在罗马召开的欧盟峰会上签署了《欧盟宪法条约》。这是欧盟向更深层一体化发展的里程碑。

欧盟全称欧洲联盟,它的诞生和发展是战后世界上具有深远影响的事件。1950 年 5 月 9 日,法国外长舒曼建议同德国建立煤钢共同体。这一建议史称"舒曼计划"。1951 年 4 月

18日,法国、德国、意大利、荷兰(今尼德兰)、比利时、卢森堡6国在巴黎签署建立欧洲煤钢共同体条约,1952年7月25日条约生效。1957年3月25日,6国领导人又在罗马签署了建立欧洲经济共同体和欧洲原子能共同体两个条约,统称《罗马条约》,1958年1月1日条约生效。《罗马条约》被认为是欧洲一体化进程正式起步的象征。1965年4月8日,6国在布鲁塞尔签署条约,将上述3个共同体合而为一,统称欧洲共同体,该条约于1967年7月1日生效。1991年12月11日,在马斯特里赫特会议上,欧共体首脑们签署欧洲联盟条约,确立了建立欧洲经济货币联盟和欧洲政治联盟的目标,1993年11月1日,条约生效,自此,欧共体发展成欧洲联盟。

2004年5月1日,欧盟进一步扩大,塞浦路斯、匈牙利、捷克、爱莎尼亚、拉脱维亚、立陶宛、马尔他、波兰、斯洛伐克、斯洛文尼亚10国被接纳为成员国,这10国多属原苏联东欧势力范围,人们将这次扩充称为欧盟"东扩"。东扩后,欧盟开始与俄罗斯、白俄罗斯、乌克兰等独联体国家接壤。50多年来,欧盟的规模不断扩大,经济实力日益增强。目前,欧盟总面积400万平方公里,人口4.5亿多,生产总值占世界的30%以上,对外贸易额占世界总贸易额的20%。人均收入和对外投资均居世界前列。欧盟已成为世界上一体化程度最高、综合实力强大的经济体,其经济实力可与美国比肩。随着综合实力的不断增强,欧盟在国际事务中的自主意识越来越强,积极发表对国际重大问题的意见,在世界的影响和地位不断提升。

冷战结束后,世界政治格局发生巨大变化。欧盟主张世界格局多极化和国际关系民主化,奉行多边主义,主张加强联合国的作用,强调各国都应该尊重国际法,主张尊重世界多元文明,反对强权政治、单边主义、单极战略和一国的价值观主宰世界。在重大国际问题上,法、德等欧盟一些国家公开向美国说"不"。它们反对美国撇开联合国执意对伊拉克开战;反对美国对伊朗进行军事打击及推翻伊朗现政权,主张通过外交途径和经济技术合作等手段和平解决伊朗核问题。对欧盟实力不断增强及地位和角色的变化,美国极不情愿,非常担忧,但又无可奈何。欧盟一体化进程继续深化的势头不可逆转。布什再次当选美国总统后,第一次出访就屈尊飞往欧洲,企图同欧盟弥合分歧,修补裂痕。但布什的欧洲修好之行成果有限,双方在对待国际事务的理念和如何解决当前重大国际问题上的分歧依旧。欧盟联合自强,追求共同的外交与安全政策,在国际事务中发出强大声音,对抑制世界力量对比失衡,阻碍美国推行全球霸权,有着不可替代的作用。欧盟已成为当今世界维护和平、推动发展的一支不可忽视的力量。

资料来源:1. 宫占奎,陈建国,佟家栋. 区域经济组织研究:欧盟、北美自由贸易区、亚太经合组织. 北京:经济科学出版社,2000:117-199.

2. 冯雷,宋丽华. 全球区域经济组织的发展 [J]. 中国工商管理研究,2004(6):46-48.

第三节 亚洲经济一体化

一、亚洲经济一体化的提出

目前,亚洲的区域性经济合作发展势头迅猛,经济一体化进程不断向前推进,逐渐形成了以东盟为轴心，中国、日本、韩国、印度等亚洲主要国家积极参与的泛亚洲的经济一体化进程。东盟、中国、日本、印度、韩国的"10＋4"合作构架很可能成为建立未来亚洲经济共同体的基础。目前的情况显示，亚洲国家的经济一体化进程将有助于跨越和修复亚洲国家和地区间存在的文化差异和"文化裂痕"，并进一步导致实现真正的区域性整合。

亚洲区域经济一体化迅速兴起，是全球性区域和双边贸易自由化迅猛发展的产物。究其原因主要有：全球化的压力迫使国家和企业通过扩大市场、增加竞争和引进外国资本与技术来提升经济效率；希望获得某一重要市场的更可靠的进入条件；通过与其他国家的联合提高竞争力和国际地位；WTO谈判灵活性的减弱和各国在WTO框架下形成更强有力的贸易集团的需要；担心在区域化浪潮中被边缘化等。

二、亚洲经济一体化历史进程

有人认为亚洲经济一体化，应当从中国加入东盟开始。2002年1月1日，东盟自由贸易区正式启动。文莱、印度尼西亚、马来西亚、菲律宾、新加坡和泰国这六个老成员国已于2002年将绝大多数产品的关税降至0～5%。越南、老挝、缅甸和柬埔寨四个新成员国于2015年实现这一目标。2003年，中国与东盟的关系发展到战略协作伙伴关系，中国成为第一个加入《东南亚友好合作条约》的非东盟国家。2004年11月，中国－东盟签署了《货物贸易协议》，规定自2005年7月起，除2004年已实施降税的早期收获产品和少量敏感产品外，双方将对其他约7 000个税目的产品实施降税。中国－东盟自由贸易区涵盖18亿人口，GDP超过2万亿美元，贸易额达1.23万亿美元，成了世界上由发展中国家组成的最大的自由贸易区。

随着"东盟方式"的兴起，出现了一种不同于欧盟的"亚洲模式"。这种模式似乎既不符合欧美的区域化理论也不符合国际关系理论的描述，因此有的学者认为"东盟方式"与其说是一种亚洲区域化理论，不如说是一种区域化的"亚洲方式"。理解这种区域合作方式的合理性及其局限性，无论对推动亚洲区域合作的现实进程，还是对国际关系学界从理论上审视亚洲区域化都是有益的。

三、亚洲经济一体化进程的特征

第一，每个经济增长方式的时间段都相当短暂，有交叉递进的作用，而且每个增长方式都在拓展经济空间。最重要的是，每个增长方式都在逐渐地走向区内市场，对区外发达国家市场的依赖度在逐渐减弱。

第二，亚洲一体化进程，从一开始就有浓烈的对抗强大经济体和对抗地缘大国的色彩。这和亚洲各国历史和近代的经济发展趋势有密切关系。亚洲经济一体化进程一开始是由日本经济起飞带动的。在亚洲经济一体化的战术预备期，日本作为"领头雁"的作用，主要是在自身产业结构升级的驱动下，向周边国家和地区进行夕阳产业的转移，以"雁行模式"促进了亚洲国家或地区在经济合作上的认同。而这一过程对亚洲经济发展的影响是不可否认的。

亚洲经济一体化的第二个阶段以中国的大陆型经济体成长方式为标志。如果说欧盟的一体化是在相同经济状况和共同文化背景下形成的，雁型模式是以日本为领头雁带动岛屿和半岛型地区经济形成的，则中国经济的崛起，对大陆型发展中国家的经济有极强的示范作用。

四、亚洲经济一体化进程中存在的障碍

1. 多样性突出

亚洲幅员辽阔，人口众多，现有49个国家和地区。亚洲的多样性在全球首屈一指，社会制度、经济体制、经济发展水平、宗教、文化、种族等千差万别。这种多样性对于经济一体化来说是弊多利少。

2. 内部动力不足

亚洲长期以来经济落后，有许多贫穷落后的农业国家，习惯于自给自足的生活，对外经济关系不发达。亚洲各国及各次区域之间的经贸关系也不密切。东亚贸易发达的经济体，其大部分市场在亚洲区域之外。这种状况造成亚洲对区域经济一体化缺乏动力。

与欧盟、北美区域化集团明显不同的是，亚洲地区市场在一定程度上不是一个以内需为主导的市场。由于东亚各国基本上是实行出口导向型的贸易政策，这样包括日本在内的亚洲各国都对世界其他市场形成较强的依赖关系。如亚洲各国在金融危机后能够迅速摆脱危机及后来又出现的经济增长波动，都与美国市场需求变动密切相关。再从东亚内部的贸易结构来看，也不是以服务内需为第一位的。虽然东亚内贸占有较高的比重，但是由于这种内贸建立在垂直的产业分工基础上，因而东亚各国之间的贸易关系是在不同产业间进行的，日本、韩国等具有较高制造业水平的国家向区内制造水平较低的成员出口设备，这些成员则向日本出口原材料或半成品，这样中国与日本成为彼此最重要的贸易伙伴之一。但是中国与其发展水平最接近的东盟却缺乏互补，因而彼此贸易额在各自的贸易总额中也不占主导地位。上述这种贸易关系与其说是为了彼此的需要，还不如说是为了服务区外市场或提高对区外产品的竞争力，这样自由贸易区将可能因成员的向心力不足而受到影响。

3. 核心国家缺乏

亚洲除了日本外，没有真正意义上的发达国家。尽管亚洲拥有世界人口最多的中国和印度两个大国，但在20世纪90年代以前，这两个发展中国家对区域经济一体化的关注度并不高。而日本作为一个世界经济大国，其目光长期以来一直面向全球而非亚洲。欧盟（EU）和NAFTA的经验表明，核心国的推动作用对区域经济一体化进程是不可缺少的。

4. 安全环境欠佳

亚洲长期遭受战乱，大国间历史恩怨至今尚未了结。印巴冲突是制约南亚一体化进展的重要因素。中日之间的历史恩怨也影响到东亚的一体化进程。此外，中东问题久拖不决，西亚的和平得不到保障，更谈不上区域一体化。

5. 自由贸易区进程减慢

理论来说，经济发展水平相近的地区组建自由贸易区时，由于利益冲突较小，比较容易解决关税和非关税壁垒问题。从实际来看，也确实如此，而且这类自由贸易区发展也比较快，如欧盟即如此。而在东亚地区，由于缺乏一个实力较强且能够承担地区责任的大国，这样各成员为了自身的利益都会提出保护部分产业、部门或产品的要求，甚至连日本这样的经济强国也不会例外。如日本不愿意开放本国的农产品部门，这在1997年亚太经合组织实施部门提出自由化方案时已有较强烈的反映。由于各成员经济发展水平不平衡，在关税和非关税壁垒减让方面，可调和的空间相对比较小，利益冲突也比较多，这无疑会减慢自由贸易区的进程。

6. 地区货币欠稳定

自由贸易区的建立需要有一个稳定的汇率，这样才能够保证地区商品和要素的流动不会因价格的剧烈波动而受到干扰，才能够达到调整地区产业，提高经济效率的目的。因此，在建立自由贸易区时，世界上各区域集团都尽可能保持地区货币稳定，以保障区内贸易的有效增长。如欧盟在德、法货币基础上建立了欧元，北美自由贸易区由美元发挥地区货币的作用。在亚洲地区，却是另一种情况。长期以来，东亚成员对外贸易中的70%一直都是用美元来计算的，美元升值对它们出口有好处，一旦美元贬值，出口就严重受到影响，同时美元日元联动，即此消彼长，更加不利于东亚成员对这两国的贸易。由于缺乏地区货币，使得东亚各成员汇率具有极不稳定的性质，很容易引发地区经济危机。

7. 亚洲货币一体化面临层层障碍和困难

由于亚洲各国经济分布的离散性、不均衡性，在现实中实行统一货币还存在一定的障碍和困难。亚洲的经济、政治等方面的合作还不完全成熟，另外亚洲本身有许多特有的障碍，如重商主义的存在等，都对亚洲货币一体化进程构成影响，更需要亚洲各国加强合作，推动共同货币的诞生。

（1）强势硬通货的认同与接受问题。这一地区的硬通货有日元、新加坡元、港币等，这些都是自由兑换货币。另外，还有一直保持稳定的人民币，但迄今人民币并未成为自由兑换货币。就以上几种货币而言，实际上，港币和新加坡元不能称作强势货币，就目前来说，日元是这一地区唯一的世界性强势货币，但它的影响却在日益衰减，尤其是自东南亚金融危机以来，日本经济的不稳定性导致其币值波动加剧，其在这一地区的信誉正在大幅下滑。更何况，日元作为"货币区"的支撑货币还会受到民族国家间历史阴影的潜在影响。虽然亚洲各国在对外贸易和金融交易上高度依赖日本，然而日元本币汇率却主要盯住美元，这种不协调成为诱发金融危机的重要原因之一。在这种汇率制度下，日元对美元汇率的急剧波动会导致日元对亚洲其他国家货币汇率同样的剧烈波动。

一国货币要成为中心货币，至少必须具备两个条件：在该区域的国际贸易和金融交易中被广泛使用；具有较为稳定的汇率。一方面，日元在国际贸易和金融交易中的比重较低。在国际贸易中，以日元为交易货币的比重较低，而且与其进出口额的地位极不相称。没有任何明显的迹象表明日元将成为该地区的中心货币。此外，与美国相比，日本缺乏一个成熟的有一定深度和广度的国内金融市场。另一方面，日元汇率不稳定。日元的汇率波动过于频繁，使日元成为发达国家中不稳定的货币之一。规模庞大的日本银行贷款在东亚金融危机爆发后迅速抽逃使东亚金融危机进一步恶化；日元贬值进一步导致东亚国家和地区进口能力下降，相当于日本的出口竞争力下降，进而导致其对外贸易逆差增大；日元的贬值还大大削弱了日本金融机构的实力，尤其是海外经营能力，迫使其不得不收缩海外经营业务。与此形成鲜明对照的是，德国央行通过建立良好的反通胀信用，有效地维持了马克汇率的稳定，大大加快了马克国际化的进程，并一度成为欧元区的主导货币。

由此可见，日元国际化进程明显滞后，日元在国际货币体系中的地位与日本作为国际经济贸易大国，尤其是世界最大债权国和对外投资大国的地位不相匹配。虽然近年来美元地位有所下降，但它仍然是亚洲地区的中心货币，日元由于有前文所述的种种缺点（汇率波动频繁、国内金融市场不发达等），仍然摆脱不了配角的地位。

（2）亚洲的民族主义根深蒂固。亚洲国家之间存在着比较尖锐的民族矛盾，大多数国家还处在国家建设的进程中，民族主义仍是主导的意识形态。欧元启动的一个重要条件，就是民族主义的衰落，就像法国和德国摒弃前嫌、携手共建欧洲一样。而这个条件在亚洲显然不具备，对于欧洲来说是超越了的东西（国家主义、民族主义），对于亚洲来说，尚是努力争取的目标。即使在最为发达的日本，民族主义也没有丝毫消退的迹象，日本之所以支持亚元，只不过是为了建立以日元为中心的亚元区，建立能与美国相抗衡的日元霸权。亚洲内部的矛盾和问题很多，如第二次世界大战中日本的侵略、朝鲜半岛问题、中国的"两岸问题"等地区热点问题至今没有得到解决，这些都严重影响亚洲经济一体化的进程。因此，货币区对这一地区来讲，其实现的过程必将是民族间亲和感和信任感逐步建立的过程，而从现实情况看，这一过程将是相当漫长的。

（3）重商主义经济阻碍亚洲货币一体化。值得强调的是，重商主义固然是近代以来崛起的众多国家所采取的一贯政策，但它是经济起飞的条件，而不是成为货币区的条件。原因很简单，重商主义突出的是民族国家的竞争，以获取稀缺的国际硬通货，从而为进口经济成长、更为稀缺的资本品提供条件，而货币区则强调的是各国之间的协作，是以相互的贸易依赖与互补为前提的。在美国与这一地区之间实际上存在着一种在重商主义国家与货币霸权国家之间的贸易均衡。这种均衡，一方面挤出了前者的贸易联系，另一方面使其对美国产生依赖，这种状况必然制约着亚洲国家对共同货币的需求。

总而言之，从美元与欧元货币区的演进过程看，区域经济合作不能没有"轴心国"，如欧盟是以法、德为轴心的，拉美自由贸易区是以美国为轴心的。在亚洲，日本虽是发达国家，但它由于历史原因在政治上是个弱国，缺乏号召力，且近年来经济一直处于低迷状态。中国是个政治大国，但又是个发展中国家，经济实力有待大力加强。因此，无论日本还是中国，目前都难以起到亚洲经济体中"轴心国"的作用，这也不利于亚洲经济一体化的形成及亚洲统一货币的建立，同时，亚洲货币一体化的必然性、大势所趋与障碍共存，都决定着一体化路径不会与欧洲货币一体化路径能够完全相同。我们可以看出亚洲实行统一货币不可能全区域国家一步到位，欧洲货币联盟具备了大量"最优货币区"的特征，但不能在纯理论上成立。经济一体化的进程、市场的整合，特别是劳动力的流动和工资刚性问题有待解决。

五、亚洲经济一体化对中国经济的不利因素

自改革开放以来，中国经济的快速增长乃至在世界经济舞台上的耀目为中国在经济领域争得发言权。利率市场化及更加灵活独立汇率制度的确立，将有利于中国以市场的方式，与世界接轨，与亚洲展开更广泛的区域经济合作。但同时亚洲经济一体化也给中国带来了种种弊端。

1. 中国面临更多的政治压力

由于中国在东亚区域经济合作中的作用日渐增强，美国在亚洲的经济影响力受到了影响。因此，美国希望通过美韩 FTA（free trade agreement，自由贸易协定）牵制韩国进入中国经济圈，削弱中国对东亚政治、经济的影响力，加强自身同东亚市场的联系。

2. 中国的出口产品受到影响

（1）纺织品。中、韩都是外向型经济体，中国与韩国出口到美国市场的部分产品重叠，

由于韩国产品关税降低甚至取消,相应地提高了其产品竞争力,这部分产品出口市场可能被韩国挤占。但是,中、韩两国在很多领域的出口产品有差别,韩国主要集中在电子工业、钢铁工业、造船工业、中高档服装工业等技术含量较高的产业上。韩国认为,如果纺织品都获得零关税,其在美国市场上的竞争力都将超过中国产品,但实际未必如此。这是因为,中国出口到美国的主要是棉纺织品,而韩国的竞争优势是高档化纤产品,因此,双方更有可能产生差别竞争。

(2) 机电产品。机电产品也是中国目前出口的主打产品,不少韩国企业都已经将加工基地转移到了中国,而众所周知,在中国出口的机电产品中,来自外资企业的加工贸易产品占了绝大部分。中国对美国的巨大顺差其实是整个东亚的顺差,由于分工的细化,日、韩的某些产品在中国加工,再从中国出口到美国。而美、韩签署 FTA 后,可能对该领域造成一定影响。最后,中国企业可能遇到的一个难题是,不仅在韩、美两个国家都要遭遇一些新竞争,而且它们也难以利用韩美 FTA 来获利。FTA 都会有严格的原产地规则界定,因此,中国产品无法通过韩国转口进入美国市场。

六、我国有效应对亚洲经济一体化的措施

从 20 世纪 90 年代起,中国开始积极参与区域经济一体化进程。面对亚洲经济一体化迅速兴起,中国必须进一步调整参与区域经济一体化战略,选择阶段性目标模式和优先顺序,实施政府、部门和企业的应对措施,以应对区域经济一体化所带来的机遇与挑战。

1. 积极调整参与区域经济一体化战略和优先顺序

参与区域经济一体化形式,是新世纪中国对外经贸战略的重要组成部分。它将极大地改善中国经济发展的周边环境,摆脱中国长期游离于区域和次区域贸易集团之外的不利状况,为中国经济发展寻找新的空间。中国参与区域贸易自由化综合效应大于微观效应,中长期利益大于近期利益。当前,应借鉴和吸收全球区域经济一体化的发展经验与教训,根据中国的经济、政治和外交利益,参照合作伙伴的区域化战略的优先顺序,调整区域经济一体化战略,全方位、多层次和有步骤地推进参与区域化的进程。与对外贸易市场多样化战略相结合,开展与重要贸易伙伴或具有一定国际经济地位的国家的贸易自由化谈判;与国际资源战略相结合,推动与某些石油、特殊金属矿生产地关税主体的贸易自由化谈判;与"引进来"和"走出去"战略相结合,寻求与重要外资来源国和对外投资国的贸易自由化谈判。进一步推动多层次的区域化经济一体化的发展,如论坛性的区域化组织(如亚太经合组织)、制度性的区域贸易协定(如中国－东盟自由贸易区、《曼谷协定》及其他双边自由贸易协定)、战略性和松散型的区域合作组织(如上海合作组织)等。目前,中国实施区域贸易自由化战略的优先顺序,应以中国－东盟自由贸易区、双边自由贸易协定为先,加快中国－南部非洲关税同盟自由贸易区、中国－海湾合作委员会自由贸易区谈判,并努力为东亚自由贸易区、中亚自由贸易区的建立创造有利条件。

2. 借鉴全球区域经济一体化的经验,选择合适的发展模式

与以往区域贸易自由化形式不同,新兴的区域贸易自由化形式的目标和内容更为广泛和多样,服务贸易和投资自由化成为重点。它突破地区和距离的限制,协定双方的非对称性,强调与 WTO 规则相一致,并在内容上超越 WTO 范围。在区域贸易自由化理论与实践中,

仍存在诸多关键性的问题。例如，如何选择理想合作伙伴？参与多少项区域贸易协定为好？如何处理重叠式区域贸易协定带来的问题？怎样克服以往南南区域贸易协定的缺陷，推进新型南南合作型区域化形式的发展等。中国在选择区域贸易安排对象时，应以由易到难，循序发展。目前，中国推进的区域贸易自由化以南南合作型居多，应该借鉴发展中国家区域化的历史经验与教训，寻求南南合作型区域化的新模式。

同时，尽早与欧盟国家、北美自由贸易区及其他发达国家等建立南北合作型的区域化形式。进一步推动现有区域一体化形式的调整与升级，可以《曼谷协定》为蓝本，推进中国－韩国自由贸易区的建立和与南亚区域经济合作的安排；以上海合作组织为基础，促进中亚自由贸易区的建立。由于双边自由贸易协定较之多边自由贸易体制更易于建立和实施，应成为未来中国推进区域经济一体化的重点。

3. 制定和实施各部门和企业应对区域贸易自由化的策略

如果说加入世界贸易组织加速了中国经济的市场化进程，那么参与区域经济一体化将进一步提升国内市场开放的广度和深度。在中国加入世界贸易组织前后，有关部门对此开展了大量的工作，而对中国加速参与区域贸易自由化的过程，各部门行业缺乏必要的前期准备，大多企业对此也不甚了解。区域自由贸易区的建立，成员国将获得比世界贸易组织成员更优惠的贸易安排，降低了区内生产的成本，扩大了区内企业的市场。另外，在低关税水平下，双方拥有的比较优势产品将会大量涌入对方市场，对于对方同类比较劣势产品将形成较大冲击。因此，必须进一步探讨中国参与区域经济一体化对不同产业部门、行业和企业的影响，未雨绸缪，采取相应的应对措施。

4. 积极推动和参与东亚经济一体化进程

区域经济一体化是一个复杂的、庞大的工程，涉及面广，要想取得较好的效果，不能急于求成，应按照由近及远、先易后难、循序渐进的方针，有步骤、有层次、由低到高逐步推进区域经济合作和一体化，在互惠互利的基础上与其他国家或地区建立更为紧密的经贸关系。中国作为亚洲最大的发展中国家，目前应以更加积极的姿态参与和推动亚洲区域经济一体化进程。

一是要推动"两岸四地"的区域经济合作进程。依据"一国两制"的原则，形成符合WTO规定的区域经贸安排，通过相互取消货物贸易的关税和非关税措施，进一步开放服务贸易市场并促使贸易与投资便利化，"两岸四地"经济将充分发挥各自的优势，拓展共同繁荣的发展空间。中国内地与香港更加紧密的经贸安排已于2003年6月29日签署，这将为推动内地与香港经济发展提供更加有利的条件。我们还需继续创造条件，进一步加强与台湾和澳门的经济联系，推动与台湾、澳门的更紧密经贸关系的安排。这不仅是"两岸四地"经贸关系日趋紧密、依赖程度不断递增、互补合作区域进一步扩大的客观反映，而且是在当前严峻的国际经济环境及全球区域经济合作发展形势之下，"两岸四地"经济发展内在的必然要求。

二是要进一步加强与东盟的经济合作。中国与东盟国家地理位置邻近，文化相通，自古以来就有密切的交往。近年来，在双方的共同努力下，中国与东盟关系得到了迅速改善和全面发展。2002年11月4日，我国与东盟签署了《中国与东盟全面经济合作框架协议》，决定到2010年建成中国－东盟自贸区。2003年10月在印尼巴厘岛召开的"10＋3"首脑会议上，中国与东盟自由贸易区的谈判取得了积极进展。从2004年1月1日起，自由贸易区框架下的"早期收获"计划付诸实施。中国-东盟自由贸易区的建立，不仅将巩固和加强中国与东盟之间业已存在的友好合作关系，也将进一步促进中国和东盟各自的经济发展，扩大双方贸易和合作规模，提高本地区的整体竞争能力。中国和东盟自由贸易区虽然已经启动，但在建设过程中肯定不会是一帆风顺。因此，在具体的操作过程中可能会遇到各种各样的问题，我们应该有充分的思想准备，积极推动"10＋3"的经济合作进程。"10＋3"启动以来取得明显进展，确定了东亚合作的方向和基本原则，初步形成了一套运作机制和合作形式。"10＋3"强调推动东亚国家间的对话合作，促进相互理解、相互信任与睦邻友好，承诺在经济、贸易、金融、科技等八个领域开展合作；"10＋3"经济部长会议已就推动区域内贸易、投资和技术转让，鼓励信息技术和电子商务合作及加强中小企业合作等进行了广泛的探讨。此外，东亚各国就经济、工商、企业、文化、人力资源开发、年轻领导者交流、湄公河流域开发等领域开展合作提出了诸多设想和建议。东亚国家是中国的邻邦，从长远看，整个东亚地区都具备逐步走向贸易自由化的基础和发展前景。

5. 积极推进国内的改革和开放，不断提高中国的国际竞争力和综合国力

一是要加强政府的宏观调控能力和驾驭经济的能力。这是因为，一方面，参加区域经济一体化组织将对中国的市场开放程度提出更高的要求，可能会对国内产业带来一定程度的冲击。另一方面，由于区域经济一体化所涉及的贸易和投资自由化进程一般要快于WTO，一旦参加，中国的关税减让和非关税壁垒拆除行动就必须同时执行不同的时间表，这无疑会增加宏观经济管理工作的难度。因此，应对区域经济一体化，不仅要求政府制定出有利于参与经济全球化和区域经济一体化进程的经济决策，而且还要注意防范区域经济一体化甚至全球化的经济风险，并且要提高工作效力和监管能力。

二是要大力推进经济结构的战略性调整。我们要根据中国的具体情况和比较优势，利用WTO提供给我们的有利规则，积极实施以质取胜和市场多元化战略，优化出口商品结构，提高出口商品的竞争力，改善投资环境，促进出口贸易和引进外资。同时，也可以主动出击，将优势产品投资到区域经济一体化成员国内生产，绕开贸易壁垒，达到扩大市场占有率和降低生产成本的目的。

三是要加大改革力度，促进中国的跨国公司的成长。我们应鼓励企业通过联合、兼并、收购、改组、控股、参股等方式组建大型企业集团，按照建立现代企业制度的要求，鼓励集团建立以产权关系为纽带的母子公司体制，增强母公司资本经营管理能力，扩大企业集团的融资渠道，并实行国际化经营战略，使其在国际竞争中起到主力军的作用。

总之，经济集团化和区域化是世界经济发展的潮流，东亚区域化的进程远远落后于其经济发展的进程。中国作为东亚具有举足轻重地位的关键性大国，应积极主动地为东亚经济合作的发展做出自己的贡献。这既是东亚发展和稳定的需要，也是中国发展和稳定的需要。东亚是一个政治、经济和文化多样性非常强的地区，地区整合相当困难，因此不顾条件过高过急地寻求东亚合作组织化和制度化，是不符合客观实际的空想；但无所作为，放弃创造条件引领东亚走向更高层次的经济合作，使之逐步向组织化、制度化、机制化方向发展，也是不可取的。就中国来说，应采取"韬光养晦""有所作为"的区域合作发展战略，从中国与发展中国家的实际出发，结合中国的国内经济发展战略，在保证国家经济安全的前提下，循序渐进，有选择、分阶段、有重点地推进国际区域合作进程。我国可以在双边和多边合作的基础上，推进与我边境发展相关的小区域、次区域经济合作的发展；根据全球经济一体化的趋

势和东亚经济外向性较强的特点，我们应强调区域组织的松散性和开放性的原则；但又要不失时机地积极推动符合客观需要并有可能的紧密合作，有选择地与某些发展中国家在互让互利原则下签订一揽子协定，在相互范围内提早走向贸易和投资自由化，建立自由贸易区之类组织，积累区域合作经验，为开展更广泛的区域合作组织创造条件。

6. 加快亚洲货币一体化进程，积极推动亚洲货币单位向亚元的过渡

如果把亚洲各国货币按其成员的国内生产总值及贸易额的比例计算出权重，采取"一揽子货币方式"组合成共同的货币单位。如同调制一杯鸡尾酒，成员的货币与统一货币单位按一定比例挂钩。成员之间的贸易与投资活动以统一货币单位进行结算，就可以抵抗全球资本移动所带来的冲击，保证亚洲经济的繁荣与稳定。亚洲采用统一货币可以降低区域内的投资和贸易交易成本，极大地促进区域内经济的发展。统一的货币市场为区域内各国的剩余资本在区域内循环提供了一个有效的通道。对中国来说，巨大的外汇储备可以转化为区域内的投资，以规避美元贬值导致的外汇资产缩水。尽管要实现亚洲货币一体化的目标还有相当大的困难，亚洲国家必须从贸易合作转向金融货币合作，来应付美元和欧元的强势货币的挑战。

中国作为经济大国，在实现亚洲货币一体化过程中调节自身政策的灵活性相对其他国家较差，况且中国的经济本身还处于转型时期，可能遇到的问题比其他国家要多。特别是在人民币国际化程度不高、"两岸四地"的政治经济不尽相同的情况下，一方面中国应超前调整经济政策，率先实现"两岸四地"货币区内的相互融合，增加在亚洲经济事务中的分量；另一方面主动适应亚洲货币一体化提出的要求，增加与亚洲内部的经济合作，同时争取世界其他国家的支持。总之，亚洲货币一体化势在必行，从长远来看，它是中国的统一和经济发展的催化剂。这更加要求中国应当积极参与，既要重视通过 APEC、"10 + 3"首脑会议机制推动区域经济合作，又要积极构建次区域经济合作组织，既在已有区域合作框架下行动，又要力争掌握主动。今后一段时间首先应当做好人民币自身的工作，加快启动大陆港澳（台）自由贸易区，并实现货币统一，稳步推进国内金融体制改革，建立健康稳健的金融体系；其次，继续加强与东盟的金融合作。在"10 + 3"框架下，推动建立中国-东盟汇率联动机制，可减少中国与东盟经济交往中的汇率风险，又可保持两者与主要发达国家的竞争力，最终把汇率协调机制变为双方未来自由贸易区的一个支柱。

在国际经济区域一体化的浪潮中，各大洲的区域经济合作如火如荼，亚洲却一直因其各国经济的差异过大，小国意识太强以致故步自封，消极待毙。自由贸易的比较优势理论给出了无论各国差异再大，总会谋求到风险成本和机会成本最小化及利益最大化的帕累托最优选择。在世界经济及外部环境的强烈鞭策下，亚洲各国已意识到了区域经济一体化的必然性与必要性，合作意愿加强。中国在充分认识到所处经济环境的同时应主动与多方进行协调，提高自身货物和服务的贸易总量，促进投资流动，积极参与各项标准的制定，以加重亚洲及中国在全球经济中的分量。

第十四章

国际资本流动

第一节 国际资本流动概述

一、国际资本流动的概念

国际资本流动（international capital flows）是指资本在国际间转移，或者说，资本在不同国家或地区之间作单向、双向或多向流动，具体包括贷款、援助、输出、输入、投资、债务的增加、债权的取得、利息收支、买方信贷、卖方信贷、外汇买卖、证券发行与流通等。

国际资本流动按照不同的标志可以划分为不同类型，按资本的使用期限长短将其分为长期资本流动和短期资本流动两大类。长期资本流动是指使用期限在一年以上或未规定使用期限的资本流动，它包括国际直接投资、国际证券投资和国际贷款三种主要方式。短期资本流动是指期限为一年或一年以内的资本流动。

二、国际资本流动的分类

（一）按照资本流向分

1. 资本流入

资本流入是指外国资本流入本国，即本国资本输入，主要表现为：外国在本国的资产增加；外国对本国负债减少；本国对外国的债务增加或本国在外国的资产减少。

2. 资本流出

资本流出是指本国支出外汇，是本国资本流到外国，即本国资本输出。主要表现为：外国在本国的资产减少；外国对本国债务增加；本国对外国的债务减少或本国在外国的资产增加。

（二）按照资本跨国流动时间的长短分

1. 长期资本流动

长期资本流动指使用期限在一年以上，或者未规定使用期限的资本流动。它主要包括三种类型：国际直接投资、国际证券投资和国际贷款。

(1) 国际直接投资（international direct investment）：是指一个国家的企业或个人对另一国企业部门进行的投资。直接投资可以取得某一企业的全部或部分管理和控制权，或者直接投资新建企业。按照 IMF 的定义，通过国际直接投资而形成的直接投资企业是"直接投资者进行投资的公司型或非公司型企业，直接投资者是其他经济体的居民，拥有（公司型企业）的 10% 或 10% 以上的流通股或投票权，或者拥有（非公司型企业）相应的股权或投票权。"其特点是指投资者能够控制企业的有关设施，并参与企业的管理决策。直接投资往往和生产要素的跨国界流动联系在一起，这些生产要素包括生产设备、技术和专利、管理人员等，因而国际直接投资是改变资源分配的真实资本的流动。

国际直接投资一般有 5 种方式：① 在国外创办新企业，包括创办独资企业、设立跨国公司分支机构及子公司；② 与东道国或其他国家共同投资，合作建立合营企业；③ 投资者直接收购现有的外国企业；④ 购买外国企业股票，达到一定比例以上的股权；⑤ 以投资者在国外企业投资所获利润作为资本，对该企业进行再投资。

(2) 国际证券投资（international portfolio investment），也称为间接投资，是指通过在国际债券市场上购买外国政府、银行或工商企业发行的中长期债券，或者在国际股票市场上购买外国公司股票而进行的对外投资。证券投资与直接投资存在区别，主要表现在：证券投资者只能获取债券、股票回报的股息和红利，对所投资企业无实际控制权和管理权，而直接投资者则持有足够的股权来承担被投资企业的盈亏，并享有部分或全部管理控制权。

(3) 国际贷款（international loan）是指一国政府、国际金融组织或国际银行对非居民（包括外国政府、银行、企业等）所进行的期限为一年以上的放款活动。主要包括政府贷款、国际金融机构贷款、国际银行贷款。

2. 短期资本流动

短期资本流动是指期限在一年或一年以内即期支付的资本流动。它主要包括以下 4 类。

(1) 贸易资本流动。是指由国际贸易引起的货币资金在国际间的融通和结算，是最为传统的国际资本流动形式。国际贸易活动的进行必然伴随着国际结算，引起资本从一国或地区流向另一国或地区。各国出口贸易资金的结算，导致出口国或代收国的资本流入；各国进口贸易资金的结算，则导致进口国或代付国的资本流出。随着经济开放程度的提高和国际经济活动的多样化，贸易资本在国际流动资本中的比重已经大为降低。

(2) 银行资金调拨。银行资本流动，是指各国外汇专业银行之间由于调拨资金而引起的资本国际转移。各国外汇专业银行在经营外汇业务过程中，由于外汇业务或谋取利润的需要，经常不断地进行套汇、套利、掉期、外汇头寸的抛补和调拨、短期外汇资金的拆进拆出、国际间银行同业往来的收付和结算等，都要产生频繁的国际短期资本流动。

(3) 保值性资本流动。又称为"资本外逃"（capital flight），是指短期资本的持有者为了使资本不遭受损失而在国与国之间调动资本所引起的资本国际转移。保值性资本流动产生的原因主要有国内政治动荡、经济状况恶化、加强外汇管制和颁布新的税法、国际收支发生持续性的逆差，从而导致资本外逃到币值相对稳定的国家，以期保值，免遭损失。

(4) 投机性资本流动。是指投机者利用国际金融市场上利率差别或汇率差别来谋取利润所引起的资本国际流动。具体形式主要有：对暂时性汇率变动的投机；对永久性汇率变动的投机；与贸易有关的投机性资本流动；对各国利率差别做出反应的资本流动。由于金融开放与金融创新，国际间投机资本的规模越来越庞大，投机活动也越来越盛行。

三、国际资本流动的原因

引起国际资本流动的原因很多，有政治的、经济的，归结起来主要有以下几个方面。

1. 过剩资本的形成或国际收支大量顺差

过剩资本是指相对的过剩资本。随着资本主义生产方式的建立，资本主义劳动生产率和资本积累率的提高，资本积累迅速增长，在资本的特性和资本家唯利是图的本性的支配下，大量的过剩资本就被输往国外，追逐高额利润，早期的国际资本流动就由此而产生了。随着资本主义的发展，资本在国外获得的利润也大量增加，反过来又加速了资本积累，加剧了资本过剩，进而导致资本对外输出规模的扩大，加剧了国际资本流动。近 20 年来，国际经济关系发生了巨大变化，国际资本、金融、经济等一体化趋势有增无减，加之现代通信技术的发明与运用，资本流动方式的创新与多样化，使当今世界的国际资本流动频繁而快捷。总之，过剩资本的形成与国际收支大量顺差是早期也是现代国际资本流动的一个重要原因。

2. 利用外资策略的实施

无论是发达国家，还是发展中国家，都会不同程度地通过不同的政策和方式来吸引外资，以达到一定的经济目的。美国目前是全球最大的债务国。而大部分发展中国家，经济比较落后，迫切需要资金来加速本国经济的发展，因此，往往通过开放市场、提供优惠税收、改善投资软硬环境等措施吸引外资的进入，从而增加或扩大了国际资本的需求，引起或加剧了国际资本的流动。

3. 利润的驱动

增值是资本运动的内在动力，利润驱动是各种资本输出的共有动机。当投资者预期到一国的资本收益率高于他国，资本就会从他国流向这一国；反之，资本就会从这一国流向他国。此外，当投资者在一国所获得的实际利润高于本国或他国时，该投资者就会增加对这一国的投资，以获取更多的国际超额利润或国际垄断利润，这些也会导致或加剧国际资本流动。在利润机制的驱动下，资本从利率低的国家或地区流往利率高的国家或地区。这是国际资本流动的又一个重要原因。

4. 汇率的变化

汇率的变化也会引起国际资本流动，尤其 20 世纪 70 年代以来，随着浮动汇率制度的普遍建立，主要国家货币汇率经常波动，且幅度大。如果一个国家货币汇率持续上升，则会产生兑换需求，从而导致国际资本流入；如果一个国家货币汇率不稳定或下降，资本持有者可能预期到所持的资本实际价值将会降低，则会把手中的资本或货币资产转换成他国资产，从而导致资本向汇率稳定或升高的国家或地区流动。

在一般情况下，利率与汇率呈正相关关系。一国利率提高，其汇率也会上浮；反之，一国利率降低，其汇率则会下浮。例如，1994 年美元汇率下滑，为此美国连续进行了 7 次加息，以期稳定汇率。尽管加息能否完全见效取决于各种因素，但加息确实已成为各国用来稳定汇率的一种常用方法。当然，利率、汇率的变化，伴随着的是短期国际资本（游资或热钱）的经常或大量的流动。

5. 通货膨胀的发生

通货膨胀往往与一个国家的财政赤字有关系。如果一个国家出现了财政赤字，该赤字又是以发行纸币来弥补，必然增加通货膨胀的压力，一旦发生了严重的通货膨胀，为减少损失，投资者会把国内资产转换成外国债权。如果一个国家发生了财政赤字，而该赤字以出售债券或向外借款来弥补，也可能会导致国际资本流动，因为，当某个时期人们预期到政府又会通过印发纸币来抵偿债务或征收额外赋税来偿付债务，则又会把资产从国内转往国外。

6. 政治、经济及战争风险的存在

政治、经济及战争风险的存在，也是影响一个国家资本流动的重要因素。政治风险是指由于一国的投资环境恶化而可能使资本持有者所持有的资本遭受损失。经济风险是指由于一国投资条件发生变化而可能给资本持有者带来的损失。战争风险，是指可能爆发或已经爆发的战争对资本流动造成的可能影响。例如，海湾战争就使国际资本流向发生重大变化，在战争期间许多资金流往以美国为主的几个发达国家（大多为军费）。战后安排又使大量资本涌入中东，尤其是科威特等国。

7. 国际炒家的恶性投机

所谓恶性投机，可包含两种含义：第一，投机者基于对市场走势的判断，纯粹以追逐利润为目的，刻意打压某种货币而抢购另一种货币的行为。这种行为的普遍发生，毫无疑问会导致有关国家货币汇率的大起大落，进而加剧投机，汇率进一步动荡，形成恶性循环，投机者则在"乱"中牟利。这是一种以经济利益为目的的恶性投机。第二，投机者不是以追求盈利为目的，而是基于某种政治理念或对某种社会制度的偏见，动用大规模资金对某国货币进行刻意打压，以此阻碍、破坏该国经济的正常发展。但无论哪种投机，都会导致资本的大规模外逃，并会导致该国经济的衰退，如1997年7月爆发的东南亚货币危机。一国经济状况恶化—国际炒家恶性炒作—汇市、股市暴跌—资本加速外逃—政府官员下台——国经济衰退，这几乎已成为当代国际货币危机的"统一模式"。

另外，还有其他因素，如政治及新闻舆论、谣言、政府对资本市场和外汇市场的干预及人们的心理预期等因素，都会对短期资本流动产生极大的影响。

四、国际资本流动的特征

1. 国际直接投资高速增长

20世纪80年代以来，国际直接投资出现了两个热潮期。一是80年代后半期。据统计，1986—1990年国际投资流出量平均每年以34%的速度增长；每年流出的绝对额也猛增，1985年为533亿美元，1990年高达2 250亿美元；国际直接投资累计总额从1985年的6 836亿美元，增至1990年的1.7万亿美元。二是1995年以来。1995年国际直接投资总量达3 150亿美元、增长40%，1996年达3 490亿美元、增长11%，1997年达4 240亿美元、增长25%。1997年全球国际直接投资并没有因亚洲金融危机而减少，而且各地普遍增长。

2. 国际资本市场迅速膨胀

国际资本市场的规模主要指国际借贷（中长期）和国际证券投资的数量。至20世纪80年代末，该市场规模约5万亿美元，为1970年的34倍。整个80年代，金融市场资本量每年递增16.5%，远超过世界商品贸易每年5%的增长，进入90年代后，该市场进一步扩大。

据资料显示，截至1997年7月底，国际银行放款总额达99 698亿美元，放款净额达52 350亿美元。而至1997年12月，国际证券发行总量高达35 314亿美元。这里的证券发行包括国际债券、货币市场工具、欧洲票据等。如果再计算股票市场，则国际资本市场的规模将进一步膨胀。1997年多数发达国家股票市场达到或接近创纪录的水平。美国道琼斯指数1992—1996年翻了一番，1998年又突破9 000点大关。债券、股市及银团放款市场的兴旺发达是1997年以来国际资本市场发展的一个显著特点。

3. 国际外汇市场交易量扩大

国际金融市场中的短期资金和长期资金市场的流动，基本上都要反映到外汇市场的各种交易往来中。根据国际银行的估计，世界各主要外汇市场（伦敦、纽约、东京、新加坡、香港、苏黎世、法兰克福、巴黎等）每日平均外汇交易额在1979年为750亿美元，1984年扩大到1 500亿美元。1990年初国际清算银行一项调查资料表明，当时的全球外汇交易量每天已接近9 000亿美元。

上述分析表明，国际金融市场上的资金流动，尤其短期资金流动，已占主导地位。货币资本已脱离世界生产和国际贸易而独立运动，而由此形成的货币资本运动与商品运动相分离的现象，也构成了当代资本流动的一个重要特点。

4. 跨国公司成为推动国际资本流动的主角

当代国际资本流动，尤其国际直接投资的主角是跨国公司。跨国公司拥有巨额的资本、庞大的生产规模、先进的科学技术、全球的经营战略、现代化的管理手段及世界性的销售网络，其触角遍及全球各个市场，成为世界经济增长的引擎，对"无国界经济"的发展起着重大的推动作用。据统计，跨国公司的海外销售总额高达5.5亿美元，而世界出口总额仅为4万亿美元。跨国公司通过国外直接投资控制世界对外直接投资累计总额的90%，其资产总额占世界总产值的40%，贸易额占世界贸易额的50%，控制工业研究与开发的80%、生产技术的90%、世界技术转让的75%，以及发展中国家技术贸易的90%。

五、国际资本流动的影响

国际资本流动对资本输出国、资本输入国及国际经济形式影响各不相同。

1. 长期资本流动的影响

（1）对资本输出国而言，长期资本流动可以：① 提高资本的边际收益；② 有利于占领世界市场，促进商品和劳务的输出；③ 有助于克服贸易保护壁垒；④ 有利于提高国际地位。

（2）对资本输入国而言，长期资本流动可以：① 缓和资金短缺的困难；② 提高工业化水平；③ 扩大产品出口数量，提高产品的国际竞争能力；④ 增加新兴工业部门和第三产业部门的就业机会，缓解就业压力。

2. 短期资本流动的影响

在短期资本流动中，贸易性流动和金融性资本流动比较稳定，并且其影响相对有利。而以投机性资本为主的国际贸易则最受国际金融界和各国货币当局所关注，原因在于其流动规模巨大，变化速度快，对一国乃至世界经济金融造成的影响深刻而复杂。

第二节　国际资本流动对中国经济的影响

改革开放以来，中国实行积极的利用外资政策，国际资本的流入缓解了中国资本不足，为增加就业及扩大出口、提高产品的国际竞争力做出了很大的贡献。但 2003 年以来，人民币升值、国内的房地产和股票市场价格高涨，国际热钱（hot money）通过各种渠道进入中国，对中国经济产生了一定的负面影响。因此，国际资本流动对中国经济的影响具有两面性。

一、国际资本流动对中国经济的正面影响

1. 弥补中国资本不足

新中国成立之初，中国基本处于半封闭状态，由于经济发展水平低、居民储蓄率不高等原因，国内资本严重匮乏，导致经济发展缺乏动力，发展速度缓慢。20 世纪 70 年代后期，中国实行改革开放政策，积极引进外资。大量的国际资本流入，为中国经济发展注入了鲜活的血液，大批企业、工厂发展起来，银行业也有了很大的发展，进出口贸易增加，外汇储备也随之增长。这在很大程度上弥补了中国资本的不足。

2. 引进先进技术和设备，获得先进的管理经验

长期资本流动的很大一部分是直接投资，给中国直接带来技术、设备，甚至是销售市场。国际资本行业分布重点从种植业和采掘业，转向制造业、银行、金融和保险等资金－知识密集型行业，在很大程度上推动了中国的产业结构升级。同时，为了充分吸取新技术、新工艺和新产品所能带来的利润，往往以技术入股、技术转让等方式提供比较先进的技术、工艺和产品，提高了中国的劳动生产率，增加经济效益，加速经济发展进程。

3. 扩大出口，增加就业机会，增加国家财政收入

发达国家通过资本输出，把劳动、能源和原材料密集的生产工序和一般消费品的生产过程迁往发展中国家和新兴工业化地区，并把在那里生产的许多产品销到本国市场和国际市场，这对扩大中国的产品出口是有利的。同时，中国也可利用外资所带来的先进技术和海外销售渠道，提高自己产品的出口创汇能力。这有利于增加就业机会，有利于增加国民生产总值，进而有利于增加国家财政收入，提高国民的生活水平。

一方面，输入资本，建立外向型企业，实现进口替代与出口导向，就有利于扩大出口，增加外汇收入，进而起到改善国际收支的作用。另一方面，资本以存款形式进入，也可能形成一国国际收支的来源。

二、国际资本流动对中国经济的负面影响

1. 对中国经济主权产生冲击

一方面，国际资本流动有可能影响中国货币发行、货币政策等。由于中国证券市场不是

很完善,而且近来人民币对外升值、对内贬值,私营经济主体有价证券多样化和进出口商争取降低国际贸易交易成本有可能采取用美元标价,这使得国内的宏观需求管理极为困难。这将有可能出现与格雷欣法则相反的现象:良币驱逐劣币。

另一方面,中国经济出现过热现象,央行提高利率,以抑制总需求。然而,由于国际资本流动的存在,提高利率会诱使国外热钱流入,反而会进一步刺激投资。人民币升值后,中国的贸易顺差不但没有减少,反而不断扩大。人民币升值的预期不断强化,各市场主体变得不愿意增加持有美元资产,它们甚至可能抛售其美元资产,这增加了人民币升值的压力。

2. 国际资本流动可能给中国未来国际收支带来风险

改革开放以来,中国实行积极的利用外资政策,对国际收支发展起到了积极作用。然而,受经济发展水平和政策制约,中国资本流动的形式存在较大差异,直接投资结构发展不均衡,违规资本流动,特别是资本外逃现象层出不穷,国际资本流动的有效性低,这些都对中国国际收支平衡和发展带来负面影响。此外,中国长期以来实行"宽进严出"的投资和外汇管理政策,资本的流出(入)政策待遇区别较大,资本的流出受到严格的审批限制,再加上中国在生产国际化中的参与度很低,中国企业在国际投资、国际市场的竞争力不强。因此,中国对外直接投资和证券投资的发展起步较晚,严重滞后于利用外资的发展水平。近几年来外商投资利润汇出呈较快的增长势头,倘若发生将历年外方投资收益集中购汇支付的情况,将给中国未来的国际收支平衡带来风险。

3. 对中国国内金融市场的冲击

首先,资本大量流入导致商业银行的资产负债规模加大,银行的不良贷款增加。中国的外国资本主要通过银行流入到国内,因而国内银行对外负债的增加会导致银行国内资产负债表的扩大。如果对银行管理和监控不善,资本流入就会加大银行信贷扩张的机会,不良贷款的比例就会增加。其次,导致银行危机和货币危机的出现。最后,导致证券市场出现波动。国际投资者的出现可能会给资本市场定价的效率带来一些冲突。信息的效率会使资本市场发挥配置资本的作用。因为证券的价格反映了所有可利用的信息,错误的标价可能导致资本错误地分配到生产效率相对较差的企业和行业。例如,股票价格会因为外国投资者的出现而发生扭曲,进而波动,特别是在那些外国投资者占了大部分交易量的市场。

4. 汇率超调导致国际收支危机

根据多恩布什的超调汇率理论,商品市场与资产市场的调整速度不同,商品市场的价格水平具有黏性特点。在短期内,实际汇率不能满足购买力平价的要求,会发生过度调整的现象,这会给金融市场和实际经济的发展带来很大的冲击。开放资本项目后,由于资本的大量流入,导致人民币升值,人民币升值降低了中国商品的竞争力。这时,如果外国投资者大幅度地减少资本流入或开始撤资,本国汇率又会急剧下跌。同时由于经营项目的恶化及外资流入的减少,有外债的国家的到期还本付息就会出现困难,从而引发一场货币危机。

第十五章

国际经贸新发展专题技能训练

第一节 区域经济一体化中的贸易创造与贸易转移专题

【训练的目的与要求】

使学生进一步理解区域经济一体化中的贸易创造与贸易转移理论的含义；通过对比分析发达国家与发展中国家在一体化过程中产生的效应，思考区域经济一体化组织对内开放、对外封闭是否是最优选择。

【学习重点与难点】

能够联系实际，通过对比分析发达国家与发展中国家在一体化过程中产生的效应，思考区域经济一体化组织对内开放、对外封闭是否是最优选择。

一、发展中国家区域经济一体化效果不如发达国家显著

一谈到区域经济合作，人们会立即联想到欧洲联盟、北美自由贸易区和亚太经济合作组织。尤其是欧盟在各方面均遥遥领先，虽几经挫折，但每到关键时刻，都山重水复、柳暗花明。其实，区域经济合作组织自20世纪50年代以来已如雨后春笋、层出不穷，尤以拉美和非洲为甚。但与前三者相比，它们似乎都"默默无闻"。原因何在？周建平教授在《区域性国际经济一体化的比较》一书中将之归结为四点：① 成员国之间相互依赖不深，缺乏互补性；② 发展中国家政治制度不成熟，政局动荡；③ 发展中国家一体化组织贪大求全；④ 没有强有力的相互投资和共同基金由富国向贫国转移。但实际上，贸易创造和贸易转移理论也可对之部分地加以解释。

如图15-1所示，关税同盟效果取决于△MNC、△PRQ和矩形$ABPN$面积的大小。那么，三块面积大小是如何决定的呢？它们是由SS和DD的斜率及HU和UW的大小决定的。以上四者中任一个因素发生变化，都会导致关税同盟效应发生变动。

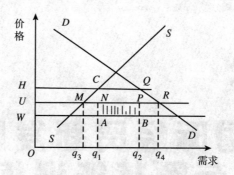

图 15-1 关税同盟的贸易效应

由分析可知，有助于增强关税同盟效果的倾向可以归为以下 3 点：① 进口品的国内供给和需求价格弹性越大（SS 和 DD 越平缓），得益越大；② 国内成本与伙伴国成本差异（HU）越大，得益越大；③ 伙伴国成本与外部世界成本差异（UW）越小，得益越大。所以，美国经济学家彼得·林德特在《国际经济学》中得出结论说："最好的贸易创造情况是这样的：高弹性的进口需求，同盟建立之前的高关税，以及在同盟内处处存在的几乎像在外部世界一样低的成本。相反地，最糟糕的贸易转移情况是这样的：无弹性的进口需求及整个新关税同盟内存在的各种高成本。"

众所周知，大多数发展中国家，特别是拉美和非洲地区的生产结构与贸易结构均与发达国家有较大的差异。由于历史原因，拉美和非洲生产及出口以初级产品为主，进口的主要是制成品。例如，中非国家经济共同体成员国之一布隆迪 1990 年农业产值占国内生产总值的 50.5%，每年农业出口的外汇收入占出口总额 90% 左右。1990 年，制造业只占国内生产总值的 9.5%。又如拉丁美洲一体化协会成员国之一的委内瑞拉出口以石油及其制成品为主，1987 年占出口总额的 87.21%。其他出口品有铝、钢铁和少量农产品。主要进口品为机械产品、运输设备及化工产品等。1987 年，这些产品进口值为 41.44 亿美元，占进口总值的 50.72%。

发展中国家这种生产与贸易结构于关税同盟不利。首先是对贸易创造有较大的负作用：进口以制成品为主，自给率不高，对外部世界（主要是发达国家）依赖性很强。因此，进口品的国内供给与需求价格弹性均处于较低水平。同时，成员国之间实现自由贸易后，并不能从伙伴国进口成本低的商品以取代国内生产，这两方面的综合结果是 △MNC 和 △PRQ 面积之和不大。其次是扩大了贸易转移效应：本国与伙伴国生产率都不高，成本差别不大，但与主要由发达国家组成的外部世界相比，成本差别都很大，即 UW 较大。从而矩形 ABPN 面积较大。即使建立关税同盟，成员国得益与损失相比，孰大孰小，不难定论。这也就是周建平教授所说的成员国之间经济相互依赖性不强，缺乏互补性的道理。但从长远角度来看，随着发展中国家生产与贸易结构的改善，劳动生产率的提高，关税同盟效应将会有所增强。

与发展中国家经济一体化相比，发达国家成绩斐然。以欧共体为例，其成员国之间经济水平相差不大，进口品供需价格弹性均处于较高水平。相互间生产成本差异较大，特别是产业内贸易与技术贸易增长快速，相互依赖性很强，因而贸易创造效应较拉美与非洲显著。欧共体关税同盟效应中不足之处是农产品贸易转移效应较大，但与贸易创造相比，不可相提并论。

二、区域经济一体化组织对内开放、对外封闭是否是最优选择

综观当今所有区域经济一体化组织，虽然千差万别，花样百出，但除 APEC 外，都有一个共同点：对内开放、对外封闭。区域经济一体化的目的，简而言之，就是使特定的一组国家利益最大化，这个最大化并非各国利益的简单加总，相反，不仅要注重内部效应，还要注意外部效应，以免出现"零和效应"。其关键一点就是实现生产资料、商品与劳务自由流通，优化整个区域内的资源配置，这与自由贸易区和关税同盟的倡议十分吻合。但区域经济一体化对内开放、对外封闭是最优解吗？从贸易创造与贸易转移的角度分析，答案显然不是。

关税同盟效应能否增强关键在于能否扩大 $\triangle MNC$ 和 $\triangle PRQ$ 的面积和缩小矩形 $ABPN$ 的面积。现在假设成员国之间实行自由贸易的同时，并不对外统一关税、设置贸易壁垒，而是对外部世界也开放国门。那么，整个世界将不是由本国、伙伴国和外部世界三部分组成，而是由本国和外国（包括伙伴国和外部世界）两部分组成。贸易创造效应将仍然存在，而贸易转移效应将大大削弱，甚至为零。

图 15-2 中 H 仍表示国内最初价格，F 表示国外价格，图 15-1 中的 U 和 W 两条线在图 15-2 中合二为一，贸易创造效应等于 $S_{\triangle MNC} + S_{\triangle PRQ}$，而贸易转移效应变成了零。

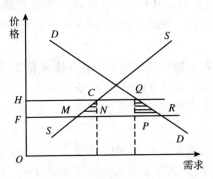

图 15-2 关税同盟效应

贸易转移效应何以为零？原因是本国对伙伴国开放的同时，也对外部开放，因而本国可以在伙伴国与外部世界二者之间选择进口方向，哪国成本低，就从哪国进口，因此，贸易转移没有发生。当然，在现实中，由于诸多原因，本国不可能对外部世界完全开放，或多或少总会有些歧视，贸易转移效应不至为零，但与图 15-1 中相比，将大大削弱。

既然如此，区域经济合作组织为何对外歧视呢？这有经济、社会等多种原因，但也与人们的观念不无关系：对他国开放，若没有相应的他国对本国开放，将是一种代价。这里的关键是如何看待对内保护与对外竞争的问题。对外开放毕竟至少在短期内对本国企业或多或少有不利影响，进而影响收入、就业等。但从长远来看，对外部世界也开放国门是正确的选择。

以 APEC（Asia-Pacific Economic Cooperation，亚太经济合作组织）为例。APEC 独树一帜，既不搞自由贸易区，更不搞关税同盟。正如印尼总统苏哈托在茂物会议上所指出的："我们从未试图将 APEC 变为一个排他的、封闭性的贸易集团。这除了是对自由贸易呼唤的响应外，当然有自身原因：① APEC 成员在经济水平、政治、文化及社会制度方面差异太大，无法对外封闭；② APEC 是功能性合作，难以组建一系列权力机构来一致对外；③ 次

区域合作环环相扣。但从贸易创造与贸易转移角度来看，APEC 也不宜对外封闭：成员方区域外贸易比例很高，1988 年，亚太地区区域外贸易达 1/3 以上。若搞封闭集团，贸易转移效应将十分显著，终将得不偿失。

第二节 "一带一路"倡议下：中泰贸易的发展现状与前景

一、"一带一路"倡议下中泰贸易的发展现状

（一）贸易总额稳步增长

2013 年，中泰双边贸易总额为 644.4 亿美元，泰国从中国进口 376.1 亿美元，对中国出口 268.3 亿美元。2013—2016 年，中国与泰国的双边贸易额呈缓慢增长的趋势，从 644.4 亿美元增至 658.4 亿美元。其中在 2014 年略有下降，贸易总额为 633.6 亿美元，主要体现在泰国对中国的出口额有小幅度的下降，但从 2015 年起又有所增长。总体看 2013—2016 年两国的双边贸易相对稳定。

2017—2018 年两国双边贸易额有明显增长，由 741.4 亿美元上升至 799.3 亿美元，进口和出口均有所增加，其中泰国自中国进口增加了 55 亿美元，出口相对平稳，仅增加 2.9 亿美元。2018—2019 年中泰双边贸易额又再次趋于平缓，总额和进口额有小幅上升，但泰国对中国出口略有下降。

2019 年，中国与泰国双边贸易总额为 800 亿美元。其中，泰国从中国进口 509.8 亿美元，增长 1.6%；泰国对中国出口 290.2 亿美元，下降 3.4%。自 2013 年以来中泰贸易总体呈现出稳步增长的趋势，其中泰国对中国的出口额始终小于从中国的进口额，泰国对中国贸易持续逆差，如图 15-3 所示。

图 15-3　2013—2019 年中泰双边贸易额

数据来源：中国商务部。

(二) 贸易地位持续上升

2013 年，中国成为泰国的第一大出口市场和第二大进口来源国。2013—2019 年中泰双边贸易额在泰国外贸总额中的比重如图 15-4 所示，从中可以看出自 2013 年以来总体呈上升趋势，中国在泰国的贸易地位持续上升。

2013 年，中泰双边进出口总额为 644.4 亿美元，占泰国贸易总额的 13.6%，其中，泰国自中国的进口额占泰国总进口额的 15.2%，泰国对中国的出口额占泰国总出口额的 11.9%。与此同时，中国取代日本成为泰国最大的贸易伙伴。2014 年，中泰双边贸易占泰国贸易总额的 14%，泰国从中国的进口占泰国进口总额的 16.9%，泰国对中国的出口占泰国总出口额的 11%。中国是泰国最大的出口市场，也是泰国最大的贸易伙伴，同时，中国首次超过日本成为了泰国最大的进口来源国。

总体上看，泰国自中国进口的贸易额显著增长，总体呈上升趋势，占比从 2013 年的 15.2% 上升至 2019 年的 21.2%，泰国从中国的进口不断增加。此外，泰国对中国的出口较为稳定，占比总体在 11%~13%，其中 2017 年泰国对中国出口额占比最高，为 12.5%。中泰双边贸易额占泰国贸易总额的比重从 2013 年的 13.6% 上升至 2019 年的 16.5%，比重不断增加，中国在泰国的贸易地位持续上升。

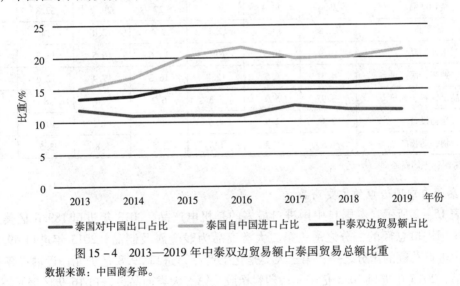

图 15-4 2013—2019 年中泰双边贸易额占泰国贸易总额比重
数据来源：中国商务部。

(三) 中泰贸易商品结构分析

1. 泰国对中国出口的主要商品

表 15-1 列出了 2013—2019 年泰国对中国出口的前十大类商品。可以看出，泰国对中国出口商品最多的是塑料橡胶，2013 年出口总额为 90.7 亿美元，约占泰国对中国出口总额的三分之一；其次是机电产品，2013 年出口 57.2 亿美元，约占出口总额的五分之一；第三是化工产品，出口额为 34.1 亿美元；植物产品是第四大类商品，2013 年出口 25.6 亿美元；矿产品排名第五，出口 23.8 亿美元。

2013—2019年，尽管泰国对中国塑料橡胶出口总体呈下降趋势，但仍居泰国对中国出口商品中首位。2019年对中国出口总额为74.8亿美元，约占泰国对中国出口总额的四分之一。出口相对稳定的是机电产品，略有增长，2019年出口额达62.4亿美元；化工产品从2014年起出口有所减少，下降成为泰国对中国出口的第四大类商品，2019年出口23.8亿美元；同时植物产品出口37亿美元，跃居成为泰国对中国出口的第三大类商品。此外，从总体上看，泰国对光学、钟表、医疗设备和食品、饮料、烟草的出口有所上升，出口扩大了近3倍；运输设备的出口大幅度增加，增加了近7倍；而矿产品和木质制品出口贸易额均有所下降。

表15-1 2013—2019年泰国对中国出口的主要商品

单位：亿美元

商品类别	贸易额						
	2013年	2014年	2015年	2016年	2017年	2018年	2019年
塑料橡胶	90.7	77.8	66.4	63.2	86.6	81.3	74.8
机电产品	57.2	55.1	57.2	57.1	66.4	66.8	62.4
化工产品	34.1	28.6	18.6	16.4	20.9	30.9	23.8
植物产品	25.6	30.3	30.8	27	29.1	32.8	37
矿产品	23.8	13.7	9.4	9.4	12.4	14	10.7
木及制品	10.9	10.9	10.2	13.6	16.5	13.5	11.1
光学、钟表、医疗设备	4.3	6.5	12.8	16.8	17.4	12.6	13.8
食品、饮料、烟草	3.9	5.9	7.3	6.2	7.4	8	10.8
运输设备	2.1	2.9	4.0	8.4	14.1	10.4	14.9
活动物、动物产品	1.5	1.5	1.3	1.5	1.8	3.5	6.4

数据来源：中国商务部。

2. 泰国自中国进口的主要商品

如表15-2所示，泰国自中国进口最多的是机电产品，2013年进口189.6亿美元，占泰国自中国进口总额的二分之一；第二大类商品为贱金属及制品，2013年进口49.2亿美元，约占进口总额的十分之一；第三大类是化工产品，进口29.8亿美元；运输设备是第四大类商品，2013年进口20.3亿美元；塑料橡胶是第五大类商品，进口16.9亿美元。

2013—2019年，机电产品始终是泰国从中国进口的最多的商品，进口贸易额总体呈上升趋势，与2013年相比，2019年进口额为232.9亿美元，扩大了1.2倍；第二和第三大类的贱金属及制品和化工产品的进口额虽然有小幅的下降，但总体呈上升趋势，2019年进口分别为75.7亿美元和41.8亿美元；而运输设备的进口有所下降，从2013年的第四大类商品下降成为2019年进口的第六大类商品；同时塑料橡胶和纺织品及原料的进口额不断上升，自2014年起跃升成为泰国自中国进口的第四和第五大类商品，2019年进口分别为29.4亿美元和22.4亿美元。此外，近几年泰国对于光学、钟表、医疗设备、植物产品和家具、玩具、杂项制品及陶瓷、玻璃这四类商品的进口小幅增加，总体也呈上升趋势，2019年这四类商品合计约占泰国从中国进口的十分之一。

表 15-2 2013—2019 年泰国自中国进口的主要商品

单位：亿美元

商品类别	贸易额						
	2013 年	2014 年	2015 年	2016 年	2017 年	2018 年	2019 年
机电产品	189.6	189.6	202.3	200.8	208.7	235.7	232.9
贱金属及制品	49.2	55.7	64.5	70.1	69.5	77.1	75.7
化工产品	29.8	33.5	32.3	34	41.8	46.6	41.8
运输设备	20.3	14.5	12.9	14.2	16.9	16.5	18.7
塑料橡胶	16.9	18.6	20.1	21.5	24.7	29.1	29.4
纺织品及原料	16.6	16.9	16.5	18.1	18.3	21.9	22.4
光学、钟表、医疗设备	9.5	10	11.3	11.7	11.9	13.6	13.9
植物产品	7.6	7.4	8.7	10.2	10.1	11.6	12.2
家具、玩具、杂项制品	7.6	8.1	9.1	9.8	10.7	12.6	13.9
陶瓷、玻璃	6.9	6.8	6.9	7.3	7.3	7.7	7.8

数据来源：中国商务部。

二、"一带一路"倡议下中泰贸易存在的问题

（一）中泰贸易发展不均衡，泰国贸易逆差严重

2013 年以来，在"一带一路"倡议的推动下，泰国作为沿线国家，中泰双边贸易总额不断上升，到 2019 年两国双边贸易额扩大了 1.2 倍。同时，两国相互的贸易地位也不断提升，2013 年中国成为泰国第二大进口来源国、最大的贸易伙伴国和出口市场，2014 年取代日本首次成为泰国最大的进口来源国。相应地，对于中国来说，泰国在 2014 年成为中国的第十一大进口来源国和第十七大出口市场。2017 年，泰国成为中国第十大进口来源国和第十三大出口市场。

然而，尽管两国的双边贸易额持续增长，贸易地位不断提高，但双边贸易发展并不均衡。自 2013 年以来，中泰两国在贸易发展的过程中，泰国对中国的出口额始终小于从中国的进口额，泰国一直处于逆差状态。如图 15-5 所示，在中泰贸易中泰国逆差总体不断增加，2013 年逆差为 107.8 亿美元，2019 年逆差为 219.6 亿美元，增长了近两倍。根据之前对两国商品结构的分析，贸易逆差主要是由于泰国对中国的机电产品、贱金属及其制品和化工产品等大量进口。长期以来，中国始终是泰国主要逆差的来源国家，并且在 2015 年成为泰国最大的贸易逆差来源国。作为发展中国家，泰国主要通过扩大出口的方式来增加外汇收入，然而不断增大的贸易逆差会影响泰国的外汇收入，也使泰国在对外贸易中处于不利地位，不利于中泰两国贸易的稳定和可持续发展。

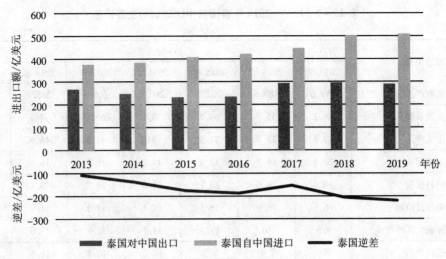

图 15-5 2013—2019 年中泰贸易进出口额及泰国贸易逆差情况
数据来源：中国商务部。

（二）泰国对中国出口的产品附加值低

泰国对中国出口的初级产品较多，如塑料橡胶、植物产品等农产品。同时，化工产品和一些初级机电产品出口也较多，而高技术含量和附加值相对较高的制造业产品的出口相对较少。

中国是全球最大的汽车产销国，对轮胎的需求巨大，进而对生产轮胎所需的材料橡胶的需求也非常大。因为中国在气候、环境等方面不满足种植橡胶需要的条件，橡胶的产量很低，国内橡胶的供给无法满足需求，所以中国对天然橡胶的对外依赖度很高。而泰国凭借其得天独厚的地理位置与良好的气候环境，种植的都是高质量的橡胶，年产量约为世界总产量的三成，是世界最大的橡胶生产国。由于泰国生产的天然橡胶大多数都是出口到国外，橡胶是其出口的主要商品之一，所以泰国同时也是世界最大的天然橡胶出口国。2019年泰国向中国出口 40.1 亿美元，中国是泰国橡胶第一大出口市场，泰国生产的橡胶其中大约有三分之一是出口到中国。总的来看，泰国对中国出口的商品主要为初级产品，产品附加值低。

然而，泰国从中国进口的主要是具有较高的技术含量和高附加值的商品，如电器、电子产品和机械设备等机电产品。2019 年泰国从中国进口的机电产品贸易额为 232.9 亿美元，其中包括电子类和机械类，电子类约占 60%，机械类约占 40%。此外，各种化工产品和钢铁等金属材料也是泰国进口的主要商品。因为泰国的重工业发展缓慢，随着经济的发展，泰国开始不断推进工业化和城镇化，所以加大了对重化工产品的需求，因此泰国对中国的化工产品、塑料制品、钢铁等产品的进口呈上升趋势。

总体上看，泰国对中国出口的产品以低技术含量、低附加值为主，而泰国自中国进口的主要以技术含量相对较高的产品为主，长此以往，不利于中泰两国开展可持续的贸易关系。

(三) 中泰两国相互投资规模小

中泰两国相互投资的规模一直处于较低水平，中国对泰国的投资一直落后于世界其他主要国家，如日本、美国等。这些国家对泰国的投资一直位于前列，而中国却相对落后。2018年，日本对泰国投资占泰国所有外国直接投资的近二分之一，而中国仅占泰国外国直接投资的4%，由此可见，中国对泰国的投资很少。

泰国在中国的大部分投资包括食品加工业、汽车零配件和服务业等。如图15-6所示，2013年泰国对中国的直接投资为48 305万美元，2014年下降至6 052万美元，投资规模很小，2017年略有上升，为11 023万美元，但2018年又有所下降。总体来看，投资规模很小并且总体呈下降趋势。

中国对泰国的直接投资主要分为三大类，首先是对泰国原材料需求较大的各类加工业，如农产品加工业、矿产品加工业等；其次是对泰国产业结构中相对落后处于弱势的产业进行投资，如钢铁产业等重化工产业；最后是对泰国的基础设施进行投资。2013年，中国对泰国直接投资为75 519万美元，2015年略有减少，2016年最高，为112 169万美元。总体来看，2013—2018年在"一带一路"倡议的推动下，中国的投资规模整体有所增加，中国对泰国的投资始终大于泰国对中国的投资，但两国相互投资规模相对较小。此外，同日本比较，2014年日本对泰国的投资是中国的6倍，虽然在2015年以后日本对泰国的投资额有所下降，但日本对泰国的投资规模仍然比中国对泰国的投资规模大。

总体来看，中泰两国的相互直接投资的资金总量过低，规模相对较小，但在"一带一路"倡仪的推动下，中国和泰国之间的投资发展潜力是很大的，中泰两国相互投资规模还有很大的提升空间。

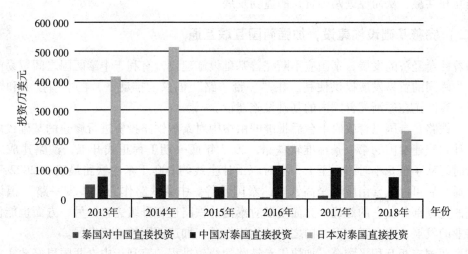

图15-6 2013—2018年中泰相互投资情况

数据来源：中国国家统计局；泰国投资促进委员会。

三、"一带一路"倡仪下深化中泰贸易的对策建议

（一）优化双边贸易结构，缩小两国贸易差额

长期以来，中泰两国贸易发展不均衡，泰国从中国的进口始终大于对中国的出口，同时在两国贸易发展的过程中，由于泰国贸易逆差越来越大，严重影响了中泰两国之间的贸易合作，所以中泰两国应优化贸易结构，缩小两国的贸易差额。

对于泰国而言，泰国应该扩大对中国出口，减少从中国的进口，并且结合自身的优势，努力提高科学技术水平，优化自身的产业结构，生产附加值高的商品。其中对于农产品出口来说，泰国农业发展相对缓慢，技术相对落后，农业机械化、现代化程度不高，泰国一直以来对中国出口的主要是附加值较低的橡胶、农产品等初级产品。所以泰国应该努力提高科技水平，可以通过引进国外先进的技术和设备，对国内产业链进行完善，从而提高农产品的附加值。对于制造业产品出口，尽管泰国也向中国出口机电产品和化工产品，但高附加值和高技术含量的产品相对较少。泰国应加大科技投入，提升工业制造品的科技含量，从而提高产品的竞争力。

对于中国来说，应该增加对泰国产品的进口，特别是在农产品方面，加大对泰国的大米、水果及橡胶等工业原料的进口。利用互联网和跨境电商平台，开拓市场，提高对泰国农产品的进口，以满足国内市场的需求，缓解泰国不断扩大的贸易逆差，扭转两国贸易不平衡的局面。同时，中国也应进一步提高科技水平，进行产业结构升级，大力发展高新技术产业和生产具有高技术含量的产品。

中泰两国通过不断优化自身贸易结构，提高科学技术水平，缩小两国间的贸易差额，推动两国互利共赢，从而促进两国贸易的蓬勃发展。

（二）完善基础设施建设，加强两国互联互通

随着社会经济的发展，泰国应不断完善基础设施建设，有利于中泰两国之间贸易的互联互通，为两国的贸易发展提供便利。在"一带一路"倡仪的推动下，在中国技术和资金的支持下，泰国正在逐渐完善国内的基础设施建设。

中泰铁路是泰国巴育政府上台后批准的由中国对泰国铁路投资进行修建的基础设施合作项目。计划修建泰国的第一条标准轨铁路，2017年底一期工程正式开工，铁路建成之后会使通行时间从4至6小时缩短至1.5小时。预计全线约800千米的铁路最晚在2022年修建完成，通车后可以从云南昆明坐高铁直达泰国曼谷。中泰铁路作为"一带一路"倡议下泛亚铁路的关键部分，它的修建一方面可以对泰国的铁路进行升级完善，另一方面也能促进两国旅游业的发展，有利于中泰两国之间的物流畅通，加速两国的经济发展。

中泰两国应相互积极配合，加快中泰铁路的修建进程，有利于中泰两国更好地实现贸易便利化。目前泰国正不断完善其基础设施的建设，正处于对基础设施建设的高速升级期，在"泰国4.0"发展战略中，"东部经济走廊"对基础设施的建设十分重视，其中包括：对东部地区的复线铁路进行升级和扩建马达普等。同时还要加大对曼谷至罗勇的高铁和乌塔堡机场的建设，以及对城际公路的建设和城市水电道路的基础设施建设等。不断完善基础设施建

设,实现交通便利化,有利于泰国的经济发展,更有利于两国贸易的互联互通。

(三)加大投资力度,促进多领域合作

一直以来,中泰两国双边投资规模较小,极大地影响了两国贸易的发展。中泰两国应优化投资环境,在"一带一路"倡议下,加大投资力度,促进多领域的合作,促进两国共同发展。

首先,关于天然橡胶方面,因为中国对其需求过大,所以中国的一些需要天然橡胶作为原料的制造业可以与泰国进行合作,在泰国投资建厂,这样既可以解决原材料的问题,又能降低物流运输成本,同时也能在获利的同时帮助泰国提升橡胶产品的附加值,从而实现中泰两国互利共赢。其次,在钢铁工业合作方面,由于当前中国国内的钢铁生产过剩,而泰国作为全球的第三大钢材净进口国,有着对钢材大量的需求,而泰国缺乏炼铁能力,所以在"一带一路"倡议的推动下,以目前中国钢铁企业的实力和技术水平,中国的钢铁企业可考虑到泰国投资建厂。再次,关于能源方面,中泰两国除了在传统能源上的合作,还要大力发展新能源合作。例如,为了能够缓解泰国在用电方面的困难,中国可以在太阳能发电、风能发电等项目上与泰国进行合作。最后,在旅游服务合作方面,进一步简化旅游手续,强化两国在旅游业方面的合作。泰国旅游业的发展十分迅速,泰国还是世界上接待游客最多的国家之一,同时泰国每年接待来自中国的游客也非常多。因此中国的旅游相关企业也应加强对泰国的投资,这样既能推动泰国旅游业的发展,又能促进中国旅游企业走向国际化,两国互利共赢,共同发展。

在"一带一路"倡议下,中泰两国应加大投资力度,促进多领域的合作,进而有利于两国合作迈向新的阶段,推动两国贸易长期健康稳定发展。

四、"一带一路"倡议下中泰贸易发展前景

(一)"一带一路"与"泰国4.0"战略对接

随着经济的不断发展,泰国在经历了"农业1.0""轻工业2.0""重工业3.0"这三个阶段后,泰国总理巴育在2016年对泰国未来20年的发展进行了规划,提出了"泰国4.0"发展战略。该计划是将泰国的经济提升到一个以高附加值为基础、创新驱动为主线的新发展阶段。

"东部经济走廊"是"泰国4.0"战略下重点建设的项目,以泰国东部沿海的北柳、春武里和罗勇三府为核心,非常重视对基础设施的建设,以促进泰国与东盟及世界的互联互通,同时推动具有高附加值的产业发展,打造现代化经济特区,从而促进泰国产业结构升级。其中重点发展的产业包括具有传统优势的产业,如食品深加工、生物技术、高端旅游、汽车制造和智能电子等,同时也包括自动化、数字化、物流和生物化工产业等。但与此同时,泰国在人才、技术、资金等方面存在困难,其中在对"东部经济走廊"的建设上,泰国就需要投入至少200亿美元的资金,这为泰国政府增添了巨大的压力,因此需要吸引大量的国外企业前来投资与合作。

而"一带一路"倡议是致力于实现沿线各个国家在不同领域资源的互联互通,进而推

进沿线的各个国家经济发展。包括通过不断完善基础设施的建设，实现设施联通；合作对接沿线各国的发展战略，实现政策沟通；不断提升投资便利化水平，进而实现贸易畅通和资金融通；加强沿线各国的交流与合作，实现民心相通。由此可以看出，"一带一路"倡议与"泰国4.0"高度契合，中国相较于泰国，有大量的资金、技术和人才，并且中国在国际合作与投资方面也有十分丰富的经验，所以在"一带一路"倡议下中泰两国合作前景十分广阔。

"一带一路"倡议为泰国提供了新机遇，并且推动了"泰国4.0"的发展。在"一带一路"倡议下，中泰两国间不断扩大的贸易与投资将会促进"泰国4.0"的发展。与此同时，"泰国4.0"与"一带一路"倡议的对接也为中泰两国的经贸合作带来了广阔的前景，使两国实现互利共赢。

（二）两国产业园区积极融入"一带一路"

当前，中泰两国已经建立了泰中罗勇工业园和中泰崇左产业园这两大园区。在"一带一路"倡议下，两国产业园区积极融入，加快了两国的经济发展。

作为中国第一批的境外经济贸易合作区——泰中罗勇工业园，目前已有一百多家中资企业入驻园区，这些企业在很多领域补充了泰国产业结构上的不足，同时也为泰国提供了大量的就业机会，目前已经提供超过了3万个工作岗位。在"一带一路"倡议的推动下，作为在泰国第一个建立的面向中国企业投资者的工业园区，正在大力吸引中国企业前来落户，既促进了两国的交流合作，又不断完善了泰国的产业结构。泰中罗勇工业园主要吸引机械、家电等企业前来入驻。其中包括东盟地区规模最大的通信光缆工厂，这是由中国富通集团进行投资建成的。当前泰中罗勇工业园正在不断开发，在"一带一路"倡议的推动下，有助于园区的进一步建设，同时还会吸引更多的企业投资入驻。

中泰崇左产业园是中国广西崇左市与泰国合作共建的产业园，园区主要有新能源产业、循环糖业、食品制造业和泛家居产业等。此外，作为面向东盟的跨国合作产业园，目前园区不仅不断加快对物流体系的构建，同时还对通关体制机制进行创新，积极推进与泰国乃至东盟地区的互联互通建设，进而将其打造成"一带一路"有机衔接的重要门户，不断推动两国贸易的发展。

目前，中泰两国的产业园区正积极融入"一带一路"建设，为实现互联互通、促进贸易发展不断开展深入合作。在"一带一路"倡议的推动下，有利于促进两国产业园区的进一步开发，吸引更多的企业入驻园区，深化两国产业合作与升级，实现两国贸易的互联互通。

（三）跨境电商助推中泰贸易发展

在"一带一路"倡议下，泰国的经济不断发展，同时跨境电商在泰国也得到了较快的发展。2016年阿里巴巴集团与泰国签订了一系列合作协议，以支持"泰国4.0"发展，其中包括大力发展电子商务、培养相关领域人才，以促进泰国电子商务的发展，使泰国加快进入"数字时代"。2018年，阿里巴巴集团为泰国开拓销售市场，与泰国进行合作并签署了榴莲销售合同，总价值为30亿元人民币，大力支持农民成为电子商务企业家，促进泰国农产品的出口。同时阿里巴巴又对泰国电商平台进行投资，以及在物流、供应链等多方面展开合作,助推泰国电子商务发展,总计投资达到40亿美元,目标让泰国成为东南亚电商物流中心,推动泰国贸易发展。此外,2019年京东与泰国建立了长期的合作关系,推动泰国电子商务的发展。泰国可以通过阿里巴巴集团和京东提供的电子商务平台进一步开拓中国市场,一方面促进了泰国的经济发展,另一方面扩展了两国的合作领域,使两国合作日益紧密。

"一带一路"下中泰两国的电商合作,提升了两国贸易便利化水平,进一步推动了两国贸易的发展。

第三节 人民币缘何对外升值与对内贬值并存
——国际贸易的视角

【训练的目的与要求】

使学生正确认识人民币对外升值与对内贬值的含义;并能够从国际贸易的视角解释我国人民币近几年来对外升值与对内贬值并存的原因。

【学习重点与难点】

从国际贸易的视角解释我国人民币近几年来对外升值与对内贬值并存的原因。

最近几年来,人民币汇率一直是一个焦点问题。西方国家特别是欧美等国,一再要求人民币升值,或者更确切地说,是要求我国允许人民币自由浮动。

一、人民币对外升值的表现

从表15-6中可以看出,自2005年7月21日我国开始实行以市场供求为基础、参考一揽子货币进行调节、有管理的浮动汇率制度以来,人民币兑美元中间价屡创新高,升值幅度逐渐加快。2005年以来人民币对美元一直呈上升趋势,从表15-3中可以看出,2005年以来人民币一直呈升值趋势,截至2012年末人民币对美元已升值31.68%。

表15-3 1996—2012年美元对人民币的变化趋势

年 份	1996	1997	1998	1999	2000	2001	2002	2003
美元兑人民币	8.3142	8.2898	8.2791	8.2780	8.2796	8.2770	8.2770	8.2774
2004	2005	2006	2007	2008	2009	2010	2011	2012
8.2768	8.1949	7.8136	7.6071	6.8646	6.8189	6.8314	6.4588	6.2938

资料来源:人民币对美元名义汇率的变化趋势[EB/OL] (2019-10-30) [2020-06-19]. http://wenda.tianya.cn/question/57f5a9f517c2fe3f.

二、人民币对内贬值的表现

人民币对内贬值,可简单理解成通货膨胀,即人民币针对国内的购买力在下降,而通货膨胀的原因是货币供给大于货币实际需求,也即现实购买力大于产出供给,导致货币贬值,从而引起的一段时间内物价持续而普遍地上涨。

按通货膨胀的程度划分

至于不同的程度以怎样的数量标准去衡量，需要考虑众多的因素，如一国出现通货膨胀的特殊背景和社会对通货膨胀的承受能力等。

（1）爬行式，它指价格总水平上涨的年率不超过2%～3%，并且在经济生活中没有形成通货膨胀的预期。这是为社会可以接受的，属于正常的物价上升。

（2）温和式，它指价格总水平上涨比爬行式高，但又不是很快，具体百分比没有统一比率。但一般情况下是在3%以上、两位数以内的水平。这种情况的通货膨胀一般不会对社会经济生活造成重大影响。大多数国家都经历过这种通货膨胀。

（3）奔腾式，它指物价上涨率在两位数以上，且发展速度很快。这一程度的通货膨胀已经对经济和社会产生重大影响，甚至出现挤提银行存款、抢购商品等引发市场动荡的现象，如果不坚决控制，就会导致物价进一步大幅上升，酿成恶性通货膨胀的后果。

（4）恶性，亦称超级通货膨胀，指物价上涨特别猛烈，且呈加速趋势，开始成倍地增长。这一程度的通货膨胀已经严重地破坏了正常的生产流通秩序和经济生活秩序，开始动摇社会安定的基础，最后容易导致整个货币制度的崩溃。这一程度的通货膨胀多发生在战争、社会变革、政治动荡时期的国家和地区。如第一次世界大战后的德国，第二次世界大战后的中国和20世纪80年代的巴西都出现过类似的情况。

CPI（consumer price index，消费者物价指数），是反映与居民生活有关的产品及劳务价格统计出来的物价变动指标，通常作为观察通货膨胀水平的重要指标。2007年，我国居民消费价格（CPI）上涨4.8%，进入2008年以来，上涨势头令人担忧。2000—2012年中国居民消费者物价指数如图15-7所示。

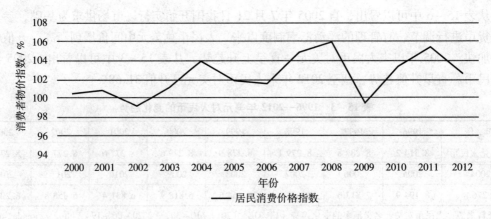

图15-7　2000—2012年中国居民消费者物价指数

资料来源：中国统计局．

那么，究竟是什么原因导致了人民币一方面对外升值，在国际市场上的购买力不断增强；另一方面却在国内市场上的购买力日趋下降，出现了所谓的对内贬值呢？在理论上，影响汇率的因素可能包括经济增长率、通货膨胀率、利率、总供给、总需求、国际收支、外汇储备等。

三、因素分析——国际贸易的视角

(一)"出口导向型"的贸易战略

改革开放40年来,虽然国家并没有明确说明中国对外贸易采取的是出口导向型发展战略,但在具体的实际操作过程中却始终将鼓励出口放在首位,千方百计扩大出口。本书从以下几方面阐述中国具有出口导向型贸易战略的特质。

自1992年出口导向战略上升为国家经济发展战略以来,中国对外贸易依存度由1978年的9.8%上升到2008年的70%之多,比例之高远远超过了美国、日本等发达国家。特别是在入世以后,对外贸易事实上成了中国经济增长的重要引擎。

作为拉动经济的三驾马车之一的对外贸易,当外贸对经济增长的贡献率达到20%时,就成为拉动经济增长的重要"引擎"。可以用对外贸易依存度指标来衡量。对外贸易依存度又称对外贸易系数(ratio of dependence on foreign trade),是指一国的对外贸易额占其国民生产总值(GNP)或国内生产总值(GDP)的比重,它是反映外贸在一国国民经济中所处地位的重要指标。外贸依存度越大,表明该国对国际经济的依赖度越深。从表15-4可以看出,自2003年中国的对外贸易依存度首次超过50%以来,到2007年,中国的对外贸易依存度高达66.2%,中国对外贸易依存度不断提高。这不仅表明中国参与国际分工和国际经济技术合作程度在提高,同时也说明了中国融入世界经济体系速度的加快和加深。

表15-4 2000—2007年中国对外贸易依存度表

年份	进口/%	出口/%	对外贸易依存度/%
2000	18.8	20.8	39.6
2001	18.4	20.1	38.5
2002	20.3	22.4	42.7
2003	25.2	26.7	51.9
2004	29.1	30.7	59.8
2005	29.7	34.2	63.9
2006	30.1	36.9	67.0
2007	29.1	37.1	66.2

资料来源:中华人民共和国国家统计局. 中国统计年鉴:2009. 北京:中国统计出版社,2009.

(二)中国对外贸易长期巨额"贸易顺差"

首先,中国对外贸易规模的扩大和高速增长。改革开放40年来,中国的对外贸易规模不断扩大。图15-8显示,从1978年到2008年,中国的对外贸易额整体上保持了持续增长的态势。尤其在2001年中国加入WTO之后,其增长势头异常迅猛。1980年中国的对外贸易规模只有381.36亿美元,其中出口181.19亿美元、进口200.17亿美元。1997年,中国的外贸总额首次突破3 000亿美元,并跻身于世界十大贸易国行列。2004年,中国对外贸易规模又突破1万亿美元,成为继美国和德国之后的世界第三大贸易国。2007年,中国又首次超过德国,成为继美国之后世界贸易第二大国。入世后的六年间中国的对外贸易额比入世前 23 年的总和还要多。

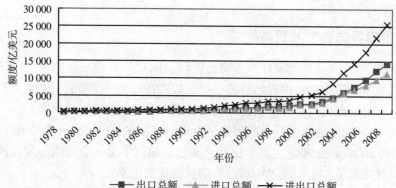

图 15-8　1978—2008 年中国货物贸易进出口情况

资料来源:中华人民共和国国家统计局. 中国统计年鉴:2009. 北京:中国统计出版社,2009.

注:本图 1978 年为外贸业务统计数,1980 年起为海关进出口统计数。

中国对外贸易规模不断扩大的同时,其增长速度也很惊人。"八五"期间是中国对外贸易高速发展的阶段,实现了年均增长率为 19.5% 的高速增长。"九五"期间受东南亚金融危机的影响,中国的进出口年均增长速度回落至 11.6%,但仍高于中国经济年均 10% 的增长速度和世界贸易约 7% 的年均增长速度[①]。"十五"期间中国对外贸易年均增长速度提高到 25.5%,特别是 2004 年前后的进出口增长速度均在 35% 左右,创造了改革开放以来外贸增长的最高水平。

将中国的对外贸易增长速度与国民经济发展速度进行横向比较。通常对外贸易增长速度高于 GDP 增长速度 2%~3%,高于劳动生产率 4%~5% 是正常水平。然而从图 15-9 可以看出,除个别年份外,中国的对外贸易增长速度始终高于 GDP 的增长速度。尤其是入世以后,中国对外贸易增长速度年均高出 GDP 增速 18.9%。

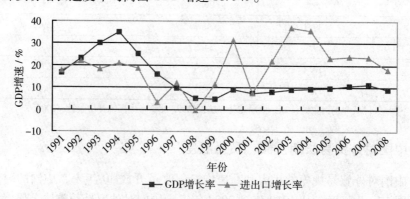

图 15-9　1991—2008 年中国对外贸易增速与 GDP 增速对比

资料来源:根据历年《中国统计年鉴》和《中国贸易外经统计年鉴》的数据计算。

---

① 李萌. 我国对外贸易结构与产业结构的互动性研究 [D]. 兰州:兰州大学,2009.

国际收支状况是决定汇率趋势的主导因素。一般情况下,国际收支逆差表明外汇供不应求,将引起本币贬值、外币升值;反之,国际收支顺差则引起本币升值、外币贬值。我国自 1994 年来,国际收支始终保持经常项目和资本项目双顺差,人民币长期积攒的升值压力不容小觑。尽管贸易顺差增速从 2007 年一季度开始逐渐呈现下降趋势,但 2007 年我国对外贸易顺差规模仍然达到 2 622 亿美元,较 2006 年增加 847 亿美元(见图 15 – 10)。2013 年我国对外贸易顺差规模仍然达到 2 311 亿美元。

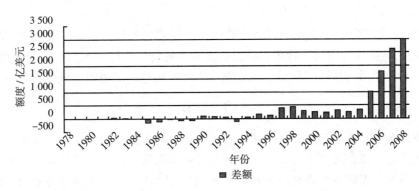

图 15 – 10　1978—2008 年中国对外贸易差额

资料来源:中华人民共和国国家统计局. 中国统计年鉴:2009. 北京:中国统计出版社,2009.

注:本表 1978 年为外贸业务统计数,1980 年起为海关进出口统计数。

(三) 巨额的外汇储备

外汇储备,指一国政府所持有的国际储备资产中的外汇部分,即一国政府保有的以外币表示的债权,是一个国家货币当局持有并可以随时兑换外国货币的资产。狭义而言,外汇储备指一个国家的外汇积累;广义而言,外汇储备是指以外汇计价的资产,包括现钞、黄金、国外有价证券等。

在新中国成立近 30 年的时间里,外汇储备增长迅速。1978 年,外汇储备仅 1.67 亿美元。进入 21 世纪,中国外汇储备增速开始加快,2006 年 6 月中国外汇储备超过日本成为全球第一大外汇储备国,2006 年 10 月突破 1 万亿美元,2009 年 6 月突破 2 万亿美元,约占世界总额的三分之一。截至 2013 年 9 月末,国家外汇储备余额为 3.66 万亿美元,再创历史新高。

(四) "特殊"的外贸结汇制度

结汇是指外汇收入所有者将其外汇收入出售给外汇指定银行,外汇指定银行按一定汇率付给等值的本币的行为。结汇有强制结汇、意愿结汇和限额结汇等多种形式。强制结汇是指所有外汇收入必须卖给外汇指定银行,不允许保留外汇;意愿结汇是指外汇收入可以卖给外汇指定银行,也可以开立外汇账户保留,结汇与否由外汇收入所有者自己决定;限额结汇是指外汇收入在国家核定的数额内可不结汇,超过限额的必须卖给外汇指定银行。在我国,过去是实行强制结汇制的,在 2008 年 8 月 1 日新《外汇管理条例》出台之后,目前,我国实行的是意愿结汇制。央行为了换回这些美元，就要相应增加国内人民币的发行量，投放的这部分人民币就是外汇占款。外汇占款经常被视作向市场提供流动性的主要渠道，如果增加，则意味着注入流动性，减少则相反。

外汇占款是指中央银行收购外汇资产而相应投放的本国货币。由于人民币是非自由兑换货币，外资引入后需兑换成人民币才能进入流通使用，国家为了外资换汇要投入大量的资金，需要国家用本国货币购买外汇，因此增加了"货币供给"，从而形成了外汇占款。

根据央行的数据显示，2012年12月末由于金融机构外汇占款，市场因此增加的流动性为13 273亿元，这样就导致了货币的超发。而货币超发幅度过大的直接后果就是通货膨胀。对于老百姓来说，通货膨胀的后果，就是物价上涨，钱包越来越瘪，钱变得越来越不值钱。

结　论

人民币汇率是人民币的对外比价关系，体现的是对外购买力；而国内人民币贬值则是人民币对国内商品和服务的比价关系，体现的是对内购买力。人民币对外升值与对内贬值的并存是我国经济内部失衡与外部失衡并存的重要表现，这二者并不是孤立存在的，而是存在一定的互动关系。

第四节　亚投行 + "一带一路"

【训练的目的与要求】

使学生了解我国提出的"一带一路"的内涵与意义；了解亚洲基础设施投资银行成立的背景及创立的意义；并能够从国际视角认识亚投行成立的必要性和深远影响。

【学习重点与难点】

能够从国际视角认识亚投行成立的必要性和深远影响。

一、亚洲基础设施投资银行

亚洲基础设施投资银行（Asian Infrastructure Investment Bank，AIIB）简称亚投行，是一个政府间性质的亚洲区域多边开发机构，重点支持基础设施建设，法定资本1 000亿美元，总部设在北京，金立群为首任行长。亚洲基础设施投资银行于2014年10月24日在北京成立，首批意向创始成员国有包括中国、印度、新加坡等在内的21个国家财长和授权代表出席。截至2019年，经现有意向创始成员国同意，瑞典、以色列、南非、阿塞拜疆、冰岛、葡萄牙、波兰正式成为亚洲基础设施投资银行意向创始成员国，亚投行意向创始成员国达到100个。2015年6月29日，亚投行"基本大法"《亚洲基础设施投资银行协定》在北京举行签署仪式，中国成为第一大股东。

（一）成立背景

亚洲经济占全球经济总量的1/3，是当今世界最具经济活力和增长潜力的地区，拥有全球六成人口。但因建设资金有限，一些国家铁路、公路、桥梁、港口、机场和通信等基础建设严重不足，这在一定程度上限制了该区域的经济发展。

2013年10月2日下午，中国国家主席习近平在雅加达同印度尼西亚总统苏西洛举行会谈时表示，为促进本地区互联互通建设和经济一体化进程，中方倡议筹建亚洲基础设施投资银行，愿向包括东盟国家在内的本地区发展中国家基础设施建设提供资金支持。新的亚洲基础设施投资银行将同域外现有多边开发银行合作，相互补充，共同促进亚洲经济持续稳定发展。苏西洛对中方倡议筹建亚洲基础设施投资银行作出了积极回应。同月，中华人民共和国国务院总理李克强出访东南亚时，紧接着再向东南亚国家提出筹建亚投行的倡议。

中国提出的筹建亚投行的倡议得到广泛支持，许多国家反响积极。2014年年初以来，中方牵头与亚洲域内、域外国家进行了广泛沟通。经过多轮多边磋商，各域内意向创始成员国就备忘录达成了共识。2014年10月24日，包括中国、印度、新加坡等在内的首批意向创始成员国的财长和授权代表在北京签约，共同决定成立亚洲基础设施投资银行，总部设在北京，法定资本1 000亿美元。亚洲基础设施投资银行将同域外多边开发银行合作，相互补充，共同促进亚洲经济持续稳定发展。图15-11为亚投行投资方向。

图15-11 亚投行投资方向

（二）筹建历程

2014年10月24日，包括中国、印度、新加坡等在内的21个首批意向创始成员国的财长和授权代表在北京正式签署《筹建亚投行备忘录》，共同决定成立亚洲基础设施投资银行，标志着这一中国倡议设立的亚洲区域新多边开发机构的筹建工作将进入新阶段。亚投行印度是唯一一个在人民大会堂参与签字的大型经济体，其他参与国还包括蒙古国、乌兹别克斯坦、哈萨克斯坦、斯里兰卡、巴基斯坦、尼泊尔、孟加拉国、阿曼、科威特、卡塔尔及除印尼之外的东盟所有成员国。

根据《筹建亚投行备忘录》，亚投行的法定资本为1 000亿美元，中国初始认缴资本目标为500亿美元左右，中国出资50%，为最大股东。各意向创始成员同意将以国内生产总值（gross domestic product，GDP）衡量的经济权重作为各国股份分配的基础。2015年试运营的一期实缴资本金为初始认缴目标的10%，即50亿美元，其中中国出资25亿美元。2015年6月29日，亚投行"基本大法"《亚洲基础设施投资银行协定》在北京举行签署仪式，国家主席习近平出席。亚投行未来的治理结构将按照现代治理模式，设立理事会、董事会、管理层三层管理架构，中国成第一大股东。

（三）投资方向

作为由中国提出创建的区域性金融机构，亚投行主要业务是援助亚太地区国家的基础设施建设。在全面投入运营后，亚投行运用一系列支持方式为亚洲各国的基础设施项目提供融资支持——包括贷款、股权投资及提供担保等，以振兴包括交通、能源、电信、农业和城市发展在内的各个行业投资。亚投行虽然办公楼还未建成，但第一个项目已经有了着落。亚投行成立后的第一个目标就是投入"丝绸之路经济带"的建设，其中一项就是从北京到巴格达的铁路建设。

（四）治理结构

亚投行将采用股份制银行的治理模式，组织框架由理事会、董事会和银行总部组成。其中，由所有成员国代表组成的理事会是其最高权力和决策机构；董事会由理事会选举的总裁主持，负责对日常事务的管理决策；银行总部下设银行各主要职能部门，包括综合业务部、风险管理部等，分别负责亚投行日常业务的开展。运行后的亚投行将是一个政府间性质的亚洲区域多边开发机构，按照多边开发银行的模式和原则运营，重点支持亚洲地区基础设施建设。

亚投行的治理结构包括三层：理事会、董事会和管理层。理事会为银行的最高权力机构，并可根据亚投行章程授权董事会和管理层一定的权力。在运行初期，亚投行设非常驻董事会，每年定期召开会议就重大政策进行决策。亚投行还将设立行之有效的监督机制以落实管理层的责任，并根据公开、包容、透明和择优的程序选聘行长和高层管理人员。

亚投行业务定位为准商业性。初期亚投行将主要向主权国家的基础设施项目提供主权贷款。针对不能提供主权信用担保的项目，引入公私合作伙伴关系模式。亚投行也会通过成立一些专门的基金进行投融资，进而保证资金规模。亚投行也将考虑设立信托基金，通过亚投行和所在国政府出资，与私营部门合理分担风险和回报，动员主权财富基金、养老金及私营部门等更多社会资本投入亚洲发展中国家的基础设施建设。

（五）运行机制

亚投行筹建工作确立了以各国财政部参与的谈判代表会议为章程谈判主渠道、亚投行筹建多边临时秘书处（秘书处）为技术支撑机构的工作机制。中方作为亚投行发起方和东道国担任谈判代表会议的常设主席，承办会议的成员国担任当次会议的联合主席。秘书处从专业角度为章程谈判提供技术支持，金立群为秘书长。

作为意向创始成员国，拥有在筹建阶段讨论亚投行章程的权利，并参与到亚投行的筹建进程。2015年3月31日是《筹建亚投行备忘录》规定的接收新意向创始成员国申请的截止日期，之后需要两周时间征求各意向创始成员国的意见。意向创始成员国数量于4月15日确定为57个。3月31日之前未能申请加入的国家今后仍可以作为普通成员加入亚投行。

1. 治理结构与政策

亚洲基础设施投资银行作为一家新成立的多边开发银行，亚投行在治理结构、环境和社会保障政策方面充分借鉴现有多边开发银行通行的经验与好的做法，同时也尽量避免其走过的弯路，以降低成本和提高运营效率，更好地为成员国服务。

亚投行设立理事会、董事会和管理层三层管理架构，并建立有效的监督机制，确保决策的高效、公开和透明。各方认真研究现有多边开发银行的治理模式和经验，并广泛听取包括非成员国和其他多边开发银行在内的有关方面意见，在此基础上对如何设计亚投行的治理模式进行深入讨论。

亚投行根据公开、透明、择优的原则选聘行长和高层管理人员。根据现有多边开发银行的通行做法，亚投行在正式成立后召开部长级理事会任命首任行长。关于是否在其他国家设立区域中心等问题，各方根据未来亚投行业务开展情况协商确定。

2. 投票权

根据现有章程，亚投行作为"多边开发银行"治理最核心问题的投票权实际上分为两个部分：一部分是亚洲区域内国家和地区所占有的75%，另一部分是区域外非亚洲国家和地区占有的25%。亚洲区域内国家和地区的投票权将通过GDP、人口等一系列指标来决定。这与世界银行、亚洲开发银行根据出资占股比例决定投票权截然不同。

3. 出资额

根据现有章程，《筹建亚投行备忘录》已经明确了各项参数的上下限：亚投行的法定资本为1 000亿美元，初始认缴资本目标为500亿美元左右，实缴资本为认缴资本的20%。并且亚投行多边临时秘书处秘书长金立群也做出了"在初创阶段中国的出资额可最高达50%"的保证。而据日本媒体的推算，中国的出资额约为35%～40%，即使日本加入亚投行亦不会低于30%。

4. 与现有多边开发银行的关系

亚投行是国际发展领域的新成员、新伙伴，在亚洲基础设施融资需求巨大的情况下，由于定位和业务重点不同，亚投行与现有多边开发银行是互补而非竞争关系。亚投行侧重于基础设施建设，而现有的世界银行、亚洲开发银行等多边开发银行则强调以减贫为主要宗旨。从历史经验看，包括亚洲开发银行和欧洲复兴开发银行在内的区域性多边开发银行的设立，不仅没有削弱世界银行等现有多边开发银行的影响力，而且增强了多边开发性金融的整体力量，更有力地推动了全球经济的发展。

在亚投行筹建及未来运作过程中，中国都将积极推动亚投行与世界银行、亚洲开发银行等现有多边开发银行在知识共享、能力建设、人员交流、项目融资等方面开展合作，共同提高本地区基础设施融资水平，促进本地区的经济和社会发展。作为世界银行、亚洲开发银行的重要股东国，中国也将一如既往地支持现有多边开发银行在促进全球减贫和发展事业方面做出积极贡献。

亚投行将致力于促进亚洲地区基础设施建设和互联互通，其中包括"一带一路"沿线亚投行成员国的相关基础设施建设项目。中方也非常欢迎世界银行、亚洲开发银行等机构积极参与"一带一路"相关项目。

筹建亚投行倡议提出以来,世界银行行长金墉、国际货币基金组织(IMF)总裁拉加德和亚行行长中尾武彦分别在多个场合表态积极支持筹建亚投行,表示将与亚投行开展合作。世行、亚行等多边开发银行已与亚投行筹建多边临时秘书处建立了工作联系,在许多方面给予了支持。作为亚投行发起国和世行、亚行重要股东国,在亚投行筹建及未来运作过程中,中国都将积极推动亚投行与世行、亚行等现有多边开发银行在知识共享、能力建设、人员交流、项目融资等方面开展合作,共同提高本地区基础设施融资水平,促进本地区的经济和社会发展。

二、亚洲基础设施投资银行创立的意义

亚洲基础设施投资银行不仅夯实经济增长动力引擎的基础设施建设,还提高亚洲资本的利用效率及对区域发展的贡献水平。基础设施投资是经济增长的基础,在各类商业投资中潜力巨大,增长带动力强。"研究如何将亚洲的高储蓄变成高投资"是筹建亚洲基础设施投资银行的任务之一。

中国提倡筹建亚洲基础设施投资银行,一方面能继续推动国际货币基金组织(International Monetary Fund,IMF)和世界银行(World Bank,WB)的进一步改革,另一方面也是补充当前亚洲开发银行(Asian Development Bank,ADB)在亚太地区的投融资与国际援助职能。亚洲基础设施投资银行的建立,弥补亚洲发展中国家在基础设施投资领域存在的巨大缺口,减少亚洲区内资金外流,投资于亚洲的"活力与增长"。

亚洲基础设施投资银行是继提出建立金砖国家开发银行(New Development Bank,NDB)、上合组织开发银行之后,中国主导国际金融体系的又一举措。这也体现出中国尝试在外交战略中发挥资本在国际金融中的力量。更值得期待的是亚洲基础设施投资银行可能成为人民币国际化的制度保障,方便人民币"出海"。

2014年4月10日,中华人民共和国财政部部长楼继伟参加博鳌论坛时透露,在亚投行的机制下,中华人民共和国也推动建立一个投资基础设施的信托基金,充分接纳社会资本。楼继伟表示,投资基础设施在当前经济较低迷的情况下具有特别的现实意义。"美国的基础设施投资需要2兆美元,欧洲和亚洲也差不多。"他认为,推动亚洲的基础设施建设缺乏动员能力,因此,"正在筹备亚洲基础设施投资银行,已建立机制并且召开了两次会议。"

三、亚洲基础设施投资银行的国际影响

截至2019年,中国倡议推动的亚洲基础设施投资银行"朋友圈"已达100个国家。虽名为"亚投行",其创始成员却遍及亚洲、欧洲、非洲、南美洲和大洋洲,中国这一倡议获得了全球认可,掀起了一股"亚投行热"。

纵观亚投行诞生过程,中美外交"暗战""交锋""对决"等说法,频现于各大媒体。而各方受内政外交因素影响,加入亚投行的决策过程各异。亚投行倡议的成功实现,成为标志性事件,最终结果也显示出各方对于中国合作共赢理念的认同。

第五节　中国经济新常态

中国经济新常态是 21 世纪中国社会经济呈现的一种状态，表现为经济相对稳定、增长速度适宜、结构优化、社会和谐，经济发展条件和环境发生诸多重大转变，与传统不平衡、不协调、不可持续的粗放增长模式有本质区别。中国经济新常态是一种趋势性、不可逆的发展状态，意味着中国经济已进入一个与过去 40 多年高速增长期不同的新阶段。认识中国经济新常态需要认识新常态下的新趋势、新特征、新动力，把握经济工作的主动权。以新常态判断当前中国经济的特征，并上升到战略高度，对宏观政策选择和行业企业转型升级产生方向性、决定性的重大影响。

一、经济趋势

中国经济新常态分析。2014 年 5 月，习近平在河南考察时指出："我国发展仍处于重要战略机遇期，我们要增强信心，从当前我国经济发展的阶段性特征出发，适应新常态，保持战略上的平常心态。"新一代中央领导首次以新常态描述新周期中的中国经济。

面对中国经济增速的持续下滑，过去 40 多年快速增长积累的风险在凸显和释放，以及包括人口、资源、环境红利等基本面在悄然变换。中国经济明显出现了不同于以往的特征，国内很多经济学者试图从理论和未来宏观政策的层面论述中国经济出现的这种"新常态"。但是，经济的下滑、风险的凸显及红利的转换究竟是后危机时期中国经济危机短期的不稳定表现，还是意味着中国经济进入到一个新的阶段，争论和分歧很大。在这种情况下，习近平站在决策者的角度，以"新常态"来描述中国经济的特征，并将之上升到经济战略的高度，势必对中国未来宏观政策的选择具有方向性和决定性的影响。

新一代决策层以"新常态"定义当下的中国经济，并通过"新常态"透视中国宏观政策未来的选择，绝非"一时兴起"，而是深思熟虑之举。事实上，自 2010 年中国 GDP 规模取代日本成为全球第二之后，中国经济出现了明显不同于前 30 年的特征，经济增速持续下滑，自 2010 年至 2012 年经济增速连续 11 个季度下滑，2012 年至 2013 年，GDP 年增速连续两年低于 8%。中国经济近年增速下滑的原因是趋势性的，是中国经济在经历 40 多年的快速增长之后，旧的增长模式已经难以为继，经济增速的下滑是必然。中国经济的减速是外部因素所致，意味着经济增长低于潜在增长率，刺激政策可以大有作为；中国经济的减速是内在因素所致，意味着中国经济减速的原因是潜在增长率下降，宏观政策对此应该保持必要的克制和包容。

习近平提出的中国经济的"新常态"蕴含多个政策寓意：一是经济增速正式告别 8% 的快速增长，潜在增长率在 2020 年前后回落至 7.5% 左右；二是宏观政策告别常态的调控和刺激，如果经济增速在 7.2% 以上的合理区间，不会采取非常规的刺激措施；三是经济增长的动力悄然转换，政府投资让位于民间投资，出口让位于国内消费，创新驱动成为决定中国经济成败的胜负手；四是在推动新型工业化使命的同时，强力扶持服务业，经济结构避重就轻；五是告别货币推动型增长模式，控制包括房地产在内的资产价格泡沫和债务杠杆优于经济增长本身。

2004—2014年上半年GDP增速就"新常态"下的中国经济增速而言，新一届管理层对中国经济的减速和先前模式的不可持续有着极为清醒的认识。已经进入到"七上八下"的中速增长周期，经济增速在8%以下7%以上运行，这是中国经济自身周期所决定。"新常态"的理念在政策层面得到贯彻，几乎意味着面对当前经济下滑的压力，管理层绝不会轻易启动以前动辄救市的模式，容忍、甚至听任经济下行可能引发的一些风险，如企业债务和房地产泡沫。对于中国经济而言，消化以前刺激政策遗留的产能过剩、债务杠杆及房地产泡沫的确极为痛苦，但这是倒逼中国走上真正的改革正道，推动经济转型的唯一正确的选择。

二、经济特征

新常态下经济的最大特点是速度"下台阶"、效益"上台阶"，增长动力实现转换，经济结构实现再平衡。①生产结构中的农业和制造业比重明显下降，服务业比重明显上升，服务业取代工业成为经济增长主要动力。②需求结构中的投资率明显下降，消费率明显上升，消费成为需求增长的主体。中国经济增长与货币供应扩张。③收入结构中的企业收入占比明显下降，居民收入占比明显上升。④动力结构中的人力、资源粗放投入明显下降，技术进步和创新成为决定成败的"胜负手"。在这些升升降降之中，先进生产力将不断产生和扩张，落后生产力将不断萎缩和退出，既能涌现一系列新的增长点，形成新的增长动力，也要使一些行业付出代价、伤筋动骨。

面对新常态，首要的在于抢抓机遇。拥有城镇化的广阔空间、"四化"融合的巨大动力、消费升级的庞大市场、技术创新的突飞猛进，还有远未得到充分发挥的资本潜力、劳动力潜力、土地潜力等。让潜力源源不断地焕发出来，关键在于全面深化改革，用"改革红利"赢得"人才红利""创新红利"的新机遇。

三、发展机遇

2019年《新中国成立70周年经济社会发展成就系列报告》中显示，新常态下，我国已成为世界第二大经济体，经济结构发生深刻变化，从落后的农业国演进为世界第一制造业大国，产业、需求、区域结构不断优化，发展协调性显著增强。

1. 新常态下，产业结构持续优化与三次产业协同发展

2018年，第一、二、三产业增加值比重分别为7.2%、40.7%、52.2%；就业比重分别为26.1%、27.6%、46.3%。从对经济增长贡献率看，2018年第三产业增加值增速比第二产业快1.8个百分点，对经济增长贡献率为59.7%，比第二产业高23.6个百分点。2018年，高技术制造业增加值占规模上工业增加值比重为13.9%，租赁和商务服务业、信息传输软件和信息技术服务业增加值占三产增加值比重分别升至5.2%和6.9%。以上数据表明，我国工业加快向中高端迈进、服务业对经济增长的拉动作用进一步增强、新兴服务业继续发挥引领作用。

2. 新常态下，需求结构持续改善与三驾马车协同发力

2011年我国加入世界贸易组织以来，投资和出口的拉动作用明显增强，内需对经济增

长的贡献率不断提升。2018年,我国最终消费率为54.3%,对经济增长贡献率达76.2%。而且消费升级态势明显;2018年,我国出口商品总额中初级产品比重下降到5.4%,工业制成品比重上升到94.6%;2018年,我国短板领域投资快速增长,投资在优化供给结构、提升供给质量等方面继续发挥重要作用。上述数据表明我国消费成为经济增长的第一引擎,投资结构和贸易结构也在不断改善,需求结构更加合理。

3. 新常态下,区域结构更加协调与发展差距明显缩小

2018年,全国各省份中,人均地区生产总值最高地区与最低地区的比值为4.5∶1;2012—2018年,中部和西部地区人均地区生产总值年均分别增长8.2%和8.5%,东部和东北地区年均分别增长7.2%和6.1%。2018年,中部和西部工业增加值占全国的比重,分别从1952年的12.6%、13.6%提升至22.5%和17.8%,合计超过全国2/5。从总体上来看,新常态下,我国区域经济发展协调性逐步增强,新增长极、增长带不断涌现,中西部地区经济增长明显快于东部地区,区域结构协调性逐步增强。

参考文献

[1] 克罗格曼,奥伯斯法尔德.国际经济学[M].5版.北京:中国人民大学出版社,2002.

[2] 波特.国家竞争优势[M].陈小悦,译.北京:华夏出版社.2002.

[3] 陈同仇,薛荣久.国际贸易[M].北京:中国商务出版社,2005.

[4] 池元吉,赵凤彬.新编世界经济概论[M].长春:吉林大学出版社,1996.

[5] 海闻,林德特,王新奎.国际贸易[M].上海:上海人民出版社,2003.

[6] 李俊江.国际贸易[M].北京:高等教育出版社,2008.

[7] 李左东.国际贸易理论、政策与实务[M].北京:高等教育出版社,2002.

[8] 李汉君,李艳.国际贸易[M].北京:科学出版社,2009.

[9] 陈宪,应诚敏,韦金鸾.国际贸易理论[M].北京:高等教育出版社,2016.

[10] 周振华.现代经济增长中的结构效应[M].上海:上海三联书店,1995.

[11] 张二震,马野青.国际贸易学[M].3版.南京:南京大学出版社,2007.

[12] 薛敬孝,佟家栋,李坤望.国际经济学[M].北京:高等教育出版社,2000.

[13] 张亚斌.国际贸易理论与实务[M].长沙:湖南人民出版社,2002.

[14] 黄晓玲.外贸、外资与工业化:理论分析与中国实证研究[M].北京:对外经济贸易大学出版社,2002.

[15] 尹翔硕.国际贸易教程[M].2版.上海:复旦大学出版社,2001.

[16] 陈宪,张鸿.国际贸易:理论·政策·案例[M].2版.上海:上海财经大学出版社,2004.

[17] 高成兴,黄卫平,朱立南.国际贸易教程[M].3版.北京:中国人民大学出版社,2007.

[18] 强永昌.产业内贸易论:国际贸易最新理论[M].上海:复旦大学出版社,2002.

[19] 尹祥硕.加入WTO后的中国对外贸易战略[M].上海:复旦大学出版社,2001.

[20] 唐海燕.国际贸易概论[M].北京:中国商务出版社,2006.

[21] 尹翔硕.中国外贸结构调整的实证分析[M].太原:山西经济出版社,2003.

[22] 江小娟,杨圣明,冯雷.中国对外经贸理论前沿Ⅱ[M].北京:社会科学文献出版社,2001.

[23] 张曙霄.中国对外贸易结构论[M].北京:中国经济出版社,2003.

[24] 杨先明.国际直接投资、技术转移与中国技术发展[M].北京:科学出版社,2004.

[25] 袁欣.对外贸易结构的动态演进:广东的经验分析[M].广州:中山大学出版社,2004.

[26] 陈红娜.以方式创新开启更加务实的中泰合作[N].中国经济时报,2019-11-05(1).

[27] 刘馨蔚.泰国4.0时代,中泰合作加速拓展[J].中国对外贸易,2019(3):68-69.

[28] 周方冶. 中泰合作对接"一带一路"的机遇与挑战［J］. 当代世界, 2019（7）: 69-74.
[29] 胡秋阳. 中国的经济发展和产业结构: 投入产出分析的视角［M］. 北京: 经济科学出版社, 2008.
[30] 余剑. 对外贸易、经济增长与结构调整: 基于比较优势战略实践的考察［J］. 国际经贸探索, 2005（3）: 31-35.
[31] 金芳. 全球化经营与当代国际分工［M］. 上海: 上海人民出版社, 2006.
[32] 张亚斌. 内生比较优势理论与中国贸易结构转换［M］. 北京: 中国经济出版社, 2006.
[33] 裴长洪. 中国对外经贸理论前沿: 4［M］. 北京: 社会科学文献出版社, 2006.
[34] 丁冰. 我国利用外资和对外贸易问题研究［M］. 北京: 中国经济出版社, 2006.
[35] 陈元. 我国外贸发展对国内外经济的影响与对策研究［M］. 北京: 中国财政经济出版社, 2007.
[36] 张建刚. 外商直接投资与中国经济增长［M］. 北京: 经济日报出版社, 2007.
[37] 刘钧霆. 中国与东亚经济体制造业产业内贸易研究［M］. 北京: 经济科学出版社, 2007.
[38] 王世军. 综合比较优势理论与实证研究［M］. 北京: 中国社会科学出版社, 2007.
[39] 商务部、国务院发展研究中心联合课题组. 跨国产业转移与产业结构升级: 基于全球产业价值链的分析［M］. 北京: 中国商务出版社, 2007.
[40] 仇怡. 技术创新、技术扩散与国际贸易: 理论与中国的实证研究［M］. 长沙: 湖南人民出版社, 2008.
[41] 陈焰. 国际贸易与经济增长的机制条件论［M］. 北京: 经济科学出版社, 2008.
[42] 上海社会科学院世界经济研究所. 开放型经济的战略选择: 上海社会科学院世界经济研究所论文精选［M］. 上海: 上海社会科学院出版社, 2008.
[43] 黄泰岩. 中国经济热点前沿: 第5辑［M］. 北京: 经济科学出版社, 2008.
[44] 斯蒂格利茨, 查尔顿. 国际间的权衡交易: 贸易如何促进发展［M］. 沈小寅, 译. 北京: 中国人民大学出版社, 2008.
[45] 杨丹辉. 全球竞争: FDI与在中国产业国际竞争力［M］. 北京: 中国社会科学出版社, 2008.
[46] 张明志. 比较优势、贸易增长与产业发展: 基于中国的经验研究［M］. 北京: 经济科学出版社, 2008.
[47] 张幼文. 强国策: 中国开放型经济发展的国际战略［M］. 北京: 人民出版社, 2013.
[48] 陈虹, 于蓬蓬, 庞博, 等. 国际经贸理论与专题［M］. 长春: 吉林出版集团股份有限公司, 2017.
[49] 陈虹. 外贸结构与产业结构的联动机理研究: 基于中国实证的考察［M］. 长春: 吉林教育出版社, 2015.
[50] 朱廷珺. 国际贸易［M］. 3版. 北京: 北京大学出版社, 2016.
[51] 卓骏. 国际贸易理论与实务［M］. 3版. 北京: 机械工业出版社, 2012.
[52] 许蔚. 国际贸易原理［M］. 杭州: 浙江大学出版社, 2015.
[53] 张桂梅. 国际贸易理论与实务［M］. 杭州: 浙江大学出版社, 2014.
[54] 茹玉骢, 李燕. 电子商务与中国企业出口行为: 基于世界银行微观数据的分析［J］. 国际贸易问题, 2014（12）: 3-13.

[55] 鄂立彬,黄永稳.国际贸易新方式:跨境电子商务的最新研究[J].东北财经大学学报,2014(2):22-31.

[56] 蔡国沛.我国服务贸易竞争力分析及策略[J].当代经济,2009(1):58-59.

[57] 张祥.全球视野下的中国服务经济战略上[J].全球化,2012(11):12-16.

[58] 蔡洙山.从贸易大国到贸易强国还有多远?[J].中国报道,2014(5):28-29.

[59] 樊文静.跨境电子商务发展与我国对外贸易模式转型[J].对外经贸,2015(1):4-7.

[60] 刘珊.对当前我国国际运输服务贸易的现状分析[J].时代金融,2016(18):217-218.

[61] 宣善文.中国运输服务贸易国际竞争力分析[J].经济问题,2019(2):109-115.

[62] 吕政.中国能成为世界的工厂吗?[J].中国工业经济,2001(11):5-8.

[63] 福克讷.美国经济史[M].王锟,译.北京:商务印书馆,1989年.

[64] 冯昭奎."世界工厂"的变迁[J].世界经济与政治,2002(7):22-27.

[65] 张承惠.企业自主创新面临的融资困难及有关分析[J].调查研究报告,2006(270):1-18.

[66] 张天颖.中欧贸易摩擦的主要表现、成因及应对策略[J].社会科学文摘,2018(4):14-16.

[67] 张彦灵,管欣.中欧贸易摩擦的原因与趋势探析[J].当代经济.2018(19):4-6.

[68] 刘凡.欧盟贸易救济措施对中国出口贸易的影响研究[D].北京:对外经济贸易大学,2018.

[69] 潘晓莎."一带一路"背景下中欧贸易摩擦特征及对策分析[J].商业经济研究,2018(3):164-166.

[70] 原帼力.逆全球化背景下中国对欧盟经贸合作的新特征及对策思考[J].经济论坛,2020(4):118-123.

[71] 李计,吴青.中美贸易摩擦成因、影响与我国应对策略研究[J].价格理论与实践,2018(3):151-154.

[72] 尹翔硕,李春顶.边际保护、加权福利与中美贸易摩擦的成因[J].财经问题研究,2008(4):18-25.

[73] 雷达,于春海.内外均衡、结构调整和贸易摩擦[J].世界经济与政治,2004(8):70-75.

[74] 赵建.国际贸易摩擦背后的产业结构和政治因素[J].世界经济与政治论坛,2004(3):48-51.

[75] 刘方舟.国际贸易摩擦问题研究[J].知识经济,2016(7):45.

[76] 徐丽.全球价值链视角下的贸易摩擦应对策略研究[J].改革与战略,2016,32(9):141-145.

[77] 李景华.国际贸易摩擦形成的博弈机制及应对[J].人民论坛·学术前沿,2018(16):66-76.

[78] 梁明.中美贸易摩擦的缘起、影响和未来走向[J].国际贸易,2019(7):25-36.

[79] 刘馨蔚. 泰国 4.0 时代,中泰合作加速拓展 [J]. 中国对外贸易,2019 (3):68-69.

[80] 周方冶. 中泰合作对接"一带一路"的机遇与挑战 [J]. 当代世界,2019 (7):69-74.

[81] 许培源,刘雅芳. 中泰经济关系的现状、问题与对策研究 [J]. 亚太经济,2017 (5):23-30.

[82] 郑国富. 中泰双边贸易互补性与竞争性分析及政策建议 [J]. 对外经贸,2016 (8):7-10.

[83] 郭艳,王世钰. 泰国加大吸引外资力度"一带一路"促中泰贸易加速升温 [J]. 中国对外贸易,2016 (6):68-69.

[84] 凌胜利. 中泰合作共建"海上丝绸之路"战略支点 [J]. 当代世界,2016 (6):69-71.

[85] 邓洲. 泰国产业竞争力现状及中泰产业合作展望 [J]. 东南亚南亚研究,2016 (3):45-53.

[86] 姜鸿,杜滢,徐乐乐. 中泰贸易互补性与竞争性研究 [J]. 常州大学学报(社会科学版),2016,17 (1):58-64.

[87] 邢莘. 中国-东盟自贸区升级版下的中泰经贸合作探讨 [J]. 对外经贸实务,2015 (5):31-33.